깨지지 않는 법
## 금강경

경전강의시리즈
교재 01

**성본스님 강설**

깨지지 않는 법
**금강경**

# 머리말

『금강경』은 한국불교의 대표 경전이며, 조계종의 소의경전이다.

오늘날 한국불교의 시급한 과제는 한자로 기록된 경전과 어록을 불법(佛法)에 의거하여 불법의 진실(眞諦)을 깨닫게 하는 방편법문(俗諦)으로 여법하게 번역하고, 정법의 안목을 구족할 수 있는 참선수행의 교재를 정립하는 일이다.

불교는 법(法)의 종교이다. 경전과 어록은 부처나 조사들이 자신의 생각과 사상을 주장한 것이 아니라, 불법을 깨달아 체득한 진여의 지혜로 일체중생을 구제하는 방편법문을 설한 것이다. 참선수행은 경전과 어록의 방편법문을 참구하여 불법을 깨달아 부처가 되고 조사가 되는 것이다.

경전과 어록의 법문을 주객, 자타, 선악 등의 이원적(二元的)인 사고나 자기의 주관적인 생각이나 지식으로 번역하면 불법의 사상과 방편법문의 본분을 상실하여 단순한 문학 작품이 되고 만다.

세계의 모든 종교 서적이나 동서양의 고전은 신(神)의 뜻과 작가가 주장하는 의도에 따라 책에서 주장하는 방향과 목적이 정해진다. 그렇기 때문에 신과 인간, 주관과 객관, 나와 남, 양생(養生)의 목적 등, 이원적(二元的)인 사고와 가치관에서 영원히 탈피할 수가 없으며, 자아의식과 의식의 대상 경계에 속박되고 있다.

경전과 어록의 설법은 일체중생이 불법의 진실을 깨달아 각자 진여 본성의 지혜작용(생명활동)이 되도록 하는 방편법문이므로 주객, 자타, 선악 등 일체의 이원적인 사고를 초월할 뿐만 아니라, 진여의 근본에도 집착하지 않는 불이법문(不二法門)이다.

불법의 진실을 깨달아 체득하는 참선수행은 경전과 어록에서 설한 언어나 문자의 방편법문을 참구하는 일이며, 언어나 문자는 참선수행의 사유도구이므로 진여법으로 여법하고 여실하게 참구해야 부처가 되고 보살이 될 수 있다.

불법을 깨달아 체득한 부처의 지혜만이 인종과 종교를 초월하여 일체중생을 구제하며, 상구보리(上求菩提) 하화중생(下化衆生)의 보살도를 실행할 수가 있다.

필자가 새롭게 번역한 이『금강경』의 법문을 통해서 사부대중들이 불법의 진실을 깨달아 정법의 안목과 진여의 지혜로 보살도의 원력을 실행하기를 간절히 바란다.

불기 2556년(2012) 10월
한국선문화연구원 自安禪堂에서

## 차 례

머리말 ● 4

1. 법회인유분　법회가 열리게 된 인연 　•••　8
2. 선현기청분　수보리가 법문을 청하다 　•••　22
3. 대승정종분　대승불교의 근본 종지 　•••　38
4. 묘행무주분　집착 없는 보살의 보시행 　•••　56
5. 여리실견분　여래를 친견하는 일 　•••　66
6. 정신희유분　바른 신심을 갖는 사람은 드물다 　•••　72
7. 무득무설분　불법을 깨달아 얻은 법도 없고 설한 법도 없다　•••　92
8. 의법출생분　깨달음은 경전의 법문에서 이루어진다 　•••　100
9. 일상무상분　깨달음의 고정된 실체는 없다 　•••　112
10. 장엄정토분　불국토의 장엄 　•••　122
11. 무위복승분　무위법의 수승한 복덕 　•••　134
12. 존중정교분　정법의 교시를 존중하다 　•••　138
13. 여법수지분　여법하게 경전의 법문을 수지하라 　•••　146
14. 이상적멸분　의식의 대상을 여읜 열반의 경지 　•••　158
15. 지경공덕분　금강경을 수지 독송하는 공덕 　•••　206
16. 능정업장분　업장을 청정하게 하는 공덕 　•••　222

17. 구경무아분  궁극적으로 자아는 없다 ••• 232

18. 일체동관분  진여 본체에서 똑같이 관찰함 ••• 258

19. 법계통화분  법계를 두루 교화함 ••• 272

20. 이색이상분  형상을 여읜 여래 ••• 278

21. 비설소설분  여래가 주장한 법문은 없다 ••• 284

22. 무법가득분  깨달아 얻은 법은 없다 ••• 298

23. 정심행선분  청정심으로 선행을 실천함 ••• 302

24. 복지무비분  복과 지혜는 비교할 수 없다 ••• 308

25. 화무소화분  교화의 대상도 없다 ••• 312

26. 법신비상분  법신은 모습이 아니다 ••• 316

27. 무단무멸분  편견과 고정관념에 떨어지지 마라 ••• 328

28. 불수불탐분  보시행의 복덕을 수용하지 않는다 ••• 344

29. 위의적정분  법신은 오고감이 없다 ••• 352

30. 일합이상분  진실된 실상은 일체이다 ••• 356

31. 지견불생분  중생심으로 분별심을 일으키지 마라 ••• 362

32. 응화비진분  변화하는 것은 법신이 아니다 ••• 368

## 1 법회인유분 法會因由分

如是我聞. 一時 佛在 舍衛國 祇樹給 孤獨園.
여시아문　일시 불재 사위국　기수급　고독원

與大比丘衆 千二百五十人俱.
여 대비구중　천이백오십인구

爾時 世尊 食時 着衣持鉢 入舍衛大城 乞食.
이시 세존 식시 착의지발 입사위대성　걸식

於其城中 次第乞已 還至本處 飯食訖. 收衣鉢
어기성중　차제걸이　환지본처　반사흘　 수의발

洗足已 敷座而坐.
세족이 부좌이좌

| | |
|---|---|
| 衛【위】지킬 | 園【원】동산, 정원 |
| 祇【기】토지의 신, 마침, 다만 | 鉢【발】발우 |
| 給【급】공급하다, 주다 | 俱【구】함께, 같이 |
| 孤【고】외롭다 | 爾【이】그 |
| 獨【독】홀로, 혼자 | 爾時【이시】그때 |

# 1 법회가 열리게 된 인연

나는 부처님의 설법을 이와 같이 진여 본성의 지혜로 여법하고 여실하게 들었다.

어느 한때 부처님은 사위국의 고독한 수행자들에게 음식을 제공하는 사원(기수급고독원)에서 천이백오십인의 비구들과 함께 계셨다.

그때 세존께서 점심 공양 시간이 되자 가사를 입고, 발우를 들고 사위성에 들어가 여러 시주들로부터 차례차례로 음식을 공양 받고 본래의 처소로 되돌아와 식사를 하였다. 그리고 가사와 발우를 거두어 챙겨 두고, 발을 씻고 좌석에 방석을 펴고 정좌하였다.

着【착】붙을, 옷을 입다
乞【걸】빌다, 구걸하다
已【이】이미, 그칠, 마치다
還【환】돌아오다
食【식, 사】먹다, 먹이, 여기서는 '사'
訖【흘】마치다
洗【세】씻다
敷【부】펼, 펴다, 나누다, 진술하다
座【좌】자리, 좌석
坐【좌】앉다

법회인유분

## 여시아문(如是我聞)

불교의 모든 경전은 처음 '여시아문(如是我聞, 나는 이와 같이 들었다)'으로 시작한다. 즉 부처님으로부터 이와 같이 이 법문을 들었다는 뜻이다.

원시불교 경전을 『아함경(阿含經)』이라고 하는데, 『아함경』은 agama(아가마)의 음역으로 구전으로 전해 들은 설법의 전승(傳承)이라는 의미이다. 즉 석존의 설법을 직접 들은 제자들이 자신이 듣고 기억하고 깨달아 이해한 석존의 법문을 자기 제자들에게 구전으로 전하고, 또 그 제자들은 자신의 제자들에게 전달하는 형식이다. 오랜 세월동안 구전으로 전래된 석존의 법문을 언어문자를 통하여 사실(진실) 그대로 기록하여 전한다는 의미이다.

후대의 사람들이 석존의 설법이라는 사실을 확신하고 여법하게 불법의 지혜를 배우고 익히며 실천 수행할 수 있는 불법의 등불을 제시하고 있다. 불교의 가르침은 석존이 만들어 주장한 법문이 아니다. 일체만법이 인연과 연기법으로 이루어진 사실을 석존이 깨달아 체득하여 설한 법문이다.

그래서 불교를 법의 종교라고 하며, 석존이 입적시에 남긴 유훈으로 『잡아함경』 24권 등에 '자기 자신을 섬(洲)으로 삼고, 법을 섬으로 삼아라(自洲法洲)' 또는 '자신을 등불로 삼고(自燈明) 법을 등불로 삼아라(法燈明)'고 설한다.

대승불교의 모든 경전에서도 원시불교 경전의 형식에 의거하여 여시아문이라고 시작하지만, 대승불교 경전은 『아함경』과 같이 석존의 설법을 듣고 제자들에게 전하는 경전이 아니기 때문에 똑같이 여시아문이라고 할지라도 그 의미와 내용은 다르다. 『아함경』이 부처님의 친설(親說)이지만, 대승불교 경전은 석존 입멸 후 약 4~5세기 이후부터 성립되었기 때문에 석가모니불의 친설법(親說法)은 아니다. 『아함경』처럼 석존과 제자들, 혹은 보살들과의 대화로 설법하는 경전의 형식과 권위 등을 빌린 경전이다.

이러한 사실은 불교의 가르침이 시대적인 흐름과 함께 지역적인 확대에 따라서 초기 경전의 가르침을 모체로 하여 불법사상이 발전되면서 부파불교, 대승불교의 경전이 자연스럽게 편찬된 것이며, 중국으로 전래되고 수용되면서 중국인들의 풍토에 맞는 불교사상으로 변천되었다.

인도의 문화 풍토와는 다른 독창적인 유교의 현실긍정 사상과 노장사상의 무위자연과 융화되면서 중국인들의 독창적인 생활종교인 선불교로 발전시킴과 동시에 선불교의 소의경전으로 『수능엄경』, 『원각경』 등의 위경(僞經)을 만들게 되었다. 선어록의 성립도 이러한 선불교의 사상적인 흐름에 따른 중국불교의 독창적인 장르의 출현이라고 하겠다.

대승불교 운동은 약 1세기를 전후하여 반야의 지혜를 체득하는 공사상(空思想)을 기본 토대로 하여 일승(一乘)의 불교, 대승보살도의 실천불교 운동으로 시작되었다고 할 수 있다. 대승불교운동의 특색은 시방삼세의 수많은 부처(多佛)와 보살들의 출현이다. 대승의 불법사상을 깨달아 체득한 수많은 부처들과 보살들이 다양하고 독자적인 방편으로 설법한 법문을 대승경전으로 편집한 것이다.

대승경전이 새롭게 편집될 필요성은 소승의 불법 가르침과의 사상적인 변화, 발전에 따른 것이다. 소승의 무아설(我空)과 법유(法有), 해탈(解脫), 열반(涅槃)이 대승의 공사상, 반야사상, 아공(我空), 법공(法空), 화엄경의 설법과 유심(唯心)사상, 제법실상(諸法實相)의 열반·유식사상, 여래장 불성사상으로 발전되면서 대승불교의 원대한 법문을 설하는 경전이 다양하게 성립되었다.

따라서 대승경전은 대승의 불법을 깨달아 체득한 수많은 부처와 보살들이 설한 방편법문과 설법의 기록이며, 부처의 설법을 듣는 청법(聽法)과 동시에 기록한 경전이라고 할 수 있다. 물론 수많은 부처들이 설한 대승경전은 후대에는 그 시대에 따른 설법의 내용과 형식으로 편집되어 지금과 같은 경전으로 전해지게 된 것이라고 할 수 있다.

그런데 대승경전의 여시아문은 문자적으로는 아함경전의 여시아문과 같지만, 그 내용은 다르다. 즉 여시아문은 부처의 설법을 들은 청법자(聽法者)가 진여 자성의 지혜로 부처의 설법을 여법(如法)하고 여실(如實)하게 깨달아 체득하여 듣고, 이 경전의 법문을 수지(受持) 독송하고 깨달아 체득하도록 전달한다는 의미이다. 만약 이 경전의 법문을 들은 제자가 중생심으로 부처의 설법을 들었다면 여법하게 불법을 깨달아 체득할 수가 없으며, 또한 남에게 설법하거나 전달하여 여법하게 깨닫게 할 수가 있을까? 경전의 번역자 역시 여법하게 번역하지 못한다면 정법의 불법은 전달할 수가 없게 된다.

부처님이 설법한 법문을 여법하고 여실하게 듣고 깨달아서 전달하는 것은 부처와 같은 진여의 지혜가 아니면 부처의 법문인 대승법을 여법하고 여실하게 전달할 수가 없다.

『유마경』「제자품」에서 유마거사가 가전연존자에게 "중생의 생멸심행(生滅心行)으로 실상법(實相法)을 설하지 말라"고 비판한 것은, 부처가 진여삼매(眞如三昧, 語言三昧)의 지혜작용으로 설법한 제법실상의 대승법문을 자기 중심의 의식작용인 중생심으로 이해하고 설법한다면 그것은 일반적인 지식을 전달하는 가르침이 되기 때문이다. 진여의 지혜작용인 불법을 여법하게 전할 수가 없으며, 여법하게 깨달아 체득할 수 있는 불법을 제시할 수가 없다.

『금강경』14분에 수보리가 '부처님은 진여삼매의 경지에서 진여지(如來)같이 여법(如是)하고, 깊고 깊은 『금강경』의 법문을 설하였다(佛說如是甚深經典)'고 하면서, 내가 옛날부터 부처님을 따라 많은 설법을 듣고 깨달아 체득한 혜안(慧眼)으로서는 이와 같은 『금강경』의 법문을 일찍이 들어본 적이 없었다고 말한다. 그리고 '세존이시여! 만약 어떤 사람이 이 『금강경』의 법문을 듣고 신심이 청정하면 곧 실상을 깨달아 지혜를 일으키게 되리니 이 사람은 제일 희유한 공덕을 성취하게 된 것임을 잘 알 수가 있습니다'라고 말하고 있다.

『법화경』「방편품」에 다음과 같이 설한다.

법회인유분

사리불이여! 여래는 여러 가지 다양한 진여의 지혜작용으로 능히 분별하여 제법을 훌륭하게 설법하며 언어의 말씀은 유연하고 중생들을 기쁘게 한다.

사리불이여! 그 요지를 말하자면 무량무변의 미증유법을 부처님은 모두 깨달아 성취하였다. 그만두게(止)! 사리불이여! 거듭 설하지 말라. 왜냐하면 부처님이 깨달아 성취하신 제일 희유하고 이해하기 어려운 법은 오직 부처만이 능히 알 수 있고, 능히 제법실상의 본질을 궁극적으로 알 수 있다. 말하자면 일체의 모든 법은 진여 본성의 모습(如是相)이며, 진여 본성(如是性)이며, 진여 본성을 당체(如是體)로 하며, 진여 본성이 구족하는 능력(如是力)이며, 진여 본성의 작용(如是作)이며, 진여 본성을 원인(如是因)으로 하며, 진여 본성을 반연(如是緣)으로 하며, 진여 본성을 결과(如是果)로 하며, 진여 본성을 과보(如是報)로 하며 진여 본성이 여시상(如是相)에서 여시보(如是報)까지 처음과 끝이(本末)이 구경(究竟)에는 평등하게 상의상관관계로 일관되게 작용하는 것이다.

대승불교 경전에 희유(希有)나 미증유(未曾有), 혹은 불가사의(不可思議)라는 것은 성문 연각의 경지에 있는 수보리가 처음 대승의 법문을 듣고 일찍이 들어본 적이 없었다는 사실을 표현한 말이다.

『법화경』「신해품」에도 소승의 법문을 듣고 이해한 수보리가 대승의 법문을 듣고 진정한 성문(眞聲聞)이 되고 진정한 아라한(眞阿羅漢)이 되었다고 전한다. 제일 희유한 공덕은 최상의 깨달음을 이룬 부처나 여래가 진여의 지혜로 법계의 일체제불과 일체중생들과 함께 불도를 회향한 공덕인 것이다.

따라서 대승불교 경전의 첫 구절에 여시아문(如是我聞)이라는 것은 부처의 설법을 들은 청법자가 진여의 지혜로 여법하고 여실하게 듣고 깨달아 체득하여 진여(眞我)의 지혜로 자각하여 부처의 설법을 여법하게 깨달을 수 있게 전달한다는 원력의 의미가 있다.

『금강경』 2분에 '반드시 진여의 지혜로 보살행을 해야 한다(應如是住)', '반드시 진여의 지혜로 중생심을 항복해야 한다(應如是降伏其心)', 10분의 '반드시 진여의 지혜로 청정심이 되도록 해야 한다(應如是生淸淨心)', 14분의 '반드시 진여의 지혜로 보시행을 해야 한다(應如是布施)', '부처는 진여의 지혜로 뜻깊고 미묘한 경전의 법문을 설법한 것이다(佛說如是甚深經典)', 17분의 '반드시 진여의 지혜로 청정심이 되도록 해야 한다(當生如是心)'고 설하는데, 여기서 여시는 여법(如法), 여여(如如), 여실(如實), 불이(不二)의 경지로서 '진여 자성의 청정한 지혜작용과 같이'라는 의미이다.

또 『금강경』 31분에 '최상의 정법을 깨달아 체득하려고 발심한 사람은 응당히 여시지(如是知), 여시견(如是見), 여시신해(如是信解)하도록 해야 한다'라는 일절이나, 32분의 '일체의 유위법은 꿈, 환화, 물거품, 그림자와 같고, 이슬이나 전깃불과 같이 실체가 없다. 당연히 진여의 지혜로 이와 같이 여법하게 유위법을 관찰하여 깨닫도록 해야 한다(一切有爲法 如夢幻泡影 如露亦如電 應作如是觀)'는 게송의 여시도 진여의 지혜로 여법하고 여실하게 제법의 진실을 파악하고 깨달아 체득해야 한다는 사실을 단적으로 제시하고 있다.

60권 『화엄경』에도 '만약 어떤 사람이 삼세의 일체 부처를 알고자 한다면 반드시 진여의 지혜로 일체의 제법을 관찰해야 한다. 마음이 일체의 모든 여래를 만든다(若人欲求知 三世一切佛 應當如是觀 心造諸如來)'라고 설한다. 이 게송을 80권 『화엄경』에는 '약인욕료지 삼세일체불 응관법계성, 일체유심조(若人欲了知 三世一切佛 應觀法界性 一切唯心造)'라고 설하는데, 대승불교의 독창적인 유심(唯心)의 불법사상을 제시한 유명한 게송이다.

대승경전에서 설한 유심사상은 소승불교의 한계이며 문제점인 의식의 대상인 법유(法有)를 법공(法空)으로 전환하게 하는 불법사상이기 때문이다. 대승불교가 소승불교를 차원이 낮은 법에 집착(樂小法)하고 있다, 소승의 열반은 참된 열반이 아니라고 비판하는 것이다.

자아의식의 중생심으로 조작된 유위법(有爲法)은 진여 자성의 지혜(如來)가 아니면 여법하고 여실하게 파악할 수가 없다. 그래서 아공(我空), 법공(法空), 일체개공의 경지에서 진여 자성의 지혜인 여래만이 능히 중생심으로 조작하는 번뇌 망념을 분명하게 파악할 수가 있다고 『금강경』에서 '실지실견(悉知悉見)'을 설하며, 『법화경』에서는 불지견(佛知見)을 강조하고, 『대승기신론』에는 '오직 부처의 지혜로서만이 알 수 있다(唯佛能知)'고 설한다.

말하자면 『금강경』을 설한 부처와 똑같은 정법의 안목을 구족한 불지견(佛知見)의 입장에서 부처의 설법을 진여의 지혜로 여법하고 여실하게 듣고, 부처와 똑같은 안목에서 대승의 법문을 전달하고 있다는 사실을 확신하게 하는 의미로 여시아문이라고 한 것이다.

말하자면 대승경전의 법문을 설하는 부처와 이 법문을 여법하고 여실하게 듣고 전달하는 사람이 모두 진여의 지혜로 같다는 사실이며, 또한 이 경전의 법문을 듣는 사람도 똑같이 진여의 지혜로 불법을 깨달아 체득하도록 하는 원력이 내포되어 있다고 하겠다.

말하자면 『금강경』의 여시(如是)는 『법화경』에서 설하는 불지견과 같이 진여의 지혜작용이라고 할 수 있다.

『유마경』「법공양품」에 법공양에 대한 약왕보살의 설법이 있다. 약왕보살은 일체의 제법에 여설수행(如說修行)을 '불법의 뜻(義)에 의거하고, 말(語)에 의거하지 말며, 진여의 지혜(智)에 의거하고 중생의 인식(識)에 의거하지 말며, 완전한 불법의 뜻을 설한 경전(了義經)에 의거하고 불요의경(不了義經)에 의거하지 말며, 불법(法)에 의거하고 사람(人)에 의거하지 말라'고 설한다.

『열반경』 6권 「여래성품」에 '법에 의거하고 사람에 의거하지 말라(依法不依人), 불법의 대의에 의거하고 언어문자에 의거하지 말라(依義不依語), 지혜에 의거하고 지식에 의거하지 말라(依智不依識), 요의경에 의거하고 요의경이 아닌 경전의 법문에 의거하지 말라(依了義經 不依不了義經)'고 설한다. 『대지도론』 9권에도 이와 똑같은 내용이 부처님이 열반에 들려고 할 때 여러 비구들에게 유훈으로 설한 법문이라고 전한다.

진여 본성의 청정한 지혜로 부처의 설법을 듣고 깨달아 체득한 법문을 여법하고 여실하게 전하여, 불멸 후 500년이 지난 후대에 어떤 선남자 선여인이 이 경전의 법문을 수지 독송하면 여래가 되고, 부처가 되어 무량한 공덕을 성취하는 원력행의 사실을 전한다.

**불(佛)**　　　　　　　　　　부처는 범어 buddha(붓다)의 번역으로 제법의 진실을 깨달은 사람(覺者), 우리말로는 부처 혹은 부처님이라고 한다. 구마라집이 번역한 경전에만 부처로 표기하고, 다른 번역본에서는 불바가바(佛婆伽婆), 혹은 바가범(婆伽梵)이라고도 표기한다.

불교 역사상 최초의 부처는 석존(釋尊) 즉 석가모니(釋迦牟尼, Sakya-muni, 석가족의 존자라는 의미) 부처님이다. 그러나 후대에는 석가모니 부처님 이전 즉 과거에도 일곱 부처님이 계셨다는 과거칠불(過去七佛) 사상이 전개되었다. 『법화경』「화성유품」에 과거칠불 가운데 한 분인 대통지승불이 출가하기 전에 16명의 왕자가 있었는데, 16명의 왕자들이 출가하여 대통지승불의 설법을 듣고 성불하여 16불이 시방에 출현하였다고 한다. 특히 동방에는 아촉불, 서방에는 아미타불, 사바세계에는 석가모니불이 출현하였다고 전한다.

대승불교에서는 부처의 관념이 확대되어 석가모니 부처님만이 아니고, 과거 현재 미래에 걸쳐서 무수한 부처가 출현하였다는 다불(多佛)사상이 나타났다. 또한 한 부처(一佛)에게는 법신(法身)·보신(報身)·화신(化身)의 삼신이 구족되어 있으며, 비로자나·법신·아미타불 등 많은 부처의 명호가 등장한다. 『금강경』에도 연등불과 석가모니불의 명칭이 보인다.

『금강경』에서 사리불과 대화를 나누며 설법하는 부처는 석가모니불이다. 그 밖에 자주 나오는 불(佛)은 불법을 깨달아 진여 본성의 지혜가 여법하게 작용하고 있는 것이고, 진여 자성의 지혜작용을 여래라고 표기하고 있다.

예를 들면 14분에 '선남자 선여인이 능히 이 경전의 법문을 수지하고 독송하면, 곧 여래가 되어 부처의 지혜로 이 사람의 번뇌 망념을 모두 여실하게 알고, 이 사람의 번뇌 망념의 작용을 여실하게 모두 다 본다(能於此經 受持讀誦. 則爲如來 以佛智慧 悉知是人. 悉見是人)'는 구절에서 여래는 진여 자성의 지혜작용이며, 부처(佛)는 중생의 망념을 자각하여 부처의 지혜로 중생의 번뇌 망념의 심병(心病)을 여법하고 여실하게 알고 볼 수 있는 지혜를 말한다.

부처를 깨달은 사람이라고 하는데, 부처는 무엇을 깨달았는가? 중생의 심병(心病)과 선병(禪病)을 깨달아 여법하게 알고 여실하게 보고 진단하고 치료할 수 있는 능력을 구족하였다는 것이다. 사홍서원에서 발원하는 말처럼, 부처가 중생을 구제한다는 원력과 보살행은 어떻게 실행하는가?

법회인유분

| 여래(如來) | 여래는 범어 tathagata(따타가따)의 번역으로, '그렇게 본래로부터 여여하게 온 사람'이라는 의미이다. 이상화된 과거불과 같이 '이 세상에 출현하신 분'이라는 의미로 이해하고 있다. 역사상의 부처인 석가모니에 대한 존칭인 여래십호(如來十號)의 하나이다. 후대에 부처의 관념이 확대되어 모든 부처에 대한 존칭으로 사용하고 있다.

또 여래는 진여와 같은 의미이기 때문에 진여의 지혜를 여래라고 한다. 『금강경』 6분, 14분, 15분에 '여래가 실지실견(悉知悉見)'한다는 부분과, 14분에 '경전을 수지 독송하는 것이 곧 여래가 된다'는 구절은 똑같이 진여의 지혜작용을 의미한다.

| 사위국(舍衛國) | 사위국은 범어 Sravasti(스라와스띠)의 음역이다. 사위성(舍衛城) 혹은 사위대성(舍衛大城)이라고 의역한다. 붓다의 외호자인 파사익왕(波斯匿王, Prasenajit)이 통치했던 곳으로 코살라국의 수도이며, 불교 역사상 가장 유명한 대도시이다. 사위성의 남쪽편에 기원정사가 있었다.

| 기수급고독원<br>(祇樹給孤獨園) | 기수(祇樹)는 Jeta-vana(쩨따와나)의 번역으로, 쩨따(Jeta, 전승자라는 의미) 태자의 숲이라는 의미이다. 급고독(給孤獨)은 범어 anatha-pindada(아나타삔다다)의 번역으로 '고독한 수행자에게 음식을 제공하는 사람'이라는 의미이다.

사위성의 장자 수달다(須達多, Sudatta)가 붓다에 귀의하여 봉헌할

사원의 부지를 기타(祇陀, Jeta) 태자의 숲을 후보지로 정하고, 태자에게 그 땅을 봉헌할 것을 권했지만, 태자는 허락하지 않았다. 태자는 그 땅에 금화를 다 깐다면 팔겠다고 하여, 수달다는 그 땅을 구매하는 값으로 금을 깔았지만 귀퉁이를 까는 정도에 불과했다. 기타태자는 수달다장자의 신심에 감동하여 그 땅을 붓다에게 기증하고 사원을 건립하였다. 그래서 그 원림(園林)을 기수급고독원, 혹은 기원이라고 하는데, 여기에 사원을 건립하였기 때문에 기원정사(祇園精舍)라고 불렀다.

**대비구중 천이백오십인**
**(大比丘衆 千二百五十人)**

비구(比丘)는 범어 bhiksu(빅쑤)의 한자 표기이며, 20세 이상의 남자로 비구계를 수지한 출가 수행자를 말한다. 삼의일발(三衣 一鉢)을 소지하고 걸식생활하며 적정처에 머물며 생활하고, 소욕지족(少欲知足)하며 수행 정진하여 열반의 경지를 향해 수행하는 출가자를 말한다.

## 2 선현기청분
## 善現起請分

時 長老 須菩提 在大衆中. 卽從座起 偏袒右肩
시 장로 수보리 재대중중 즉종좌기 편단우견

右膝着地. 合掌恭敬 而白佛言. 希有世尊. 如來
우슬착지 합장공경 이백불언 희유세존 여래

善護念 諸菩薩. 善付囑 諸菩薩.
선호념 제보살 선부촉 제보살

世尊. 善男子 善女人. 發阿耨多羅三藐三菩提
세존 선남자 선여인 발아뇩다라삼먁삼보리

心. 應云何住 云何 降伏其心.
심 응운하주 운하 항복기심

佛言. 善哉善哉. 須菩提. 如汝所說. 如來 善護
불언 선재선재 수보리 여여소설 여래 선호

念 諸菩薩. 善付囑諸菩薩. 汝今諦聽. 當爲汝說.
념 제보살 선부촉제보살 여금제청 당위여설

---

卽 【즉】 곧, 즉시  
從 【종】 쫓다, 따르다  
偏 【편】 한쪽, 치우치다  
袒 【단】 소매를 걷어올리다  
肩 【견】 어깨  

膝 【슬】 무릎  
掌 【장】 손바닥  
希 【희】 드물다, 바라다  
護 【호】 보호, 보호하다  
諸 【제】 모든, 모두

# 2 수보리가 법문을 청하다

그때 부처님의 제자인 장로 수보리가 1,200여 명의 비구 대중을 대표하여 곧 자리에서 일어나 오른쪽 어깨에 가사를 걸치고, 오른쪽 무릎을 땅에 꿇고, 합장하여 공손히 부처님께 말씀드렸다.

"정말 처음 들어보는 희유한 법문입니다. 세존이시여!

진여 본성의 지혜로 여래는 불법을 수행하는 보살이 번뇌 망념에 떨어지지 않도록 자각의 지혜로 잘 보호하고, 보살이 불법에 의거하여 한 생각 한 생각, 번뇌 망념에 떨어지지 않도록 잘 자각하고 자각하도록 합니다.

세존이시여! 선남자나 선여인이 최상의 불법을 깨닫고자 발심한 사람은 어떠한 마음가짐으로 보살도를 실행해야 하며, 어떻게 번뇌 망념의 중생심을 불법의 지혜로 항복(조복)시켜야 합니까?"

부처님께서 말씀하셨다.

"훌륭하고 훌륭하다. 수보리여! 지금 그대가 말한 것처럼, 진여 본성의 지혜로 여래는 불법을 수행하는 보살들이 번뇌 망념에 떨어지지 않도록 불법에 의거하여 번뇌망념을 자각하며, 부처의 지혜로 잘 보호한다. 그대는 지금 내가 설하는 법문을 자세하고 분명하게 잘 듣도록 하라. 그대의 질문에 대한 설법을 하리라.

---

囑 【촉】 부촉, 부탁, 위촉
應 【응】 응하다, 마땅히, 응당
降 【항, 강】 항복하다, 내려오다
哉 【재】 어조사, 처음, 재난
汝 【여】 너, 너희들

諦 【체, 제】 자세히 살피다, 진리
聽 【청】 듣다, 청취하다

선현기청분

善男子 善女人. 發阿耨多羅三藐三菩提心. 應如
선남자 선여인  발아뇩다라삼먁삼보리심   응여

是住, 如是 降伏其心. 唯然世尊. 願樂欲聞.
시주  여시 항복기심  유연세존  원요욕문

---

樂【요】좋아하다　　　　　欲【욕】하고자 하다, 욕망, 욕구
　【락】즐거워하다
　【악】음악

선남자나 선여인이 최상의 불법을 깨닫고자 발심한 사람은 반드시 진여 본성의 지혜⁽여래⁾로 보살도의 삶을 실행해야 하며, 진여 본성의 지혜로 번뇌 망념의 중생심을 잘 항복하도록 해야 한다."
"잘 알겠습니다. 세존이시여! 기쁜 마음으로 세존께서 설하는 대승의 법문을 듣고자 합니다."

| 장로(長老) | 장로는 범어 ayusmat(아유스마뜨)를 한자로 표기한 것이다. 경어로서 장수(長壽), 건강의 의미이다.

그 밖에 혜명(慧命), 구수(具壽), 정명(淨命), 장자(長者), 대덕(大德), 존자(尊者)라고도 번역한다. 21분의 '혜명 수보리(慧命 須菩提)'는 보리류지가 번역한 구절로 후대 즉 당대(唐代)에 첨가한 것이라고 한다.

• 21분의 293쪽 혜명 수보리 항목 참조

| 수보리(須菩提) | 수보리는 범어 Subduti(수부띠)의 음역으로 선현(善現), 선길(善吉), 선실(善實), 선업(善業), 묘생(妙生) 등으로 의역한다. 부처님의 십대제자 가운데 무쟁삼매(無諍三昧)를 체득하고 지혜가 가장 뛰어나 지혜제일(智慧第一)이라고 한다. 『법화경』「신해품」 등 대승경전에 많이 등장하고 있다.

| 재대중중 즉종좌기 편단우견 우슬착지 합장공경(在大衆中 卽從座起 偏袒右肩 右膝著地 合掌恭敬) | 위대한 지혜를 구족한 부처님께 설법을 청하는 최상의 예의를 보이고 있는 표현이라고 할 수 있다. 고대 인도의 예법이며, 『법화경』「신해품」 등 대승경전에 보이는 예법으로 현재도 남방불교의 승려들이 예법으로 실시하고 있다.

| 희유(希有) | 수보리는 지금까지 소승의 법문을 듣고 수행하였다. 대승의 법문에 발심한 보살들을 위해서 설하는 반야바라밀의 법문은 처음 듣는 일이기 때문에 '희유(希有)'라고 하였다. 『법화경』에서도 수보리나 사리불 등 성문의 제자들이 세존의 설법을 희유한 법문이며, 일찍이 이러한 대승의 법문은 처음 들어보는

일(未曾有)이라고 강조하고 있다.

여래는 범어 tathagata(따타가따)의 번역으로 여래(如來), 응공(應供), 정변지(正遍知)와 같이 최상의 불도를 깨달은 부처님의 존칭으로 여래 십호의 하나이다. 또한 여실하게 진여의 지혜를 작용하는 자, 일체중생을 제도하는 구제자의 성격을 부여하고 있다. 즉 불법의 진실을 여법하고 여실하게 깨달아 최상의 지혜와 자비의 덕행을 실천하는 모든 부처님을 여래라고 한다.

『금강경』에 '여래 선호념제보살 선부촉제보살(如來 善護念諸菩薩. 善付囑諸菩薩)'은 진여 자성의 자각적인 지혜작용으로 수행자들이 중생심의 번뇌 망념에 떨어지지 않도록 잘 보호(自覺)하게 하고, 염념자각(念念自覺)으로 지혜작용이 염념상속(念念相續)되도록 하는 발심수행을 말한다.

『금강경』 29분에 '여래는 어디에서 온 것도 아니고, 어디로 가는 것도 아니기 때문에 여래라고 한다'고 하며, 17분에 '여래란 곧 일체의 모든 존재가 여법하고 여실하게 지혜작용하고 있다는 뜻(如來者卽 諸法如義)'이라는 설법은, 여래는 진여 자성(一心)이 시절인연에 따라서 자기 본분사의 생명활동으로 무심(無心, 我空 法空)하게 작용하는 것을 의미한다.

즉 『금강경』 14분에 다음과 같이 설하고 있다.

수보리여! 미래의 세상에 만약 어떤 선남자나 선여인이 이 경전(금강경)

**여래(如來)**

선현기청분

의 법문을 깨달아 체득하여 수지하고 독송하면 이 사람은 곧 여래가 되어, 부처의 지혜로써 이 사람의 마음작용을 여법하게 다 알고, 여실하게 다 볼 수가 있기 때문에 그들은 모두 헤아릴 수 없고, 측량할 수도 없는 무한한 공덕을 성취하게 되는 것이다(須菩提. 當來之世 若有 善男子 善女人. 能於此經 受持讀誦. 則爲如來, 以佛智慧, 悉知是人. 悉見是人. 皆得成就 無量 無邊 功德.)

### 선호념(善護念)

불법의 가르침을 여법하게 자각하여 불심의 지혜로써 생사윤회하는 업장에 떨어지지 않고 청정한 선근 공덕의 보살도를 실천하도록 하는 것이다. 호념(護念)은 여래(진여 본성의 지혜)가 반야바라밀의 법문으로 중생이 번뇌 망념에 떨어지지 않도록 자각하는 것이다.

『법화경』「서품」에서는 '모든 보살들을 위하여 대승경을 설하며, 무량의(無量義)라고 한다. 보살들에게 설하는 법문이며, 부처(자각한 지혜)가 중생의 번뇌 망념에 떨어지지 않도록 잘 보호(護念)하게 된다'라고 설한다.

『아미타경』에도 "일체제불이 중생의 번뇌망념에 타락하지 않도록 잘 보호하는 법문(一切諸佛所護念)"이라고 설하며 최상의 궁극적인 깨달음에서 퇴보하는 일이 없는 경지를 체득하였다고 설한다.

모든 수행자(學人)들이 반야의 지혜로써 자신의 몸과 마음을 호념하여 중생의 망심으로 증애(憎愛)의 차별심을 일으키거나 육진(六塵)의 경계에 오염되어 생사의 고해에 떨어지지 않도록 한다.

불법을 깨달아 자각한 보살이 자신의 마음속에서 일어나는 중생심의 번뇌 망념을 자각(부처)하여 번뇌 망념에 떨어지지 않도록 하는 수행의 능력을 구족하는 것이다. 말하자면 불법을 깨달아 진여 본성의 지혜(여래)로 정법의 안목을 구족하여 불법을 잘 호지(護持)하고, 주지(住持), 수지(受持), 행지(行持), 법지(法持), 총지(總持)하는 진여의 지혜작용을 말한다.

부처의 지혜로 번뇌망념을 자각하는 것을 초발심, 혹은 발심수행이라고 한다. 발심수행은 부처의 지혜로 불퇴전의 경지를 이루는 보살도의 실천이다.

불법을 수행하는 보살이 자신의 마음속에서 일어난 번뇌 망념을 불법의 지혜로 자각하고, 다시는 번뇌 망념에 떨어지지 않도록 자기 자신에게 당부하는 것, 즉 불법의 지혜로 여법하고 여실하게 깨달아 자기 자신이 여래나 부처가 되도록 하는 것을 부촉이라고 한다.

**선부촉(善付囑)**

전념(前念)과 후념(後念)이 염념(念念) 자각하여 중생심의 번뇌 망념에 떨어져 업장을 만들지 않고 진여 본성(불심)의 지혜로 상속되도록 하는 것을 말한다. 전념의 청정심이 후념의 청정심에 부촉하여 단절될 틈이 없게 하여 마침내 해탈케 하는 것이다.

『아미타경』에 일심으로 염불하여 망념이 없는 일심불란(一心不亂)의 경지와 같은 의미이다.

범어로는 bodhi-sattva(보디싸뜨와)이고, 보

**보살(菩薩)**

살이라고 음역한다. 불법을 깨달아 체득하는 중생의 의미로 각유정(覺有情)이라고 의역한다. 불도의 깨달음을 발원하여 실천 수행하는 사람, 혹은 위대한 불도의 원력을 발원한 구도자라는 의미이다.

대승의 보살은 자신이 불도의 깨달음을 이루는 수행과 함께 일체중생을 구제하며(上求菩提 下化衆生), 자신도 이롭고 일체중생과 만물도 이롭게 하는 자리이타(自利利他)의 원력을 실천하는 수행자이다.

『금강경』 17분에 '만약 보살이 무아법을 통달했다면 여래는 그를 진정한 보살이라고 한다'고 설한다. 『대지도론』 4권에 다음과 같이 설한다.

무엇이 보살이고, 무엇이 살타(薩埵)인가? 보리를 제불의 도(道)라고 하고, 살타를 중생, 혹은 대심(大心)이라고 한다. 이 사람의 마음에 제불의 도를 이루는 공덕을 구하려고 하는 원력이 단절되지 않고, 파괴할 수 없는 것이 금강산과 같다. 이것이 대심인 것이다.
무엇을 보살이라고 하는가? 스스로 자각하고 또 능히 남도 깨닫게 하기에(覺他) 보살이라고 하며, 반드시 부처가 될 것이기에 보살이라고 한다. 보리란 번뇌 망념의 물이 새지 않는(無漏) 사람의 지혜를 말한다. 이 사람은 불법의 지혜로 살고, 지혜로 호지(護持)하며, 지혜로 양육되기 때문에 보살이라고 한다.

『금강경해의』에는 '보살은 범어이고, 당나라 말로는 도심중생(道

心衆生)이며 각유정이라고 한다. 도심(道心)이란 항상 공경을 행하여 준동함령(蠢動含靈)까지도 널리 공경하고 사랑하며 가볍게 여기거나 업신여기지 않기 때문에 보살이라고 한다'라고 해설하고 있다.

**선남자 선여인**
(善男子 善女人)

범어 kula-putra(꿀라뿌뜨라), kula-duhitr(꿀라두히뜨르)이며, kula(꿀라)는 가족, 종족으로 특히 양가(良家)의 의미이다.

선(善)의 의미는 없지만, 훌륭한 집안 출신의 선남(善男)·선녀(善女)라고 번역한다. 불법을 수행하는 원력을 발심한 사람들이기 때문에 보살승의 원력을 세운다(發趣)는 의미이다.

『법화경』을 보살들에게 설하는 법문이라고 한다면, 『금강경』은 선남자 선여인에게 설하여 대승, 최상승의 발심으로 불법을 깨달아 체득하도록 한다. 경전에, 입멸 후 500세나 미래세에 선남자 선여인이 이 경전의 법문을 수지 독송하여 남에게 사구게의 법문을 설한다면 그 공덕이 수승하다고 설한다.

**아뇩다라삼먁삼보리**
(阿耨多羅三藐三菩提)

무상정등정각(無上正等正覺), 무상정변지(無上正遍知) 등으로 번역하고 불법의 지혜를 체득한 최상의 깨달음을 말한다. 소승불교 경전에는 이 말이 없다. 대승경전에서 강조하는 이 말은 유심(唯心)의 불법사상으로 아공(我空), 법공(法空), 일체개공(一切皆空)을 이룬 진여 본성의 지혜를 체득한 여래나 부처가 되는 깨달음의 경지이다. 보살은 최상의 불법을 깨달아 체득하려는 원

선현기청분

력을 세우고 발심한 사람이다. 『금강경』에는 선남자 선여인이 아뇩다라삼먁삼보리를 이루고자 발심하여 보살이 되어 『금강경』의 법문을 수지 독송하면 곧 바로 여래가 되고 부처가 되는 법문을 설하고 있다.

### 응운하주(應云何住)

최상의 불법을 깨달아 체득하려고 발심한 사람은 어떠한 마음가짐으로 보살도를 실행하면서 지혜로운 삶을 살아야 하는가? 불법의 지혜로 보살도를 실천하는 방법을 문제로 제시하고 있다.

이 질문의 대답으로 『금강경』에는 아상(我相)·인상(人相)·중생상(衆生相)·수자상(壽者相) 등 사상(四相)을 텅 비우는 무상(無相)과 무주(無住)의 실천으로, 무아법을 깨달아 무생법인(無生法忍)을 체득하여 반야의 지혜와 자비심으로 보시와 인욕행 등의 보살도를 실행할 것을 누누이 강조하고 있다.

### 운하항복기심(云何降伏其心)

항복은 조복(調伏)과 같은 의미이다. 『법화경』「신해품」에 '방편 지혜의 힘으로 그 중생의 망심을 조복한다(以方便力 調伏其心)'라고 하며, 『유마경』에 '우치한 중생은 불심의 지혜로서 그 중생심을 조복한다' 혹은 '병이 있는 보살은 진여의 지혜(如來)로 그 중생심을 조복한다'라고 설한다. 자아의식으로 일어나는 중생의 번뇌 망념과 탐진치 삼독심을 불법의 지혜로 조복하고 항복시켜야 한다. 『금강경』에서는 반야지혜를 체득한 무상, 무주의 경지에서 진여 본성의 지혜로 보살도의 실행을 강조하고 있다.

『금강경』 3분, 4분, 17분 등, 중생심을 항복받는 법문에서, 14분에 가리왕이 신체를 갈기갈기 찢기는 고통(割截身體)에도 성내는 원한의 마음(瞋恨)을 일으키지 않고, 대상경계에 집착하는 망심을 일으키지 않게 된 것은 아상·인상·중생상·수자상이 없었기 때문에 가능하다고 설한다.

『금강경』의 중심 법문은 세 가지 문제 제기로 요약된다.

발심수행, 응운하주, 운하항복기심인데, 보리류지나 현장, 진제의 번역에는 '운하응주, 운하수행(云何修行), 운하항복기심'으로 되어 있다. 즉 보리류지는 '운하항복수행기심(云何降伏修行其心)'이라고 번역하고, 구마라집은 운하수행을 생략했다. 사실 운하수행은 운하응주와 운하항복기심에 포함되어 있으므로 생략해도 상관이 없다.

『금강경』의 법문에서 제시한 보살도에 대한 세 가지 과제에 대한 실천적인 방편법문은 4분에서 설한 '응여시주 여시항복기심(應如是住, 如是降伏其心)'이며, 17분에서는 '당생여시심(當生如是心)'으로 설하고 있다.

여시는 여법(如法), 여여(如如), 여실(如實), 불이(不二), 일여(一如)와 같고 진여 자성의 지혜작용을 말한다. 17분에서 '반드시 진여 자성의 지혜로 청정한 마음이 작용해야 한다(當生如是心)'라고 설한다. 즉 대승불법을 수행하고자 원력을 세우고 발심한 보살은 언제 어디서나 자각의 주체인 진여 자성(自燈明)이 여

응여시주(應如是住)

선현기청분

법하고 여실(法燈明)하게 청정심의 지혜작용으로, 대상경계에 집착하거나 착각하지 않고 시절인연에 따른 자기 본분사의 보살도(상구보리 하화중생)를 실행해야 한다.

응여시주(應如是住)를 4분에서 '단응여소교주(但應如所教住)'라고 한 것은, 반드시 불법의 가르침에 의거하여 여법하고 여실하게 진여의 자각적인 지혜로 살아야 한다는 뜻이다.

4분과 15분에서는 무소주(無所住)의 보시행을 강조하고, 14분과 10분에는 '마땅히 일체의 의식의 대상경계에 집착하는 마음이 없이 본심의 지혜로 보살도를 실행해야 한다(應無所住而生其心)'고 설한다. 17분에는 이상의 문제를 다음과 같이 설법한다.

그때에 수보리가 부처님께 여쭈었다.
"세존이시여! 선남자 선여인이 최상의 올바른 깨달음을 체득하고자 발심한 사람은 어떻게 (불법의 지혜로) 보살행을 하며, 어떻게 중생의 망심을 항복(조복)해야 합니까?"
부처님이 수보리에게 말씀하셨다.
"최상의 불법을 깨닫고자 발심한 선남자 선여인은 반드시 진여 본성의 지혜(여래)로 청정한 마음이 작용해야 한다(當生如是心). 나는 반드시 일체중생을 구제(멸도)하리라. 일체중생을 구제하였지만, 실제로는 한 중생도 구제한 중생이 없다는 사실을 알아야 한다.
왜냐하면 수보리여! 만약에 불법을 수행하는 보살이 자기 존재에 대한 의식이 있거나(아상), 인간으로서의 자기 존재를 의식하거나(인상), (오온으로 구성된) 중생이라는 자아의식이 있거나(중생상), 자신의 생명은 영원하다는 의식이 있으면(수자상) 불법을 수행하는 보살이라고 할 수가 없다. 수보리여! 그 이유가 무엇인가 하면, 진실로 최상의 불법을 깨닫고자 발심하는 것은 의식의 대상경계로 존재하는 것이 아니기 때문이다."

**여시항복기심**
(如是降伏其心)

진여 본성의 자각적인 지혜작용으로 중생심의 번뇌 망념을 항복시키는 수행이 되도록 하는 것을 말한다. 망념을 의식의 대상경계로 두고 항복받는 것이 아니다.

이와 같이 진여 본성의 자각적인 지혜작용으로 번뇌 망념이 일어난 사실을 불법의 지혜로 자각할 때 번뇌 망념은 소멸되는 것이며, 동시에 부처의 지혜작용이 실행하게 된다.

모든 번뇌를 다 소멸시키고 무학(無學)의 경지를 이룬 아라한은 탐진치(貪瞋癡) 삼독심(三毒心)과 오욕(五慾) 등 번뇌 망념의 도적을 전부 죽여버렸다는 의미로 살적(殺賊)이라고 한다.

성문·연각 이승(二乘)의 수행은 번뇌 망념을 떨쳐버리고 열반 해탈의 경지를 추구하는 것이고, 대승의 수행은 해탈 열반을 추구하는 것이 아니라, 진여의 자각적인 지혜로 중생심에서 불심으로 되돌아가는 것(上求菩提 下化衆生)이다.

진여법에서 불가사의한 진여 본성의 지혜작용을 진공묘유(眞空妙有)라고 하고, 선에서는 진여 본성의 자각으로 중생심을 죽이는 살인도(殺人刀)가 됨과 동시에 진여의 자각적인 지혜작용을 되살리는 활인검(活人劍)이라고 한다. 번뇌 망념의 중생심을 불법의 가르

선현기청분

침에 의거하여 자각할 때에 진여의 지혜가 작용하여 번뇌 망념을 소멸시키게 됨과 동시에 부처의 지혜가 작용하게 된다.

살인도와 활인검, 상구보리와 하화중생이 자각성지(自覺聖智)로 동시에 실행하게 된다. 진여의 지혜작용이기에 불이법문이 된다.

불법의 수행체계에서 수행을 범어로 bhavana(바와나)라고 하며, 의미는 본래의 상태로 되돌아가는 것, 혹은 본래의 상태에서 작용하게 하는 것이다. 즉 중생심을 자각하여 진여의 근본으로 되돌아가도록 하는 것이며, 진여의 여법한 생명활동(지혜작용)이 되도록 하는 것이다.

그래서 불법의 수행구조를 환원성이라고 하고, 귀가온좌(歸家穩坐), 귀가득지(歸家得旨)와 같이 진여의 근본인 본심의 집으로 되돌아가는 환귀본처(還歸本處)이며 귀가(歸家), 귀명(歸命), 귀의(歸依)도 같은 뜻이다.

여시항복(如是降伏)은 진여의 자각적인 지혜로 여법하게 시절인연에 따른 자기 본분사의 생명활동으로 사는 것, 즉 불법의 깨달음으로 중생심을 진여 본심으로 전환시키는 자각수행을 말한다.

『금강경』13분에 '여래란 곧 제법의 생명활동과 같은 뜻(如來者卽諸法如義)이다'에서 여시와 여법은 물이 흐르고 꽃이 피는 것(水流花開)처럼, 제법이 진여의 여법한 생명활동과 같은 자연법이(自然法爾)의 의미이다. 부처와 보살은 진여의 지혜로 여법하게 자기 본분사의 생명활동으로 보살행을 하고, 반야의 지혜로서 중생심을 조복하고 항복하라는 법문이다.

10분에 '모든 보살마하살은 반드시 진여 자성의 지혜작용인 청정한 마음으로 보살행을 실행해야 한다(諸菩薩摩訶薩 應如是生淸淨心)'고 하며, 14분에도 '보살은 일체중생에게 이익이 되도록 반드시 진여의 여법한 지혜로 보시행을 해야 한다(應如是布施)'고 했다.

17분에 『금강경』에서 제시한 발심(發心)과 응주(應住), 항복(降伏)의 세 가지 문제에 대하여 '당연히(마땅히) 여시심을 일으키도록 해야 한다(當生如是心)'고 결론적인 입장을 설한다.

31분에 '수보리여! 최상의 불법을 깨닫도록 발심한 사람(아뇩다라삼먁삼보리심자)은 일체의 모든 의식의 대상경계(法)를 당연히 진여의 지혜로 여법하게 알고(如是知), 진여의 지혜로 여실하게 보며(如是見), 진여의 지혜로 불법을 신해(如是信解)하여 의식의 대상경계(法相)에 중생의 분별심을 일으키지 말아야 한다'라고 설한다.

- 여시(如是)를 '이와 같이'로 번역하면 구체적으로 어떻게 보살행을 실천해야 하는지 알 수가 없다.

4분에서 '반드시 의식의 대상경계에 집착하지 말고 보시행을 실행해야 한다(應無所住 行於布施)'고 하고, 10분에서는 '반드시 의식의 대상경계에 집착하지 말고 진여 본심의 지혜로 실행해야 한다(應無所住 而生其心)'고 하며, 14분의 '반드시 일체의 대상경계에 집착하지 않는 진여의 본심으로 보살행을 실행해야 한다(應生無所住心)'는 설법은 모두 진여 본성의 지혜작용으로 여법하고 여실하게 보시행을 하고 보살도를 실천해야 한다는 법문이다.

『유마경』의 '일체의 모든 의식의 대상경계에 망념을 텅 비우고, 의식하지 않고, 조작과 목적의식 없이(空, 無相, 無願) 자기 본분사의 원력행으로 생명활동(진여의 지혜작용)을 할 뿐이다'라는 삼해탈(三解脫)의 법문도 똑같은 의미이다.

- 삼해탈의 법문은 『대지도론』 89권 (『대정장』 25권 (688쪽 下) 참조

선현기청분

## 3 대승정종분
大乘正宗分

佛告 須菩提.
불고 수보리

諸菩薩摩訶薩 應如是降伏其心. 所有 一切
제보살마하살 응여시항복기심 소유 일체

衆生之類. 若卵生 若胎生 若濕生 若化生. 若
중생지류 약난생 약태생 약습생 약화생 약

有色 若無色. 若有想 若無想. 若非有想非無想.
유색 약무색 약유상 약무상 약비유상비무상

我皆令入 無餘涅槃 而滅度之.
아개영입 무여열반 이멸도지

如是滅度 無量無數無邊衆生. 實無衆生 得滅
여시멸도 무량무수무변중생 실무중생 득멸

度者.
도 자

何以故. 須菩提. 若菩薩 有我相 人相 衆生相
하이고 수보리 약보살 유아상 인상 중생상

類【류】무리, 종류
若【약】같다, 만약
卵【란】알
胎【태】태
濕【습】습기, 축축하다

餘【여】남을, 남다, 넉넉하다
涅【열】개흙, 경전에서는 니르바나
　　　의 음사어인 열반으로 쓴다
般【반】돌다, 나르다, 옮기다
滅【멸】멸하다, 없어지다, 끄다

# 3
# 대승불교의 근본 종지

부처님께서 수보리에게 말했다.

"불법을 수행하는 보살들은 반드시 각자 진여 본성의 자각적인 지혜(여래)로 번뇌 망념의 중생심을 잘 항복시켜 본래의 마음으로 평안한 삶을 살아야 한다.

이 세상에 존재하는 일체중생의 종류로는 새와 같이 알에서 태어난 중생, 소나 말과 같이 모태에서 태어난 중생, 벌레나 모기와 같이 습기에서 태어난 중생, 천상(諸天)에서 자체적인 변화로 이루어진 중생, 형체나 모양이 있는 중생, 형체나 모양이 없는 중생, 의식의 사고가 있는 중생, 의식의 사고가 없는 중생, 의식의 사고가 있는 것도 없는 것도 아닌 중생들이 있다.

나는 이러한 일체의 모든 중생들이 번뇌 망념이 없는 완전한 깨달음의 세계인 열반의 경지를 체득하도록 중생들을 제도하였다.

이와 같이 한량없고 끝이 없는 수많은 중생들의 번뇌 망념을 소멸시키고, 완전한 깨달음으로 자취나 흔적도 없는 무여열반(無餘涅槃)의 경지를 체득하도록 중생들을 제도하였지만, 실제로 (내 의식 속에는) 제도한 중생은 한 사람도 없다.

왜냐하면 수보리여! 만약 불법을 수행하는 보살이 자기 존재에 대

---

數 【수, 삭】 세다, 헤아리다, 수, 자주
邊 【변】 갓, 가장자리, 끝

대승정종분

壽者相. 卽非菩薩.
수 자 상   즉 비 보 살

**壽【수】** 목숨, 수명

한 자아의식이 있거나, 인간으로서의 자기 존재를 인식하거나, 오온(五蘊)으로 구성된 중생이라는 자아의식이 있거나, 자신의 생명은 영원하다는 의식이 있다면 불법을 수행하는 보살이라고 할 수가 없기 때문이다."

**보살마하살**
(菩薩摩訶薩)

• 2분의 29쪽 보살 항목 참조

• 『대품반야경』「금강품」(『대정장』 8권 243쪽 中) 참조

마하살(摩訶薩)은 범어로 maha-sattva(마하사뜨와)이며, 마하살타(摩訶薩埵, maha-sattva)라고도 한다. 대보리심의 원력을 발원한 사람이라는 의미로 보살의 존칭어이다.• 중국에서는 대심(大心), 대사(大士), 대중생(大衆生), 대유정(大有情)이라고도 번역한다.

10분에 '보살마하살은 반드시 진여의 여법한 지혜로 청정한 마음을 작용하도록 해야 한다'고 설한다.•

『법화경』「비유품」에 다음과 같이 설한다.

만약 어떤 중생이 부처님의 설법을 듣고 신수(信受)하고 부지런히 정진하여 일체지(一切智), 불지(佛智), 자연지(自然智), 무사지(無師智), 여래 지견(知見), 십력(十力)과 두려움 없는 경지를 구하여서, 한량없는 중생들을 가엽게 여겨 안락하게 하고, 천인(天人)을 이익되게 하며, 일체중생을 제도하여 해탈하도록 하는 것을 대승보살이라고 한다. 또 대승의 불법을 구하려고 하기에 마하살이라고 한다.

**응여시항복기심**
(應如是降伏其心)

10분에 '모든 보살마하살은 당연히 진여 자성의 지혜작용인 청정한 마음으로 보살행을 해야 한다(諸菩薩摩訶薩 應如是生淸淨心)'고 한 것은 대승의 불법을 수행하는 보살들은 당연히 진여 자성의 지혜로 여법하고 여여한 생명활동으로 중생심의 번뇌 망념을 항복시키고 조복할 수 있는 능력을 구족해야 한다는 뜻이다.

불법 수행은 중생심으로는 불가능하며, 중생심을 항복받는다고 하는 것은 불법의 가르침에 의거하여 중생심의 번뇌 망념을 자각하여 진여의 본성으로 되돌아가는 것이다.

불교의 수행을 범어로 bhavana(바와나)라고 하는데, '본래의 상태로 되돌아가는 것', 혹은 '본래의 입장이 되도록 하는 것'이라는 의미이다. 불교는 번뇌 망념의 중생심에서 진여 자성의 근본으로 되돌아가는 환원성의 종교이다. 수행의 방향은 중생심에서 진여 본성의 근본으로 되돌아가는 것이고, 방법은 자각을 통해서만 이루어진다. 여법한 진여의 지혜로운 삶은 자각성지(自覺聖智)로서 이루어지는 것이다.

곽암(廓庵)의 『십우도(十牛圖)』는 이러한 선수행의 실천사상을 토대로 만들어졌는데, 본래 자기 집에 있던 소가 무명 불각(無明 不覺)으로 인해 번뇌 망념의 숲(稠林)에 빠진 소를 찾는 구도로 만들어졌다. 아홉 번째 반본환원(返本還源)은 환본환원(還本還元), 귀근(歸根), 귀가(歸家), 귀향(歸鄕), 귀진(歸眞)과 같이 진여 본성으로 되돌아간다는 의미이다.

선에서는 귀가온좌(歸家穩坐), 환귀본처(還歸本處)라고 하며, 안신입명(安身立命)과 같은 의미이다. 『법성게』에서 '귀가수분득자량(歸家隨分得資量)'이라고 읊고 있다.●

● 2분의 35쪽 여시항복기심 항목 참조

**일체 중생지류**
(一切 衆生之類)

일체중생은 탐진치 삼독심으로 삼계에 윤회하는 번뇌 망념의 중생을 총칭한다. 따라서 일체중생이란 중생

대승정종분

심의 번뇌 망념의 종류를 말한다. 중생심을 떠나서 삼계라는 세계나 여러 종류의 중생이 존재하지 않기 때문이다.『금강경』에서 설하는 아홉 종류의 중생도 역시 중생심의 의식 속에서 분류한 중생이라는 사실을 잘 알아야 한다. 불교의 세계관과 법계도 역시 마찬가지이다.

『사홍서원』에 '중생무변서원도 번뇌무진서원단(衆生無邊誓願度 煩惱無盡誓願斷)'의 원력은, 불법의 진실을 깨달아 자각하지 못한 무명 불각의 번뇌 망심으로 업장을 만드는 중생심을 말한다.

중생을 제도하고 번뇌를 끊는다는 서원은, 불법의 가르침에 의거하여 각자 마음속에 일어난 번뇌 망념을 자각하여 진여 본성의 자각적인 부처의 지혜작용으로 발심 수행(항복)하여 보살도를 실행하는 것이다.

'여래 선호념제보살 선부촉제보살(如來 善護念諸菩薩 善付囑諸菩薩)'도 진여 본성이 자각적인 지혜작용으로 번뇌 망념의 중생을 제도한다는 의미이다. 어떤 부처나 보살이 자신의 중생심을 제도하고 번뇌를 끊어주는 것이 아니고, 또한 내가 그렇게 해 줄 수 있는 것이 아니다. 각자가 여법수행으로 불법을 개시하여 자각성지(自覺聖智)를 이루는 일이 상구보리요 하화중생이며, 보살도를 실행하는 원력이 동시에 성취되는 일이다.

**사생(四生)**

『구사론』제8권에서 난생(卵生)은 유정의 종류로 알에서 태어나는 비둘기·공작새·앵무새·기러기 등이고, 태생(胎生)은 태장(胎藏)에서 태어나는 코끼리·말·소·돼지·양과 같은 동물이며, 습생(濕生)은 벌레·모기 등이고, 화생(化生)은 지옥(那落迦)이나 천상(諸天)·중유(中有)와 같이 업장으로 인해 태어나는 것을 말한다.•

『법화경』「비유품」에 사리불이 부처님의 설법을 듣고 '오늘에서야 진실로 불자로서 부처의 법문을 듣고 태어났으며(從佛口生) 법에 의거하여 화생(從法化生)하였고, 불법의 한 부분(分)을 체득했음을 알았습니다'라고 말한다. 정토경전에서 설하는 왕생도 『법화경』의 종법화생(從法化生)과 같으며, 중생이 불법의 가르침에 의거하여 방편을 수행함과 동시에 진여 본성을 체득하는 여래로 화생한다는 의미이다.

『법화경』「약왕보살본사품」에 여인이 정토에 왕생하고, 「제바달다품」에 여덟 살 용녀가 남자의 몸으로 변화하여 성불했다고 한다. 참고로 『유가론(瑜伽論)』 84권에 '대사자(大師子), 구소생(口所生), 법소생(法所生), 법소화(法所化), 법등분(法等分)'이 보인다.

사생(四生)은 욕계(欲界), 유색(有色)은 색계천(色界天), 무색(無色)은 무색계천(無色界天), 유상(有想)은 공무변처(空無邊處)·식무변처(識無邊處, 識處天), 무상(無想)은 무소유처(無所有處, 無所有處天)를 말한다. 비유상비무상(非有想 非無想)은 유정(有頂)에 포섭된 것(所攝)으로 비상비비상천(非想非非想天)에 배치하고 있다.•

• 『대정장』 29권 43쪽 下. 『증일아함경』 17권(『대정장』 2권 632쪽)을 참조

• 『금강반야바라밀경파취착불괴가명론(金剛般若波羅蜜經破取着不壞假名論)』卷上(『대정장』 25권 887쪽 下) 및 『주해(註解)』(『대정장』 33권 229쪽 上) 참조

대승정종분

## 무여열반(無餘涅槃)

무여열반은 범어로 anupadhisesa-nirvana(아누빠디세싸 니르와나)이고, 일체의 번뇌가 없는 영원한 평안이라는 의미이다. 열반(nirvana)이란 중생심의 번뇌 망념의 속박에서 해탈하여 다시는 미혹의 생사윤회에 떨어지는 업장을 만들지 않는 완전한 깨달음의 경지를 이루는 것이다.

『숫따니빠따』(1089)에 '이 세상에서 보고 듣고 생각하고 식별한 즐거움의 대상인 사물들에 대하여 욕망과 탐욕을 제거하는 것이 불멸의 경지인 열반의 경지이다'라고 설한다.

중생심의 번뇌 망념을 완전히 소멸시키는 것이 열반의 경지를 체득하는 것이라고 하지만, 열반이라는 의식의 대상경계(法執, 法有)가 남아 있기 때문에 『법화경』에서는 완전한 열반(眞滅)이라고 할 수 없다고 설했다.

무여열반은 중생의 생사심, 생멸심을 완전히 초월하여 불성의 지혜작용을 실행하는 것이다. 대승불교에서는 열반을 진여실상(眞如實相) 제법실상(諸法實相)과 같은 의미로, 진여 본체(本體), 혹은 실재(實在)와 같은 입장으로 본다. 그래서 자성청정(自性淸淨) 열반과 무소주(無所住) 열반을 설한다. 자성청정 열반은 진여 자성의 이법(理法)이고, 무소주 열반은 열반의 경지에 안주하지 않는 진여 본성의 지혜작용이 있기 때문에 생사 망념에도 머무르거나 집착하지 않는다.

『대반열반경』 25권 「고귀덕왕보살품」에 다음과 같이 설한다.

"선남자여! 번뇌 망념을 끊는 것을 열반이라고 할 수 없다. 번뇌 망념을 일으키지 않는 것이 곧 열반인 것이다."

또다시 설했다.

"선남자여! 제불 여래는 번뇌를 일으키지 않는 것을 열반이라고 설한다."

진여 본성의 지혜작용은 청정심이기에 본래 끊어야 할 번뇌 망념도 없다. 또한 열반의 경지에 든다고 하지만, 들어갈 대상도 없다. 번뇌나 열반은 실체가 있는 것이 아니라 임시방편의 말로 번뇌, 보리, 열반, 해탈이라고 설할 뿐이다.

그래서 『유마경』에 '번뇌를 끊지 않고 열반에 든다'고 설한 것은, 소승불교처럼 번뇌를 끊고 열반에 드는 것이 아니라, 번뇌와 열반이라는 구별과 차별, 집착을 모두 함께 텅 비워야 진여의 근본으로 돌아가는 열반의 경지를 이룬다는 법문이다.

『유마경』에 '생사즉열반 번뇌즉보리(生死卽涅槃 煩惱卽菩提)'라는 불이법문(不二法門)은 불법의 근본인(第一義) 진여 자성의 지혜작용을 설한 법문이다.

『금강경』 32분의 법문은 대승보살도의 무여열반을 대변한다.

다른 사람에게 어떻게 설법해야 하는가?

어떤 사물의 모양이나 형상(의식의 대상경계)에도 집착하지 말고, 진여 자성의 지혜로 동요되는 일이 없이 확신을 가지고 여법하고 여여하게 여래의 가르침을 전해야 한다.

즉, '중생의 의식 대상경계에 나타나는 모든 법(인연따라 이루어진 모든 존재에 대한 인식)은 꿈, 환상, 물거품, 그림자와 같고, 이슬, 번갯불과 같아서 자성이 없고 실체가 없는 것이다'라고 한 것은 당연히 진여 본성의 지혜로 관찰해야 한다는 의미이다.

『반야경』 등에서도 '일체의 모든 존재(제법)는 독자적인 개체의 본성이 없고(無自性) 실체가 없고 공한 것이다'라는 비유로 경중상(鏡中像), 수중월(水中月), 양염(陽炎), 건달바성(신기루), 토끼의 뿔, 거북의 털에 비유해서 설한다.

『반야심경』의 색즉시공 공즉시색(色卽是空 空卽是色)에서 공(空)의 법문은 사물의 존재(色) 그 자체가 바로 공하다는 것이 아니며, 또한 공한 것이 곧바로 물질의 존재(色)가 된다는 말이 아니다.

이렇게 글자대로 해석하면 유심철학의 불교를 유물론으로 전락시키는 오류를 범하게 되어 진여의 지혜가 실행되는 여법수행을 할 수가 없다.

불법은 심법(心法)이며, 진여 일심(一心)의 여법한 지혜작용이 되도록 하는 법이다. 반야의 지혜는 유심의 철학체계 위에서만 실천할 수 있는 법문이다.

『화엄경』에서 '일체유심조(一切唯心造)' 혹은 '심여공화사(心如工畵師)'라고 한 것은, 중생심의 조작으로 일체의 모든 사물을 인식하고 판단하는 것이 유심철학이며, 중생은 자기중심으로 의식에 나타난 대상경계나 사물의 존재를 인식하고 분별하고 판단하는 습성을 말한다.

중생이 불법에 의거하여 여법하게 자각하지 못한 것을 무명 불각(無明 不覺)이라고 하며, 무명 불각은 불교의 지식과 가르침을 모르는 것이 아니라 잘 알고 있을지라도 지금 여기 자신의 삶을 실행하는 곳에서 여법하게 자각하여 진여의 지혜를 작용하지 못하는 것이다.

따라서 불법을 깨닫지 못한 무명 불각의 중생심으로 사물의 존재(色)를 인식하는 것은 의식 속에 나타난 대상경계일 뿐이다. 눈앞에 존재하는 물질을 공하게 하는 것이 아니라, 의식의 대상경계(色)를 공하게 하는 법문이다. 의식의 대상경계로 나타난 물질(色)은 실체가 없고, 자성이 없고, 공한 것이다.

일심(一心)의 법문은 자아의식과 자기중심으로 인식하는 중생심을 텅 비우는 아공(我空)과, 거울에 비친 영상(鏡中像)과 같이 실체가 없다. 중생심과 의식의 대상경계를 텅 비운 아공·법공의 경지에서, 진여의 지혜가 일체의 대상경계에 걸림 없이 여법하고 무애자재하게 작용하는 것이 색즉시공이며 공즉시색이다.

예를 들면, 젓가락(色)으로 식사를 하면서도 젓가락을 가지고 있다는 의식을 하지 않고(我空) 젓가락을 자유롭게 활용하여 식사(法空)를 하는 것이다.

『법화경』「방편품」에 '사리불이여! 내가 방편을 시설하여 모든 고통을 소멸하는 도를 설하여 열반을 제시하였다. 내가 비록 열

대승정종분

반을 설하였지만, 이것은 진실된 멸도(非眞滅, 열반)가 아니다. 제법은 본래부터 항상 저절로 적멸상(寂滅相)이니 불자가 불도를 행하면 내세에 부처가 되리라(諸法從本來 常自寂滅相, 佛子行道已, 來世得作佛)'고 설한다.

또 「비유품」에도 '세존께서 저(사리불)의 마음을 아시고 사견(邪見)을 없애고 열반을 설해 주셨습니다. 저는 사견을 모두 없애고, 공법(空法)을 깨달아 증득했습니다. 그때 저 혼자 생각하기를 멸도(열반)의 경지에 도달했다고 여겼는데, 이제야 스스로 이것은 진실된 열반(滅度)이 아님을 깨달았습니다'라고 고백하고 있다.

여기 『법화경』에서 소승 수행자들에게 방편법문으로 소승의 열반과 대승의 열반을 구분하여 설했다. 소승의 열반은 중생의 사견과 번뇌 망념(所知障과 煩惱障)을 완전히 소멸시켜 적멸(滅, 열반)의 경지를 구하려고 한다.

소승불교에서 최고의 성자를 아라한(阿羅漢)이라고 하는데, 이것은 번뇌 망념의 도적을 완전히 죽인 자라는 의미로 살적(殺賊)이라고도 한다. 번뇌를 소멸시키고 얻은 해탈, 열반의 경지는 취사선택의 목적이 되는 대상경계로 남아 있기 때문에 법유(法有), 법집(法執)의 열반이 된다.

특히 소승불교는 대승불교에서 주장하는 일체유심조나 만법유심(萬法唯心)의 유심사상이 없기 때문에 완전한 아공, 법공, 일체개공(一切皆空)의 경지를 깨달아 무생법인(無生法忍)을 체득할 수 있는 실천사상이 없다. 무아설을 통한 아공은 깨달아 체득하여 자리(自

利)적인 열반의 경지를 구하지만, 열반의 경지라고 생각하는 의식의 대상경계를 유심의 실천사상으로 텅 비우는 법공의 경지를 체득하지 못하기 때문에 소승의 열반은 법유, 법집의 열반이 된다.

또 소승불교에서는 불법을 자각한 지혜작용의 주체인 불성사상이 없기 때문에 불성을 깨닫지 못하므로 번뇌를 끊어 중생의 고통(苦)을 벗어난 열반의 즐거움(樂)이나, 번뇌를 소멸하여 청정(淨)한 경지를 깨달았다고 하지만, 대승불교에서 설하는 상(常)·낙(樂)·아(我)·정(淨)의 열반 사덕(四德)을 지혜작용으로 실행할 수가 없다.

말하자면, 소승의 열반은 대승불교에서 설하는 유심의 사상으로 아공·법공을 실행하여 반야의 지혜를 구족할 수가 없기에 완전한 열반이라고 할 수가 없고, 또한 불성사상이 없기 때문에 불성을 깨달은 지혜작용인 열반 사덕(四德, 常樂我淨)을 구족하지 못하는 것이다.

일체의 제법이란, 출세간의 부처와 세간의 중생세계에서 함께 이루어진 연기법의 세계이다. 사실 번뇌란 여러 가지 인연관계 속에서 일어나는 것이며, 본래 자기 자신의 청정한 것만으로는 존재할 수가 없다.

또한 반야의 지혜를 실행하는 자각의 주체인 불성을 깨달아 열반의 사덕이라는 상락아정(常樂我淨)의 부처의 지혜작용을 실행한다.

불성(진여자성)이 아공·법공으로 일체제법이 모두 공한 사실을 깨달아 체득한 진공(眞空)과 부처의 지혜와 자비로 불법을 건립하는 진여의 지혜작용(妙有)이 『법화경』에서 설하는 제법실상(諸法實相)의 열반이다.

『법화경』「약초비유품」에 '(번뇌의 속박을 벗어난) 해탈상(解脫相)이란, 업장을 여읜 이상(離相), 생사심을 소멸시킨 멸상(滅相)이며, 구경열반으로 항상 적멸상(寂滅相)이며, 결국에는 공으로 되돌아가는 것이다'라고 설했고, 『금강경』 7분에 '일체 현성은 무위법으로 차별한다', 10분의 '응무소주 이생기심(應無所住 而生其心)', 『유마경』에서는 '무주의 근본에서 일체법을 건립한다'고 설했다.

『반야심경』의 색즉시공 공즉시색이나, 『유마경』의 처렴상정(處染常淨)이라는 설법은 대승 열반의 법문으로 잘 이해해야 한다. 진여(第一義)의 근본에서 일체의 모든 법을 여법하고 여실하게 분별하는 부처의 지혜작용이 대승의 열반이다.

이러한 대승불법의 사상을 『금강경』 14분과 17분에서는 무실(無實)과 무허(無虛)로 설하며, 『대승기신론』에서 진여의 공과 불공(不空)의 논리로 설명하고 있다.

• 14분의 188쪽 무실무허 항목 참조

**멸도(滅度)**

멸(滅)은 중생의 생멸심이 완전히 소멸되어 없어진 것이며 도(度)는 피안에 도달한 것, 즉 멸도란 불법을 깨달아 열반의 경지를 체득한 것이다. 경전에서는 부처가 불법의 법문이나 자각으로 번뇌 망념의 중생을 완전한 열반의 경지를 체득하도록 한 중생제도를 말한다. 멸도는 구마라집이 번역한 『법화경』과 『유마경』에 많이 보인다. 승조의 『조론(肇論)』에는 생로병사의 번거로움이 완전히 없어지고 욕망(欲), 의식의 대상경계(有), 자기 견해(見), 불법의 진실을 알지 못한 무지 무명의 흐름을 초월한 경지라고 한다. 17분●과 25분●에서도 언급하고 있다.

- 17분의 242쪽 멸도 항목 참조
- 25분의 314쪽 참조

4상은 아상(我相), 인상(人相), 중생상(衆生相), 수자상(壽者相)을 이른다.

**사상(四相)**

아상 : 자아(atman, 영혼)의 영원불변한 실체가 있다고 생각하는 자아의 식이다.

인상 : 지옥·아귀·축생·인간·천상·아수라 등 육도윤회하는 중생 가운데 인간으로서의 자아 존재의 개체(jiva)나, 인간 개인(pudgala)으로서 자아의 존재의식을 가지고 있는 것이다.

중생상 : 색(色)·수(受)·상(想)·행(行)·식(識), 오온(五蘊)으로 구성된 중생으로서의 자아는 살아 있는 존재(sattva)라는 고정된 자아의 식을 가지고 있는 것이다.

수자상 : 자아의 존재는 영원불변하다는 고정된 관념의 자아의식을 가지고 있는 것이다.

불교는 자아의 실체라고 주장하는 영혼은 존재하지 않는다는 무아(無我)를 제시하고 있다. 불교의 핵심사상인 삼법인(三法印)에서 처음으로 주장하는 일체의 모든 존재는 자아의 실체란 존재하지 않는다는 제법무아(諸法無我)이다.

대승정종분

대승불교에서는 유심의 철학사상을 토대로 자아의 존재를 부정하는 아공(我空)과 의식의 대상경계도 실체가 없다는 법공(法空)을 제시하며, 일체의 모든 법은 공(一切皆空)하며, 독자적인 실체의 본성은 없다고 무자성(無自性), 무실체(無實體)를 주장한다.

『금강경』의 법문은 공사상의 실천으로 금강과 같은 반야의 지혜를 깨달아 체득하도록 공의 실천을 강조하는 법문으로 아상·인상·중생상·수자상이라는 자아의식의 관념을 텅 비우도록 설한 것이다.

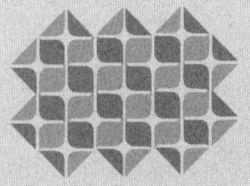

## 4 묘행무주분 妙行無住分

復次 須菩提. 菩薩於法 應無所住 行於布施.
부차 수보리 보살어법 응무소주 행어보시

所謂 不住色 布施. 不住聲香味觸法 布施.
소위 부주색 보시 부주성향미촉법 보시

須菩提. 菩薩 應如是布施 不住於相.
수보리 보살 응여시보시 부주어상

何以故. 若菩薩 不住相 布施. 其福德 不可思量.
하이고 약보살 부주상 보시 기복덕 불가사량

復【부】다시, 거듭
　　【복】회복하다
於【어】어조사
施【시】베품, 베풀다
聲【성】소리, 음성

觸【촉】부딪치다, 접촉, 촉감

# 4 집착 없는 보살의 보시행

"또한 수보리여! 불법을 수행하는 보살은 자아의식과 의식의 대상경계(法)인 사물에 마음을 두거나 집착하는 일이 없이 남에게 베푸는 보시행을 해야 한다. 다시 말하면 의식의 대상경계인 사물의 모양이나 모습을 의식하여 집착하는 망심(妄心)을 가지고 보시행을 해서도 안 되며, 듣기 좋고 나쁜 소리를 의식하여 분별하는 망심을 가지고 보시행을 해서도 안 되며, 향기나 냄새를 의식하고 집착하는 망심을 가지고 보시행을 해서도 안 되며, 음식 맛에 탐착하는 망심을 가지고 보시행을 해서도 안 되며, 몸의 촉감을 의식하고 애착하는 망심을 가지고 보시행을 해서도 안 된다.

어떠한 자아의식과 의식의 대상경계(법)인 사물에도 집착하는 망심(妄心) 없이 베푸는 보시행을 실천해야 한다. (소리나 향기나 맛이나 촉감이나 의식의 대상경계에 집착하는 망심을 가지고 보시행을 해서는 안 된다)

수보리여! 불법을 수행하는 보살은 이와 같이 진여 본성의 지혜작용으로 여법하게 보시행을 실행해야 한다. 따라서 어떤 물질적인 존재나 사물의 형상을 의식하는 대상경계(相)에 집착하는 망심을 가지고 남에게 베푸는 보시행을 해서는 안 된다.

왜냐하면 만약에 불법을 수행하는 보살이 어떠한 물질적인 존재나

묘행무주분

須菩提. 於意云何. 東方虛空 可思量不.
수보리 어의운하 동방허공 가사량부

不也世尊.
불야세존

須菩提. 南西北方 四維上下 虛空 可思量不.
수보리 남서북방 사유상하 허공 가사량부

不也世尊.
불야세존

須菩提. 菩薩 無住相 布施 福德. 亦復如是
수보리 보살 무주상 보시 복덕 역부여시

不可思量. 須菩提. 菩薩 但應如所敎住.
불가사량 수보리 보살 단응여소교주

---

可【가】 ~할 수 있다, 가능성, 옳다
維【유】 벼리, 밧줄, 바탕, 기초
但【시】 다만, 오로지
應【응】 마땅히, 응하다, 대답하다

사물의 모습을 인식하는 의식의 대상경계(法)에 집착하는 망심을 갖지 않고 남에게 베푸는 보시행을 실천한다면 그의 복덕은 중생심으로는 헤아리거나 생각할 수가 없이 많다.
수보리여! 그대의 생각은 어떠한가? 동쪽 허공의 크기를 사량 분별하여 그 크기를 알 수가 있겠는가?"
수보리가 대답하였다. "사량 분별하여 알 수가 없습니다."
"수보리여! 동서남북의 사방과 그 사이 사이의 방향(間方)이나, 그리고 상 하, 시방(十方) 허공의 크기를 사량 분별하여 그 크기를 알 수가 있겠는가?"
수보리가 대답했다. "사량 분별하여 그 크기를 알 수가 없습니다. 세존이시여!"
"수보리여! 불법을 수행하는 보살이 어떤 사물의 모습을 인식하며, 의식의 대상경계에 집착하는 망심을 갖지 않고 남에게 베푸는 보시행을 실천한다면 그 복덕은 (중생의 사량분별심으로) 헤아릴 수 없고, 생각할 수도 없이 많다. 수보리여! 불법을 수행하는 보살은 이와 같이 경전에서 설법한 법문처럼 여법하게 자아의식과 어떠한 의식의 대상경계에도 집착하는 망심을 일으키지 않고 보살행을 해야 한다."

묘행무주분

## 보살(菩薩)

보살은 각유정(覺有情)이라 번역하고, 불법을 여법하게 수행하여 번뇌 망념을 자각(깨달음)하는 수행자라는 뜻이다. 번뇌 망념을 자각하면 깨달음을 이루고, 자각하지 못하면 중생이다.『대지도론』제4권에 '보리(菩提)는 제불(諸佛)의 도(道)라고 하고, 보살을 중생, 혹은 대심(大心)이라고 한다. 보살의 마음에 불도의 공덕을 체득하려고 하며, 모든 법을 차단하지도 않고, 타파하지도 않는 모습이 금강산과 같다고 해서 대심이라고 한다'● 라고 했다. 또 '보살은 스스로 불도를 깨닫고 또한 다른 사람들에게도 깨닫게 하기 때문에 보살이라고 하며, 반드시 부처가 되기 때문에 보살이다'● 라고 설명한다.

● 『대정장』 25권 86쪽 上

● 『대정장』 25권 86쪽 下

## 보시(布施)

보시는 범어 dana(다나)의 음역으로, 남에게 물건이나 법문을 베풀고 희사(喜捨)하는 것, 은혜를 베푸는 것, 지혜와 자비를 중생에게 베푸는 보살행을 말한다. 재시(財施)는 신도가 출가 수행자에게 음식, 옷, 약품, 주거지 등을 베푸는 것이고, 법시(法施)는 출가자 혹은 불법을 체득한 선지식이 일반 사람들에게 진실의 법문을 설하여 불법을 깨달아 체득하도록 하는 것이다.

『금강경』에서는 재시의 비유로 칠보(七寶)를 갠지스 강(항하)의 모래알처럼 많이 베풀고, 갠지스 강의 모래알만큼 많은 신명(身命)으로 보시하는 것에 비유하고 있다. 또 법시는 『금강경』의 수지 독송과 경전의 요지를 사구게(四句偈)로서 남에게 설법하여 불법의 대의를 깨닫도록 하는 공덕을 말한다.

무외시(無畏施)는 보살이 불법을 설하여 중생들의 불안, 근심, 걱정, 두려움, 공포 등의 번뇌 망념을 없애주고 몸과 마음을 평안하게 해 주며 지혜와 자비를 실천하는 중생교화의 보살도이다.

14분에 '만약 어떤 사람이 『금강경』의 법문을 듣고 놀라지 않고, 무서워하지 않고, 두려워하지 않는다면 이 사람은 가장 희유한 불법을 깨달아 체득한 사람임을 알 수 있다'고 설한다.

『대승기신론』에는 보시바라밀을 다음과 같이 설한다.

그러면 어떻게 보시바라밀을 실천 수행해야 하는가?

만약 어떤 사람의 집에 구걸하는 자가 왔다면 있는 재물을 힘이 닿는 데까지 나누어주며, 자신의 간탐하는 마음을 떨쳐버리고, 상대방을 기쁘게 하라(財施).

또 만일 어떤 사람이 재난을 당해서 공포에 떨며, 또 절박한 일로 어려운 곤경에 직면했을 때, 자신의 힘으로 감당(堪任)할 수 있는 능력껏, 그 사람이 불안하고 두려운 마음이 없도록(無畏) 하며, 편안한 마음이 될 수 있도록 하라(無畏施).

또 어떤 사람이 찾아와서 불법의 가르침을 구한다면 그 사람에게 불법의 가르침을 설하라(法施).

그러나 결코 자신의 명예나 이익을 추구하거나 상대방에게 공경을 요구해서는 안 된다. 오로지 자기 자신에게도 이롭고, 다른 사람에게도 도움이 될 수 있는 일만을 생각하며, 그 보시바라밀의 공덕을 일체중생들에게 깨달음의 지혜로 회향하여 나누도록 하라(回向菩提).

**무소주(無所住)**

무주(無住)와 같으며, 자신의 몸과 마음뿐만 아니라, 중생심으로 작용하는 자아의 주관적인 인식과 의식의 대상경계에 집착하지 않는 것이다. 의식의 대상경계는 거울에 비친 영상과 같이 실체가 없고 자성이 없으며, 공(空)한 것이기 때문에 허상(虛像)이다. 중생은 이러한 사실을 깨닫지 못한 무명 불각(無明 不覺)으로 그 허상을 실상으로 착각하고 집착하며 추구하려고 한다.

『금강경』의 무주(無住), 무상(無相)의 법문은 이러한 중생의 무지 무명과 전도몽상, 오해와 착각을 떨쳐버리고, 진실된 사실을 여법하고 여실하게 반야의 지혜로 깨달아 체득하도록 설한다.

『금강경』의 사상은 불법을 수행하는 보살은 무주상보시(無住相布施)를 실행하여 무량한 복덕을 구족하도록 강조한다. '응무소주 행어보시(應無所住 行於布施)'는 『금강경』의 기본 과제인 운하응주(云何應住)에 대한 구체적인 무주의 실천사상을 보시행으로 제시하고 있다.

14분에서 설하는 보살도의 무주상보시행은 보시를 받은 사람이 그 사람의 보은에 대한 의식이나 집착도 텅 비우는 삼륜청정(三輪淸淨)의 보시를 의미하고, 10분에서는 일체의 모든 대상경계에 대하여 진여 본성의 청정한 지혜작용으로 보시행을 실행한다는 응무소주 행어보시와 똑같은 내용으로 응무소주 이생기심(應無所住 而生其心)을 설한다.

일체의 모든 법(法, 의식의 대상경계)에 대하여 걸림이 없고 집착이 없는 진여 본성의 청정한 마음작용이 무소주(無所住)인데, 그것은 일체의 모든 법이 주관적인 자기의식의 대상경계로 나타난 것이기에 거울에 비추어진 영상(鏡中像)과 같다. 그래서 자기의 주관적인 의식의 스크린에 나타난 그림자와 같으므로 일체의 모든 법은 자성이 없고(無自性), 고정된 실체도 없으며(無實體), 공한 것을 깨달아 체득할 수 있다.

『대승기신론』(방편수행문)에 '열반의 경지에도 머무르지 않고 법성(진여)에 수순하기 때문에 무주인 것이다(不住涅槃 以隨順法性 無住故)'라고 설한 것은, 열반이나 부처, 선과 악 등, 일체의 모든 법에 대하여 망념을 일으키지 않고 진여 법성의 청정한 마음으로 지금 여기 자신의 모든 매사를 지혜로운 삶이 되도록 하라는 법문이다.

『유마경』「관중생품」에서는 이와 똑같은 법문으로 '무주의 근본(진여 본성의 지혜)에서 일체법을 건립한다(從無住本 立一切法)'고 설했고, 이와 똑같은 내용으로『금강경』7분에 '일체의 모든 현성은 모두 무위법(진여 본성의 지혜)으로 차별한다(一切賢聖 皆以 無爲法 而有差別)'라는 법문이 있다.

여기서 말하는 차별은 중생의 망심으로 차별하는 것이 아니라 중생의 심병을 여법하고 여실하게 판단하는 불지견(佛知見)의 지혜작용이다.

『법화경』「방편품」에 사리불이 부처님께 법을 청하면서 '오직 분별하여 설법을 내려 주소서(唯垂分別說)'라고 하고, 부처님은 '내가 그대들을 위하여 분별 해설하리라(吾當爲汝 分別解說)'고 한 것은, 불지견으로 중생의 모든 차별심, 분별심의 병을 진단하고 처방하는 근기 설법을 잘 판단하여 설법하는 것이다.

『화엄경』「보살명난품」의 '오직 부처의 지혜만이 능히 중생의 번뇌 망념을 분별할 수가 있다(唯佛能分別)'는 설법은, 『금강경』에서 진여 본성의 지혜작용인 여래는 중생심의 번뇌 망념을 모두 여법하게 알고(悉知) 여실하게 본다(悉見)와 같다.

『대승기신론』에서도 '오직 부처의 지혜만이 중생심의 망념을 여법하게 안다(唯佛能知)'고 했다.

- 「대정장」 9권 429쪽 下
- 6분의 84쪽 여래 실지실견 항목 참조

### 허공(虛空)과 불가사량(不可思量)

불교에서는 시방삼세를 법계(法界)라 하고, 무한의 세계를 무량(無量), 무변(無邊), 불가사의(不可思議), 불가칭량(不可稱量)으로 표현한다. 중생심의 사량 분별로는 생각할 수도 없는 무한의 세계이다.

『대승기신론』에서 진여를 법계일상(法界一相)이라고 하는 것은, 진여의 지혜는 법계와 하나된 경지에서 작용하는 깨달음의 지혜 작용이기 때문에 불이(不二), 여래(如來)라고 한다. 법계와 하나된 일체제법(一切諸法)과 일체중생(一切衆生)과 일체제불(一切諸佛)과 불이의 경지에서 함께 지혜작용하기 때문에 무한의 복덕과 공덕이 되는 것이다.

그래서 의식의 대상경계에 걸림 없는 무주상의 보시행은 법계와 하나된 진여의 지혜작용이기에 그 복덕은 중생의 망심으로는 헤아릴 수 없어 불가사량이라고 한다.

『금강경』에서는 여법하고 여실하게 진여의 지혜로 무주상의 보시행을 비롯한 인욕행과 육바라밀의 보살도를 실행하도록 주장하고 있다. 여소교주(如所教住)란 여시주(如是住)나 여시, 여법 등과 같은 말로 진여의 지혜작용(如來)으로 보살도를 실행하도록 설한 법문이다.

즉 여기서는 무주상보시행인데, 무주상보시행은 자아의식으로 아상·인상·중생상·수자상도 없고, 의식의 대상경계도 없는 무상·무주의 경지에서 진여 본성의 여법한 지혜작용으로, 자기 자신의 생명활동인 본분사로 실천하는 보살행을 말한다.

**단응여소교주**
(但應如所教住)

묘행무주분

# 5 여리실견분
## 如理實見分

須菩提. 於意云何. 可以身相 見如來不.
수보리 어의운하 가이신상 견여래부

不也世尊. 不可以身相 得見如來. 何以故. 如來所
불야세존 불가이신상 득견여래 하이고 여래소

說身相 卽非身相.
설신상 즉비신상

佛告須菩提. 凡所有相 皆是虛妄. 若見諸相非相
불고수보리 범소유상 개시허망 약견제상비상

則見如來.
즉견여래

---

云【운】이르다, 말하다 또는 어조사
何【하】어찌, 어떻게, 왜
凡【범】무릇, 대체로
也【야】어조사

則【칙】법칙
　【즉】곧, 곧바로(=卽). 여기서는 '즉'으로 쓰임

## 5
## 여래를 친견하는 일

"수보리여! 그대 생각은 어떠한가? 부처의 32상을 구족한 신체적인 모습(身相)으로 진여 본성의 지혜작용인 여래를 깨달아 친견할 수가 있겠는가?"

(수보리가 대답했다) "부처의 32상을 구족한 신체적인 모습으로 진여 본성의 지혜작용인 여래를 친견할 수가 없습니다.

세존이시여! 부처의 32상을 구족한 신체적인 모습으로 진여 본성의 지혜작용인 여래를 친견할 수가 없습니다. 왜냐하면 여래께서 설한 신체적인 모습은 고정된 실체로서 존재하는 신체적인 모습이 아니기 때문입니다. (임시방편의 말로서 신체적인 모습이라 이름 붙일 뿐입니다)"

부처님이 수보리에게 말했다.

"대개 의식의 대상경계로 보이는 사물의 모습은, 고정된 존재의 실체가 없고 허망한 것이다.

만약 의식의 대상으로 보이는 모든 사물의 모습이 본래 실체가 없다는 사실을 확실하게 깨달아 체득하면, 곧 진여 본성의 지혜작용인 여래를 친견(親見)하리라."

여리실견분

### 신상(身相)

• 『금강경』에 부처의 구족상이 5분의 68쪽 신상 항목, 13분의 155쪽·20분의 280쪽 삼십이상 항목, 20분의 281쪽 구족색신 항목 등에서 보인다

신상은 범어 laksana-sampad(락싸나쌈빠드)로, 상구족(相具足), 혹은 상성취(相成就)로 번역하는데 현장은 상구족이라고 번역하고, 구마라집은 신상(身相)이라고 번역했다. 여기서 상(相)은 부처만이 구족하는 32상의 특징이다. 『금강경』 26분에서 '32상을 구족한 모습으로 여래를 친견할 수 없다(不應以三十二相觀如來)'라고 설했다. •

### 여래(如來)

진여법성(眞如法性)의 여법하고 여실한 생명(지혜)활동을 말한다. 진여나 여래가 실재로 존재하는 것이 아니라 청정한 본심을 진여 본성이라고 임시 방편으로 이름 붙인 것이며, 진여 본성의 생명활동이 여여하게 활동하고 있다는 의미로 여래라고 이름 붙인 것이다. 진여 본성의 지혜는 중생심의 번뇌 망심과 구별하는 방편의 언어이다.

진여 본성이 여법하고 여실하게 생명활동하는 것을 진여지(眞如智), 진여삼매(眞如三昧)라고 하며, 경전에서는 여래와 같은 의미로 여여(如如)·여시(如是)·여법(如法)·불이(不二)·일여(一如)·일미(一味) 등으로 표현한다.

여래는 진여 본성의 지혜로 여법하고 여실하게 시절인연에 따른 자기 본분사의 생명활동하는 것을 말하며, 본분사의 생명활동이 자연업으로 설하는 지혜의 법문이기 때문에 여래는 여법하게 법을 설하는 사람(如語者), 진실을 설하는 사람(實語者)이라고 한다.

『금강경』 5분에 '신체적인 형상으로 여래를 친견할 수가 없다

(不可以身相得見如來)', 13분·26분의 여래의 신체적인 특성인 32상, 20분의 제상구족(諸相具足), 27분의 구족상(具足相) 등에서 여래를 친견할 수 없다고 설하는 여래는 진여 법성의 지혜작용을 말한다.

『금강경』 5분에 '신상으로 여래를 친견할 수가 없다'는 구절과 26분의 '만약 형색으로 참된 진아(眞我, 여래)를 친견하려고 하거나, 음성으로 진여의 진아를 추구한다면 이 사람은 사도를 실행하는 것이며, 여래를 친견할 수가 없다(若以色見我 以音聲求我 是人行邪道 不能見如來)'고 하는 것은, 눈에 보이는 형체의 사물이나 음성 등 육근의 인식작용이나 의식의 대상경계로서는 진여 법성인 진아의 여래를 친견할 수가 없다는 의미이다.

『유마경』「제자품」에서 유마거사가 아난에게 '여래의 신체는 금강과 같아 병들거나 파괴하는 몸이 아니다(如來身者 金剛之體)'라고 설하며, 『대반열반경』 25권「사자후보살품」에도 '일체중생은 모두 불성이 있으며, 여래(불성)가 상주하여 변이가 없다(一切衆生 悉有佛性, 如來常住 無有變易)'라고 설한다. 대승불교의 참된 열반은 법신·반야·해탈의 삼덕(三德)을 내용으로 하는 깨달음이며, 그것은 상주하는 것이고 부처, 즉 여래는 이 열반을 본성으로 한다. 여래의 본성이나 불성은 보편적인 것이며, 그 여래의 본성은 시간을 초월하여 일체중생이 모두 구족한 불성이며 여래는 상주하고 변이가 없다.

『대승기신론』에 '진여 자체의 모습은 일체의 범부나 성문·연각·보살·제불이 모두 똑같이 구족하고 있으며, 증감도 없고, 차별도 없고, 생멸 변화도 없으며, 궁극적으로 항상(恒常)하며, 본래부터 진여 자성에 일체의 공덕을 구족하고 있다'라고 설명하고, 여래장(如來藏), 여래법신(如來法身)이라고 한다.

『금강경』17분에 '여래란 곧 일체의 모든 존재(법)와 여법하고 여여하게 생명활동을 하고 있다(如來者卽 諸法如義)는 뜻'이라고 설하며, 29분에서는 '여래는 어디에서 온 것도 아니며, 또한 어디로 가는 것도 아니기 때문에 여래라고 한다(如來者 無所從來, 亦無所去, 故名如來)'고 설했다.

여(如)는 여시·여법·여여·여실·일여·불이와 같은 의미로 진여 자성의 생명활동이 자연법이(自然法爾)로 여법하게 작용하고 있음을 말한다.

여래가 일체제법과 같다는 것은 『법성게』의 '불수자성수연성(不守自性隨緣成)'의 설법처럼, 진여 자성은 일체의 모든 만법과 함께 시절인연의 생명활동을 하면서 지혜작용 하는 것이지 진여 법성 홀로 존재하는 것이 아니라는 의미이다.

『금강경』에서 '만약 의식의 대상으로 보는 모든 사물의 모습은 본래 고정된 실체가 없다는 사실을 깨달아 체득하면 곧 (진여 본성의) 여래를 깨달아 친견하리라(若見諸相非相, 則見如來)'라고 설했다. 즉 중생의 망념으로 나타난 대상경계를 텅 비워야 참된 자각적인 지혜작용을 실행하는 주체인 진아의 여래를 친견(親見, 깨달음)하여 불이(不二)의 경지를 이룰 수 있다는 법문이다.

『대승기신론』에서는 '모든 경계가 오직 중생의 번뇌 망념에 의해서 차별이 있으니 만약 그 번뇌 망념을 여의면 의식의 대상경계로 나타나는 모양(相)이 없어진다'고 설한다. 또 '소위 말하는 깨달음(覺)이란 중생의 마음에 번뇌 망념을 여읜 것이며, 번뇌 망념을 여읜 모습이 허공과 같기 때문에 이것을 여래의 평등 법신이다'라고 해설한다. '중생심의 번뇌 망념이 일어나면 의식의 대상경계(法)가 생기고, 번뇌 망심이 사라지면 의식의 대상경계도 소멸한다(心生則種種法生, 心滅則種種法滅)'는 법문도 같은 의미이다.

## 6 정신희유분 正信希有分

須菩提 白佛言.
수보리 백불언

世尊. 頗有衆生 得聞如是 言說章句 生實信不.
세존 파유중생 득문여시 언설장구 생실신부

佛告 須菩提. 莫作是說. 如來滅後 後五百歲. 有
불고 수보리 막작시설 여래멸후 후오백세 유

持戒修福者. 於此章句 能生信心 以此爲實.
지계수복자 어차장구 능생신심 이차위실

當知是人 不於一佛二佛三四五佛 而種善根.
당지시인 불어일불이불삼사오불 이종선근

已於無量 千萬佛所 種諸善根. 聞是章句 乃至一念
이어무량 천만불소 종제선근 문시장구 내지일념

生淨信者.
생정신자

須菩提. 如來悉知悉見 是諸衆生 得如是
수보리 여래실지실견 시제중생 득여시

無量福德.
무량복덕

白【백】 아뢰다, 고하다, 고백하다
頗【파】 자못, 매우
得【득】 얻다
聞【문】 듣다
章【장】 문장, 한 단락

實【실】 진실로 정말
種【종】 심다, 뿌리다, 씨앗

# 6
## 바른 신심을 갖는 사람은 드물다

수보리가 부처님께 말씀드렸다.

"세존이시여! 많은 중생들이 이와 같이 진여의 지혜작용으로 여법하게 부처님의 설법을 듣고 이 법문이 진실하다는 확신을 갖는 사람이 있겠습니까?"

부처님이 수보리에게 말했다.

"수보리여! 그렇게 말하지 마라. 여래가 입멸(열반)한 뒤 오백년이 지난 이후, 정법이 쇠퇴할 시기에도 계율을 지키고, 불법의 지혜로 선근 공덕과 복덕을 구족한 자가 있을 것이다. 그리고 불법 가르침의 법문을 듣고, 이 법문이 진실하다는 확신을 갖는 사람이 있을 것이다. 마땅히 알라. 이런 사람은 한 부처나 두 부처, 서너 부처, 다섯 부처의 처소에서 불법의 가르침을 배우고 수행하며 부처를 이루는 선근 공덕의 종자를 심은 것이 아니라, 이미 셀 수 없이 많은 천만 부처의 처소에서 불법을 배우고 부처님을 공양하며 선근 공덕의 종자를 심은 것이다.

그래서 그는 불법 가르침의 법문을 듣고 일념(一念)에 불법의 진실을 깨달아 철저하게 확신(淨信)한 사람임을 알아야 한다.

수보리여! 불법을 깨달은 진여 본성의 지혜작용(여래)은 중생심의 번

정신희유분

何以故. 是諸衆生 無復我相人相衆生相壽者相.
하이고  시제중생  무부아상인상중생상수자상

無法相 亦無非法相.
무법상 역무비법상

何以故. 是諸衆生. 若心取相 則爲着我人衆生壽者.
하이고  시제중생  약심취상 즉위착아인중생수자

若取法相 卽着我人衆生壽者.
약취법상 즉착아인중생수자

뇌 망념을 여법하게 모두 알고, 여실하게 모두 볼 수 있기 때문에 (중생심의 생사 망념에 떨어지지 않게 되며) 많은 중생들이 진여 본성의 지혜작용으로 무량한 복덕을 구족하게 되는 것이다.

왜냐하면 불법의 가르침을 체득하여 진여 본성의 지혜로운 삶을 사는 모든 중생들은 자기 존재에 대한 자아의식도 없고, 인간이라는 자기 존재에 대한 의식도 없고, 중생이라는 자기 존재에 대한 의식도 없고, 자기 존재는 영원하다는 자아의식의 고정된 관념도 없기 때문이다. 또한 진실을 설한 법문(法相)이라는 의식도 없고, 또한 진실을 설한 법문이 아니다(非法相)라는 상대적인 분별의식도 없다.

왜냐하면, 만약에 모든 중생들이 망심으로 의식의 대상경계에 어떤 고정관념(모양)을 가지게 되면 곧 자기 존재에 대한 의식이 있거나, 인간으로서의 자기 존재를 의식하거나, (五蘊으로 구성된) 중생이라는 자아의식이 있거나, 자신의 생명은 영원하다는 의식의 대상경계에 속박되기 때문이다.

또 만약에 불법의 진실을 설한 법문이라고 할지라도 그 설법한 법문을 의식의 대상경계로 취하여 망심을 일으키게 되면, 곧 자기 존재에 대한 의식이 있거나, 인간으로서의 자기 존재를 의식하거

何以故. 若取非法相. 卽着我人衆生壽者.
하 이 고   약 취 비 법 상   즉 착 아 인 중 생 수 자

是故 不應取法. 不應取非法.
시 고  불 응 취 법   불 응 취 비 법

以是義故. 如來常說.
이 시 의 고   여 래 상 설

汝等比丘. 知我說法 如筏喩者. 法尙應捨 何況非法.
여 등 비 구   지 아 설 법   여 벌 유 자   법 상 응 사  하 황 비 법

筏【벌】뗏목
喩【유】비유할, 비유하다
尙【상】오히려, 숭상할
捨【사】버릴, 버리다, 여의다
況【황】하물며

나,⁽五蘊으로 구성된⁾ 중생이라는 자아의식이 있거나, 자신의 생명은 영원하다는 의식의 대상경계에 집착하게 되는 것이다.

왜냐하면 진실을 설한 법문이 아니라는 것⁽非法相⁾이라고 인식하여 분별심을 일으킬지라도 곧 자기 존재에 대한 의식이 있거나, 인간으로서의 자기 존재를 의식하거나, ⁽五蘊으로 구성된⁾ 중생이라는 자아의식이 있거나, 자신의 생명은 영원하다는 의식의 대상경계에 속박되기 때문이다.

그렇기 때문에 마땅히 자기 생각으로 불법의 진실을 설한 법문⁽法相⁾이라는 분별심을 일으키지 말고, 진실이 아닌 법문⁽非法相⁾이라는 분별심도 일으켜서는 안 된다.

그래서 불법의 근본 대의⁽義⁾의 입장에서 여래는 항상 다음과 같이 설법한다.

'그대 비구들이여! 내가 설하는 법문을 비유하자면, 마치 뗏목과 같이 불법의 진실을 체득하는 방편이라는 사실을 잘 알아야 한다. 뗏목을 활용하여 강을 건넜으면 뗏목은 응당 버려야 한다. 이와 마찬가지로 불법의 진실을 설한 방편법문도 당연히 버려야 하는 것인데, 하물며 진실이 아닌 법문⁽非法⁾을 버려야 하는 것은 더 말할 나위가 없지 않은가.'"

**득문여시(得聞如是)**
**언설장구(言說章句)**
**생실신부(生實信不)**

　　　　　부처님의 설법을 진여의 지혜로 깨달아 듣는다(聽法)고 '여시아문(如是我聞)'이라고 한다.

　부처님이 입적하고 500년이 지난 후대에, 경전에서 설한 부처님의 법문을 여법하게 진여 본성의 지혜작용(如是)으로 깨달아 체득하여 진실된 확신(實信)을 이루는 사람이 있는가?라는 문제를 제기하고 있다.

　부처님의 설법을 듣는 득문여시(得聞如是)는 문자반야(文字般若)이고, 언어문자의 방편법문을 사유하는 언설장구(言說章句)는 관조반야이며, 불법의 진실을 깨달아 체득하여 확신을 갖는 실신(實信)은 실상반야(實相般若)이다.

　『금강경』14분에 '만약에 어떤 사람이 이 경전의 법문을 듣고 신심(信心)이 청정하여 곧 제법실상(諸法實相)의 지혜를 실행하면 이 사람은 제일 희유한 공덕을 성취하게 된 사실을 알아야 한다', 또 '만약에 미래세 오백년이 지난 후에 어떤 중생이 이 경전의 법문을 듣고 신해(信解) 수지(受持)한다면, 이 사람은 곧 최고로 희유한 공덕을 이룬다', '만약에 어떤 사람이 이 경전의 법문을 듣고 놀라지 않고, 두려워하지 않고, 경외심을 일으키지도 않으면 이 사람은 희유한 불법의 깨달음을 이룬다'라고 설한다.

　『금강경』은 처음에 여시아문으로 시작하여, 마지막 32분에서는 부처님이 이 경전의 법문을 설하자 사부대중과 일체 세간·천인·아수라가 듣고 모두 깨달아 환희심을 일으키며, 이 경전의 법문을 신수봉행(信受奉行)한다.

『법화경』「비유품」에 사리불이 '세존이시여! 나는 옛날부터 오늘 저녁까지 스스로를 자책하였습니다. 오늘은 일찍이 들어 보지 못한 부처님의 미증유 법문을 듣고 모든 의혹과 후회의 마음을 끊고 신심이 평안(태연)하며, 유쾌하고 안온하게 되었습니다. 금일에야 비로소 이것이 진정한 불자이며, 부처의 입으로 태어나(從佛口生)고, 불법에 의거하여 화생(化生, 從法化生)되어, 불법을 깨달아 체득한 일분(一分)이 있다는 사실을 알았습니다'라고 말한다. 「방편품」에서도 '부처의 입으로 태어난 불자(佛口所生子)'라고 하는데, 부처의 법문을 진여의 지혜로 여법하게 듣고 불법을 깨닫는 것이 진정한 불자이며 여법하게 깨달음의 지혜를 실행하는 것이 불자의 화생이라고 설한다.

『법화경』「약초비유품」에 '이 모든 중생들이 법문을 듣고는 현세에는 평안하고, 내세에는 선처(善處)에 왕생하여 열반락(涅槃樂)을 누리고, 또한 모든 업장을 소멸하고, 모든 법에 그들이 감당할 수 있는 능력에 따라서 점차로 도를 깨달아 체득하게 된다'라고 설한다.

부처의 법문을 진여의 지혜로 듣는 청법은 중생심의 망념을 텅 비우고 청정한 진여의 지혜를 작용하게 하는 일이다. 『기신론』에서는 방편법문을 듣고 사유하는 수행(진여 자체의 지혜작용)을 정법훈습(淨法薰習)이라고 한다.

미래에 이 경전의 법문을 듣고 불법의 진실을 철저히 깨달아 확신하는 사람이 있을까? 여기서 말하는 실

**실신(實信)**

신(實信)은 제법의 실상인 진여법을 깨달아 확신을 갖는 것을 말한다. 보리류지(菩提流支)는 '생실상(生實相)'이라 번역하고, 진제(眞諦)는 '생실상(生實想)'이라고 번역한다. 21분에는 '미래세에 이 경전의 법문을 듣고 신심을 갖는 사람이 있겠는가(聞說是法 生信心不)'라고 질문하고 있다. 진여 본심으로 불법을 깨달아 체득하여 확실한 신심(淨信)을 갖게 된 것을 말한다. '생실신(生實信), 생신심(生信心), 생실상(生實相)이라는 번역에 '생(生)'은 불교의 경전과 논서에서 자주 사용하는 발심(發心), 기신(起信)과 같은 표현으로 무명 불각의 중생심으로 살고 있는 마음을 진여 본심의 지혜작용으로 되살아나도록 한다는 의미이다. 실신은 경전에서 자주 언급되는 진실(眞實), 실제(實際), 사실(事實), 진여(眞如), 진제(眞諦), 진제(眞際), 신심과 같다.

**후오백세(後五百世)**

부처님의 입멸 후 오백년이 지난 뒤를 말한다. 14분에서도 불멸 후 오백세를 언급하였고, 16분에서는 두 번이나 말세(末世)라 하였고, 21분에는 미래세(未來世)라고 표현했다. 경전의 이러한 표현은 정법이 소멸된 후 오백년이라는 세월이 지난 뒤에 『금강반야바라밀경』이 성립된 것임을 암시하며, 정법(正法)·상법(像法)·말법(末法)의 시대 구분을 간접적으로 나타내고 있다. 즉 말법시대에 경전의 법문을 배우고 익히는 사람이 없어지게 될 것을 염려하는 마음이 나타나고 있다. 『금강경』에 만약 어떤 사람이 말세에 이 경전을 능히 수지 독송한다면 그가 체득하는 공덕은 무량하다고 여러 차례 반복하고 있다.

『법화경』「비유품」과「상불경보살품」에서도 정법과 상법을 주장하는데, 정법시대는 부처의 교법과 실천, 깨달음이 바르게 존속하는 시기를 말하며, 상법시대는 불법을 깨달아 체득하는 자는 없고 교법과 실천 수행만 지속되는 시기이다. 정법시대를 500년으로 보고 정법시대가 지난 후 500년은 정법의 모양만 지속되는 상법시대를 말한다.

　중국불교에서 말법사상의 주장은, 북제 혜사(北齊慧思)의 『남악사선사입서원문(南嶽思禪師立誓願文)』에 최초로 보인다. 수당대에 걸쳐 많은 전쟁과 폐불사건 등으로 말법사상이 강조되었다. 그래서 당 태종 정관 2년(628년)에 '석가여래 정법·상법이 지나 1500여 년이 지난 정관 2년(628년)은 이미 말법의 시대이다'라고 하면서 오천여 권이나 되는 일체의 대장경(돌에 새긴 石經)을 산굴(山窟)에 묻고 봉쇄(靜苑의 石經)한 불교인도 있었다.

　수나라 신행(信行, 540~594)선사는 말법을 제삼계(第三階)의 시대로 규정하고, 구족계와 승위(僧位)를 버리고 사미가 되어 일의일식(一衣一食)으로 살면서, 『법화경』「상불경보살품」에 의거하여 항상 도속(道俗)을 공경하고 자기를 비판하며, 겸허와 경건한 보경행(普敬行)을 실천하였다. 신행선사는 말법의 시대에는 범부 악인을 자각하며, 참회하는 불교로서 일체의 상대적인 우열과 차별, 논쟁을 버리고 널리(普) 일체중생을 공경하고, 존중하며 널리(普) 남을 위해 봉사하는 실천불교로 삼계교(三階敎)를 주장하였다.

　『속고승전』 20권 습선총론에 정법·상법·말법을 언급한 것은,

말법사상에 대한 관심이 많았으며, 당나라 도작(道綽)과 선도(善導)는 말법시대에 합당한 가르침은 정토교뿐이라고 주장했다.

**생정신자(生淨信者)**  생정신자는 불멸후 오백년이 지난 시기에 『금강경』의 법문을 듣고 진여 본심(一念)으로 불법을 철저하게 깨달아 확신한 사람, 즉 여래가 되고 부처의 경지를 이룬 자를 말한다. 여기서 정신(淨信)은 진여의 이법(理法)이 청정심으로 작용하는 부처의 지혜를 통하여 일체의 의심이 없어지고 철저한 깨달음을 확립한 신심이다. 일체의 의심을 소멸시키고 청정한 마음으로 불법의 신심을 확신했기 때문에 불법을 깨달은 여래, 부처가 된 것이다.

현장은 '문설여시색경전구(聞說如是色經典句) 당득일정신심(當得一淨信心)'이라고 번역한다. 『금강경』의 이 일절을 14분, 15분에서도 똑같이 반복하는데, 14분에서는 여래가 되고, 15분에서는 아뇩다라삼먁삼보리를 깨달아 체득한다고 설한다.

『대승기신론』에 '망심이 소멸하면 법신(法身)이 현현(顯現)한다', 현수법장의 『화엄오교장』에 '일념의 망념이 일어나지 않으면 곧 부처와 같다(一念不生卽是佛等)'라는 것은, 중생의 의심이 소멸된 청정한 신심은 불법을 깨달아 체득한 진여(如來)의 지혜이다.

그래서 일념에 불법을 깨달아 체득(淨信)한 여래(진여 자성의 지혜)는 여법하게 중생심의 번뇌 망념을 알고, 여실하게 번뇌 망념을 다 볼 수가 있기에 모든 중생이 번뇌 망념에 떨어져 업장을 짓지 않게 되므로 여래와 같이 무량한 복덕을 체득할 수가 있는 것이다(如

來 悉知 悉見 是諸衆生 得如是 無量福德)라고 설한다.

14분에 '수보리여! 미래의 세상에 만약 어떤 선남자나 선여인이 이 경전의 법문을 잘 배우고 익혀서 독송하면 이 사람은 곧 여래가 되어, 부처의 지혜로 이 사람의 마음에 번뇌 망념을 여법하게 다 알고, 여실하게 다 볼 수가 있기 때문에 (중생의 망념에 떨어지지 않고 깨달음의 지혜로운 삶을 살 수가 있다) 그들은 모두 헤아릴 수 없고, 측량할 수도 없는 무한한 공덕을 성취하게 되는 것이다'라는 일단과 똑같다.

15분에도 '만약 어떤 사람이 이 경전을 능히 수지 독송하고 널리 다른 사람에게도 설법한다면 그는 여래가 되어 (부처의 지혜로) 이 사람의 망심을 여법하게 알고, 이 사람의 망심을 여실하게 다 볼 수가 있기 때문에 셀 수가 없고 말로 표현할 수도 없으며, 대상을 한정할 수도 없는 불가사의한 공덕을 성취한 것이다'라고 설한다.

경전의 사구게를 수지 독송하여 남에게 설법하는 사람은 불법을 깨달아 부처가 되고 여래가 된 사람이며, 남에게 사구게로 설법하여 불법을 깨닫게 하는 부처의 지혜공덕은 무량하다. 진여의 지혜는 무한한 법계(法界)의 일체제불과 일체중생들과 함께 회향하는 공덕이므로 무량(無量), 무변(無邊), 불가사의(不可思議), 불가칭량(不可稱量)이라고 한다.

이러한 법문은 『금강경』과 『법화경』 등 대승경전에서 많이 보인다.

『금강경』 8분에서 '일체제불과 제불이 아뇩다라삼먁삼보리의 법은 모두 이 『금강경』의 법문을 통해서 출현한 것이다'라고 설한다.

따라서 경전을 읽고 수지 독송하는 간경(看經)이 여래가 되고 부처가 되는 수행임과 동시에 깨달음인 것이다. 경전을 읽는 것은 방편을 수행하는 일이며, 수행과 깨달음은 여래(진여)의 지혜이기 때문에 수행과 깨달음(修證)은 불이(不二)이며, 동시에 이루어지는 것이다.

**여래(如來)
실지실견(悉知悉見)**

진여 자성의 지혜작용인 여래는 자신의 마음속에서 중생심의 번뇌 망념이 일어나고 소멸하는 것을 불법의 지혜로 여법하게 다 알고, 불법의 지혜로 여실하게 보고 있다. 때문에 중생심으로 번뇌 망념에 떨어지는 업장을 짓지 않고, 진여 법성의 자각적인 지혜로운 삶으로 선근 공덕을 이루며, 무량한 복덕을 체득하고 있다는 사실을 설명하고 있다. 불법의 가르침을 배우고 익힌 선근 공덕의 힘으로 진여 자성의 여법한 생명활동인 여래의 지혜작용은 중생심의 아상·인상·중생상·수자상의 번뇌 망념에 떨어지지 않도록 할 수 있는 능력이 구족된다.

이 일단을 보리류지는 '여래실지 시제중생, 여래실견 시제중생(如來悉知 是諸衆生, 如來悉見 是諸衆生)'이라고 번역하고, 현장은 '여래는 그의 불지(佛智)로서 모든 중생의 망념을 알고, 여래는 그의 불안(佛眼)으로 모든 중생을 다 보고 있다(如來以其佛智 悉已知彼, 如來以其佛眼 悉已見彼)'라고 더욱 분명하게 번역하고 있다.

『금강경』 14분과 15분에도 '여래실지 시인실견 시인운운(如來悉知 是人悉見 是人云云)'이라고 설하고 있는데, 부처나 여래가 되는 것은 중생의 번뇌 망념을 깨닫고 여법하고 여실하게 진여 본성의 지혜로 시절인연에 따른 자기 본분사의 일을 하는 것이다. 중생의 심병을 자각하여 진단하고 처방하지 못한다면 영원히 중생이 되고 만다.

부처는 중생의 번뇌 망념을 깨달아 자각하는 진여 자성의 자각성지(自覺聖智)이며, 지(知)는 불법의 가르침과 같이 여법하게 판단하는 지혜작용이며, 견(見)은 진여지(眞如智)가 여실하게 판단하는 직관지의 작용으로 볼 수 있다. 진여 자성(여래)의 지혜이기에 여법하고 여실하게 작용하는 부처의 지혜가 된다.

『금강경』 31분에 '수보리여! 최상의 불법을 깨달아 체득하려고 발심한 사람은 일체법을 이와 같이 진여의 지혜로 여법하게 알고, 이와 같이 진여의 지혜로 여법하게 신해(信解)하여 의식의 대상경계에 대하여 망념이 일어나지 않도록 해야 한다(發阿耨多羅三藐三菩提心者. 於一切法. 應如是知 如是見 如是信解 不生法相)'라고 설한다.

『법화경』「방편품」에서 설하는 불지견(佛知見), 여실지견(如實知見), 제법실상(諸法實相)과 같다.

『법화경』「약초비유품」에 다음과 같이 설한다.

나는 여래 응공 정변지 명행족 선서 세간해 무상사 조어장부 천인사 불 세존이니, 제도하지 못한 자를 제도하며, 불법을 알지 못한 자를 알도록 하며, 열반의 경지를 체득하지 못한 자를 열반을 체득하게 한다. 지금 세상이나 오는 세상을 여실하게 안다. 나는 일체의 모든 법을 여법하게 아는 자이며, 일체의 모든 법을 여실하게 보는 자이며, 도를 아는 자이며, 도를 개시(開示)하는 자이며, 불도를 설하는 사람이니 그대들 천인 아수라 대중은 모두 다 여기에 모여 법문을 듣도록 하라.

여기서 여래는 일체지자(一切知者), 일체견자(一切見者), 지도자(知道者), 개도자(開道者), 설도자(說道者)이다.

『승만경』「자성청정장」에서 '오직 부처 세존은 여실한 눈(眼)과 여실한 지혜로 법의 근본이 되며, 법을 통달한 것이니 정법에 의거하기 때문에 여실한 지견(知見)이 된다'고 설하는 것처럼, 여실은 여법, 여시, 여래, 여여, 불이와 같으며 진여의 지혜작용을 말한다.

여래와 부처가 이 사람을 다 알고, 이 사람을 다 본다고 하는 것은 과연 무엇을 말하는 것일까?

『금강경』 18분에 '수보리여 그러한 국토 가운데 존재하는 일체중생의 여러 가지 다양한 마음작용(妄心)을 여래는 모두 다 알고 있다(爾所國土中 所有衆生, 若干種心, 如來悉知)'라고 설한다.

여래는 진여 자성의 지혜작용이며 부처이다. 부처는 중생의 망심을 자각하기에 여래나 부처가 알고 보는 것은 이 사람의 마음속에서 일어나는 중생의 망심을 다 알고, 다 볼 수 있는 지혜작용인 것이다.

『법화경』「오백제자수기품」에도 같은 내용의 법문이 있다.● 

80권 『화엄경』 제38권 「십지품」, 제9지 선혜지(善慧地)보살은 '이와 같은 지혜로 여실하게 중생심의 조림(稠林; 번뇌 망념의 숲), 번뇌의 조림, 업의 조림 등…(略)…을 알고 있다.…(略)…이 보살은 여실하게 중생심의 다양한 번뇌 망념의 모습을 알고 있다'●라고 설한다.

●18분의 266쪽 여래 실지 항목 참조

●『대정장』 10권 202쪽 上

중생심의 번뇌 망념을 조림으로 표현하는 것은 『화엄경』에도 보이며, 『법화경』 「방편품」에도 '중생은 삿된 견해로 번뇌 망념의 숲(조림)에 들어간다(入邪見稠林)'고 했다.

『보성론』에 『화엄경』의 주장을 그대로 인용하여 '제9지의 보살은 일체법에 무상(無上) 최대의 법사로서 일체중생의 망심을 잘 알고 있다'고 하며, '부처는 중생의 마음(망심)에 수순하여 여러 가지 깨달음의 활동을 실행하는 것(隨順衆生心)'이라고 했다.

불법을 깨달아 체득한 부처의 지혜는 중생심의 번뇌 망념을 찰지(察知)하고, 중생심의 행동을 여법하고 여실하게 불법의 지혜로 진단하고 진찰하여 교화(제도)한다. '여래는 실지 실견'이라고 한 것은 진여 자성의 지혜는 법계일상(法界一相)으로 작용하기 때문에 주객, 자타, 선악 등 일체를 모두 함께 파악한다는 의미이며, 일체종지(一切種智)나 무생법인(無生法忍)과 상통한다.

불교에서 지혜(prajna)는 진여 자성의 근본에서 전체를 인식하는 지혜이다. 중생은 주객으로 분별하여 사물을 인식(vijnana)하기 때문에 의식의 대상경계(法)는 인식하지만, 인식하는 자기 자신을 볼 수가 없다.

그래서 『대승기신론』 삼대(三大, 진여 자체상)를 설명한 곳에, '심성에 번뇌 망념이 일어나지 않기 때문에 대지혜 광명의 뜻이 있는 까닭이다. 중생은 망념을 일으켜서 의식의 대상경계에 집착하기 때문에 자기 자신을 보지 못한다(能見)(心性不起 卽是大智慧光明義故. 若心起見, 則有不見之相)'고 설명한다. 중생은 불법의 지혜로 깨닫지 못한 무명 불

(60권 『화엄경』 제26권; 『대정장』 9권 570쪽 中) (天親보살이 지은 『십지경론』 11권; 『대정장』 26권 186쪽 下)

• 『대정장』 31권 821쪽 中

정신희유분

각(無明不覺)으로 자신의 망심을 여실하게 파악할 수가 없다(心不見心).

『법화경』「방편품」에서는 '이 법은 사량 분별로서는 능히 알 수가 없으며, 오직 제불만이 능히 알 수 있다(唯有諸佛, 乃能知之)'고 설하며, 『대승기신론』에도 '오직 부처의 지혜만이 중생의 망심을 여법하게 안다(唯佛能知)', '오직 여래만이 능히 알 수 있기 때문이며(唯如來能知故)', '오직 부처만이 완전히 깨달아 알 수 있다(唯佛窮了)'라고 설명한다.

**법상(法相)**

법상은 범어로는 dharmasamjna(다르마쌈즈냐)이다. 현장을 비롯하여 모든 한역에서는 법상(法想)이라고 번역하고, 구마라집은 취법상(取法相)이라고 번역한다. 소승불교에서는 자아의 실체적인 존재를 부정하는 인무아(人無我)를 설하고, 대승불교에서는 의식의 대상경계도 없고 자아의 고정된 실체도 없다는 법무아(法無我)를 설한다. 불교에서 법에 대한 법문이 많고도 다양하지만, 여기서 설하는 법은 의식의 대상경계이다.

**취법(取法)**
**취비법(取非法)**

여기서 설하는 법은 불법의 가르침(理法)이다. 올바른 불법의 가르침도 취하지 말고 불법(不法)인 비법(非法)도 취하지 말라. 불법이나 정법도 올바른 불법의 진실을 깨닫도록 제시한 방편법문일 뿐이다. 불법이나 정법도 자기중심으로 집착하면 중생이 되어 속박의 대상경계가 된다. 열반이나 해탈 등, 일체의 모든 법문은 진실을 체득하게 하는 언어문자로서 임시방편이라는 사실을 잘 알아야 한다.

또한 취사선택은 자기중심적 판단이기 때문에 여법한 수행이 되지 못한다. 불법의 가르침은 정법이나 사법, 선과 악에 대한 상대적인 차별심과 분별심으로 취사선택하는 것이 아니라, 일체의 상대적인 차별을 초월하여 진여 본성으로 되돌아가 진여의 지혜로 여법하게 지혜작용하도록 설법하는 것이다.

이시의고(以是義故) 불법의 근본정신, 혹은 불법의 근본 취지에서라는 의미이다.

불법의 가르침도 진실을 체득하도록 임시로 제시한 언어의 방편법문이기 때문에 고정된 법문의 실체로서 존재하는 것은 없다. 일체개공의 법문을 깨달아 체득하며, 올바른 정법까지도 강을 건너는 뗏목(筏喩)과 같은 것이어서 당연히 버려야 하는데, 비법(非法)이나 사법(邪法)은 더 이상 말할 필요가 있겠는가?

불법의 모든 법문은 불법의 진실을 깨달아 체득하기 위해 임시로 언어문자를 빌어 방편법문으로 설하고 있다는 사실을 잘 알아야 한다.

방편법문의 언어나 문자를 의식하면 법문에 속박되는 법박(法縛)이 되고, 법집(法執, 法有)에 떨어진 중생이 된다. 자아의식도 텅 비우는 아공과 의식의 대상경계나 방편법문까지 텅 비우는 법공(法空)의 경지를 이루지 못하면 중생의 집착에서 벗어날 수가 없다.

**벌유(筏喩)**

『금강경』의 이 일절은 『중아함경』 제54권 (阿梨吒經)의 다음과 같은 내용을 인용한 것이다.

세존이 말씀하였다.
"이와 같이 나는 그대들을 위해서 긴 밤(長夜)에 뗏목을 타고 강을 건너는 방법(筏喩의 法)을 설하여, 뗏목을 버리도록 하여 집착하지 않도록 한 것이다. 만약 그대들이 긴 밤에 벌유(筏喩)의 법문을 듣는 자는 마땅히 이 법문을 버려야 한다. 어찌 하물며 비법(非法)을 말할 필요가 있겠는가?"•

• 『대정장』 1권 764쪽 中

뗏목의 비유(筏喩)로 설법한 것은 진정한 불법의 진실을 체득하도록 제시한 방편법문이다. 『열반경』 11권 「성행품」과 『대지도론』 6권에서 설하는 부양(浮囊) 초벌(草筏)과 같은 뜻으로 강을 건너면 뗏목은 버려야 하는 것이다. 『능가경』에서 설하는 달을 가리키는 손가락(指月)이나, 『장자』의 득의망언(得意忘言)과 같은 방편이다. 병든 환자에게 약을 처방하지만, 본래의 건강을 회복한 사람에게는 약이 필요없는 것과 같다.

대승불교의 모든 법문은 불법의 진실을 체득하게 하는 방편법문이며, 실체도 없는 언어문자일 뿐이다. 언어문자 역시 무자성, 공한 것임을 잘 알아야 한다.

『반야경』 8권 「환청품」에 '만약 어떤 법이 있어 열반의 경지보다도 더 수승하다 할지라도 나는 역시 환화와 같고 꿈과 같은 것이라고 설하리라'고 했다. 또한 용수의 『중론』 제2, 「관행품」에도 '대성(大聖)께서 공(空)의 법문을 설한 것은 모든 집착의 견해를 벗어나게 하기 위한 방편법문이다. 만약 어떤 사람이 공에 집착한다면 제불도 그를 교화할 수가 없다'고 설하였다.

# 7 무득무설분 無得無說分

須菩提. 於意云何. 如來得阿耨多羅三藐
수보리　어의운하　여래득아뇩다라삼먁

三菩提耶. 如來有所說法耶.
삼보리야　여래유소설법야

須菩提言. 如我解佛所說義. 無有定法 名
수보리언　여아해불소설의　무유정법 명

阿耨多羅三藐三菩提. 亦無有定法 如來可說.
아뇩다라삼먁삼보리　역무유정법 여래가설

何以故. 如來所說法 皆不可取 不可說. 非法
하이고　여래소설법 개불가취 불가설　비법

非非法.
비비법

所以者何. 一切賢聖. 皆以無爲法 而有差別.
소이자하　일체현성　개이무위법 이유차별

耶【야】 어조사. 반문할 때 쓰는 어조사
義【의】 옳다, 의롭다, 내용
皆【개】 다, 모두
差【차】 차이, 차별

# 7 불법을 깨달아 얻은 법도 없고 설한 법도 없다

"수보리여! 그대 생각은 어떠한가? 여래는 최상의 불법을 깨달아 체득한 법이 있는가? 그리고 여래가 깨달아 체득한 불법을 여래가 주장하며 설법한 독자적인 법문이 있는가?"

수보리가 대답했다.

"부처님이 설법한 법문의 의미로는, 여래가 최상의 불법을 깨달아 체득하여 얻은 실제로 존재하는 법문이란 없습니다. 또한 여래가 깨달아 체득한 불법을 여래가 주장하며 설한 독자적인 법문도 없습니다.

왜냐하면 여래가 설법한 진실된 법문은 모두 실제로 존재하는 것이 아니기 때문에 의식의 대상경계로 취할 수도 없고, 진여 본성의 지혜작용이기 때문에 그것을 언어문자로 설명할 수도 없으며, 시절인연의 방편법문이기에 고정된 주장의 법문(法)도 아니고, 그렇다고 해서 그릇된 법문(非法)도 아닌 것입니다.

그것이 무슨 까닭인가 하면, 불법의 진실을 깨달아 체득한 일체의 모든 현성(賢聖)들은 모두 진여 본성의 무분별적인 지혜작용(無爲法)으로, 시절인연에 따라 중생들의 근기에 맞추어 방편법문을 설하기 때문입니다."

무득무설분

### 여래 유소설법
(如來有所說法)

여래가 깨달아 체득한 아뇩다라삼먁삼보리는 실체 있는 깨달음의 법인가? 또한 여래만이 깨달아 주장한 독자적인 법문이 있는가? 이 두 문제를 제시한다.

여기서도 불법을 깨달아 체득하여 얻은 실체 있는 법도 없고, 여래만이 주장한 독자적인 법문이 없다고 설한다.

10분과 17분에서는 부처님이 과거 연등불의 처소에서 보살로 수행할 때 연등불로부터 수기를 받으면서 전해 받은 실체의 법이 없었다고 한다. 그래서 14분과 17분에는 여래가 깨달아 체득한 법은 실체가 없으며, 또한 허망한 것이 아니다(無實無虛)고 설한다.

22분에도 '내가 최상의 불법을 깨달아 체득하였지만 대상으로 얻은 법은 하나도 없다(無有少法可得)'고 하고 있다.

10분과 22분에 '무소득법'이라 하고, 29분에 법무소득(法無所得)이라는 법문은 자기의 주관적인 입장에서 불법을 깨달아 체득한 실체의 법이 없다는 사실을 강조한 것이다.

선불교에서 불법을 체득했다는 말로 '득법(得法)'이라고 하고, 어떤 선사로부터 법을 전해 받았다는 말로 '전법(傳法)'이라는 말을 하지만, 실체 있는 법을 얻거나, 전할 법이 있으면 진정한 불법이 아니라 외도의 법이 된다. '마음 밖에서 불법을 구하는 자는 외도(心外求法者 外道)'라는 말처럼, 불법은 진여법이며, 진여 본성은 자아의식과 의식의 대상경계가 모두 텅빈(我空, 法空), 일체개공(一切皆空)의 경지이기 때문에 무소득(無所得)·무소유(無所有)·무소구(無所求)이며, 불가득(不可得)이라고 한다.

또한 여래가 설한 법문은 특별한 실체의 법을 깨달아 체득한 독자적인 법문인가?

23분에 '이 법은 평등하여 고하(高下)가 없다'고 설한 것은, 진여법은 절대 평등법이기 때문이다.

여래가 그러한 진여법을 깨달아 체득하여 설법한 것이기 때문에 일체제불의 설법과 똑같은 법문을 하는 것이다. 그래서 여래는 자신의 독자적인 특별한 실체의 법문을 설하는 것이 아니라고 13분에서 여래무소설(如來無所說)이라고 한다. 13분에도 '여래가 자기 주장으로 설법한 것이 없다'고 하며, 21분에도 '여래가 자기 주장으로 설한 법이 있다고 한다면 곧 부처를 비방하는 것이다'라고 설한다. 만약에 있다고 한다면 여래는 자아의식에 떨어진 중생이며, 의식의 대상경계에 속박(法執)된 중생이 된다. 아공·법공을 이룬 청정한 진여의 지혜작용이 여래이며 부처이기 때문이다. 여래가 설한 법은 여래가 만들어 주장한 독자적인 법문이 아니라 제법의 진실한 생명활동인 진여법을 깨달아 체득하여 일체중생들에게 개시(開示)한 설법이다.

『법화경』「비유품」에서 '이 법은 과거의 모든 부처나 현재의 모든 부처나 미래의 모든 부처가 깨달아 설한 방편법문일 뿐이다'라고 설했다.

불법은 제법의 참된 실상인 진여법(眞如法)을 깨달아 설한 것이기 때문에 일체의 모든 부처가 설한 법문과 똑같아야 하며, 진여법을 깨달아 체득한 사람을 여래, 부처라고 부른다. 진여법은 누구의 주장도 아니며, 사람이 만든 것도 아니다. 일체의 모든 존재가 각자의 본분과 생명활동을 하는 진실된 실상이기 때문이다. 부처는 그러한 진실을 발견하고 깨달아 진여 본성의 생명활동을 여법하게 하는 사람이다.

불교 이외에 세계의 모든 종교나 철학, 사상은 모두 사람이 주장하고 만든 것이라고 할 수 있다. 신의 이름을 붙이고, 신의 말씀이라고 주장한 것도 사실 사람이다. 동서양의 모든 고전과 노장자의 사상도 자신의 주관적인 입장에서 주장한 말이다. 따라서 자기가 주장하는 목적과 대상경계를 초월할 수가 없다. 그러나 불법의 가르침은 주장하는 주체가 없고, 목적과 대상경계가 없다. 각자 진여 본성의 여법하고 여실한 생명활동을 하도록 제시하고 있는 것이 불법이며 진여법이다.

**불가취(不可取)**
**불가설(不可說)**

여래가 설하는 방편법문은 불법의 진실을 시절인연에 따르고, 중생의 근기에 따라서 진여의 지혜를 방편의 언어로 설하기 때문에 고정된 실체가 없다. 그래서 방편법문을 의식의 대상경계로 설정하여 취할 수도 없고, 또 진여의 지혜작용이기 때문에 언어문자로 남에게 무엇이라고 설명할 수도 없는 것이다.

『대승기신론』에 '진여는 진실 그 자체이며, 언어문자로 설명할 수가 없어 이언진여(離言眞如)라 하고, 부득이 언어문자의 방편에 의거하여 진여를 설하는 것이 의언진여(依言眞如)이다'라고 하였다.

진여 자성의 지혜작용은 진실된 깨달음의 지혜작용(妙用) 그 자체이므로 대상으로 파악할 수가 없고(不可得), 언어문자로 설명할 수가 없다(不可說).

불법의 가르침은 시절인연에 따른 방편법문이므로 고정된 가르침의 법도 아니고(非法), 또한 진실이 아닌 잘못된 사법을 설한 것이 아니므로 그릇된 비법(非法)도 아니다(非非法).

비법과 비비법, 긍정과 부정, 선과 악, 그 어느 한쪽을 선택해도 중생의 편견과 고정관념, 차별경계에 떨어지므로 긍정과 부정을 함께 초월한 진여 자성(여래)의 지혜로 지금 여기 시절인연에 따라서 방편법문으로 설하고 있다.

비법(非法)
비비법(非非法)

무위법(無爲法, asamskrta-dharma)은 유위법(有爲法, samskrta-dharma)의 상대적 언어이다. 중생심으로 차별, 분별하고 조작하여 만들어진 현상의 세간법을 유위법이라고 하고, 무위법은 조작과 작위성, 분별과 차별 없이 여법하고 여실한 진여의 지혜작용을 말한다.

'일체 현성은 무위법(진여 본성의 지혜)으로 중생의 모든 심병을 여법하고 여실하게 판단한다(一切賢聖 皆以無爲法 而有差別)'고 설하고 있다. 여기서 말하는 일체 현성은 불법의 진실을 깨달아 체득한 불보살을 말하며, 일체의 불보살은 무위법인 진여 자성(여래)의 지혜로 지금 여기 자신의 본분사의 일을 잘 판단하며 살고 있는 것이다. 즉

무위법(無爲法)

무득무설분

중생의 심병과 다양한 번뇌 망념의 병을 올바르게 진단하고 치료할 수 있는 능력을 구족하고 있다는 말이 차별한다는 말이다. 차별지는 분별지, 방편지를 말한다.

진제(眞諦)는 이 일단을 '일체 성인은 모두 무위 진여의 지혜로 (본분사의 일을) 나투기 때문이다(一切聖人 皆以無爲眞如 所顯現故)'라고 번역한다. 무위법을 무위진여(無爲眞如)로 번역하고 있는데, 의미는 똑같다.

『금강경』 32분의 '불취어상 여여부동(不取於相 如如不動)'은 진여 자성의 지혜작용이 여여 부동한 것이며, 『유마경』에서는 제일의제(第一義諦)라고 하며 『법화경』에서는 좌도량(坐道場)이라고 한다. 진여 자성은 항상 근본을 여의지 않기 때문에 무위법으로 차별한다고 하고, 『유마경』에서는 부처의 불가사의한 지혜작용을 연꽃에 비유한다. 연꽃이 진흙탕에서 피고 있지만, 진흙탕에 오염되지 않고 항상 청정함을 유지한다는 의미로 처염상정(處染常淨)이라고 한다.

『금강경』의 '의식의 대상경계에 집착하지 않고 진여 본심의 지혜로 보살도를 실행한다(應無所住 而生其心)'와, 『유마경』의 '무주의 근본 당체인 진여 본성의 지혜로 일체법을 건립한다(從無住本 立一切法)'는 설법은 똑같은 입장이며, 선에서는 '무일물중 무진장(無一物中 無盡藏)'이라고 설한다.

『기신론』에서 설한 진여법의 논리로 해석해 보면, 진여는 중생심의 번뇌 망념을 여읜 공(眞空)의 경지이기 때문에 진여의 미묘하고 불가사의한 지혜작용은 불공(不空, 妙有)이라고 한다. 일체 현성의 진여 자성(여래)은 무위법(眞空)의 경지이기 때문에 시절인연에 따라 중생의 심병을 진단하고 처방하는 방편의 지혜(妙有)로 분별(차별)한다는 것이다.

『금강경』에 여래가 실지실견(悉知悉見)하는 것도 『법화경』의 불지견(佛知見)과 같은 입장이다. 부처의 지혜로 여법하게 중생의 병을 진단하여 잘 알고, 부처의 지혜로 여실하게 관찰하고 작용하는 방편지혜를 말한다.

『법화경』에서는 부처님이 이 세상에 출현하여 불법을 개시(開示)하여 일체중생들에게 설법하는 일을 일대사 인연, 혹은 원력을 실행하는 자기 본분사라고 주장한다.

『법성게』의 '불수자성수연성(不守自性隨緣成)'은, 진여 자성이 고정된 상태로 존재하는 것이 아니라, 시절인연에 따른 지혜작용으로 이루어진다는 뜻이다. 그래서 일체 현성은 모두 중생심을 초월하여 진여 본성(여래)의 무분별적인 지혜(無爲法)로, 시절인연에 따라 중생의 근기에 맞춘 방편법문을 설한다는 것이다. 중생의 병을 진찰하고 진단하며 약을 처방하고 치료하여 다시는 재발하지 않도록 다양한 방편(차별)법문을 설한다.

## 8 의법출생분 依法出生分

須菩提. 於意云何. 若人 滿三千大千世界 七寶以
수보리 어의운하 약인 만삼천대천세계 칠보이

用布施. 是人 所得福德 寧爲多不.
용보시 시인 소득복덕 영위다부

須菩提言. 甚多世尊. 何以故. 是福德 卽非福德
수보리언 심다세존 하이고 시복덕 즉비복덕

性. 是故 如來說 福德多.
성 시고 여래설 복덕다

若復有人 於此經中. 受持乃至 四句偈等 爲他人
약부유인 어차경중 수지내지 사구게등 위타인

說. 其福勝彼. 何以故. 須菩提. 一切諸佛 及諸
설 기복승피 하이고 수보리 일체제불 급제

佛 阿耨多羅三藐三菩提法 皆從此經出.
불 아뇩다라삼먁삼보리법 개종차경출

---

以 【이】 써, ~으로써  
布 【포】 베, 베풀다, 펴다  
　　【보】 불교적 의미로 사용될 때는 '보'로 읽는다  
寧 【영】 오히려, 차라리, 편안할  

甚 【심】 심하다, 매우  
復 【부】 다시, 또  
　　【복】 뒤집는다  
偈 【게】 글귀, 시구

# 8
## 깨달음은 경전의 법문에서 이루어진다

"수보리여! 그대는 어떻게 생각하는가? 만약에 어떤 사람이 삼천 대천세계를 가득 채울 정도로 많은 일곱 가지의 보물(七寶)을 남에게 베푸는 보시행을 한다면 이 사람은 진실로 수많은 복덕을 얻을 수가 있지 않겠는가?"

수보리가 대답했다.

"그렇습니다. 매우 많은 복덕을 얻을 수가 있습니다. 세존이시여! 왜냐하면 이 사람이 일곱 가지의 보물을 남에게 베푸는 보시행으로 얻은 복덕은 바로 보시행을 실행했다는 자아의식이 없기 때문에 여래께서 이 사람이 남에게 베푸는 보시행으로 얻은 복덕이 많다고 말한 것입니다."

"만약에 어떤 사람이 이『금강경』에서 설한 경전의 핵심적인 법문을 깨달아 체득(受持)하고, 또 네 구절로 요약(四句偈)해서 다른 사람에게 설법하여 그 사람이 불법을 깨달아 체득한다면, 이 사람이 얻은 복덕은 칠보의 보물을 베푸는 보시행을 실천한 사람이 얻은 복덕보다도 더 수승한 것이 된다. 왜냐하면 수보리여! 과거·현재·미래의 일체 제불(諸佛)들이 최상의 불법을 깨달아 체득하게 된 것도 모두 다 이 경전에서 설한 법문에 의거하고 있기 때문이다.

---

等【등】같다, 부류, 다수를 나타내
　　는 접미사
彼【피】저, 저것, 저쪽, 저 사람
從【종】쫓다, 따르다, 여기서는
　　'~로부터'의 의미

의법출생분

須菩提. 所謂 佛法者 卽非佛法.
수 보 리  소 위  불 법 자  즉 비 불 법

수보리여! 불법이라고 말하고 있지만, 사실 불법이라고 할 수 있는 고정된 실체가 있는 것이 아니다. (임시방편의 말로서 불법이라고 이름 붙일 뿐이다)"

## 칠보(七寶)

칠보는 금·은·유리·파려(玻瓈)·자거·적주(赤珠)·마노(馬瑙) 등인데,『무량수경』,『대아미타경』,『평등각경』에는 산호(珊瑚)·호박(琥珀)을 넣기도 하고,『법화경』등 대승경전에는 귀중한 보물의 비유로 칠보를 언급한다.

칠보의 보물이나 물질을 남에게 베푸는 보시행은 대승보살도의 중요한 실천 덕목이다. 그러나 칠보의 보시행보다도 더 큰 공덕이 되는 일은『금강경』의 법문을 깨달아 수지하여 남에게 설법하여 경전의 법문을 깨닫도록 하는 법보시이다.

아무리 귀중한 보물이나 물질이라고 할지라도 보시행은 한계가 있는 유한성이다. 주는 사람, 받는 사람, 물질이 모두 한정된 것이기 때문이다. 그러나 법문을 깨달아 체득하여 진여 본성의 지혜를 구족하면 여래가 되고 부처가 되어 중생심의 업장과 생사윤회의 고통을 초월하고 열반의 경지에서 상구보리 하화중생의 보살도를 실행하는 공덕행이 된다.

즉 법계에 두루하는 무한한 일체중생과 일체제불과 일체 만물과 함께 선근 공덕을 나누는 보살도를 실행하는 일이다. 법계는 시방 삼세의 일체 모든 것을 포용하는 무한이기 때문에 무량, 무변, 불가사량, 불가사의, 무진장 등의 표현을 사용하고 있다.

아무리 많은 칠보나 재물로 보시행을 한다고 할지라도 한정이 있는 유한의 물질로 시간과 공간을 초월한 시방 삼세의 법계에 두루하는 무한의 공덕에 비교할 수가 없기 때문이다.

『벽암록』 제1칙에도 양무제가 사찰을 건립하고 많은 보시행을 한 일에 대하여 달마대사에게 자신의 일에 공덕이 얼마나 되는지 질문하고 있다. 달마는 무공덕(無功德)이라고 한다. 약간의 복덕을 이룬 것으로 공덕이라고 할 수는 없다. 공덕은 진여 본성의 지혜로 시절인연에 따른 본분사인 보살도를 실행한 불보살의 지혜묘용이다.

수지는 총지(總持), 법지(法持), 주지(住持), 행지(行持), 호지(護持) 등과 같은 뜻으로, 불법을 완전히 깨달아 체득하여 자기 마음대로 활용할 수 있는 능력을 구족한 것을 말한다. 마치 글을 쓰는 도구인 연필을 자기가 자유자재로 사용할 수 있는 것과 같다. 내가 연필을 가지고 글을 쓴다는 자아의식뿐만 아니라, 연필이라는 대상경계를 의식하는 일도 없이 그냥 무심하게 연필을 가지고 글을 쓰는 지금 여기의 시절인연에 따른 자기 본분사를 진여 삼매로서 실행하는 것이다. 이러한 진여 자성의 지혜로운 생활을 무애자재(無碍自在)라고 한다.

수지(受持)

따라서 수지는 경전에서 설한 언어문자의 말씀을 대상으로 기억하고 외우는 것이 아니라, 불법의 대의와 법문의 요지, 근본 종지의 핵심을 완전히 깨달아 체득하여 자신의 지혜로운 삶이 되도록 하는 것이다.

『법화경』「법사품」에 '만약 어떤 사람이 묘법연화경의 법문을 하나의 게송으로 수지(受持), 독송(讀誦), 해설(解說), 서사(書寫)하고, 이 경전의 법문을 공경하게 받드는 일을 부처님을 모시는 일과 같이 하면, 운운(云云)'이라고 설한다. 『법화경』「법사공덕품」에서는 경전을 수지 · 독송 · 해설 · 서사하는 다섯 가지(五種) 수행은 육근(六根)을 청정하게 하는 수행이라고 설한다. 그리고 자기 스스로 다섯 가지 수행을 하는 사람을 자행(自行)의 법사(法師)라고 하고, 타인에게 이 법문을 설하여 수행하도록 하는 것을 화타(化他)의 법사라고 한다.

경전의 법문을 수지하는 것은 의업(意業), 독송과 해설은 구업(口業), 서사는 신업(身業)을 청정하게 하는 일이다. 참고로 『대지도론』 56권에도 경전을 수지 독송하는 공덕에 대한 해설을 하고 있다.

『금강경』에서 설하는 법문의 주제를 2분에서 대승의 깨달음을 이루고자 발심한 보살은 '어떻게 불법의 지혜로 살아야 하는가(云何應住)?' 그리고 '어떻게 중생심의 번뇌 망념을 항복시키(降伏其心)고, 반야의 지혜로 무애자재한 삶을 살아갈 수 있는가?' 이 문제로 나누어본다.

아공(我空), 법공(法空)을 텅 비운 일체개공(一切皆空)의 진실을 깨달아 체득하여 반야의 지혜로 일체중생과 함께 불보살의 경지에서 보살도의 삶을 여법하고 여실하게 실행해야 한다. 즉 『금강경』 사구게의 법문을 설하는 사람은 부처가 되고 여래가 되어 진여 삼매의 경지에서 법문을 설하므로 그가 곧 여래이며 부처의 지혜로운 삶을 사는 불보살인 것이다.

**사구게(四句偈)**

사구게는 경전의 중심사상인 핵심법문을 완전히 체득하여 하나의 게송으로 요약하여 읊은 것이다. 『금강경』에는 사구게를 남에게 설법하여 그가 불법을 깨달아 체득하면 그 공덕은 매우 수승하다고 설한다.

『금강경』 8분, 11분, 12분, 13분, 24분, 32분에서도 사구게의 설법을 하면 항하사와 같이 많은 칠보를 보시하는 것보다 더 수승하다고 강조하고 있다.

6분에서도 경전을 수지 독송하는 것은 경전에서 설한 방편법문을 통해서 불법의 진실을 깨달아 부처가 되고 여래가 되며, 일체중생을 구제하는 일이 된다고 설했다.

『금강경』의 법문을 체득하여 사구게로 요약해서 남에게 설하면 여래나 부처가 되어 불법을 설하는 일이며, 설법을 듣는 사람이 불법을 깨달아 체득하면 그가 바로 여래가 되고 부처가 되는 일이다. 여래나 부처의 지혜작용은 진여 법계에 두루하는 법신이 되는 것이며, 일체중생과 일체제불과 일체만법과 하나가 된(不二) 지혜작용이기에 무량무변의 공덕이 된다.

『법화경』「방편품」,「비유품」,「약왕보살본사품」,「다라니품」 등에서도 『금강경』과 같은 공덕을 비유한 설법이 보인다. 예를 들면 「약왕보살본사품」에 '어떤 사람이 칠보를 삼천대천세계에 가득 채워 부처님과 큰 보살과 벽지불, 아라한에게 공양할지라도 이 사람이 얻은 공덕은 법화경 일사구게(一四句偈) 하나만을 수지하는 공덕의 복만 못하다'라고 설하고, 『유마경』「아촉불품」에도 일사구게를

의법출생분

남에게 설하는 공덕을 다음과 같이 전한다.

만약 이 경전의 법문을 깨달아 체득한 사람은 이미 법보(法寶)를 구족(藏)한 것이며, 이 경전을 독송하고 그 뜻을 잘 이해(解釋)하고 여법하고 여실하게 수행하는 사람은 여러 부처의 자각적인 지혜로 중생의 망념에 떨어지지 않고 잘 보호할 수 있게 된다고 하겠다.
이와 같은 사람을 공양하는 사람이 있다면, 그 사람은 부처님께 공양 올리고 있다는 사실을 잘 알아야 한다. 또 이 경전을 서사·수지하는 사람은 반드시 그가 곧 여래와 함께 있다는 사실을 알아야 한다.
만약 이 경전의 법문을 듣고 수희·동참하는 사람은 일체지(一切智)를 얻을 수가 있으며, 이 경전의 법문을 신해(信解)하고 일사구게를 남에게 설해 준다면 반드시 그 사람은 곧 아뇩다라삼먁삼보리를 깨달아 체득하는 수기를 받게 된다는 사실을 알아야 한다.

『금강선론(金剛仙論)』 제4권에 '여기서 말하는 일사구게는 게송과 장행(長行)을 문제로 한 것이 아니라 단지 법신의 법리(法理)를 깨달아 설법할 수 있는 자(者)라는 뜻이다. 인연사(因緣事)를 설한 경문을 가지고 일사구게라고 하는 것이 아니다'● 라고 설했다.

● 『대정장』 25권 821쪽 上

『금강경찬요간정기(金剛經纂要刊定記)』 제4권에 '일구(一句)로서 일의(一義)를 표현하고, 일의로서 일구로 한다면 사의(四義)로서 진실로 일게(一偈)가 된다.(…중략…) 말하자면 제일은 유구(有句), 제이는 무구(無句), 제삼은 역유역무구(亦有亦無句), 제사는 비유비무구(非有非無句)

이다. 문의(文義)가 두루 갖추었기에 최묘(最妙)라고 한다. 이 사의(四義)를 갖추면 실상에 통하니, 이것이 사문(四門)이 된다'고 주장한다.

・『대정장』 33권 205쪽 下

그 밖에 『대비바사론』 178권, 『우바새계경(優婆塞戒經)』 1권에도 일사구게(一四句偈)의 법문이 보인다.

・『대정장』 27권 892쪽 中
・『대정장』 24권 1037쪽 上

**개종차경출**
(皆從此經出)

일체제불이 최상의 깨달음을 체득하게 된 것은 이 『금강경』의 법문에 의거한 것이다. 『금강경』이 대승불법과 최고로 수승한 불법의 깨달음의 원력을 세운 최승자들을 위한 설법이라고 하는 것은 이 법문을 수지 독송하고 깨달아 체득하면 부처가 된다는 의미이다.

그래서 여러 곳에서 경전의 수지 독송에 대한 공덕과 사구게의 수지 독송, 타인에게 설법하는 공덕을 강조하고 있다. 공덕은 부처의 지혜작용으로 일체중생을 구제하는 공덕이며, 일체제불을 공양하는 공덕이다.

14분에 '수보리여! 미래의 세상에 만약 어떤 선남자나 선여인이 이 경전(금강경)의 법문을 잘 배우고 익혀서 독송하면 이 사람은 곧 여래가 되어, 부처의 지혜로 이 사람의 마음작용을 여법하게 다 알고, 여실하게 다 깨달아 볼 수가 있기 때문에(중생의 망념에 떨어지지 않고 깨달음의 지혜로운 삶을 살 수가 있다) 그들은 모두 헤아릴 수 없고, 측량할 수도 없는 무한한 공덕을 성취하게 되는 것이다'라고 설한다.

15분에도 『금강경』의 법문을 수지 독송하면 여래의 아뇩다라삼

의법출생분

먁삼보리를 깨달아 체득한다고 강조하는데, 경전을 수지 독송하는 간경(看經)의 수행은 여래가 되고 부처가 된다. 또 12분에 이 경전이 있는 곳은 부처나 존중받는 불제자가 있다고 하며, 15분에 경전이 소재하는 곳에는 인천(人天)의 공경과 화향(花香)의 공양이 있다고 설한다.

6분에는 부처님의 입멸 후 500년에 이 경전의 가르침을 들으면, 일념에 청정한 깨달음(淨信)을 이루며, 14분에 불법의 진실(實相)을 깨닫는 희유한 공덕과, 16분에는 업장소멸을 이루는 불가사의한 공덕을 설하고 있다.

『법화경』「비유품」에 사리불이 부처님의 설법을 듣고서 '오늘에야 진정 불자(佛子)이며, 부처의 입으로 태어났고(從佛口生), 불법에 의거하여 (불보살로) 화생(化生)하였으며, 불법의 일분(一分)을 깨달아 체득한 사실을 알았습니다'라는 일단도 같은 의미이다.

육조의 『해의』에는 다음과 같이 설한다.

이 경이란 한 권의 언어문자를 가리키는 것이 아니다. 긴요한 것은 진여 자성의 본체에서 여법하게 깨달음을 일으켜 미묘한 이치가 무궁하게 나타난 것이니 반야의 지혜작용이다. 지(智)는 방편으로 덕을 삼고, 혜(慧)는 결단으로 작용을 삼는다. 즉 일체의 시간에 깨달음의 지혜로 비추는 마음이다. 일체제불과 아뇩다라삼먁삼보리가 모두 깨달아 비추는 곳에서 이루어지기 때문에 이 경으로부터 나온 것이라고 설한다.

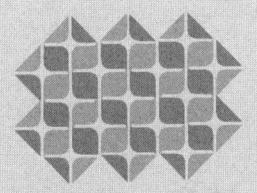

## 9 일상무상분 一相無相分

須菩提. 於意云何. 須陀洹 能作是念. 我得須陀洹
수보리 어의운하 수다원 능작시념 아득수다원

果不.
과 부

須菩提言. 不也世尊. 何以故. 須陀洹 名爲入流
수보리언 불야세존 하이고 수다원 명위입류

而無所入. 不入色聲香味觸法. 是名須陀洹.
이무소입 불입색성향미촉법 시명수다원

須菩提. 於意云何. 斯陀含 能作是念. 我得斯陀含
수보리 어의운하 사다함 능작시념 아득사다함

果不.
과 부

須菩提言. 不也世尊. 何以故. 斯陀含 名一往來.
수보리언 불야세존 하이고 사다함 명일왕래

而實無往來. 是名斯陀含.
이실무왕래 시명사다함

---

能【능】 능하다, 능히, ~할 수 있다
聲【성】 소리
觸【촉】 닿다, 접촉, 촉감

# 9
## 깨달음의 고정된 실체는 없다

"수보리여! 그대 생각은 어떠한가? 불법을 수행하여 첫 단계 깨달음(果位)으로 수다원(須陀洹)의 경지를 증득한 사람이 자신은 수다원의 경지를 증득했다고 생각하겠는가?"

수보리가 대답하였다.

"아닙니다. 세존이시여! 왜냐하면 수다원이란 처음 성자의 부류에 들어가 합류했다(入流)는 뜻이지만, 어디에 들어간 곳도 없고, 색깔이나 모양, 소리나 냄새, 맛이나 촉감, 의식의 대상경계(法)에도 들어가지 않고 깨달음의 경지를 증득한 수행자를 임시방편의 말로서 수다원이라 이름 붙일 뿐입니다."

"수보리여! 그대 생각은 어떠한가? 두 번째 단계의 깨달음으로 사다함(斯陀含)의 경지를 증득한 사람이 자신은 사다함의 경지를 증득했다고 생각하겠는가?"

수보리가 대답하였다.

"아닙니다. 세존이시여! 왜냐하면 사다함은 천상 세계나 인간의 세계에 오직 한 번만 왕래(一往來)하여 태어나 불법을 듣고 깨달음을 증득한다는 의미인데, 실제로는 오고감이 없으므로 임시방편의 말로서 사다함이라고 이름 붙일 뿐입니다."

일상무상분

須菩提. 於意云何. 阿那含 能作是念. 我得阿那含
수보리 어의운하 아나함 능작시념 아득아나함

果不.
과 부

須菩提言. 不也世尊. 何以故. 阿那含 名爲不來
수보리언 불야세존 하이고 아나함 명위불래

而實無(不)來. 是故 名阿那含.
이실무(불)래 시고 명아나함


須菩提. 於意云何. 阿羅漢 能作是念. 我得阿羅漢
수보리 어의운하 아라한 능작시념 아득아라한

道不.
도 부

須菩提言. 不也世尊. 何以故. 實無有法 名阿羅漢.
수보리언 불야세존 하이고 실무유법 명아라한

世尊. 若阿羅漢 作是念. 我得阿羅漢道. 卽爲着
세존 약아라한 작시념 아득아라한도 즉위착

我人衆生壽者.
아인중생수자

"수보리여! 그대 생각은 어떠한가? 세 번째 단계의 깨달음으로 아나함(阿那舍)의 경지를 증득한 사람이 나는 아나함의 경지를 얻었다고 생각하겠는가?"

수보리가 대답하였다.

"아닙니다. 세존이시여! 왜냐하면 아나함은 중생들의 욕망 세계(欲界)에는 두 번 다시 와서 태어나지 않는 사람(不來)이라는 의미인데, 진실로 본래 되돌아오는 것이란 있을 수가 없는 것(不來. 不還)이므로, 임시방편의 말로서 아나함이라고 이름 붙일 뿐입니다."

"수보리여! 그대 생각은 어떠한가? 네 번째 단계의 깨달음으로 아라한(阿羅漢)의 경지를 증득한 사람이 나는 아라한의 경지를 얻었다고 생각하겠는가?"

수보리가 대답하였다.

"아닙니다. 세존이시여! 왜냐하면 진실로 인천(人天)의 공양을 받을 자격을 갖춘 아라한이라 할 수 있는 고정된 실체로서 깨달음의 경지란 있을 수가 없기 때문입니다. 세존이시여! 아라한이 자기 스스로 '나는 인천의 공양을 받을 수 있는 자격을 갖춘 아라한의 경지를 얻었다'고 생각한다면 이 사람은 곧 범부 중생과 같이 자기 존재에

世尊. 佛說我得 無諍三昧人中 最爲第一. 是第一
세존　불설아득　무쟁삼매인중　최위제일　시제일

離欲阿羅漢. 我不作是念. 我是離欲阿羅漢.
이욕아라한　아부작시념　아시이욕아라한

世尊. 我若作是念 我得阿羅漢道. 世尊則不說
세존　아약작시념　아득아라한도　세존즉불설

須菩提 是樂阿蘭那行者. 以須菩提 實無所行.
수보리　시요아란나행자　이수보리　실무소행

而名須菩提 是樂 阿蘭那行.
이명수보리　시요　아란나행

---

諍【쟁】다투다, 투쟁
離【리】떠나다, 이별하다, 여의다
蘭【난】난초
那【나】어찌, 무엇, 어조사

대한 자아의식(我相), 인간이라는 자기 존재에 대한 의식(人相), 중생이라는 자기 존재에 대한 의식(衆生相), 자기 존재는 영원하다는 자아의식의 고정 관념(壽者相)에 집착하는 것입니다.

세존이시여! 부처님께서 저(수보리)를 시비 갈등의 다툼이 없는 무쟁삼매(無諍三昧)를 체득한 사람 가운데 최고의 수행자이고, 중생의 욕망을 여읜 뛰어난 아라한이라 말씀하셨습니다. 하지만 저는 제 자신이 욕망을 여읜 아라한이라고 의식하거나 생각해 본 일이 없습니다.

세존이시여! 제가 스스로 '나는 아라한의 경지를 체득했다'고 생각한다면 세존께서 저를 중생심의 시비 갈등의 다툼 없이 무쟁삼매(無諍三昧)의 경지에서 사는 수행자(阿蘭那行者)라고 칭찬하지 않았을 것입니다. 저(수보리)는 진실로 중생심으로 자아의식과 의식의 대상경계를 추구하지 않기 때문에 세존께서 저를 시비 갈등의 다툼이 없는 무쟁삼매의 경지에 사는 수행자라고 말씀하신 것입니다."

## 수다원(須陀洹)

수다원은 범어 srota-apannaa(쓰로따빤나)의 음역으로 흐름에 들어갔다는 의미로 예류(預流), 혹은 입류(入流)라고 의역한다. 즉 부파불교 성자의 단계인 사향(四向), 사과(四果)의 초위(初位)이다.

『대비바사론』 46권에 다음과 같이 전한다.

문 : 무슨 뜻으로 이러한 의미를 가지고 예류라고 하는가?
답 : 유(流)는 성도(聖道)를 말하며, 예(預)는 입(入)을 말한다. 즉 그는 성도의 지위에 들어가 합류했기 때문에 예류라고 한다. ● 말하자면, 소승의 사향(四向), 사과(四果)의 성도(聖道) 지위에 처음 들어가 합류한 성자라는 의미이다.

● 『대정장』 27권 240쪽 上

## 사다함(斯多含)

사다함은 범어 sakrd-agamin(싸끄리다가민)의 음역으로 일래(一來) 혹은 일왕래(一往來)라고 의역한다. 소승 사향(四向) 사과(四果) 가운데 두 번째 지위로, 사다함의 지위에 도달하면 천상이나 인간의 세계에 단지 한 번 태어나서 깨달음을 체득하고, 그 이후는 천상이나 인간계에 태어나는 일이 없다고 한다. 인간세계에서 사다함의 지위를 얻으면 천상계에 가고 다시 인간세계에 되돌아와서 열반을 체득하며, 천상세계에서 사다함의 지위를 얻으면 인간세계에 가고, 다시 천상에 되돌아가 열반을 얻는다. 이처럼 반드시 천상과 인간세계에 오직 한 번 왕래한다고 한다. ●

● 『대비바사론』 53권 참조

『법화경』「분별공덕품」에 다음과 같이 설한다.

삼천대천세계의 티끌 수와 같이 많은 보살들은 불퇴전의 법륜을 굴린다. 또 이천, 중천세계의 티끌 수와 같이 많은 보살들은 청정한 법륜을 굴린다. 또 소천세계의 티끌 수와 같이 많은 보살들은 팔생(八生, 보살의 법력으로 여덟 번 人天에 태어나는 것)에 최상의 깨달음을 이룬다. 또 수미산의 사방(四洲)에 있는 사천하(四天下)의 티끌 수와 같이 많은 보살들은 사생(四生)에 최상의 깨달음을 이룬다. 또 세(三) 사천하의 티끌 수와 같이 많은 보살들은 삼생(三生)에 최상의 깨달음을 이룬다.

여기서 팔생은 보살들이 수행한 법력으로 여덟 번 인천에 태어나는 것이고, 사생은 네 번, 삼생은 세 번 태어나는 것이다. 미륵보살을 일생보처(一生補處)라고 하는 것은 한 번 태어나면 부처가 된다는 의미이다.

**아나함(阿那含)**

아나함은 범어 anagamin(아나가민)의 음역으로 불환(不還), 혹은 불래(不來)라고 의역한다. 소승의 사향(四向), 사과(四果) 가운데 세 번째 지위로서 중생의 욕망으로 가득 찬 욕계의 번뇌를 완전히 끊어버린 성자의 지위이다. 아나함의 지위에 이르면 욕계의 번뇌를 끊어버리고 사후에는 색계(色界), 무색계(無色界)에 태어나며, 욕계에는 두 번 다시 태어나지 않기 때문에 불환, 혹은 불래라고 한다.

• 『대비바사론』 174권, 175권 등 참조

일상무상분

### 아라한(阿羅漢)

아라한은 범어 arhat(아르하뜨)의 음역으로, 응공(應供), 살적(殺賊), 불생(不生)이라고 번역한다. 응공(應供)은 인천(人天)의 존경을 받고 공양을 받을 자격을 갖춘 사람, 즉 부처를 지칭하며 부처의 십대명호(十號) 가운데 포함되어 있다. 부파불교에서는 불법을 깨달아 체득한 이상적인 수행자를 말한다. 살적은 아라한의 번역어이고, ari(아리)가 도적(賊), han(한)은 죽인다(殺)는 뜻으로 중생의 번뇌 망념의 도적을 불법의 지혜로 죽인다는 의미이다. 불생은 중생의 번뇌 망념을 일으키지 않는 수행자란 뜻이다.

『중아함경』「사리자상응품교화병경(舍利子相應品敎化病經)」제8에 급고독장자와 사리자의 문답에 장자가 소승의 사향 사과를 얻은 것을 설한다.

• 『대정장』 1권 458쪽

### 무쟁삼매(無諍三昧)

무쟁삼매는 범어 arana-vihalin(아라나 위할린)의 음역으로 아란야(阿蘭那, 無諍)의 경지에 주하는 수행자라는 의미이다. 『중아함경』 169권, 『구루수무쟁경(拘樓瘦無諍經)』에 다음과 같이 설한다.

그래서 비구들이여 유쟁법(有諍法)과 무쟁법(無諍法)을 알게 된다. 그리고 유쟁법과 무쟁법을 알아야 무쟁법을 실행할 수가 있다. 특히 비구들이여 (불법의 가르침을) 배우지 않으면 안 된다. 비구들이여! 선남자 수보리는 무쟁도를 실천한 수행자이다.

• 『대정장』 1권 701쪽 中 ~ 703쪽 下

수보리가 해공제일(解空第一)이기에 무쟁삼매를 체득한 수행자 가운데 제일이라고 한다. 무쟁삼매는 중생심의 번뇌 망념과 갈등으로 타인과의 시비나 선악 등을 분별하며 다투는 일이 없는 깨달음의 경지이다.

## 10 장엄정토분 莊嚴淨土分

佛告須菩提. 於意云何. 如來 昔在燃燈佛所.
불고수보리 어의운하 여래 석재연등불소

於法有所得不. (不也)世尊. 如來 在燃燈佛所.
어법유소득부 (불야)세존 여래 재연등불소

於法實無所得.
어법실무소득

須菩提. 於意云何. 菩薩 莊嚴佛土不.
수보리 어의운하 보살 장엄불토부

不也世尊. 何以故. 莊嚴佛土者 則非莊嚴.
불야세존 하이고 장엄불토자 즉비장엄

是名莊嚴.
시명장엄

是故 須菩提. 諸菩薩摩訶薩 應如是生淸淨心.
시고 수보리 제보살마하살 응여시생청정심

不應住色生心. 不應住聲香味觸法生心. 應無所住
불응주색생심 불응주성향미촉법생심 응무소주

而生其心.
이생기심

燃【연】태우다, 불태우다
燈【등】등불
莊【장】장엄하다, 꾸미다
嚴【엄】엄하다, 단엄하다, 꾸미다

# 10 불국토의 장엄

부처님께서 말씀하셨다. "수보리여! 그대 생각은 어떠한가? 여래가 과거 옛날에 연등불의 회상에서 보살로 수행할 때, 연등불로부터 미래에 부처가 될 것이라는 수기를 받았다고 하였는데, 연등불로부터 전해 받은 법이 있었는가?"

(수보리가 말했다.) "세존이시여! 여래가 연등불의 회상에서 진실로 전해 받은 법이란 아무것도 없습니다."

"수보리여! 그대는 어떻게 생각하는가? 보살이 불국토(佛土)를 장엄할 수가 있겠는가?"

(수보리가 말했다.) "불국토를 장엄할 수가 없습니다. 세존이시여! 왜냐하면 불국토를 장엄한다는 것은 고정된 실체의 불국토를 장엄한다는 것이 아니라, 임시방편의 말로서 불국토를 장엄한다고 이름 붙일 뿐입니다."

"그러므로 수보리여! 불법을 수행하는 모든 보살마하살은 마땅히 진여 본성의 청정한 마음으로 지혜로운 삶을 살아야 하며, 사물의 모양이나 색깔(形色), 소리나 맛, 냄새, 감촉, 의식의 대상경계(法)에도 집착하지 말고, 마땅히 진여의 청정한 마음으로 일체의 대상경계에도 집착하지 않고 방편의 지혜로 현실의 모든 삶을 걸림 없이

장엄정토분

須菩提. 譬如有人 身如須彌山王. 於意云何.
<sub>수 보 리   비여유인   신여수미산왕   어의운하</sub>

是身爲大不.
<sub>시 신 위 대 부</sub>

須菩提言. 甚大世尊. 何以故. 佛說非身 是名
<sub>수 보 리 언   심 대 세 존   하 이 고   불 설 비 신   시 명</sub>

大身.
<sub>대 신</sub>

자유롭게 살 수 있어야 한다.

수보리여! 비유하자면, 어떤 사람의 몸이 수미산왕과 같다고 하자. 그대의 생각은 어떠한가? 이 사람의 몸이 크다고 할 수가 있겠는가?"

수보리가 대답하였다.

"매우 크다고 할 수 있습니다. 세존이시여! 왜냐하면 부처님께서 큰 몸(大身)이라고 하는 것은 고정된 실체가 있는 것이 아니고, 임시 방편의 말로서 큰 몸(大身)이라고 이름 붙일 뿐이라고 말씀하셨기 때문입니다."

**연등불(燃燈佛)**

연등불은 범어 Dipankara-tathagata(디빵까라 따타가따)의 음역으로, 『수행본기경(修行本起經)』에는 정광(錠光)으로 번역한다.

석가불이 과거세에 석가보살로 수행할 때(因地) 제이(第二) 아승지겁에서 만난 부처이다. 당시 석가보살을 유동(儒童)이라 하고, 유동은 연등불께 꽃을 공양하고, 또 머리카락으로 진흙땅 위를 덮어 걸어가게 하는 보살행을 하여 연등불의 수기를 받았다고 한다. 『증일아함경』 11권·13권·40권, 『수행본기경』, 『대지도론』 4권, 『대비바사론』 178권 등에 보인다. 연등불의 고사는 『금강경』 10분·16분·17분, 『법화경』 「서품」, 「여래수량품」에도 언급하고 있다.

**장엄불토(莊嚴佛土)**

17분에서도 여래가 설하는 불토의 장엄은 임시방편으로 설한 말이라고 한다. 『금강경』에서 설하는 불토의 장엄이나, 정토를 장엄한다는 것은 어떤 의미인가? 육조 혜능의 『해의(解義)』에는 다음과 같이 해설한다.

불토는 청정하여 모양도 없고(無相) 형체도 없다(無形). 무엇으로 장엄할 수가 있는가?
오직 정혜(定慧)의 보배로서 임시방편의 말로 장엄한다고 할 뿐이다. 장엄에는 세 가지가 있는데, 첫 번째는 세간의 불토를 장엄하는 것이다. 즉 사찰을 건립하고 사경(寫經)하며 보시와 공양을 실행하는 것이다. 두 번째는 몸(身)으로 불토를 장엄하는 것이다. 사람들을 대할 때

한결같이 합장 공경하는 보살도를 실행하는 일이다. 세 번째는 일심(一心)의 불토를 장엄하는 것으로, 일심이 청정하면 곧 불토도 청정하며, 일념 일념에 항상 의식의 대상경계를 취하는 일이 없이(無所得) 청정한 마음을 가지는 것이다.

다시 말해서 세간불토 장엄은 사원을 건립하고 탑을 조성하며, 보시 공양하는 일 등이며, 신(身) 장엄은 일체의 모든 사람들을 진심으로 한결같이 합장하며 공경하는 보살행이며, 심(心) 불토는 일심 청정함이 곧 불토를 청정하게 하는 것이기 때문에 일념일념(一念 一念)에 항상 깨달음을 실행하며, 번뇌 망심을 일으키지 않고 보살도를 실행하는 일이다.

『유마경』「불국품」에 '직심(直心)이 바로 보살의 정토(淨土)이며, 심심(深心)이 바로 보살의 정토이다. 혹은 보살이 정토를 알고자 한다면 진실로 자신의 마음을 청정하게 해야 한다. 자신의 마음을 청정하게 하는 것이 불토도 청정하게 된다'라고 설한다.

또 '보적이여! 중생의 국토가 곧 보살의 불토이다. 왜냐하면 보살은 그 중생을 교화하는 것에 따라서 불국토를 취한다. 보살은 그 보살들이 중생을 조복하는 것에 따라서 불국토를 취한다'라고 설하는 것처럼, 불국토는 보살의 청정한 깨달음의 세계(정토)이다.

의상대사의 『법성게』에 '불법을 깨달은 진여의 지혜(다라니, 總持)는 무진의 보배이니, 법계를 장엄하는 진실된 보배 궁전이네(以陀羅尼無盡寶 莊嚴法界實寶殿)'라는 구절에서, 불토나 법계를 장엄한다는 것은 불심의 청정한 지혜작용으로 열반의 경지를 건립한다는 의미이다.

열반의 경지는 진여 법신의 미묘한 지혜작용이 상(常)·낙(樂)·아(我)·정(淨)의 사덕(四德)으로 장엄된다. 즉 진여 법신의 지혜작용은 불생불멸(不生不滅)이기에 항상 불변(不變)이며, 여여 부동하여 파괴되는 일이 없다. 그래서 금강불괴신(金剛不壞身), 무량수(無量壽)라고 한다. 또 일체중생의 번뇌 망념과 불안 등 생사윤회의 괴로움을 해탈한 경지이기에 안심, 안락(樂)한 경지이다. 일체만법, 일체중생과 함께하면서도 대상경계를 초월하여 무애자재한 진여 자성(眞我)의 지혜작용은 진흙탕에 오염되지 않는 연꽃과 같다. 그리고 진여의 지혜는 오탁악세(五濁惡世)의 중생심으로 오염된 예토(穢土)를 불심의 청정심으로 정화하는 것이다.

즉 불토를 장엄한다는 것은 불법을 깨달은 부처의 지혜로 지금 여기 자신의 삶을 보살도의 실천으로 중생을 구제하는 원력행을 실행하는 회향불사를 말한다. 중생심의 조작과 작위성으로 목적의식을 가지고 사는 것이 아니라 진여 본성의 생명활동인 자기 본분사의 원력행을 무심의 경지에서 자연업(自然業)으로 장엄하는 것이다.

참고로 불법은 유심론적인 철학체계인데, 글자대로 불국토를 존재하는 국토나 사물 등 대상경계로 보고 유물론적으로 해석해서는 안 된다.

보살마하살은 범어 maha-sattva(마하싸뜨와)의 음역으로, 마하살타(摩訶薩埵)라고 번역한다. 보살의 존칭어로 위대한 원력을 가진 자, 훌륭한 사람, 위대한 불도의 깨달음을 발원한 자를 말한다. 대심(大心), 대사(大士), 대중생(大衆生), 대유정(大有情)이라고도 한다.

『대지도론』 5권에 '왜 마하살타라고 하는가?'라는 질문에 '마하는 대(大)이고, 살타란 중생이며, 혹은 용심(勇心)이라고도 한다. 이 사람의 마음에 큰일(大事)을 이루고, 물러서지 않고 대용심(大勇心)이기에 마하살타라고 한다'고 설했다.

『법화경』「비유품」에 다음과 같이 설한다.

> 만약 어떤 중생이 부처 세존의 법문을 듣고 신수(信受)하며, 부지런히 수행 정진하고, 일체의 지혜와 불지(佛智), 자연지(自然智), 무사지(無師智), 여래지(如來知)의 힘과 무소외(無所畏)를 구하고, 무량한 중생을 가엽게 여기고 안락하게 하며, 천신·인간들을 이롭게 하며, 일체중생이 열반의 경지를 체득(度脫)하도록 한다면 이 사람이 바로 대승보살이며, 일승(一乘)의 법을 구하므로 마하살이라고 한다.

『대지도론』 4권에 보리살타의 질문에 '대서원이 있고, 마음에 동요가 없으며, 정진함에 물러섬이 없는 세 가지를 구족하기에 보리살타라고 한다'고 했다.

대승의 위대한 보살마하살은 당연히 진여의 청정한 지혜로 보

**제보살(諸菩薩)**
**마하살(摩訶薩)**

• 『대품반야경』 금강품(『대정장』 8권 243쪽 中) 참조

장엄정토분

살도를 실행해야 하며, 눈에 보이는 사물이나 모양, 색깔의 대상 경계에도 머무름이 없고, 소리 · 향기 · 맛 · 촉감 등 일체의 의식 대상경계에 집착하는 일이 없이 여법하게 살아야 한다고 강조하고 있다.

**응무소주(應無所住)**
**이생기심(而生其心)**

2분에서 문제로 제시한 운하응주(云何應住), 운하항복기심(云何降伏其心)에 대한 구체적인 방법으로 『금강경』의 핵심 법문이다. 무소주(無所住)란 의식의 대상경계에 집착하지 않고 일체의 망념을 텅 비운(空, 眞空) 진여 본심의 지혜로 시절인연에 따라 지금 여기 자신이 해야 할 일을 지혜(不空, 妙用)롭게 하는 것이다. 4분에서 '보살은 의식의 대상경계나 사물(法)에 집착하는 일이 없이 남에게 베푸는 보시행을 실천해야 한다(菩薩於法 應無所住 行於布施)'와 같은 의미이다.

반야사상에서 보면, 『유마경』「관중생품」의 '무주의 근본에서 일체법을 건립한다(從無住本 立一切法)'고 하는 것이나, 『금강경』의 '일체현성(賢聖)은 무위법으로 차별한다'는 법문은 같다. 무주의 근본이나 무위법은 진여 본심의 지혜를 말하며 일체법을 건립하고, 차별하는 것은 방편의 지혜로서 시절인연에 따른 자신의 본분사의 삶을 창조하는 것이다.

무주의 깨달음을 실천하는 법문은 중국 선종에서도 주목하고 있으며, 육조 혜능은 『금강경』의 이 구절을 듣고 의문이 생겨서 출가했다고 한다. 사실 중국 선종에서 『금강경』의 반야사상을 중심으로 선불교의 혁신을 일으키고, 『금강경』을 선종의 소의경전으로 한 최초의 사람은 하택 신회(荷澤神會)선사이다.

선에서 진여 본성이 본래 텅 비어 공한 것을 본래무일물(本來無一物)이라 하고, 진여 본성에 번뇌 망념이 없는 무일물의 경지에서 무진장한 지혜작용이 자유자재롭게 전개되는 것을 무일물중무진장(無一物中無盡藏)이라고 한다.

수미산은 범어 sumeru(수메루)의 음역으로, 묘고산(妙高山)이라고 번역한다. 고대 인도의 신화적인 우주관으로 설한 산인데, 불교에서도 이 수미산에 대한 주장을 인용하여 불교의 세계관으로 설명하고 있다. 세계의 중심에 거대하게 솟은 산으로 대해(大海) 가운데 있으며, 금륜(金輪)의 위에 있다고 한다. 구산팔해(九山八海)에 둘러싸여 있으며, 그 주위에 태양과 달이 돌고, 육도(六道)와 제천(諸天)이 모두 그 측면 혹은 상방에 있다. 그 정상에 제석천의 궁전이 있다고 한다.

**수미산(須彌山)**

여래 법신이 우주 법계와 하나가 된 것을 『대승기신론』에서 법계일상(法界一相)이라고 한다. 60권 『화엄경』「노사나불품」에 '진여 법신은 법계에 충만하고 널리 일체중생들 앞에 몸을 나툰다(法身充滿於法界, 普現一切衆生前)'라고 설한다. 17분에도 대신(大身)에 대한 법문이 있다.

『대승기신론』에서는 보살이 인행(因行)이 완성되어 부처가 되었

**대신(大身)**

을 때 그 불신(佛身)은 '일체 세간의 최고대신(最高大身)으로 나타난다'고 설한다. 즉 색구경천(色究竟天)은 색계의 최고천(最高天)이기에 천인(天人)이 이 세계에서 최고 최대의 미묘한 색신을 가지고 있다. 보살이 수행을 완성한 증명은 이 색구경천에서 그 색신을 나투는 것이다.

말하자면 보살이 일체 세간에 두루 편만하는 진여 법신에 수순하여 진여와 일여가 되어 그 법신은 일체 세간에 편만하고 최고대신(大身)이 되는 것이다.

부처의 삼신(三身, 법신·보신·화신)이나, 대신은 불법을 깨달아 작용하는 부처나 보살의 지혜작용이지 실제로 존재하는 육신으로 이해해서는 안 된다. 선어록에서는 신심일여(身心一如)의 경지에서 온몸이 하나가 되어 작용하는 것을 전신(全身), 혼신(渾身), 통신(通身)이라고 표현한다.

• 『대정장』 32권 581쪽 中

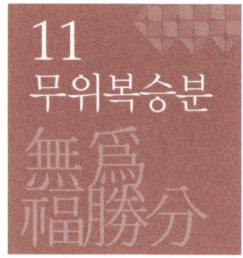

## 11 무위복승분 無爲福勝分

須菩提. 如恒河中 所有沙數. 如是 沙等 恒河.
수보리 여항하중 소유사수 여시 사등 항하

於意云何. 是諸恒河沙 寧爲多不.
어의운하 시제항하사 영위다부

須菩提言. 甚多世尊. 但諸恒河 尙多無數. 何況
수보리언 심다세존 단제항하 상다무수 하황

其沙.
기 사

須菩提. 我今實言告汝. 若有 善男子善女人. 以七
수보리 아금실언고여 약유 선남자선여인 이칠

寶滿爾所 恒河沙數 三千大千世界. 以用布施
보만이소 항하사수 삼천대천세계 이용보시

得福多不.
득복다부

須菩提言. 甚多世尊.
수보리언 심다세존

佛告須菩提. 若善男子 善女人. 於此經中 乃至
불고수보리 약선남자 선여인 어차경중 내지

受持 四句偈等 爲他人說. 而此福德 勝前福德.
수지 사구게등 위타인설 이차복덕 승전복덕

---

沙 【사】 모래, 모래알
數 【삭】 세다, 헤아리다, 숫자
　　【삭】 자주
恒 【항】 항상
寧 【영】 차라리, 오히려

尙 【상】 오히려, 숭상할

# 11 무위법의 수승한 복덕

"수보리여! 갠지스 강의 모래 수만큼이나 많은 갠지스 강이 있다면 그대의 생각은 어떠한가? 이 모든 갠지스 강의 모래 수는 진실로 많다고 할 수 있겠는가?"

수보리가 대답하였다. "매우 많습니다. 세존이시여! 갠지스 강의 모래 수만큼 많은 갠지스 강만 해도 헤아릴 수 없이 많은데, 하물며 그 많은 갠지스 강들의 모래 수란 말로 다 설명할 수가 있겠습니까?"

"수보리여! 내가 이제 진실로 그대에게 말하노라. 만약 어떤 선남자 선여인이 그 갠지스 강의 모래 수만큼 많은 삼천대천세계에 일곱 가지 보배(七寶)를 가득 채워 남에게 베푸는 보시행을 한다면 그 사람은 한량없이 많은 복덕은 얻지 않겠는가?"

수보리가 대답하였다. "그렇습니다. 세존이시여! 매우 많은 복덕을 얻을 것입니다."

부처님께서 수보리에게 말했다. "만약 선남자 선여인이 이 경전에서 설하는 법문의 대의를 깨달아 체득하고, 네 구절의 게송으로 요약해서 다른 사람에게 설법하여, 그가 불법을 깨달아 체득한다면 이 사람이 불법을 설하고 체득한 복덕은 앞에서 수많은 칠보로 보시행을 하여 얻은 그 사람의 복덕보다도 더 수승한 것이다."

滿 【만】 가득차다, 일만
爾 【이】 그
爾所 【이소】 그곳

무위복승분

### 항하사(恒河沙)

항하는 Ganga(강가)의 음역으로 인도의 갠지스 강이며, 항하사는 갠지스 강의 모래알을 말한다.

『금강경』 등 대승경전에서 셀 수 없이 많은 수량을 표현할 때 갠지스 강의 모래알에 비유하고, 무량, 무수, 무진장, 불가사의, 불가사량으로 표현하기도 한다. 불교 경전에서 이러한 표현은 우주 법계의 일체중생과 일체제불과 일체만법과의 관계 속에 이루어지는 불가사의한 지혜작용과 공덕의 묘용을 비유한 것이다. 항하와 항하사의 비유는 『금강경』 13분, 15분, 18분, 28분에서도 보인다.

### 삼천대천세계(三千大千世界)

삼천대천세계는 고대 인도인의 세계관에 의한 전 우주를 말한다. 삼천세계라고도 하며, 수미산을 중심으로 그 주위에 사대주(四大洲)가 있고, 그 주변에는 구산팔해(九山八海)가 있는데, 이것이 우리들이 사는 소세계(小世界)이다.

위로는 색계의 초선천(初禪天)에서 아래로는 대지의 밑 풍륜(風輪)까지를 말한다. 이 세계 가운데 일, 월, 수미산, 사천하(四天下), 사천왕(四天王), 삼십삼천(三十三天), 야마천(夜摩天), 도솔천, 낙변화천(樂變化天), 타화자재천(他化自在天), 범세천(梵世天)을 포함한다. 이 소세계가 천 개 모인 것이 소천세계(小千世界)이고, 이 소천세계가 천 개 모인 것이 중천세계(中千世界), 중천세계가 천 개 모인 것이 대천세계(大千世界)이다.

소중대(小中大) 세 가지 종류의 천세계(千世界)로 이루어졌기 때문에 삼천세계, 혹은 삼천대천세계라고 한다.

『금강경』13분, 19분, 24분, 30분에도 언급하고 있다.

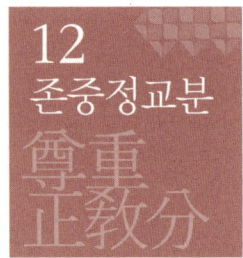

## 12 존중정교분

復次須菩提. 隨說是經 乃至四句偈等. 當知此處
부차수보리 수설시경 내지사구게등 당지차처

一切世間天人阿修羅. 皆應供養 如佛塔廟.
일체세간천인아수라 개응공양 여불탑묘

何況有人盡能受持讀誦.
하황유인진능수지독송

須菩提. 當知是人 成就最上第一希有之法.
수보리 당지시인 성취최상제일희유지법

若是經典所在之處. 則爲有佛 若尊重弟子
약시경전소재지처 즉위유불 약존중제자

---

隨【수】 따르다
塔【탑】 탑, 불탑, 절
廟【묘】 사당
就【취】 이루다, 성취하다
希【희】 드물다

# 12 정법의 교시를 존중하다

"또한 수보리여! 이 경전의 법문을 많은 사람들에게 설하는 곳이거나, 이 경전의 대의를 네 구절의 게송(四句偈)으로 요약해서 남에게 설법하는 곳에는 일체 세간의 천인, 인간, 아수라가 모두 부처님과 부처님의 탑(사리탑)에 공양하고 있다는 사실을 잘 알아야 한다.

그런데 하물며 어떤 사람이 이 경전의 법문을 깨달아 체득(受持)하고 독송하며 다른 사람에게 설법하여 경전의 법문을 깨달도록 한다면 그 수승한 공덕은 더 말할 필요가 없지 않겠는가!

수보리여! 이 사람은 최상의 불법과 제일 희유한 경전의 법문을 깨달아 성취하게 된 사실을 잘 알아야 한다.

만약에 이 경전의 법문이 설해지고 있는 곳에는 부처님이 상주하고 계시거나 혹은 존경받는 훌륭한 부처님의 제자들이 불법을 설하고 있는 곳이라 하겠다."

존중정교분

**사구게(四句偈)**     『금강경』 8분의 107쪽, 11분, 12분, 13분, 24분의 310쪽, 32분의 372쪽 참조.

**수설시경(隨說是經)**     15분에 '이 경전의 법문이 설해지는 곳에는 일체 세간, 천인, 아수라가 공양하고 공경하는 것이 마치 부처님과 부처님의 탑(如佛塔廟)에 공양하고 있는 것과 같다는 사실을 잘 알아야 한다'라는 설법이 나온다.

『법화경』이나 대승경전을 설하는 곳에서 모두 이러한 설법을 하는 것은, 육도윤회하는 중생 가운데 대승의 법문을 들을 수 있는 중생은 천인, 인간, 아수라이기 때문이다.

32분에도 부처님이 경전의 법문을 끝내자 수보리를 비롯하여 사부 대중과 일체 세간 · 천인 · 아수라가 이 법문을 듣고 모두 크게 환희하고 신수봉행(信受奉行)하였다고 한다.

대승경전은 부처님이 진여 본성의 지혜작용인 어언삼매(語言三昧)에서 설법하기 때문에 시방 삼세의 일체중생이 모두 법문을 듣고, 공경하며 부처님께 공양 올리게 되는 것이다.

**수지독송(受持讀誦)**     『금강경』 14분에 경전의 법문을 수지 독송하면 여래가 되어 부처의 지혜로 실지 실견하여 무량의 공덕을 성취한다고 수지 독송의 공덕을 강조한다.

『법화경』「법사품」에도 다음과 같이 설한다.

약왕이여! 다음과 같은 사실을 잘 알아야 한다. 여래가 열반한 이후에 어떤 사람이 이 경전을 능히 사경, 수지 독송하고 공양하며 다른 사람에게 법문을 설한다면 진여 본성의 지혜작용인 여래가 곧 그 사람에게 지혜의 옷을 덮어줄 것이다. 또 타방의 모든 제불의 지혜로 호념(護念)하게 되어 중생심으로 퇴보하지 않게 된다. 또 이 사람은 대신력(大信力)과 지원력(志願力)과 많은 선근력(善根力)이 있다. 이 사람은 여래와 공숙(共宿)하고, 곧 여래가 되어 손으로 그 사람의 머리를 쓰다듬게 된 사실을 알아야 한다.

약왕이여! 어디서나 이 경전의 법문을 설하거나 독송하거나 사경하거나 이 경전을 설하는 곳에는 반드시 칠보탑이 건립되어 있다. 지극히 높고 넓게 장엄하고 장식하며, 사리를 봉안할 필요도 없다. 왜냐하면 이 경전을 설하는 이 사람(칠보탑)은 여래의 전신(全身, 法身)이 있기 때문이다. 이 탑에는 온갖 꽃과 향과 영락과 비단, 일산과 당기, 번기와 풍류와 노래로 공양하고 공경하고 찬탄해야 한다.

경전의 수지 독송이 여래가 되고 부처가 되는 깨달음의 작용이라는 사실이다. 대승경전에는 수지(受持)·독(讀)·송(誦)·해설(解說)·서사(書寫) 등 다섯 가지 수행방법을 설하고 있다. 수지는 의업(意業), 독송·해설은 구업(口業), 서사는 신업(身業)에 해당되는데, 이러한 수행을 하는 사람을 자행(自行)의 법사라고 하고, 타인에게 설법하여 수행하도록 하는 것을 타화(他化)의 법사라고 한다.

『대지도론』 56권에는 경전의 수지 독송과 타인에게 해설하는 공덕의 의미를 다음과 같이 해설한다. 즉 '신력(信力)이 작용하기 때문에 받아들인다(受)고 하고, 염력(念力)이기 때문에 지닌다(持)고 하고, 경문(經文)을 간(看)하고 혹은 입으로 받아들이기 때문에 읽는다(讀)고 하며, 항상 외우(誦)며 잊어버리는 일이 없기에 송(誦)이라 하고, 남에게 선전하기 때문에 설한다고 하며, 경전의 법문은 이해하기 어렵기 때문에 의해(義解)라고 한다'고 한다.

**여불탑묘(如佛塔廟)**

『금강경』 15분에 '이 경전이 설해지는 곳에는 일체 세간·천인·아수라가 마땅히 공양하게 되며, 탑이 되고 이 경전의 탑과 주위를 돌면서 여러 꽃과 향으로 공양을 올리게 된다'고 했다.

『금강경』을 설하는 곳은 부처의 탑묘가 있는 것과 같다고 하는 것은 『법화경』 「법사품」의 법문과 같이 이 경전을 수지 독송하고 설하는 사람이 여래이며 부처이고, 불탑을 건립하는 일이며, 여래 법신(全身)의 지혜작용이기 때문이다.

이러한 주장은 『금강경』 6분에 '이 경전의 법문을 듣고 일념에 깨달음(淨信)을 이룬다'고 하는 것이나 14분의 '여래가 되어 부처의 지혜로 실지 실견하여 무량의 공덕을 이룬다'고 하는 법문과 같다. 15분, 16분에도 불가사의 공덕, 무량의 공덕이 있다고 설한다.

『대품반야경』 제10권에 '시방에 가득한 사리를 하나로 나누고(一分), 반야의 경전을 일분(一分)으로 한다.' 부처님이 석제환인(釋提桓因, 天主)에게 말씀하셨다. '이 이분(二分) 가운데 마음으로는 어느

쪽을 갖고 싶은가?' 석제환인(천주)이 대답했다. '당연히 반야의 경전을 가지고 싶습니다. 이 불사리는 공경이 아니며, 존중할 것이 아닙니다. 세존이시여! 이 사리는 반야바라밀 경전에서 나온 것이며, 반야바라밀의 수행으로 이루어진 것이기 때문입니다'●라고 설한다.

●『대정장』8권 290쪽 中

　　　　　　『금강경』의 법문은 많은 법문 가운데 최상, 제일이며, 이러한 법문을 듣는 일은 지극히 희유한 일이라고 강조한다. 반야경전 가운데 『금강경』은 초기에 성립되었으며, 선남자 선여인들에게 소승법이 설해지고 있는 시대에 처음 대승의 법문을 설하고 있음을 알 수 있다.

**최상제일희유지법**
(最上第一希有之法)

　그래서 15분에 『금강경』의 법문은 불가사의, 무량의 공덕이 있으며 대승의 발심자(大乘者)와 최상승의 발심자(最上乘者)들에게 설법한다고 했다. 큰 원력의 발심을 하지 않고 작은 가르침에 만족하는 소승의 수행자들은 이 『금강경』의 법문을 수용하기 어렵기 때문에 희유한 법문이라고 한다. 희유한 법이란 21분에서 설하는 무법(無法, 空)의 법을 설하는 법문(無法可說)으로, 일체의 대상경계를 초월하고 반야의 지혜를 구족하여 열반 해탈을 이루는 『금강경』의 법문이다.

　　　　　　8분에 '일체제불이 아뇩다라삼먁삼보리를 체득한 법이 모두 이 경전에 의거한 것이다'라고 한 것은, 경

**약시경전**(若是經典)
**소재지처**(所在之處)

존중정교분

전을 수지 독송하고 사구게를 설하는 것은 부처가 된 사실을 말한다.

14분에 '선남자 선여인이 이 경전을 수지 독송하면 곧 여래가 되며(則爲如來), 부처의 지혜로 이 사람을 여법하게 알고 이 사람을 여실하게 볼 수 있어 모두 무량무변의 공덕을 성취하게 된다'라고 설한다. 즉 경전을 수지 독송하는 간경의 수행이 곧 여래가 되며, 여래 최상의 깨달음을 체득하게 되는 것이다. 이와 똑같은 법문이 6분의 실상을 깨닫는 법문이고, 14분, 15분, 18분에서도 설한다.

『대품반야경』 제10권에 다음과 같이 설한다.

반야바라밀이 곧 부처라는 사실을 잘 알아야 하며, 반야바라밀은 부처와 다름이 없으며, 부처 역시 반야바라밀과 다른 것이 아니다. 과거 현재 미래의 제불이 모두 반야바라밀을 수학하여 출현하였고, 아뇩다라삼먁삼보리와 고승(高勝) 범행인(梵行人, 불퇴전의 지위를 체득한 보살)의 경지를 체득하게 된 것이다.

• 『대정장』 8권 293쪽 中

『육조단경』에 '삼세제불 십이부경이 모두 인성중(人性中)에 본래 구족되어 있다'고 하며, '나의 마음이 정정(正定)일 때 곧 경전을 수지한 것이다'라고 설한다. 『금강경』의 육조선사 서문에도 '이 일권경(一卷經)은 중생의 본성에 본래 구족하고 있다'라고 설한다.

『방거사어록』에도 '사람은 한 권의 경을 지녔는데, 무상(無相)이며 무명(無名)이다'라고 읊고 있다. 『석문의범』에도 '나에게 한 권의 경전이 있다. 종이와 먹으로 쓰인 것이 아니다. 경전을 펼치면 한 글자도 없지만, 항상 대광명의 지혜를 비춘다(我有一卷經, 不因紙墨成, 開卷無一字, 常放大光明)'라고 읊었다.

『조당집』 제2권에 반야다라 존자는 "나는 숨을 내쉴 때 대상경계를 따르지 않고, 숨을 들여 마실 때 자아의식에 집착하지 않는다. 항상 진여본심의 지혜(如是經)를 여여하게 작용하니 백천 만 억 권이니 한 권이 아니다."라고 주장한다.

『금강경』을 수지 독송하고 설법하는 것으로 부처가 되고, 불제자가 되기 때문에 일체의 모든 부처님의 제자, 보살들이 모두 이 경전의 가르침에 의거하여 부처가 되고, 불제자가 되어 출현한다.

약존중제자(若尊重弟子)

## 13 여법수지분 (如法受持分)

爾時 須菩提 白佛言.
이시 수보리 백불언

世尊. 當何名此經. 我等云何奉持.
세존 당하명차경 아등운하봉지

佛告 須菩提. 是經 名爲 金剛般若波羅蜜.
불고 수보리 시경 명위 금강반야바라밀

以是名字 汝當奉持.
이시명자 여당봉지

所以者何. 須菩提. 佛說般若波羅蜜. 則非
소이자하 수보리 불설반야바라밀 즉비

般若波羅蜜. (是名般若波羅蜜)
반야바라밀 (시명반야바라밀)

須菩提. 於意云何. 如來有所說法不.
수보리 어의운하 여래유소설법부

須菩提 白佛言. 世尊. 如來 無所說.
수보리백불언 세존 여래 무소설

須菩提. 於意云何. 三千大千世界 所有微塵 是爲
수보리 어의운하 삼천대천세계 소유미진 시위

多不.
다부

奉【봉】 받들다
剛【강】 굳세다, 단단하다

# 13 여법하게 경전의 법문을 수지하라

그때 수보리가 부처님께 말씀드렸다.

"이 경전의 이름을 무엇이라 하고, 저희들이 어떻게 경전의 법문을 받들고 깨달아 체득(受持)해야 합니까?"

부처님께서 수보리에게 말했다.

"이 경전의 이름은 금강반야바라밀경(지혜의 완성)이다. 이 경전의 이름이 금강과 같이 견고하여 파괴되지 않는 반야의 지혜를 완성하는 것이니, 그대들은 반드시 이 경전에서 설한 법문의 가르침을 깨달아 금강과 같은 반야의 지혜를 체득(受持)해야 한다.

왜냐하면, 수보리여! 여래가 설한 반야바라밀은 곧 반야바라밀이라는 고정된 실체가 있는 것이 아니다. (임시방편의 말로서 반야바라밀이라고 이름 붙일 뿐이다)

수보리여! 그대의 생각은 어떠한가? 여래가 주장하여 설한 독자적인 법이 있는가?"

수보리가 부처님께 말씀드렸다.

"세존이시여! 여래가 주장하여 설한 독자적인 법이란 없습니다."

"수보리여! 그대의 생각은 어떠한가? 삼천대천세계에 있는 티끌은 실로 많다고 할 수 있지 않겠는가?"

須菩提言. 甚多世尊.
수보리언 심다세존

須菩提. 諸微塵 如來說非微塵. 是名微塵 如來
수보리 제미진 여래설비미진 시명미진 여래

說世界 非世界. 是名世界.
설세계 비세계 시명세계

須菩提. 於意云何. 可以三十二相 見如來不.
수보리 어의운하 가이삼십이상 견여래부

不也世尊. 不可以三十二相 得見如來. 何以故.
불야세존 불가이삼십이상 득견여래 하이고

如來說三十二相 卽是非相. 是名三十二相.
여래설삼십이상 즉시비상 시명삼십이상

須菩提. 若有善男子善女人. 以恒河沙等 身命布
수보리 약유선남자선여인 이항하사등 신명보

施. 若復有人 於此經中 乃至受持 四句偈等 爲他
시 약부유인 어차경중 내지수지 사구게등 위타

人說 其福甚多.
인설 기복심다

微【미】작다, 미세하다
塵【진】티끌, 먼지

수보리가 대답하였다.

"매우 많습니다. 세존이시여!"

"수보리여! 모든 티끌을 여래는 고정된 실체의 티끌이 있는 것이 아니라고 설한다. 그것은 임시방편의 말로 티끌이라고 이름 붙일 뿐이다. 또한 여래가 설하는 세계는 고정된 실체의 세계가 있는 것이 아니라 임시방편의 말로서 세계라고 이름할 뿐이다.

수보리여! 그대의 생각은 어떠한가? 부처가 구족한 32상으로 여래를 친견할 수가 있겠는가?"

수보리가 말했다.

"아닙니다. 세존이시여! 부처가 구족한 32상으로 여래를 친견 할 수가 없습니다. 왜냐하면 여래께서 설한 부처가 구족한 32상은 32상이라는 고정적인 실체로서 존재하는 것이 아니고, 임시방편의 말로서 32상이라고 이름 붙일 뿐입니다."

"수보리여! 만약 어떤 선남자 선여인이 갠지스 강의 모래 수만큼 많이 신명(身命)을 돌보지 않고 남에게 베푸는 보시행을 하고, 또 어떤 사람은 이 경전의 핵심을 네 구절의 게송(四句偈)으로 요약하여 다른 사람에게 설법한다면, 이 사람의 복덕은 신명(身命)을 돌보지 않고 보시행을 한 사람의 복덕보다도 더욱 수승하다고 하겠다."

**여당봉지(汝當奉持)**

이 경전의 법문을 어떻게 봉지(奉持)해야 할 것인가? 세존은 '이 경의 명칭은 금강반야바라밀경(金剛般若波羅蜜經)이다. 이 경전의 명칭과 같이 그대는 봉지(以是名字 汝當奉持)하라'고 설한다. 『금강경』의 법문을 수지하고, 금강과 같이 견고한 반야의 지혜를 체득하여 일체의 번뇌 망념을 끊고 완전한 반야의 지혜 바라밀을 실행하도록 하라는 말이다.

또한 '금강반야바라밀경'이라는 경전의 명칭은 고정된 실체가 있는 것이 아니라 임시방편의 언어로 제시한 것이기 때문에 이 경전의 명칭에 속박되지 말라는 사실도 명심해야 한다.

이 문제의 결론으로 32분에 수보리와 사부대중이 경전의 법문을 신수봉행(信受奉行)하였다고 한다.

**금강반야바라밀경(金剛般若波羅蜜經)**

임시방편으로 '금강반야바라밀경'을 이름 붙인 것을 설명하고 있다.

금강(다이아몬드)은 파괴되지 않고 견고하다는 의미이고, 금강과 같은 반야의 지혜는 경전의 명칭이나 언어문자의 방편법문에 있는 것이 아니라, 반야바라밀의 실천으로 지금 여기, 자기 시절인연에 따른 본분사의 일을 진여의 지혜로 작용하는 것이다. 즉 중생심의 번뇌 망념을 능히 타파할 수 있다. 반야의 지혜는 아공, 법공, 일체개공인 불법의 도리를 깨달아 무생법인(無生法忍)을 체득한 진여의 지혜작용이기 때문에 불생불멸의 진여 법신을 금강불괴신(金剛不壞身)이라고 한다.

8분에 일체의 제불들이 최상의 불법을 깨달아 체득한 것은 모두 이 경전의 법문에 의거한 것이라고 설하며, 12분에서 이 경전의 법문은 최상의 제일 희유한 불법을 성취하게 된다고 설한다.

14분에서 부처님이 설한 이 경전의 법문은 깊고 깊어서 일찍이 들어볼 수 없었던 법문이라고 하며, 이 경전의 법문을 듣는 사람은 신심이 청정하여 제법실상의 깨달음을 이루고 제일 희유한 공덕을 이룬다. 그래서 '여래가 설하는 이 법문은 최상의 불법을 깨달아 체득할 수 있는 제일바라밀의 법문'이라고 설한다.

탄소라는 물질은 흑연과 석탄인데, 그대로 두면 쉽게 파괴되고 연소되지만, 탄소 원자를 정사면체의 각 정점에 배열시키고, 그것을 연속적으로 결합하는 구조체계로 만들면 완전한 조화의 결정체로 다이아몬드가 된다고 한다. 탄소라는 동일원소지만 구성체계와 구조적인 차이로 완전히 다른 물질이 되는 것처럼, 인간의 마음도 일체중생과 제불이 똑같다.

불법의 대의인 반야바라밀법을 깨달아 체득하여 진여의 여법한 반야지혜를 작용하면 부처로서 살게 되고, 불법의 진실을 깨닫지 못한 무명 불각의 중생은 미혹한 중생으로 신구의(身口意) 삼업(三業)이 업장을 만들며 생사에 윤회하고 고통을 초래하는 인연을 만든다.

**명위금강반야바라밀**
(名爲金剛般若波羅蜜)

　　　　　　불교 경전의 모든 설법이 방편법문이라는 사실을 강조하고 있다. '금강반야바라밀경'이라는 경전의 이름도 임시방편으로 붙인 명칭이며, 부처의 설법이나 일체의 방편법문, 제불 보살의 명칭이나 일체제법의 명상(名相)도 임시방편으로 이름 붙인 것이다. 따라서 『금강반야바라밀경』도 중요한 불법을 경전으로 엮은 것이지만, 고정된 실체가 있는 것이 아니다.

　『대승기신론』에 본래 진여라는 이름도 임시방편의 말로 이름 붙이지 않고서는 진여의 경지(세계)를 설명할 수가 없기 때문에 언어의 미묘한 극치를 살리고 언어의 방편을 빌려 진실을 체득하게 하고는 그 언어방편을 떨쳐버리도록 한다. 일체의 모든 법은 언설상을 떠나 있기 때문이다.

　'금강반야바라밀경'이라는 임시방편의 말로 경전의 이름을 제시하지만 본래는 명상(名相)을 떠난 것이며, 범부의 마음과 의식의 대상 경계에 나타난 모습(心緣相)을 여읜 경지이기 때문에 범부 중생들이 또 다시 금강반야바라밀경이라는 이름에 현혹되고 집착되지 않는 방법을 『금강경』에서는 즉비(卽非)의 논리로 제시하고 있다.

**여래**(如來)
**무소설**(無所說)

　　　　　　21분에 '여래가 설한 법이 있다고 한다면 이 사람은 여래를 비방하는 것이며, 부처님이 설한 법문의 의미를 잘못 이해한 것이다(如來有所說法 卽爲謗佛, 不能解我所說故)'라고 설한다.

　불교는 부처나 여래가 독자적인 깨달음을 체득하여 자신이 주장하는 법을 설한 법문이 아니다. 일체제불이 똑같이 진여법을 깨달아 여법하고 여실하게 설하고 있는 법문이며, 일체제불이 똑같은 제법실상의 진여법을 깨달아 체득하여 일체중생들에게 그 진여법의 법문을 개시하는 것이다. 진여법은 일체중생과 일체제불과 일체만법이 똑같이 평등하게 구족하고 있기 때문에 일체중생이 여래가 설한 법문을 여법하게 듣고 깨달아 체득하도록 하는 것이다.●

• 7분의 94쪽 여래유소득법 항목 참조

미진은 아주 작은 먼지나 티끌을 말한다. 『벽암록』 22칙 수시에 나오는 '대방무외 세약인허(大方無外 細若鄰虛)'처럼, 불교의 논서에는 인허(鄰虛)라는 말로 지극히 작은 사물 극미(極微) 원자(原子)를 표현한다.● 갠지스 강의 모래알을 무진장 많은 수량을 비유하는 것과 같다.

미진(微塵)

• 『대승유식론(大乘唯識論)』, 『대일경소(大日經疏)』 3권 등 참조

갠지스 강의 모래 수만큼 많은 신명(身命)으로 보시행을 했다는 비유를 15분에서도 언급하는데, 갠지스 강의 모래 수만큼 많은 몸과 목숨으로 보시행을 했다는 것은 유물론적 사고가 아니다.

신명보시(身命布施)

『유마경』「보살행품」에 '정법을 호지하는 일에 자신의 몸과 목숨을 의식하지 않는다(護持正法 不惜軀命)'고 하고, 「불도품」에서는 '불석신명(不惜身命)'이라고 표현했다.

즉, 불도를 수행하는 사람은 자아의식을 텅 비워 자기 존재에 대한 의식이 없기에, 신명에 대한 대상경계의 의식도 없이 불법의

가르침에 따라서 여법하게 보시하는 일을 갠지스 강의 모래 수만큼 하였다고 한다. 『법화경』「제바달다품」에서 설한 '구명보시(驅命布施)'와 같은 내용이다.

『법화경』「약왕보살본사품」에 나오는 '소신공양(燒身供養)'을 정말 육체적인 몸을 불에 태워서 공양한 것으로 오해하면 안 된다. 불법을 깨달아 체득하여 여래를 공양하는 일이기 때문에 '아끼던 내 몸까지 선뜻 버리고 거룩하신 세존께 공양 올림은 무상(無上)의 지혜를 체득하기 위함'이라는 뜻이며, 불석신명과 일맥상통한다. 중생심의 자아의식을 죽이고, 태우고, 없애는 길은 오직 불법으로 여법하게 수행해서 중생심에서 진여 본성으로 되돌아가는 길 뿐이다.

살인도(殺人刀), 소신공양, 불석신명(不惜身命), 신명보시(身命布施)를 불법에 의거하지 않고 언어문자대로 해석하면 큰 오류를 일으켜 여법한 수행을 할 수 없다는 사실을 명심해야 한다. 불법사상이나 수행과는 아무 상관이 없는 언어가 되고 만다.

『금강경』 14분에 옛적에 가리왕이 신체가 갈기갈기 찢기는 고통을 당했을 때도 아상·인상·중생상·수자상이 없었기에 성내는 마음이 일어나지 않았다고 하는 것처럼, 여래가 되고 부처가 되는 불법을 깨달아 공양하는 것은 일체의 공양 가운데 최고로 수승하다.

『원각경』 보각보살장에 '말세 중생은 이와 같은 사람처럼, 마땅히 신명을 의식하지 않고 공양해야 한다(末世衆生 見如是人, 應當供養, 不

惜身命'고 했는데, 자아의식과 자기 몸과 목숨에 대한 상대적인 의식을 가지고 보시하면 무주상보시가 될 수 없고, 삼륜청정(三輪淸淨)의 보시바라밀이 될 수 없기 때문에 신명을 의식하지 않는 보시행을 강조한다. 진여 불성의 여법한 지혜작용이 여래가 되고, 시방 삼세 일체중생과 함께 회향하는 공덕이 되고, 또 법계의 일체제불께 공양하는 공덕이 된다. 불법은 심법이며, 유심(唯心)사상에서 설하는 일심(一心), 진여 본성의 지혜로운 삶을 실천하는 종교이다.

**삼십이상(三十二相)**

상호는 범어 aksana(아크싸나)의 음역으로, 부처나 전륜성왕같이 위인이 구족하고 있는 단엄미묘(端嚴微妙)한 신체적인 특성을 32상호(相好), 80종호(種好)라고 한다. 『중아함』 11권 「삼십이상경」, 『장아함』 「대본연경」, 『대비바사론』 177권, 『대지도론』 4권 등에 언급하고 있다.

『법화경』 「비유품」에 '만약 부처가 되어 32상을 구족하고 천인, 야차의 대중과 용신 등의 공경을 받을 때에 진실로 영원한 번뇌가 소멸한 무여열반을 이루게 된다'고 설하며, 『법화경』 「화성유품」에도 '그대가 일체지(一切智)와 십력(十力) 등의 불법을 깨달아 증득하여 32상을 구족하면 이것이 곧 진실한 열반이다'라고 설한 것처럼, 불법을 깨달아 증득하여 부처가 될 때 구족하는 상호이다.

또 『무량수경』 상권 법장비구의 48원 가운데 스물한 번째 원에 '내가 부처가 될 때 나라 가운데 인천(人天)이 모두 32대인상(大人相)을 원만하게 성취하지 못하면 정각을 이루지 않겠습니다(設我得佛 國

中人天 不悉成滿 三十二 大人相者 不取正覺'라고 했다. 『화엄경』「불부사의법품」에 '일체제불이 상호를 장엄하여 널리 중생들을 위해 불사를 하는 것이다'라고 하는 것도 부처가 되어 상호를 원만하게 구족하는 것은 자각성지(自覺聖智)를 이루고 중생을 구제하는 지혜작용이 불사(佛事)라는 사실을 설한다.

『대지도론』 29권에 32상에 대하여 다음과 같이 설한다.

문 : 시방의 제불과 삼세의 제법은 모두 무상(無相)의 법문을 설하는데, 지금 왜 32상을 설하는가? 일상(一相)이라도 진실하지 못한데, 32상을 설하는가?

답 : 불법은 이제(二諦)가 있다. 첫째는 세제(世諦), 둘째는 제일의제(第一義諦)이다. 세속의 중생들을 위해서(世諦) 32상을 설하며, 진여의 깨달음(第一義諦)을 위해 무상을 설한다. 두 가지 도가 있으니, 하나는 중생들에게 복을 닦도록 하는 길(福道)이고, 하나는 지혜를 체득하도록 하는 길(慧道)이다. 복도(福道)를 위해 32상을 설하고, 혜도(慧道)를 위해 무상을 설한다. …중략… 두 가지의 인연이 있다. 하나는 복덕의 인연이고 하나는 지혜의 인연이다. 복덕의 인연으로 중생을 인도하고자 32상신(相身)을 활용하고, 지혜의 인연으로 중생을 인도하고자 법신을 활용한다. 두 종류의 중생이 있다. 한 중생은 제법이 가명(假名)인 줄을 알고, 또 한 중생은 명자(名字)에 집착한다. 명자에 집착하는 중생을 위해 무상을 설하며, 제법의 가명을 아는 중생을 위해 32상을 설한다.

『금강경』 5분에 '신상(身相)으로 여래를 친견할 수가 있는가', 20분에는 '부처를 구족색신(具足色身)으로 친견할 수가 있는가'라는 문제를 제시하고 있으며, 26분에는 '32상으로 여래를 친견할 수 없다'고 한다. 32상이란 불법을 깨달아 부처가 될 때, 진정한 열반의 경지를 이루면서 구족되는 상호이기 때문에 진여 법신의 지혜작용으로 구족된 특성을 말하기 때문이다.

부처의 법신(法身)·보신(報身)·화신(化身)의 삼신(三身)은 일체이다. 마치 대승 열반의 경지를 상·낙·아·정의 사덕(四德)으로 설하는 것과 같다. 『대승기신론』에는 진여 법신이 구족하는 덕상(德相)을 여섯 가지로 설명한다.

첫째, 대지혜의 광명이라는 뜻

둘째, 지혜 광명이 법계에 두루 편조(遍照)하고 있다는 뜻

셋째, 진실한 진여의 지혜로 일체법을 여법하게 잘 분별하여 아는 뜻

넷째, 자성이 청정심으로 작용하는 뜻

다섯째, 상·낙·아·정의 열반 사덕을 구족하는 뜻

여섯째, 청량(淸凉), 불변(不變)과 자재(自在)의 뜻

이와 같이 항하사를 지나도록 불이(不離), 부단(不斷), 불이(不異), 불가사의(不可思議)한 불법을 구족하여 만족하고 조금도 결여됨이 없다.

27분에는 구족상(具足相)이라고 한다.

• 5분의 68쪽 신상 항목과 26분의 318쪽 부처와 전륜성왕의 삼십이상에 대한 항목 참조

## 14 이상적멸분
## 離相寂滅分

爾時 須菩提 聞說是經 深解義趣. 涕淚悲泣
이시 수보리 문설시경 심해의취 체루비읍

而白佛言.
이백불언

希有世尊. 佛說 如是 甚深經典. 我從昔來 所得
희유세존 불설 여시 심심경전 아종석래 소득

慧眼. 未曾得聞 如是之經.
혜안 미증득문 여시지경

世尊. 若復有人 得聞是經. 信心淸淨 則生實相.
세존 약부유인 득문시경 신심청정 즉생실상

當知是人 成就第一希有功德.
당지시인 성취제일희유공덕

世尊. 是實相者 則是非相. 是故如來 說名實相.
세존 시실상자 즉시비상 시고여래 설명실상

---

深【심】깊다
趣【취】까닭, 뜻, 취지
涕【체】콧물
淚【루】눈물
泣【읍】울다

甚【심】심하다, 매우
昔【석】옛, 옛적
曾【증】일찍, 일찍이
功【공】공적, 공로

# 14
## 의식의 대상을 여읜 열반의 경지

그때 수보리가 이 경전의 법문을 듣고, 경전에서 설한 법문의 깊은 뜻과 취지를 이해하고 감격의 눈물을 흘리며 부처님께 말씀드렸다.
"진실로 일찍이 들어볼 수 없었던 진귀한 대승의 법문을 들었습니다.

세존이시여! 부처님께서 설하신 이와 같이 깊고 미묘한 경전의 법문은 제가 옛날부터 지금까지 불법을 배우고 수행하여 체득한 지혜의 눈(慧眼)으로 볼 때, 이와 같은 대승의 법문은 일찍이 들어본 적이 없었습니다.

세존이시여! 만일 어떤 사람이 이 경전의 법문을 듣고 불법을 깨달아 신심(信心)이 청정하게 확립되고, 곧 진여 본성의 여법하고 여실한 지혜작용(實相)을 실행하면, 이 사람은 가장 수승하고 희유한 공덕을 성취하게 된 사실을 알아야 할 것입니다.

세존이시여! 여기서 설한 진여 본성의 여법하고 여실한 지혜작용이란 곧 진여 본성의 여법하고 여실한 지혜작용이라고 하는 고정된 실체가 있는 것이 아니기 때문에 여래는 임시방편의 말로서 진여 본성의 여법하고 여실한 지혜작용이라 이름 붙인 것입니다.

이상적멸분

世尊. 我今得聞 如是經典. 信解受持 不足爲難.
세존 아금득문 여시경전 신해수지 부족위난

若當來世 後五百歲. 其有衆生 得聞是經 信解受
약당래세 후오백세 기유중생 득문시경 신해수

持. 是人 則爲第一希有.
지 시인 즉위제일희유

何以故. 此人 無我相 人相 衆生相 壽者相.
하이고 차인 무아상 인상 중생상 수자상

所以者何. 我相 卽是非相. 人相 衆生相 壽者相
소이자하 아상 즉시비상 인상 중생상 수자상

卽是非相.
즉시비상

---

**難【난】** 어렵다, 어려움

세존이시여! 제가 지금 이와 같이 경전의 법문을 듣고 확실한 신심으로 경전의 가르침을 이해하고 깨달아 체득(受持)하는 일은 그렇게 어려운 일이 아닙니다. 그러나 만약 오백년 뒤, 미래의 세상에 (정법이 쇠퇴할 무렵) 이 경전의 법문을 듣고 확실한 신심으로 경전의 법문을 이해하고 깨달아 체득하는 사람이 있다면 그 사람은 가장 훌륭하고 희유한 공덕을 이루게 될 것입니다.

왜냐하면 그 사람은 자기 존재에 대한 의식이 있거나, 인간으로서의 자기 존재 의식을 하거나, (五蘊으로 구성된) 중생이라는 자아의식이 있거나, 자신의 생명은 영원하다는 의식이 없기 때문입니다.

이 말은 이러한 의미가 있기 때문입니다. 즉 자아의식(我相)이라고 하지만, 자아의식이라는 고정된 실체가 있는 것이 아니며, 인간으로서의 자기 존재 의식(人相), 오온으로 구성된 중생이라는 자아의식(衆生相), 자신의 생명은 영원하다는 의식(壽者相)이라고 하지만, 인간으로서의 자기 존재 의식, (五蘊으로 구성된) 중생이라는 자아의식, 자신의 생명은 영원하다는 의식의 고정된 실체가 있는 것이 아니기 때문입니다. (말하자면 임시방편의 말로서 아상·인상·중생상·수자상이라고 이름할 뿐입니다)

이상적멸분

何以故. 離一切諸相 則名諸佛.
하 이 고　이일체제상　즉명제불

佛告 須菩提. 如是如是 若復有人 得聞是經.
불고　수보리　여시여시　약부유인　득문시경

不驚不怖不畏. 當知是人 甚爲希有.
불경불포불외　당지시인　심위희유

何以故. 須菩提. 如來 說第一波羅蜜 (卽)非
하 이 고.　수보리　여래　설제일바라밀　(즉)비

第一波羅蜜. 是名第一波羅蜜.
제일바라밀　시명제일바라밀

須菩提. 忍辱波羅蜜 如來說 非忍辱波羅蜜.
수보리　인욕바라밀　여래설　비인욕바라밀

是命忍辱波羅蜜.
시명인욕바라밀

---

驚【경】 놀라다, 겁내다, 두려워하다
怖【포】 두려워하다, 무서워하다
畏【외】 두려워하다, 경외하다
忍【인】 참을, 참다, 인내하다
辱【욕】 욕되다, 수치

왜냐하면 일체의 주관적인 자아의식과 의식의 대상경계(相)를 여읜 깨달음의 경지를 임시방편의 말로 진실을 깨달아 체득한 모든 부처(諸佛)라고 이름하고 있기 때문입니다."

부처님께서 수보리에게 말씀하셨다.

"진실로 그러하고, 진실로 그러하다. 만일 어떤 사람이 이 경전의 법문을 듣고 놀라지 않고, 공포심도 없고, 두려워하지도 않는다면 이 사람은 가장 희유한 대승의 불법을 깨달아 체득한 사람인 줄 알아야 한다.

그것은 무슨 까닭인가? 수보리여! 여래가 설한 이 불법의 제일 근본이 되고, 반야지혜를 체득하는 최고로 수승한 제일바라밀의 법문은 곧 최고로 수승한 제일바라밀의 법문이라는 고정된 실체가 있는 것이 아니고, 다만 임시방편의 말로 최고로 수승한 제일바라밀의 법문이라고 이름 붙일 뿐이기 때문이다."

"수보리여! 중생이 자아의식과 의식의 대상경계인 분노의 마음을 텅 비우는 인욕바라밀이라는 말도 인욕바라밀이라는 고정된 실체로서 존재하는 것이 아니라고 여래는 설하였다. (임시방편의 말로서 인욕바라밀이라 이름 붙일 뿐이다)

이상적멸분

何以故. 須菩提. 如我昔爲歌利王 割截身體.
하 이 고   수 보 리   여 아 석 위 가 리 왕   할 절 신 체

我於爾時 無我相 無人相 無衆生相 無壽者相.
아 어 이 시  무 아 상  무 인 상  무 중 생 상  무 수 자 상

何以故. 我於往昔節節支解時. 若有 我相 人相
하 이 고   아 어 왕 석 절 절 지 해 시   약 유  아 상  인 상

衆生相 壽者相 應生瞋恨.
중 생 상  수 자 상  응 생 진 한

須菩提. 又念過去於五百世 作忍辱仙人.
수 보 리   우 념 과 거 어 오 백 세  작 인 욕 선 인

於爾所世 無我相 無人相 無衆生相 無壽者相.
어 이 소 세  무 아 상  무 인 상  무 중 생 상  무 수 자 상

是故 須菩提. 菩薩 應離一切相 發阿耨多羅
시 고  수 보 리   보 살  응 리 일 체 상  발 아 뇩 다 라

割【할】베다, 칼로 베다
截【절】끊다, 단절시키다
節【절】마디, 단락
瞋【진】성냄, 성내다

왜냐하면 수보리여! 예를 들면 내가 지난날 과거에 가리왕(歌利王)으로부터 온몸이 찢겨지고, 칼로 살을 베이는 고통을 당할 때에도 나는 자기 존재에 대한 의식이나(我相), 인간으로서의 자기 존재 의식(人相), 오온(五蘊)으로 구성된 중생이라는 자아의식(衆生相), 자신의 생명은 영원하다는 의식(壽者相)이 없었다.

왜냐하면 지난날 과거에 가리왕으로부터 나의 온몸이 찢겨지고, 살을 베이는 고통을 당할 때에 만약 내가 자기 존재에 대한 의식, 인간으로서의 자기 존재 의식, 오온으로 구성된 중생이라는 자아의식, 자신의 생명은 영원하다는 의식이 있었더라면 당연히 가리왕에게 성내고 원망하는 중생의 망심을 일으켰을 것이다.

수보리여! 또 나는 지난날 과거 오백생(五百生)이라는 긴 세월 동안에 많은 사람들에게 인욕행을 실천하도록 법문을 설하는 인욕행의 수행자(仙人)였다. 그때도 나는 자기 존재에 대한 의식, 인간으로서의 자기 존재 의식, 오온으로 구성된 중생이라는 자아의식, 자신의 생명은 영원하다는 자아의식이 없었다.

그러므로 수보리여! 불법을 수행하는 보살은 당연히 자아의식과 의식의 대상경계에 대한 고정된 집착(相)을 여의고 최상의 불법을 깨

이상적멸분

三藐三菩提心. 不應住色生心. 不應住聲香味觸
삼 먁 삼 보 리 심   불 응 주 색 생 심   불 응 주 성 향 미 촉
法生心.
법 생 심


應生無所住心. 若心有住 則爲非住.
응 생 무 소 주 심   약 심 유 주   즉 위 비 주


是故佛說菩薩 心不應住色布施.
시 고 불 설 보 살   심 불 응 주 색 보 시


須菩提. 菩薩 爲利益一切衆生. 應如是布施.
수 보 리   보 살   위 이 익 일 체 중 생   응 여 시 보 시

如來說一切諸相 卽是非相.
여 래 설 일 체 제 상   즉 시 비 상


又說一切衆生 則非衆生.
우 설 일 체 중 생   즉 비 중 생

---

應【응】 응하다, 마땅히 응당
爲【위】 위하다, ~이 되다,
　　　　~이 되게 하다

닿고자 발심을 해야 한다. 자아의식은 물론 당연히 모양과 색깔(形色), 소리나 냄새, 맛, 감촉이나 의식의 대상경계(法)에도 집착하는 망심을 일으키지 말아야 한다. 반드시 중생의 분별 망심으로 의식의 대상경계나 사물에 집착하지 말고 진여의 청정한 마음으로 시절인연에 따른 방편의 지혜로 깨달음의 삶이 되도록 해야 한다.

만약 중생의 번뇌 망심으로 자아의 존재에 대한 의식이나 의식의 대상경계에 집착하면 그것은 곧 불법을 수행하는 보살의 지혜로운 삶이라고 할 수가 없다.

이러한 까닭으로 부처님은 불법을 수행하는 보살들에게 중생의 망심으로 사물의 모양이나 색깔 등에 집착하는 마음으로 남에게 베푸는 보시행을 해서는 안 된다고 설법하였다.

수보리여! 보살은 일체의 모든 중생들에게 진여 본성의 지혜로 이와 같이 여법하게 남에게 베푸는 보시행을 해야 한다.

여래는 모든 존재의 모습(諸相)이 곧 고정된 실체로 존재하는 모습(相)은 없는 것이라고 설했다. (임시방편의 말로 일체의 모든 존재의 相이라고 이름 붙일 뿐이다)

또한 여래는 일체중생이라고 설하지만, 일체중생이라는 고정된 실

須菩提. 如來 是眞語者. 實語者. 如語者. 不誑語
者. 不異語者.

須菩提. 如來所得法 此法 無實無虛. 須菩提.
若菩薩 心住於法 而行布施. 如人入闇 則無所見.

若菩薩 心不住法 而行布施. 如人有目 日光明照
見種種色.

須菩提. 當來之世 若有善男子 善女人. 能於此經

---

誑 【광】 속이다, 기만, 유혹하다
闇 【암】 어둡다, 어두운 곳, 캄캄하다(=暗)
照 【조】 비추다, 비치다, 햇빛
於 【어】 어조사

체가 존재하는 것이 아니다. (임시방편의 말로서 일체중생이라고 이름 붙일 뿐이다)"

"수보리여! 여래는 바로 불법의 진실(眞如法)을 설하는 사람이며, 여실하게 법문을 설하는 사람이며, 여법한 지혜로 법문을 설하는 사람이며, 거짓되고 허황된 말을 하지 않는 사람이며, 결코 불법의 진실과 다른 그릇된 법문을 설하는 사람이 아니다.

수보리여! 여래가 깨달아 체득한 불법은 진여 본성의 지혜작용(眞如法)이기 때문에 의식의 대상경계에 실재하는 것이 없고(無實), 진여 본성의 지혜작용이 여법하게 실행하므로 허망한 것이 아니다(無虛).

수보리여! 만약 불법을 수행하는 보살이 의식의 대상경계(法)에 집착하는 중생심으로 보시행을 한다면, 마치 어떤 사람이 어두운 암흑 속에 들어가서 아무것도 볼 수 없는 것과 같다.

불법을 수행하는 보살이 의식의 대상경계(法)에 집착하지 않고 청정한 마음으로 보시행을 하는 것은 마치 눈 밝은 사람이 밝은 햇빛 아래서 여러 가지 사물의 형체나 색깔을 여실하게 환히 볼 수 있는 것과 같다.

수보리여! 미래의 세상에 만약 어떤 선남자나 선여인이 스스로 이 경전의 법문을 깨달아 체득하고(受持) 독송하면 이 사람은 곧 여래가

受持讀誦. 則爲如來 以佛智慧 悉知是人.
수 지 독 송　　즉 위 여 래　이 불 지 혜　실 지 시 인

悉見是人. 皆得成就 無量無邊功德.
실 견 시 인　개 득 성 취　무 량 무 변 공 덕

誦【송】 외우다
邊【변】 갓, 가장자리, 끝

되어, 부처의 지혜로 이 사람의 마음작용을 여법하게 다 알고, 여실하게 다 깨달아 볼 수가 있기 때문에 그는 헤아릴 수 없고, 측량할 수도 없는 무한한 공덕을 이루게 된다."

득문시경(得聞是經)             득문시경은 8분의 105쪽 수지 항목 참조.

신심청정(信心淸淨)          신심청정(信心淸淨)에 대해서는 6분의 82쪽
즉생실상(則生實相) 생정신자 항목을 참조.

실상(實相)             실상은 범어 dharmata(다르마따)의 음역으로, 진실의 이법·불변의 이치·진여·진성(眞性)·법성(法性)·일여(一如)·실성(實性)·실제(實際)·본제(本際)라고 하며, 열반, 무위도 실상의 다른 이름이다.

『법화경』에서 설한 제법실상(諸法實相)의 실상은 대승불교의 중심사상이다. 여기에 구마라집은 공(空)의 의미를 포함시키고 있다.

『금강경』에서 설한 실상은 범어 bhuta-samjna(부따 쌈즈냐)의 음역으로 '진실에 대한 관념', 혹은 '진실이라는 사고'의 의미이지만, 여기서는 경전의 법문을 듣고 불법의 진실을 깨달아 확신하게 된 진여의 여법한 지혜작용이기 때문에 '진여의 여법한 지혜작용(實相)'이라고 번역한다.

'약부유인 득문시경 신심청정 즉생실상 당지시인 성취제일 희유공덕(若復有人 得聞是經. 信心淸淨 則生實相. 當知是人 成就第一 希有功德)'은 6분의 정신(淨信), 공덕, 아뇩다라삼먁삼보리를 이룬다는 뜻과 같이 경전의 설법을 듣고 신심이 청정하게 되어 중생심으로 작용하는 일체의 의심과 의혹이 없어졌기 때문에 여래가 되어 여법하게 생명활동을 하는 것이다. 즉 진여의 여법한 지혜작용으로 희유한 공

덕을 성취하게 된 사실을 강조한다. 진여는 법계일상(法界一相)이므로 진여의 청정한 지혜작용은 법계에 두루 하는 일체제불을 공양하고 일체중생을 구제하는 공덕이 실행된다. 실상을 제일의공(第一義空)이라고도 하며 진여의 지혜작용은 청정하고, 무실체, 무자성, 공한 것이어서 자취나 흔적이 없다. 그래서 『금강경』에 '여기서 실상이라고 하지만, 고정된 실체의 실상이 있는 것이 아니다. 임시방편의 말로 실상이라고 이름붙일 뿐이다(是實相者 則是非相. 是故 如來 說名實相)'라고 설한다.

『마하반야바라밀경』 27권에는 제법실상을 다음과 같이 설한다.

선남자여, 반드시 제법의 실상을 관찰하라. 무엇이 제법의 실상인가? 즉 일체의 모든 법은 더러움과 청정함의 차별이 없다. 왜냐하면 일체의 모든 법은 자성(自性)이 공하여 중생도 없고, 타인(사람)도 없고, 자아의식도 없다. 일체의 모든 법은 환화와 꿈, 메아리, 그림자, 불꽃, 환영과 같이 실체가 없다. 선남자여, 이렇게 제법의 실상을 여실하게 관찰하면 법사처럼, 그대도 반드시 반야의 완전한 지혜를 성취하게 된다.

『법화경』「방편품」에 다음과 같이 설한다.

사리불이여! 여래는 여러 가지 다양한 진여의 지혜작용으로 능히 분별하여 제법을 훌륭하게 설법하며 언어의 말씀은 유연하고 중생들을

이상적멸분

기쁘게 한다. 사리불이여! 그 요지를 말하자면 무량무변의 미증유법을 부처님은 모두 깨달아 성취하였다. 그만 두게(止)! 사리불이여! 거듭 설하지 마라. 왜냐하면 부처님이 깨달아 성취하신 제일 희유하고 이해하기 어려운 법은 오직 부처만이 능히 알 수 있고, 능히 제법실상의 본질을 궁극적으로 알 수 있다. 말하자면 일체의 모든 법은 진여본성의 모습(如是相)이며, 진여 본성(如是性)이며, 진여 본성을 당체(如是體)로 하며, 진여 본성이 구족하는 능력(如是力)이며, 진여 본성의 작용(如是作)이며, 진여 본성을 원인(如是因)으로 하며, 진여 본성을 반연(如是緣)으로 하며, 진여 본성을 결과(如是果)로 하며, 진여 본성을 과보(如是報)로 하며 진여 본성이 여시상(如是相)에서 여시보(如是報)까지 처음과 끝(本末)이 구경으로 평등하게 상의 상관관계로 일관되게 작용하는 것이다.

구마라집이 번역한 『중론』「관법품」에도 '스스로 다른 대상경계를 따르지 않을 줄 알고, 적멸하여 희론(戱論)이 없으며, 다르지 않고(無異), 분별도 없으니 이것이 곧 실상이다'라고 읊고 있다.

대승불교에서 실상은 일체제법이 본래 그대로 여법하고 여실하게 생명활동하는 진실된 모습을 말한다. 즉 제법의 본래 그대로의 진실된 본성이 진여이고, 상주 불변하는 이법이다.

제법실상을 실상의(實相義), 혹은 실상인(實相印)이라고 하는 것은, 진여 자성의 여법한 생명활동이 일체의 만법과 함께 여실하고 여여하게 지혜작용하는 것을 표현한 말이다.

불법은 진여법이고, 일체의 제법이 여법하고 여실하게 시절인연에 따라서 생명활동하는 것을 제법실상이라고 한다. 마치 물이 흐르고 꽃이 피듯이(水流花開), 본래 자연 그대로의 생명활동이 여법하게 불변의 법칙성에 의거하여 작용(自然法爾)하는 것이다.

6분의 80쪽 후오백세 항목을 참조.

부처를 각자(覺者)라고 하는데, 과연 무엇을 깨달았기에 각자라고 하는가?

여기서는 '일체의 제상(諸相)을 여의었기 때문에 제불'이라고 한다. 『금강경』에서 강조하는 아상·인상·중생상·수자상의 사상(四相)과 중생심으로 인식하는 일체의 모든 의식의 대상경계, 즉 중생의 심(心, 妄心)·의(意, 의지작용의 인식)·식(識, 인식)으로 생각하고 인식하고, 판단작용을 하는 중생심의 대상경계 일체를 제상이라고 말한다. 자아중심의 중생심은 의식 속에 일체의 대상경계를 설정하여 인식하고, 분별하고, 판단하여 취사선택하는 분별작용을 반복하고 있기 때문에 선악과 시비 등 미혹의 갈등 속에서 업장을 만들고 있다.

중생의 의식은 실체가 없다는 비유로 경전에서는 경중상(鏡中像), 수중월(水中月), 환화(幻化), 환상(幻想), 물거품, 그림자 등으로 표현하는데, 중생은 환상의 세계를 실재하는 세계로 착각하고 집착하여 추구하기 때문에 불법의 진실을 설하여 정법의 지혜를 체득하도록 한다.

따라서 자기중심의 중생심과 의식의 대상경계를 텅 비운 아공, 법공과 일체개공의 경지가 된 진여 법성의 자각적인 지혜작용을

**내세**(來世)
**후오백세**(後五百歲)

**즉명제불**(則名諸佛)

이상적멸분

부처라고 한다.

각자란 자각하는 진여 자성의 주체적인 지혜작용을 말하며, 중생의 번뇌 망념을 깨닫는 것이다. 중생심과 불심은 하나(不二)이지만, 불법을 깨달아 체득한 안목으로 중생심의 망념을 자각하여 여법하게 진여의 지혜작용이 실행되면 부처인 것이고, 자각하지 못하면 중생심으로 업장 속에 살게 된다.

『화엄경』에서 "번뇌망념을 자각한 초발심이 곧 정각(初發心時便成正覺)이라고 설한 것처럼 발심수행은 망념을 부처의 지혜로 자각하는 것이다. 이러한 불법의 수행체계를 본래의 진여본심으로 되돌아가는 것(bhavana)이라고 한다. 중생심에서 본래의 진여본심으로 되돌아가는 길은 발심수행 뿐이다.

그래서 『화엄경오교장』에 '한 생각의 번뇌 망념이 일어나지 않으면 부처인 것이다(一念不生名爲佛)'라고 한다. 부처와 중생은 상대(相待)관계임과 동시에 공존할 수도 없는 관계이다. 번뇌가 있으면 중생이 되고, 번뇌를 자각하면 부처가 된다.

『능가경』에서는 여래선(如來禪)의 경지를 자각성지(自覺聖智)라고 하는데, 중생심의 번뇌 망념을 불법으로 자각함과 동시에 성지(聖智)가 함께 작용하여 중생의 번뇌 망념을 차단하여 부처의 지혜가 작용하게 된다. 보살도의 실천에서 상구보리 하화중생도 보살도의 사상을 자각한 성지와 함께, 동시에 불이법문으로 실행된다.

계율의 실천으로 설하는 지악문(止惡門)과 작선문(作善門)도 계율정신을 자각한 성지로 실행되며, 선의 수행에서 번뇌 망념을 끊는 살인도와 지혜를 살리는 활인검도 진여 자성을 자각한 지혜로 함께 불이법문으로 실행이 된다.

부처와 제불은 불이이며, 일체이다. 진여는 법계일상으로, 자각한 부처는 법계와 하나된 경지이며, 일체제불과 불이이며 일체이다.

『법성게』에 '일즉다 다즉일(一卽多 多卽一) 일념즉시무량겁(一念卽時無量劫)'의 법문은, 부처나 여래는 법계일상의 지혜와 자비를 실행하고 있기 때문에 제불을 공양하고, 일체중생을 구제하는 일이 된다.

• 5분의 68쪽 여래 항목 참조

불경(不驚) 불포(不怖) 불외(不畏)

불멸후 오백년이 지난 후대에 『금강경』의 법문을 듣고 이상한 법문이라고 놀라지 않고 의심이나 근심, 걱정의 불안한 마음을 일으키지 않는 사람은 진실로 희유한 깨달음의 공덕을 이루게 된다는 뜻이다. 제일희유(第一希有)란, 가장 수승하고 희유한 깨달음의 지혜와 공덕을 성취하게 된다는 의미이다.

『금강경』 6분에 불멸 후 오백년 뒤에 이 경전의 법문(章句)을 듣고 일념(一念)에 깨달음(淨信)을 이루면 여래가 되어 진여의 지혜로 무량의 복덕을 체득하게 된다고 설하며, 15분, 21분 등에서도 불가사의한 공덕과 과보가 있다고 설한다. 즉 중생심의 미혹과 의심으로 생사윤회의 업장 만드는 일이 소멸되면, 불심의 청정한 지혜로 법계의 일체중생과 일체제불과 함께 선근 공덕을 이루는 일이 되기 때문이다.

16분에는 '말세에 이 『금강경』의 법문을 수지하고 독송하는 사람의 공덕을 구체적으로 설하면, 어떤 사람은 마음이 광란(狂亂)하

이상적멸분

고 여우 같은 의심으로 믿지 않을 것이다'라고 설한다.

『법화경』「법사품」에 다음과 같이 설한다.

> 약왕이여! 만약 보살이 이『법화경』의 법문을 듣고 놀라거나 의심하고 두려워(怖畏)한다면 이 사람은 새로 발심(新發意)한 보살임을 알 수 있다. 만약 성문이 이 경전의 법문을 듣고 놀라거나 의심하고 두려워하면 이 사람은 증상만인(增上慢人)임을 알 수 있다.

육조의『해의』에는 다음과 같이 해설하고 있다.

> 성문은 오랫동안 법상(法相)에 집착하여 유위(有爲)의 견해를 고집하고, 제법이 본래 공하여 일체의 언어문자가 다 임시방편으로 말한 것임을 요달하지 못한다. 문득 경전의 깊은 의미를 듣고 의식의 대상경계의 제상(諸相)에 망념이 일어나지 않으면 언하에 곧 부처가 된다. 그래서 놀라고 겁내거나 하는데 오직 상근기의 보살은 이러한 경전의 법문(불법)을 듣고 환희하며 수지하고 두려워서 퇴전하는 일이 없으니 이러한 부류의 사람들이 매우 희유(希有)하게 된다.

희유는 중생심이나 이승(二乘)의 수행자로서 지금까지 들어볼 수가 없었고, 생각할 수가 없는 불가사의한 경지의 법문으로 일찍이 경험할 수가 없었던 미증유(未曾有)의 세계이다. 불법을 깨달아 체득하여 불퇴전의 경지를 이룬 대승보살의 지혜이다.

　　　　　　제일바라밀은 최상의 수승한 반야바라밀
의 법문이라는 뜻이다. 금강반야바라밀이 바로 진여 본성의 지혜
로 실행하는 가장 근본이 되는 반야지혜이다. 제일(第一)은 제일의
제(第一義諦)로 최상의 진실된 진여 본성의 지혜작용으로 일체의 자
취나 흔적이 남김없이 청정하게 실행된다는 의미이다.

　　　　　　인욕바라밀은 범어로는 ksanti-paramita(끄
싼띠 빠라미따)이고, 대승보살도의 육바라밀 실천덕목 가운데 하나이
다. 어떠한 치욕과 박해를 받아도 참고 견디며 원한과 성내는 마
음을 일으키지 않는 것이다.

　불법의 가르침으로 아공(我空), 법공(法空), 일체개공(一切皆空), 무
아법(無我法)의 진실을 깨달아 체득했기 때문에 자아의식과 의식의
대상경계에 집착하고 분별하는 중생의 망심이 없다. 따라서 진여
본심으로 동요함이 없이 마음의 평안과 안정으로 남에 대한 성냄
과 원한의 망심이 없는 것이다. 『금강경』에는 아상·인상·중생
상·수자상이 없었기 때문에 성내고 원망하는 중생의 망심이 없
는 인욕바라밀을 실천할 수 있었다고 설한다.

　『대승기신론』에 인욕바라밀의 수행에 대하여, '타인으로부터 괴
로움을 받아도 마음에 보복하려는 생각을 하지 않고 세간적인 이
익이나 손해, 명예훼손이나 칭찬, 괴로움과 즐거움 등, 모든 것에
동요됨이 없이 잘 참는 것이다'라고 설한다.

　즉 『기신론』의 인욕행은 첫째는 타인이 부가하는 불이익을 참고

**제일바라밀**
(第一波羅蜜)

**인욕바라밀**
(忍辱波羅蜜)

• 28분의 346쪽에서 인욕과 법인 내용 참조

이상적멸분

견디는 타불요익인(他不饒益忍)이며, 둘째는 역경과 순경에서 희로애락에 마음이 동요되지 않는 것이다. 세간의 이익과 손해, 명예와 불명예, 즐거움과 괴로움 등 상대적인 차별상에 마음이 동요되지 않는 안수인(安受忍)이다.

『법화경』「법사품」에 '어떤 사람이 나쁜 말로 훼방하고 욕설을 하며, 칼과 몽둥이, 돌멩이를 던져도 지혜신통을 갖추신 부처의 자각으로 그 모든 고통을 다 참을 수가 있어야 한다'고 설한다. 특히 『법화경』「상불경보살품」은 인욕행을 실천하는 대표적인 설법이다.

『돈오요문』에는 '인욕이 불도 수행의 근본이요, 먼저 아상과 인상이 없어야 한다. 모든 일을 의식의 대상으로 받아들이지 않으면, 곧바로 참된 깨달음을 이루리라(忍辱第一道, 先須除我人 事來無所受 卽眞菩提身)'라고 읊고 있다. 이와 같은 법문은 『법집요송경(法集要頌經)』 3권 「원적품」에는 '인욕제일도 불설원적최(忍辱第一道 佛說圓寂最)'라고 읊었고, 『과거현재칠불게계경(過去現在七佛偈戒經)』에는 '인욕제일도 불설무위최 출가뇌타인 불명위사문(忍辱第一道 佛說無爲最 出家惱他人, 不名爲沙門)'이라고 했다.

『금강경』에서 설한 아상·인상이 없어야 보살도의 실천덕목인 인욕바라밀을 실행할 수가 있다.

세간에서도 '백 번 인욕행을 하는 곳은 화기가 감돈다(百忍堂中有和氣)', '만약 인욕행을 하지 않으면 만사의 모든 일(萬行)을 이룰 수가 없다'고 하며, '수행의 문은 무궁무진하지만 자비심과 인욕행이 근본이 된다'고 한다. 『선가귀감』에 '고덕(古德)이 말하기를 참는 마음은 환화와 꿈과 같고, 치욕의 경계는 거북의 털과 같이 실체가 없다'고 전한다.

『금강경』 32분에서 설하는 일체의 유위법(有爲法)은 환화와 같고 꿈과 같이 실체가 없는 것이기 때문에 의식의 대상경계를 텅 비우고 진여 본성의 지혜작용이 되도록 할 때 인욕바라밀은 저절로 실행된다고 하였고, 16분에는 남으로부터 어떤 욕설과 천대, 멸시를 받아도 진여 본성의 지혜로 자기 본분사의 보살도를 실행하면 일체의 업장이 소멸된다고 설했다.

『대지도론』 14권과 30권, 인욕바라밀을 해설한 곳에도 인욕을 중생인(衆生忍)과 법인(法忍, 無生法忍) 두 가지로 해설하고 있다. 『대지도론』 14권 찬제(羼提, 인욕)바라밀에 대하여 다음과 같이 해설한다.

문 : 무엇을 찬제(인욕)바라밀이라고 하는가?

답 : 찬제는 번역하면 인욕이니, 인욕에는 생인(生忍)과 법인(法忍)이 있다. 보살이 생인을 행하면 한량없는 복덕을 얻고, 법인을 행하면 한량없는 지혜를 얻는다. 복덕과 지혜 두 가지를 구족하면 원하는 것을 모두 이룰 수가 있다. 마치 사람이 눈과 발이 있어 생각하는 대로 갈 수가 있는 것과 같다.●

문 : 무엇을 생인이라고 하는가?

답 : 두 종류의 보살이 보살을 찾아오는데, 첫째는 공경하고 공양하기 위함이요, 둘째는 화를 내어 꾸짖고 때리기 위함이다. 이

●『대정장』 25권 164쪽 中

이상적멸분

때 보살은 능히 잘 참아서 그 중생들을 사랑하고 존경(愛敬)하여 그 중생들에게 화를 내거나, 나쁜 말로 대하지 않는 것이 생인이다.※

문 : 무엇을 법인이라고 하는가?

답 : 공경하고 공양하는 모든 중생과 온갖 화를 내고 괴롭히고 음욕스러운 사람에 대하여 잘 참는 것을 생인이라 하며, 공경, 공양하는 법과 성내고 괴롭히고, 음욕스러운 법을 잘 참는 것을 법인이라고 한다.

또 법인이라고 함은 안으로 여섯 감정(六情)에 집착하지 않고, 밖의 육진(六塵)을 받아들이지 않아 이 두 가지에 분별심을 일으키지 않는 것이다. 왜냐하면, 내상(內相)은 밖과 같고, 외상(外相)은 안과 같아서 이 두 모양을 모두 얻을 수가 없으며, 인연이 화합한 일상(一相)이고, 그 실체가 공하기 때문이다.

일체의 법상은 항상 청정하여 진제(眞際, 진여)의 법성과 같은 실상이며, 불이의 경지를 깨달았기 때문이다. 비록 둘도 아니며(無二) 또한 하나도 아니다(不一). 이렇게 모든 법을 관찰하여 진심으로 확신하여 불퇴전을 이루면 이것이 곧 법인이다.※

※『대정장』25권 164쪽 中

※『대정장』25권 168쪽 中

『대지도론』30권에도 인욕행을 중생인과 법인으로 나누어 다음과 같이 설한다.

인욕행을 하는 사람은, 앞에서와 같이 욕설 퍼붓는 사람을 마치 부모가 젖먹이를 돌보듯 하고, 그가 성을 내어 욕하는 것을 보고는 더욱더 사랑하는 마음이 깊어져야 한다. 또다시 생각하기를 '저 사람이 나에게 악을 끼치는 것은 바로 전생업의 인연이어서 전생에 나 자신이 지은 것이니 이제는 당연히 받아야 한다. 만약 성을 내면서 갚으면 다시 뒷날의 고통을 만드는 것이 되는데 언제 풀리게 되겠는가? 만약 지금 참지 않으면 영원히 괴로움을 여의지 못한다.' 이렇게 하여 화를 일으키지 말아야 한다.

이와 같이 여러 가지 인연으로 화내는 일을 꾸짖고 자비심을 일으켜 중생인을 깨닫는다. 중생인을 깨닫고 생각하기를 '시방의 모든 부처님께서 설하신 법은 모두 자아가 없고, 내 것도 없다(我所). 다만 모든 법이 화합하여 임시로 중생이라는 이름을 붙였을 뿐이니 마치 기계를 장치한 나무 인형과 같다. 비록 동작을 할지라도 그 속에는 주인이 없는 것처럼, 이 몸도 역시 그와 같아서 다만 피부와 뼈가 서로 지탱하면서 마음의 바람을 따라 움직일 뿐이며, 생각 생각마다 생멸하고 무상하고 공적하여, 작자(作者)도 없고 욕하는 사람도 없고 받는 사람도 없다. 처음부터 끝까지 필경 공하기 때문에 단지 생각이 전도되고 거짓일 뿐인데, 범부들이 망심으로 집착하고 있다'라고 생각해야 한다. 이렇게 생각하면 곧 중생도 없고, 법에 속박하는 일도 없고, 다만 인연이 화합했을 뿐이므로 자성도 없다. 마치 중생이 화합한 것을 임시로 이름 붙여 중생이라고 한 것처럼, 법도 역시 이와 같아서 곧 법인을 체득하게 된다. 이 중생인과 법인을 체득하기 때문에 아뇩다라삼먁삼보리를 체득하게 된다.●

● 「대정장」 25권 281쪽 上-中

**가리왕(歌利王)**

가리왕은 범어로는 Kalinga-raja(깔링가 라자)이다. 가리왕이 인욕선인의 몸을 갈기갈기 찢고(割截身體) 칼로 베었다는 이야기는 『대지도론』 14권 찬제(인욕)바라밀을 설하는 곳에 다음과 같이 전한다.

예를 들면 인욕선인이 큰 숲 속에서 인욕행을 닦고 자비행을 할 때 가리왕이 여러 궁녀들을 데리고 숲 속에서 놀았다. 음식을 먹고 왕이 잠시 잠든 사이에 궁녀들이 꽃나무 사이로 구경 다니다가 이 선인을 보자 공경할 마음이 생겨 절을 올리고 한쪽 옆에 섰다. 선인은 그들에게 자비와 인욕을 찬양하며 설법해 주니 그 음성이 아름답고 미묘하여 듣는 이가 싫증이 나지 않아 오랫동안 돌아갈 줄을 몰랐다.

가리왕이 잠에서 깨어나 보니 궁녀들이 보이지 않아 칼을 뽑아들고 궁녀들을 찾아다니다가 그들이 선인 앞에 서 있는 것을 보자, 교만과 질투가 북받쳐 눈을 부릅뜨고 화를 내어 칼을 잡고 겨누고서 말했다.

"너는 무엇하는 자인가?"

선인이 대답했다.

"나는 여기서 자비와 인욕을 공부하고 있습니다."

가리왕이 말했다.

"그렇다면 내가 지금 너를 시험하되 이 칼로 네 귀를 베고, 네 코를 자르고, 네 손발을 끊으리라. 그래도 네가 성을 내지 않으면 그대가 진실로 인욕을 공부한 사람인 줄 알겠노라."

선인이 대답하였다.

"마음대로 하시오."

왕은 곧 칼을 들어 그의 귀와 코, 손발을 끊고 나서 물었다.

"네 마음이 흔들리지 않는가?"

선인이 대답했다.

"나는 자비와 인욕을 닦았으므로 마음이 흔들리지 않습니다."

왕은 다시 말했다.

"네 한 몸이라도 남아 있어 아무런 세력도 없는데 아무리 입으로는 흔들리지 않는다고 하지만 누가 그 말을 믿겠는가?"

이때 선인이 발원하고, "내가 진실로 자비와 인욕을 닦은 사람이라면 피가 젖이 되게 하소서!"라고 말하자 즉시에 피가 젖으로 변했다. 왕은 깜짝 놀라 궁녀들을 데리고 떠나 버렸다. 이때 숲 속에 있던 용신(龍神)이 선인을 위해 우레와 번개, 벼락을 내리어 왕은 그에 맞아 죽게 되어 궁으로 돌아가지 못했다.

그러므로 번거로운 가운데서 능히 인욕을 실행한다고 하는 것이다.●

● 『대정장』 25권 166쪽 下

이와 같은 내용이 『대지도론』 26권에 보이고, 『대비바사론』 182권, 『현우경』, 『출요경』 23권, 『육도집경』 5권 등에도 보인다.

현장의 『대당서역기』 3권에, 오장나국(烏仗那國)의 몽게리(瞢揭釐, Mangkil)성 동쪽 4, 5리에 탑이 있는데 지극히 신령스러운 상서가 많으며 부처님이 옛날 인욕선인이 되었을 때 가리왕에게 신체가 할절(割截)된 곳이라고 전한다.

이상적멸분

| | |
|---|---|
| 인욕선인(忍辱仙人) | 인욕선인은 인욕과 인내의 법문을 설하고 가르치는 수행자(仙人)를 말한다. |
| 보살심(菩薩心)<br>불응주색보시<br>(不應住色布施) | 4분의 62쪽 무소주 항목과 10분의 130쪽 응무소주 이생기심 항목 참조.<br><br>중생심으로 작용하는 의식의 대상경계인 색·성·향·미·촉·법에 집착하지 않고 보시행을 실행하도록 설법하고 있다. 보살은 진여삼매의 지혜작용으로 자기 본분사의 생명활동을 실행해야 한다는 의미이다. |
| 응여시보시<br>(應如是布施) | 일체중생에게 이익이 되도록 하는 보살행은 진여 본성의 지혜작용(如是)인 진여삼매로서 실천해야 한다. 진여는 법계 일상이기 때문에 법계에 두루 하는 일체중생, 일체제불, 일체만법과 함께 진여삼매의 경지에서 보시행을 실천해야 한다.<br><br>그래서 일체중생에게 이익되게 하는 보시행을 하기 위해서는 마땅히 여시보시(如是布施)가 되어야 한다고 설한다. 여시보시란 진여삼매에서 진여 본성의 지혜작용으로 보시행을 하는 것이다. 보살행으로 무소주(無所住)의 보시행, 아상·인상·중생상·수자상이 없는 무상의 실천을 말한다.<br><br>여시(如是)는 여법(如法)·여실(如實)·여여(如如)·여래(如來)·불이(不二)와 같은 의미로 진여의 지혜작용이다. 『금강경』2분에서 설하는 '진여 본성의 지혜로 보살도의 삶을 살고(住), 진여의 지혜로 중 |

생심을 항복하도록 해야 한다(應如是住, 如是降伏其心)'는 말이다. 여시를 단순히 글자대로 '이와 같이'라고 번역하면 구체적인 보살행의 실천 내용을 전혀 알 수가 없게 된다.

13분에서 여래는 일체의 제법과 여여하게 지혜작용을 하는 뜻(義)이라고 설했는데, 진여삼매(眞如三昧), 혹은 진여지(眞如智)의 작용이기 때문에 여법, 여실, 여여하며, 진여의 지혜와 다르지 않아 불이(不二), 불이(不異)라고 한다. 불법의 진실을 방편법문으로 여실하고 여법하게 설하는 사람이다. 또한 여법하고 여실하게 불법의 진실을 설하기 때문에 사람을 속이는 말이나, 진실과 어긋나는 말이나 삿된 거짓말을 하지 않는다고 강조하고 있다.

여래의 진여삼매의 세계를 자내증삼매(自內證三昧)와 어언삼매(語言三昧)로 나눈다. 자내증삼매는 좌선이나 침묵, 무언, 묵언, 즉 남에게 설법하지 않고 자기 스스로 진여삼매의 경지에 있는 것이다. 『법화경』에 대통지승불이 십겁 동안 좌도량(坐道場)한다고 설하고, 『수능엄경』 3권에는 '진아를 무상의 깨달음의 경지를 증득하도록 하고, 시방세계에 좌도량하게 한다(令我早登無上覺 於十方界坐道場)'라고 하는 것처럼, 좌도량(坐道場), 안좌(安坐), 연좌(宴坐), 정좌(靜坐) 등으로 표현한다.

『법성게』에 '궁극의 깨달음의 경지인 중도에 안좌하니 본래부터 동요 없는 부처라고 한다(窮坐實際中道床 舊來不動名爲佛)'는 말은 일체의

• 1분의 10쪽, 2분의 33쪽·35쪽, 3분의 42쪽 여시 항목 참조

**진어자**(眞語者)

이상적멸분

번뇌 망념을 초월한 진여 본분의 생명활동인 선정(禪定)세계에 안좌하는 것이다. 『유마경』의 직심시도량(直心是道場), 직심시정토(直心是淨土)와 같은 의미이다. 석가불이 성도 후 마갈타국에서 삼칠일 동안 문을 닫고 침묵한 일이나, 유마의 침묵은 모두 자내증(自內證)삼매를 말한다.

한편 대승의 경전은 모두 부처가 진여삼매의 경지에서 설법한 방편법문의 말씀이며, 방편법문을 시절인연과 중생의 근기에 따라서 설법하는 것이 언어삼매(語言三昧)인 것이다.

『대승기신론』에 진여는 언설에 의거하여 분별한다고 설하며, 일체의 번뇌 망념이 없는 여실공(如實空, 眞空)을 여실불공(如實不空, 妙有)으로 논리적으로 설명한다. 『금강경』 7분에서 '일체 현성은 무위법(진여)으로 차별지의 방편법문을 설한다'라고 한다.

무위법인 진여의 거울 속에 일체 모든 중생의 차별심이 나타나기 때문에 진여의 거울은 움직이지 않고 중생의 차별 분별심을 여실하고 여법하게 알고 볼 수가 있다. 이것을 여래는 실지(悉知) 실견(悉見)한다고 한다.

**무실무허(無實無虛)**

『금강경』에 무실(無實)과 무허(無虛)를 14분과 17분에 두 번이나 언급하는데, 대한불교조계종 교육원에서 간행한 『조계종 표준 금강경』에는 '진실도 없고 거짓도 없다(無實無虛)'라고 번역하고 있다.

여래가 깨달아 체득한 불법이 진실도 없고 거짓도 없다는 말은 도대체 무슨 내용인가? 부처나 여래가 제시한 불법의 가르침이 진실도 없고 거짓도 없다면 무슨 의미가 있는가? 진실 없는 불법이 중생들에게 법문으로서 어떠한 의미가 있는가? 불교 경전에서 설하는 진실과 방편의 의미는 무엇인가?

이 일절의 번역문은 다음과 같다.

〈구마라집의 번역〉

14분. 如來 所得法. 此法 無實 無虛.

17분. 如來 所得 阿耨多羅三藐三菩提. 於是中 無實無虛. 是故, 如來 說一切法 皆是佛法.

〈보리류지의 번역〉

14분. 如來所得法 所說法 無實 無妄虛.

17분. 於是中, 不實 不妄語.

〈유지 삼장의 번역〉

14분. 是法 如來所覺, 是法如來所說, 是法 非實 非虛.

17분. 此法 如來所得 無實 無虛. 是故, 如來 說一切法 皆是佛法.

〈진제 삼장의 번역〉

14분. 是法如來所覺, 是法如來所說, 是法 非實 非虛.

17분. 此法 如來所得 無實 無虛.

이상적멸분

〈의정의 번역〉

14분. 如來所證法 及所說法 此卽 非實 非妄.

17분. 如來所得 正覺之法 此卽 非實 非虛.


〈현장의 번역〉

14분. 如來現前等 所證法 或所說法, 或所思法 卽於其中 非諦非妄.

17분. 如來現前等 所證法 或所說法, 或所思法 卽於其中 非諦非妄.


　　보리류지, 원위(元魏)의 유지(留支), 진제 삼장과 의정의 번역에는 구마라집이 번역한 무실(無實) 무허(無虛)와 같은 의미로 비실(非實) 비허(非虛), 비실비망(非實非妄)으로 번역하고 있다.

　　그런데 오직 현장만은 비제(非諦) 비망(非妄)으로 번역한다. 구마라집의 여래시(如來是) 진어자(眞語者) 실어자(實語者)를 현장은 '여래시(如來是) 실어자(實語者) 제어자(諦語者)'라고 번역하고 있는 것처럼, 진(眞)을 제(諦)라고 번역했다.

　　구마라집과 모든 번역가들이 무실무허라고 번역한 것을 현장이 비제(非諦) 비망(非妄)이라고 번역한 말이 불법의 근본사상에 부합되는 올바른 번역일까?

　　필자는 이 일단의 이해를 위해서 일본의 학자 가죠우시 고우운(梶芳光運)의 『금강반야경』(일본, 大藏출판사, 1981년), 나까무라 하지메(中村元)의 『반야심경·금강경』(일본, 岩波文庫本)의 산스끄리뜨 번역문과 각묵스님이 산스끄리뜨 원전 분석 및 주해한 『금강경 역해』, 양승

규가 번역한 『티베트 금강경』(까말라실라의 金剛經 廣釋) (도피안사, 2003년) 등을 참조하여 보았다. 산스끄리뜨본과 티베트본에는 한결같이 현장이 번역한 것과 같이 '진실도 없고 거짓도 없다'라고 번역하고 있다.

교육원에서 간행한 교재에 구마라집이 '무실무허'라고 번역한 문장을 '진실도 없고 거짓도 없다'라고 한 것은 산스끄리뜨 번역본을 참조한 것이라 생각된다. 산스끄리뜨 사전에 'satyam(싸트양, 진실도 없고), na mrsa(나 므리싸, 거짓도 없다)'라고 정의한 것은 아마도 현장의 번역어나 티베트본 등을 참조한 것이 아닌가 생각된다.

말하자면 산스끄리뜨 사전에서 언어는 현장의 번역어, 티베트 대장경의 번역어 등을 참조한 언어개념이라고 할 수 있는데, 과연 『금강경』의 불법사상을 여법하고 정확하게 번역한 언어일까?

또 구마라집의 안목으로 번역한 한역본 『금강경』에서 진여법을 설한 법문과 같은 내용이라고 할 수가 있을까?

필자는 현장의 번역본과 티베트 대장경의 번역은 구마라집의 안목과 다른 차원에서 이해한 것으로 보는데, 그것은 불법사상과 진여법의 논리 체계에 맞지 않는 언어로 번역했기 때문이다.

『금강경』의 무실무허를 '진실도 없고 거짓도 없다'라고 번역한 산스끄리트본의 해설은 진실과 거짓이라는 상대적인 차별을 모두 초월했다는 의미인데, 왜 구마라집은 무진(無眞) 무위(無僞)나, 무진(無眞) 무망(無妄)이라 번역하지 않고, '실다움도 없고 허망함도 없다(無實無虛)'라고 번역하였을까?

이상적멸분

'허허실실(虛虛實實)'의 허(虛)는 속이 텅 비어 아무것도 없는 허망함이고, 실(實)은 안이 가득 찬 것인데, 무실은 여래가 깨달아 체득하여 설한 방편법문은 실체가 없는 것(空)이고, 무허는 방편법문에 따라서 불법의 진실을 깨달아 체득하게 된다는 사실은 허망하지 않다(不空)고 말한 것이다.

대승불교에서 부처가 깨달아 체득한 법은 진실과 거짓, 선악, 범성 등 일체의 상대적인 차별경계를 모두 함께 초월한 중도(中道)이며, 일체의 번뇌 망념을 텅 비운 공의 경지인데 또다시 진실도 없고 거짓도 없다는 말을 새삼스레 여기서 주장할 필요가 있을까?

『반야심경』에서 설하는 '진실하여 거짓되거나 허망함이 없다(眞實不虛)'라는 일절과 '여래는 진실을 설하는 자'라는 설법의 내용과도 맞지 않는다.

『법화경』「약초비유품」에도 다음과 같이 설한다.

가섭이여! 마땅히 알라. 여래는 제법(諸法)의 왕이므로 설법한 것은 모두 허망하지 않다(不虛).

일체법에 대하여 지혜의 방편으로 연설하니, 부처님이 설한 설법은 모두 일체지(智)의 경지에 도달한다. 여래는 일체제법이 돌아갈 곳을 관찰하여 알고 역시 일체중생이 심심(深心)으로 행할 것을 다 알아 통달하여 걸림이 없다. 또한 제법의 궁극적인 경지를 분명히 요달하여 모든 중생들에게 일체의 지혜로서 제시한다.

부처님이 최상의 깨달음을 체득한 지혜는 방편법문으로 개시하여 일체중생을 구제하는 진실된 지혜작용이기 때문에 허망한 것이 아니다.

『금강경』의 근본사상은 일체 존재의 사물이나 의식의 대상경계나 모양이나 방편의 언어문자에도 집착하지 말고(無住), 아상·인상·중생상·수자상을 초월해야 진정한 깨달음을 얻은 불보살이 된다고 설한다. 경전 곳곳에서 아상·인상·중생상·수자상을 초월하고 깨달음이나 부처, 여래, 보살의 이름이나 모양, 언어 등 어떠한 존재에 대한 의식의 대상경계를 텅 비우도록 당부한다.

구마라집이 번역한 『금강경』에는 어떤 수승한 깨달음이나 최상의 법문이라도 독자적인 개체의 자성이 없기 때문에 '고정된 법이란 있을 수가 없다(無有定法)', 혹은 '고정된 실체의 법이 없다(實無有法)'라고 일체의 모든 의식의 대상, 집착의 대상, 아상·인상·중생상·수자상을 텅 비우도록 강조한다.

구마라집은 '무유정법 운운(無有定法 云云)'이나, '실무유법 운운(實無有法 云云)'의 법문을 요약해서 무실(無實) 한마디로 번역한다.●

불교의 인식은 유심(唯心)의 사상으로 일체의 모든 존재(法)는 의식의 대상경계로 인식하고 있을 뿐이다. 마치 거울 속에 비춰지는 영상과 같이 고정된 실체가 없는 공한 것(一切皆空)이며, 독자적인 개체의 자성이 없는(無自性) 반야사상이다. 중생은 이러한 사실을 알지 못하고 전도몽상과 착각, 아상, 인상, 중생상과 수자상 등의 고정관념과 집착심, 분별심을 떨쳐버리지 못한다.

● 『금강경』.'須菩提言, 如我解佛所說義, 無有定法, 名阿耨多羅三藐三菩提, 亦無有定法, 如來可說.' '如是滅度 無量無數無邊衆生 實無衆生 得滅度者.' '汝等勿謂 如來作是念, 我當度衆生. 須菩提, 莫作是念. 何以故. 實無有衆生, 如來度者.'

이상적멸분

경전의 법문은 정법의 안목으로 중생심의 착각과 무명 불각에서 벗어나 지금 여기 자신의 일에 불심의 지혜로 살 수 있는 방향과 방법을 설하는 시절인연으로 이루어진 방편법문이다.

『금강경』32분에 '일체의 유위법은 꿈, 환화, 물거품, 그림자와 같고, 이슬과 같고, 전깃불과 같아 실체가 없으니, 당연히 이와 같이 진여의 지혜로 일체법을 관찰해야 한다'고 강조하고 있다.

『반야경』제8권에 '만약 어떤 가르침(法)이 있어 열반의 경지보다도 더 수승하다고 할지라도 나는 역시 환화와 같고, 꿈과 같다(說復有法, 過於涅槃, 我亦說如幻如夢)'라고 설했다.

● 『대정장』 8권 540쪽 下

일체의 모든 존재(법)가 독자적인 개체의 자성이 없고, 실체가 없다는 사실을 『금강경』과 반야경전에서는 꿈, 환화, 허공의 꽃, 물거품, 그림자, 이슬, 아지랑이, 물속의 달, 거울속의 영상, 거북의 털, 토끼의 뿔 등으로 비유하였다.

『대승기신론』에 '삼계는 허망한 것이며 오직 중생의 마음(妄心)으로 만들어내는 것이다. 일체의 모든 법은 마치 거울 가운데 나타난 영상과 같기 때문에 영상의 그 실체는 구해 얻을 수가 없는 것이다(三界虛僞 唯心所作 一切法 如鏡中像 無體可得). 오직 중생의 마음(망심)이 허망하고, 중생의 망심이 일어나면 여러 가지 의식의 대상경계(법)가 생겨나고, 중생의 망심이 없어지면 여러 가지 의식의 대상경계(법)가 사라지기 때문이다'라고 설했다.

● 『대정장』 32권 577쪽 中

구마라집은 일체법은 실체가 없다고 했으며, 여래가 깨달아 체득한 진여법의 본질을 무실(無實)과 무허(無虛)로 번역하였다. 중생은 불법을 알지 못하는 무지(無知)와 무명(無明)의 눈으로 보고 듣고 냄새 맡으며 촉감으로 느끼는 모든 사물을 실제로 영원히 존재하는 것으로 착각하고 집착하며, 소유하려고 하기 때문에 번뇌 망념과 사물에 집착하여 업장을 만들고 한없는 고통을 초래하게 된다. 그래서 중생심의 번뇌 망념을 텅 비우고, 여래가 불법을 깨달아 체득한 일체개공(皆空)의 경지를 무실이라고 번역하였다.

그리고 무허란 여래의 진여 법신은 일체의 모든 존재나 사물 경계를 여여하고 여실하게 보고 듣고 작용할 수 있는 부처의 지혜작용이 허망하지 않다는 사실을 말하고, 『반야심경』의 '진실하여 거짓되지 않는다(眞實不虛)'와 같은 뜻이다.

여래가 체득한 최상의 깨달음은 중생심의 번뇌 망념과 차별심, 대상경계에 대한 집착, 아상·인상·중생상·수자상을 텅 비운 경지(無實)이기 때문에 진여 자성이 여래 법신이 되어 만법의 진실을 올바르게 볼 수 있는 반야의 지혜가 작용하게 되는 것(無虛)이다.

공은 중생심을 텅 비운 것이기에 어떠한 고정된 실다운 것이 없는 무실이며, 번뇌 망념을 텅 비운 진여 법신(여래)의 지혜작용은 허망하지 않기 때문에 '여래는 진실을 설하는 사람이며, 사실 그대로를 설하는 사람이며, 여법하고 여실한 법문을 하는 사람이며, 속이는 말을 하지 않고, 사실과 다른 말을 하지 않는 사람'이 될 수가 있는 것이다.

그래서 『금강경』 14분에는 무실무허를 설한 뒤에 다음과 같은 비유를 한다.

불법을 수행하는 보살이 부처의 법문(法)이나 의식의 대상경계에 집착하지 않고 청정한 마음으로 보시행을 베푸는 것은 마치 눈 밝은 사람이 밝은 햇빛 아래서 여러 가지 사물이나 색깔의 모양을 여실하게 환히 볼 수 있는 것과 같다.

즉 이 법문은 여래가 깨달아 체득하여 설한 방편법문은 고정된 실체가 있는 것이 아니라는 사실을 잘 알고, 의식의 대상경계나 그 법문의 말에 집착하지 않고(無實), 청정한 진여의 본심으로 여법하고 여실하게 진실을 볼 수 있는 지혜작용으로 여법한 보시행을 할 수 있게 된다(無虛)는 의미이다.

구마라집이 무실무허라고 번역한 것은 『금강경』 7분의 설법과 같다.

"수보리여! 그대는 어떻게 생각하는가? 여래가 최상의 깨달음을 체득했는가? 여래가 설한 고정된 어떤 법이 있는가?"
수보리가 말했다.
"제가 부처님께서 설하신 뜻을 이해하기로는 여래는 최상의 깨달음이라는 고정된 법이 없으며, 또한 고정된 법이 없기에 여래는 설법하십니다. 왜냐하면 여래께서 설법하신 것은 취할 수도 없고, 말로 표현할 수도 없고, 그것은 고정된 법도 아니고, 비법(非法, 邪法)도 아니기 때문입니다. 그래서 일체 현성(賢聖)은 모두 무위법으로써 차별하기 때문입니다."

여기에 '고정된 법을 가지고 있지 않기 때문에 여래는 법을 설한다'는 의미는 무실의 입장이며, 여래가 법을 설하는 내용은 고정된 법을 설하지 않는 반야지혜의 방편법문이기 때문에 어떤 형체나 실체로 취할 수가 없고, 객관적인 입장에서 설명할 수도 없다. 그리고 일체의 상대적인 차별을 초월하였기 때문에 일체 성현은 아상·인상의 중생심을 텅 비운 삼업이 청정한 무위법(無爲法)으로써 일체만법의 실상을 여실하게 판단하는 반야지혜로 방편의 법문을 설한다고 하는 것이다.

『유마경』의 처염상정(處染常淨)과 같다. 여래는 일체의 대상경계를 초월한 공의 경지(無實)에서 일체의 업장을 만들지 않는 무위법으로써 불법을 설하는 것이 무실무허의 입장이다.

『금강경』 17분에 '수보리여! 여래가 체득한 최상의 깨달음(正覺)은 고정된 실체도 없고(無實), 허망하지도 않다(無虛). 이런 까닭에 여래는 일체법이 모두 불법이다'라고 설한다.

구마라집이 번역한 『금강경』의 무실무허는 불법(진여법)의 논리세로 『대승기신론』에서 설하는 진여의 공과 불공을 대신하여 설한 법문이라고 할 수 있다.

이상적멸분

무실은 중생심으로 작용하는 일체의 번뇌 망념이 없는 진여의 공(眞空)이며, 무허는 진여의 불가사의한 지혜(생명활동)가 여법하고 여실하게 작용하고 있는 불공(妙有)의 입장이다.

『대승기신론』에서는 진여법을 공과 불공의 논리로 다음과 같이 설명한다.

첫째는 여실공(如實空)이니 능히 구경(究竟)이어서 진실한 모습을 나타낸 것이고, 두 번째는 여실불공(如實不空)이니 진여 그 자체는 청정하여 여래의 본성 공덕(德相)이 구족하고 있기 때문이다.● 

● 『대정장』 32권 576쪽 中

『대승기신론』의 주장은 『승만경』 공의은복진실장(空義隱覆眞實章)에 '두 종류 여래장의 공한 지혜가 있습니다. 세존이시여! 공 여래장은 중생이 번뇌를 여의고 번뇌 망념에서 해탈하여, 번뇌와 다른 것이기 때문에 일체 번뇌 망념의 장애를 여읜 것입니다. 세존이시여! 불공 여래장은 갠지스 강의 모래알보다 더 많은 부처의 지혜를 여의지도 않고, 벗어나지도 않고, 다르지도 않은 불가사의한 불법입니다(世尊 有二種如來藏空智, 世尊, 空如來藏, 若離 若脫 若異 一切煩惱障, 世尊 不空如來藏, 過於恒沙, 不離 不脫 不異 不思議佛法.)'●라고 설한 법문을 계승한 것이라고 볼 수 있다.

● 『대정장』 12권 221쪽 下

이러한 진여법의 논리를 『입능가경』 제8권 「찰나품」(『대정장』 16권 559쪽 下)에서도 도입하고 있다. 『금강경』의 무실은 진여 자성이 일체의 번뇌 망념을 텅 비운 경지(如實空)이고, 무허는 진여 자성이 여실하고 진실된 구경의 깨달음의 경지임과 동시에 부처가 구족하는 일체의 모든 반야의 지혜작용과 공덕이 여실하게 작용하여 허망하지 않다(如實不空)는 진여법의 논리이다.

공은 진여 자성에 번뇌 망념이 텅 비워졌기에 불성을 깨달은 견성의 입장이며, 불공은 진여 자성의 덕성(德性, 자비심)과 부처의 지혜작용은 허망하지 않다는 사실을 논리적으로 설명하였다.

요약하면 무실은 진공(眞空)이며, 무허는 묘유(妙有)의 입장을 밝힌 반야사상이므로 『금강경』에서 '일체법이 모두 불법'이라고 설했다.

『대승기신론』 대치사집(對治邪執)에는 다음과 같이 논하고 있다.

두 번째 수다라에서 설하고 있다. '세간의 모든 법이 필경에 자체가 공했고, 열반, 진여의 법까지 필경 공한 것이며, 본래부터 스스로 공한 것이기에 일체의 상을 떠났다'는 그 말을 듣고 집착을 쳐부수기 위한 말임을 알지 못하기 때문에 곧 진여 열반의 성품이 오직 공한 것이라고 하는데, 어떻게 대치하여 진여 법신 그 자체가 공하지 아니함을 밝힐 것인가? 한량없는 진여 자성의 공덕을 구족했기 때문이다.●

● 『대정장』 32권 580쪽 上

『대승기신론』의 진여를 설한 곳에 일체 언설은 가명이며 실체가 없다고 다음과 같이 설한다.

일체의 모든 법은 본래 언어로 여러 가지 표현된 모양(相)을 여의며,

명상(名相)을 여읜다. 필경 평등하여 변화하는 일도 없고 파괴될 수도 없다. 오직 일심(一心)이므로 진여(眞如)라고 한다. 일체 언설은 가명(假名)이기에 실체란 없다(無實).

『금강경오가해』육조의 해설에도 『기신론』의 논리 체계를 토대로 하여 다음과 같이 주장한다.

(14분) 무실이란 법의 본체가 공적하여 그 모습(相)을 얻을 수가 없다. 그러나 그 가운데는 항하사와 같은 성덕(性德)을 갖추고 있어서 그것을 써도 더 하지 못하는 까닭에 무허라고 했다. 그 실(實)을 말하자면 고정된 어떤 모양(相)은 가히 얻지 못하고, 그 허(虛)를 말하자면 지혜는 아무리 사용해도 단절되지 않는다. 그래서 유(有)라고도 무(無)라고도 말할 수가 없으며, 있지만 있는 것이 아니고, 없지만 없는 것이 아니다. 언사(言辭)로써 미치지 못하는 것은 오직 그 참다운 지혜인 것이다. 상(相)을 떠나서 수행하지 않으면 여기에 이를 수가 없다.

(17분) 부처님께서 말씀하시되, 실로 얻은 것이 없는 마음으로 깨달음(菩提)을 얻음이니, 얻은 바의 마음이 나지 않으므로 깨달음(보리)을 얻음이다. 이 마음을 떠난 이외에는 다시 깨달음을 얻을 수가 없기 때문에 무실이라고 설한 것이고, 소득심이 적멸하면 모든 지혜가 본래 있으며, 만행(萬行)이 다 원만히 구족하고 있어서 항하사의 덕성을 사용하지만 조금도 부족함이 없으므로 무허(無虛)라고 한 것이다.

『임제록』에 '산승이 설하는 법문도 모두 한때의 병을 치료하는 약으로 쓰는 것이기에 결코 실다운 법이란 없다(無實法). 만약 이와 같은 견해를 체득한다면 진정한 출가인이라고 할 수 있고 하루에 황금 만 냥을 사용하는 가치 있는 삶을 살 수가 있다'라고 하며, 또 다른 설법에서도 똑같이 '모두 실다운 법이란 없다(幷無實法)'라고 강조하며, '진견제법공상 개무실법(盡見諸法空相 皆無實法)'이라고 설한다.

• 『대정장』 47권 498쪽 中

• 『대정장』 47권 498쪽 下

『조당집』 제15권에는 방거사(龐居士)의 게송을 다음과 같이 전한다.

| | |
|---|---|
| 心如境亦如 | 마음이 청정(여여)하면 경계도 여여하리. |
| 無實亦無虛 | 실체도 없지만, 또한 허망하지도 않네. |
| 有亦不管 | 있음(有)에도 관계치 않고 |
| 無亦不居 | 없음(無)에도 마음이 머무르지 않으니, |
| 不是賢聖 | 이는 바로 성현도 아니요 |
| 了事凡夫 | 일대사를 깨달아 체득한 평범한 사람이다. (4-104) |

부처나 조사, 선과 악이라는 일체의 상대적인 분별심과 차별경계를 모두 초월하여 생사대사(生死大事)를 마친 평상 무사인(無事人)으로 살고 있는 자신을 노래했다.

'마음이 여여하면 경계도 여여하다(心如境亦如)'는 의미는 불법의 대의를 깨달아 일체의 번뇌 망념을 텅 비운 본래심의 지혜로 살고 있는 입장이다. 즉 색즉시공 공즉시색(色即是空 空即是色)의 경지이다.

여여(如如)는 여래(如來), 여실(如實), 여시(如是)와 같은 뜻이다. 『금강경』에서 '여래란 모든 법이 본래 그대로 여여한 뜻이다(如來者卽 諸法如義)'라고 한 것은 진여 본성과 하나된 여래 법신의 경지에서 일체의 상대적인 차별경계를 초월한 무심도인이 시절인연에 따라 여실하게 지혜로운 삶을 살고 있는 살림살이를 읊은 것이다.

방거사 역시 무실역무허(無實亦無虛)를 『금강경』에서 체득하고 있다. 무실이란 일체의 모든 번뇌 망념은 물론 존재나 사물의 실체도, 최상의 불법이나 깨달음도 독자적으로 어떤 자성이나 실체가 없는(無自性) 공사상이다. 일체의 번뇌 망념을 텅 비워 여래의 법신이 된 방거사는 반야의 지혜로 불법을 건립하는 창조적인 삶을 일상생활 속에서 실천하고 있다.

**즉위여래**(則爲如來) 　　　선남자 선여인이 발심하여 경전을 읽고 수지 독송하는 것은 간경(看經) 수행이다.

경전의 가르침과 하나가 되어 진여삼매가 되므로 선남자 선여인(是人)이 곧 여래(진여 법성의 지혜)가 되어서, 불법에 의거한 부처의 자각적인 지혜로 자신의 마음속에서 일어나는 번뇌 망념을 여법하게 판단할 수가 있다. 선남자 선여인이 각자 부처의 지견(知見)으로 자신의 마음속에서 일어나는 번뇌 망념을 여법하고 여실하게 알아차려 번뇌 망념의 중생을 제도할 수가 있다. 그러한 부처의 자각으로 업장을 소멸하며, 삼업을 청정하게 하는 지혜작용으로 무량무변의 선근 공덕을 성취하게 된다. 선남자 선여인이 시인(是

人)이고, 여래가 되며, 부처의 지혜를 작용하는 것이다.

불법의 수행은 방편법문인 언어문자를 불법을 체득할 수 있는 방편 도구로 활용할 수가 있어야 한다. 그래서 『대승기신론』에서 방편을 수행한다고 설한다. 방편을 수행하는 간경 공부가 그대로 진실된 깨달음이 이루어지는 진여의 지혜작용, 불이(不二, 一如)가 되고, 방편과 진실은 진여의 자각적인 지혜로 불이법문이 된다.

『전등록』 29권, 법안선사가 '요즘 사람들은 경전의 가르침을 읽고(看) 심중(心中)의 번뇌를 벗어나지 못하네. 심중의 번뇌(심병)를 벗어나려면 경전의 가르침을 지혜로 읽을 수가 있어야 한다(今人看古教, 不免心中鬧, 欲免心中鬧 但知看古教)'라고 읊고 있다. 진여삼매가 되어야 간경 공부가 되는 것이며 선승들의 어록에도 진여 본성의 지혜로 간경(看經)과 간화(看話)의 방편 수행을 주장하는 법문이 많이 보인다.

현장은 '또 널리 다른 사람들을 위해 설하며, 여법하게 깨달아 개시(開示)하면 곧 여래가 되니 그 불지(佛智)로서 이 사람의 번뇌 망념을 다 알고, 곧 여래가 되니 그 불안(佛眼)으로 이 사람을 다 보며, 곧 여래가 되니 이 사람을 다 깨닫는다. 이러한 중생(有情)은 당연히 일체의 무량한 복덕을 이루게 된다(及廣爲他宣說 開示如理作意, 則爲如來, 以其佛智 悉知是人, 則爲如來, 以其佛眼, 悉見是人, 則爲如來 悉覺是人 如是有情 一切當生無量福聚.)'라고 자세히 번역한다.

즉위여래(則爲如來)는 선남자 선여인이 경전을 수지 독송함으로써 진여 본성의 지혜작용이 되어 여래가 된 것이며, 자각성지를

이상적멸분

이룬 부처의 지혜로 중생심의 모든 망념을 여법하고 여실하게 알게 된 것이다.

『법화경』「법사품」에도 '약왕보살이여! 『법화경』을 독송하는 사람이 있다면 이 사람은 부처의 장엄(지혜와 자비)으로 스스로를 장엄하며, 곧 진여 본성의 지혜작용을 이룬 여래가 되어 부처의 장엄을 짊어진 것이라는 사실을 알아야 한다(當知是人 以佛莊嚴 而自莊嚴, 則爲如來 肩所荷擔)'고 설한다.

여래 실지시인 실견시인(如來 悉知是人, 悉見是人)은 『법화경』「방편품」에서 설하는 불지견(佛知見), 여실지견(如實知見), 제법실상(諸法實相)과 같다. 『금강경』 15분에도 '약유인 능수지 독송 광위인설, 여래 실지 시인 실견 시인, 개득성취 불가량 불가칭 무유변 불가사의공덕(若有人 能受持 讀誦 廣爲人說, 如來 悉知 是人 悉見 是人, 皆得成就 不可量 不可稱 無有邊 不可思議功德)'이라고 설한다.

부처는 불법을 깨달아 자각하는 진여 자성의 자각성지(自覺聖智)이고, 지(知)는 불법의 가르침을 여법하게 판단하는 지혜작용이며, 견(見)은 여실하게 판단하는 직관지의 작용이다. 진여 자성의 지혜이기에 여법하고 여실하게 작용하는 부처의 지혜작용인 것이다.

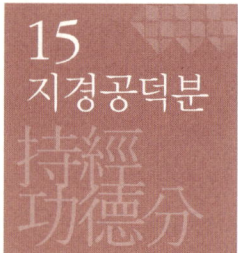

## 15 지경공덕분 持經功德分

須菩提. 若有善男子 善女人. 初日分 以恒河沙
수보리 약유선남자 선여인 초일분 이항하사

等身布施. 中日分 復以 恒河沙等身布施. 後日分
등신보시 중일분 부이 항하사등신보시 후일분

亦以 恒河沙 等身布施. 如是 無量 百千萬億劫
역이 항하사 등신보시 여시 무량 백천만억겁

以身布施.
이신보시

若復有人 聞此經典 信心不逆 其福勝彼.
약부유인 문차경전 신심불역 기복승피

何況書寫 受持讀誦 爲人解說.
하황서사 수지독송 위인해설

須菩提. 以要言之. 是經 有不可思議 不可稱量
수보리 이요언지 시경 유불가사의 불가칭량

無邊功德.
무변공덕

億【억】억, 숫자
劫【겁】오랜 세월
彼【피】저, 저것
況【황】하물며
寫【사】찍다, 쓰다, 베끼다

# 15
## 금강경을 수지 독송 하는 공덕

"수보리여! 만약에 선남자 선여인이 아침에 갠지스 강의 모래 수와 같이 자신의 몸을 돌보지 않고 많은 보시행을 하고, 점심에 또다시 갠지스 강의 모래 수와 같이 자신의 몸을 돌보지 않고 많은 보시행을 하고, 저녁에 역시 갠지스 강의 모래 수와 같이 자신의 몸을 돌보지 않고 남에게 베푸는 많은 보시행을 하는 사람이 있다. 그 사람은 이와 같이 무량한 백천 만억겁의 셀 수 없을 만큼 오랜 세월동안 자신의 몸을 돌보지 않고 남에게 베푸는 많은 보시행을 했다고 하자.

만약에 또 어떤 사람이 이 경전의 법문을 듣고 신심을 일으켜서 경전의 법문에 의거하여 여법하게 수행하여 깨달으면, 이 사람이 얻은 복덕은 앞에서 몸을 돌보지 않고 보살도를 실행한 사람의 복덕보다도 더 수승한 것이 된다.

더 나아가 이 경전을 사경(寫經)하고, 경전의 법문을 확실하게 깨달아 체득(受持)하며, 경전을 독송하고, 경전의 법문을 다른 사람에게 설법하는 복덕이야 더 말할 필요가 있겠는가?

수보리여! 이 경전에서 설하는 법문의 의미를 요약해 보면, 중생심으로 사량 분별해서는 알 수가 없는 불가사의한 지혜의 법문이며, 중생의 분별심으로는 짐작할 수도 없고, 그 어떤 것과도 비교할 수

지경공덕분

如來 爲發大乘者說 爲發最上乘者說. 若有人 能
여래 위발대승자설 위발최상승자설 약유인 능

受持讀誦 廣爲人說.
수지독송 광위인설

如來 悉知是人 悉見是人. 皆得成就 不可量
여래 실지시인 실견시인 개득성취 불가량

不可稱 無有邊 不可思議功德. 如是人等 則爲
불가칭 무유변 불가사의공덕 여시인등 즉위

荷擔 如來 阿耨多羅三藐三菩提.
하담 여래 아뇩다라삼먁삼보리

何以故. 須菩提. 若樂小法者. 着我見 人見
하이고 수보리 약요소법자 착아견 인견

衆生見 壽者見. 則於此經 不能聽受讀誦 爲人
중생견 수자견 즉어차경 불능청수독송 위인

---

乘【승】 타다, 탈것, 수레
荷【하】 연(蓮), 책망하다, 규탄하다,
　　　번거롭다
擔【담】 메다, 짊어지다, 떠맡다, 들
　　　어올리다

없는 무량한 공덕이 있다.

여래는 대승 불법을 깨닫고자 발심한 사람에게 설법하며, 최상승의 불법을 깨닫고자 발심한 사람에게 이 경전의 법문을 설한다. 만약 어떤 사람이 이 경전의 법문을 깨달아 체득(受持)하고 독송하며, 널리 다른 사람들에게 설법한다면, 여래는 진여 본성의 지혜작용으로 이 사람의 번뇌 망념을 여법하게 모두 알고, 이 사람의 번뇌 망념을 여실하게 진여의 지혜로 볼 수가 있기 때문에 중생심의 번뇌 망념으로 업장을 짓지 않도록 한다.

그래서 이 사람이 진여 본성의 지혜로 보살도를 실행한 그 공덕은 중생의 사량 분별로는 헤아릴 수 없고, 말로써 표현할 수가 없으며, 한량없고 끝이 없는 불가사의한 공덕을 성취하게 되는 것이다.

이와 같이 대승과 최상승의 불법을 깨닫고자 발심한 사람들은 곧 여래가 되고, 최상의 불법을 깨달아 체득하여 보살도를 실행할 수 있는 능력을 저절로 감당(荷擔)할 수가 있게 된다.

왜냐하면 수보리여! 만약에 원력과 신심이 없고 차원이 낮은 법문(小法)에 탐착하는 사람은 자기 존재에 대한 견해, 인간으로서의 자기에 대한 견해, 오온(五蘊)으로 구성된 중생이라는 자아 존재에 대

解說.
해 설

須菩提. 在在處處 若有此經. 一切 世間 天人
수보리  재재처처  약유차경  일체  세간  천인

阿修羅 所應供養. 當知 此處 則爲是塔. 皆應
아수라  소응공양  당지  차처  즉위시탑  개응

恭敬 作禮圍繞 以諸華香 而散其處.
공경  작례위요  이제화향  이산기처

圍【위】 둘러싸다, 돌다, 둘레
繞【요】 둘러싸다, 감싸다, 얽히다
散【산】 흩다, 흩뜨리다, 흩어지다,
　　　　내치다, 풀어놓다

한 견해, 자신의 생명은 영원하다는 견해에 집착하고 있기 때문에 이 경전의 법문을 듣지도 않고, 독송도 하지 않아서 다른 사람에게 경전의 법문을 해설하고 설법해 줄 수도 없다.

수보리여! 만약 어느 곳에서든 이 경전의 법문이 전해지고 있거나, 경전의 가르침이 설해지고 있는 곳은 모든 세간의 천인들과 인간, 아수라의 공양을 받게 될 것이다.

분명하게 잘 알아야 한다. 경전의 법문이 설해지는 곳은 곧 불탑(깨달음의 법당)이 건립되는 것이니, 모두가 당연히 공경하고 예배하며, 그 주위를 합장하고 돌면서 공경의 예를 올리고, 그곳에 여러 종류의 꽃과 향을 뿌리고 공양하게 될 것이다."

**항하사등신보시**
**(恒河沙等身布施)**

13분의 '항하사등 신명보시(恒河沙等 身命布施)'와 같은 내용으로, 자아의식뿐만 아니라 자신의 몸과 목숨에 대한 의식의 대상경계도 없이 오로지 남에게 베푸는 지금 여기 자기본분사로서 진여의 지혜로 보시행을 실행하는 것이다.

『금강경』에서는 이러한 보시행의 실천보다 경전의 법문을 수지독송하고, 사구게(四句偈)를 남에게 설하는 공덕이 더 수승하다고 강조한다.

**대승(大乘)과**
**최상승(最上乘)의 발심**

9분에서는 수다원, 사다함, 아나함, 아라한의 소승 사과(四果)의 입장에서 설법하고, 여기서는 대승과 최상승의 법문을 깨달아 아뇩다라삼먁삼보리를 이루고자 발심한 사람들을 위한 설법이다.

12분에서도 '당지 시인 성취 최상 제일 희유지법(當知 是人 成就 最上 第一 希有之法)'이라고 설했듯이, 『금강경』의 법문은 최상, 제일의 희유한 대승 불법의 가르침이다. 여기서 대승이나 최상승이라고 번역하지만, 『금강경』에는 소승이라는 말이 없기 때문에 『반야경』이나 『법화경』처럼 소승과 대승이라는 대립적인 입장에서 설한 것이 아니다. 『법화경』「서품」에 '부처님이 모든 보살들을 위해서 대승경을 설하니 무량의(無量義)라 하고, 보살을 가르치는 법이며 부처의 지혜로 호념(護念)하는 것이다'라고 설한다.

『금강경』에 대승을 발심한 사람과 최상승을 발심한 사람을 나누는데, 대승과 최상승의 차이는 무엇인가? 대승은 성문(聲聞), 연각

(緣覺), 벽지불(辟支佛)의 경지를 체득하는 소승불교의 입장을 초월하여, 즉 아공(我空)·법공(法空)·일체개공(一切皆空)을 깨달아 체득하여 반야지혜를 구족하고, 여래가 되고 부처가 되어 일체중생을 구제하는 원력을 실행하는 것이다.

최상승이란『금강경』뿐만 아니고『법화경』「약초비유품」에 '최상승의 법문을 구한다(求最上乘)'라고 하고, 무착보살의『대승장엄경론』「연기품」에도 '훌륭하게 방편법문을 설하는 것이 최상승이다(巧說方便法 所謂最上乘)'라고 한다.『수능엄경』7권에도 '최상승의 법문은 결정적인 성불을 한다(最上乘 決定成佛)'라는 구절이 보인다.

『금강경』에서 말한 최상승은 '최상희유지법(最上希有之法)'을 체득하도록 발심하는 것이다.『화엄경』51권「여래출현품」에는 '보리심을 버리지 않고 무량한 생사 망념에 처할지라도 피로하고 싫어하지도 않는다. 이승(二乘)의 경지를 뛰어넘은 것을 대승, 제일승, 승승(勝乘), 최승승(最勝乘), 상승(上乘), 무상승(無上乘), 이익일체중생승(利益一切衆生乘)이라고 한다'라고 설한다.●

●『대정장』10권 268쪽 下

『금강경』12분에 이 경전과 경전의 사구게를 시절인연에 따라 설하며, 이 경을 설하는 곳은 일체 세간·천인·아수라 등이 모두 마치 불탑 묘에 공양하는 것과 같다고 하면서, '수보리여! 이 사람은 최상의 희유한 법을 성취한 것임을 알아야 한다. 만약 이 경전이 소재하는 곳은 부처님이 계시거나 존중받는 제자가 있는 것이다'라고 설한다.

사실 중국 선종은 하택 신회(荷澤神會, 684~758)가 최초로『금강경』

지경공덕분

의 최상승을 근거로 하여 최상승선(最上乘禪)을 주장하는데, 돈황본 『육조단경』도 '남종 돈교 최상대승(南宗 頓教 最上大乘) 마하반야바라밀경'이라고 했다. 『신회어록』에는 대승과 최상승의 차이점을 다음과 같이 설명하고 있다.

> 예부시랑 소진(蘇晉)이 질문했다.
> "무엇을 대승이라 하고, 무엇을 최상승이라고 합니까?"
> 신회화상이 대답했다.
> "보살은 즉 대승이요, 부처는 즉 최상승입니다."
> 문 : 대승과 최상승의 차이점은 무엇입니까?
> 답 : 대승이란 마치 보살행을 하는 것처럼, 보시바라밀에서 주는 자, 받는 자와 물건, 이 세 가지의 본체를 텅 비우는 것이며, 육바라밀도 이와 같이 실천하는 것입니다. 그래서 대승이라고 합니다. 최상승이란 단지 자성이 본래 공적함을 여실하게 깨닫고, 또한 주는 자, 받는 자와 물건, 이 셋이 본래 자성이 공한 사실을 깨달아, 또다시 관하려는 마음도 일으키지 않고(不復起觀), 이렇게 육바라밀을 실천하는 것이 최상승입니다.

또다시 대상경계를 관찰(觀)하려는 마음을 일으키지 않는 것은 『유마경』 보살품에 '대상경계를 관찰하지 않는 것이 깨달음이다(不觀是菩提)'라는 법문과 같은 입장이다.

보시바라밀의 실천에서 '관삼사체공(觀三事體空)'이란, 삼륜청정한 사실을 관하는 보시행은 관찰하는 대상으로 삼륜청정이 남아 있기 때문에 완전한 아공·법공의 실행이 될 수 없다. 때문에 관법(觀法)의 대상까지 초월한 법공의 경지, 일체개공의 경지를 체득한 반야바라밀법을 말한다.

『금강반야바라밀경』에서 제일바라밀이라고 강조하고 있는 것이 최상승의 법문을 설한 입장이라고 하겠다.

육조의 『해의(解義)』에는 대승과 최상승을 다음과 같이 설한다.

대승이란 지혜가 광대하여 훌륭하게 일체법을 건립할 수 있는 능력을 말한다.

최상승이란 (중생심의) 오염된 법(垢法)을 보아도 가히 싫어하는 마음이 없고, 청정한 법을 보아도 구하려고 하지 않고, 중생을 보아도 제도하려고 하지 않고, 열반을 보아도 증득하려고 하지 않고, 중생심을 제도하려고 조작하지 않고, 또한 중생심을 제도하지 않으려고도 조작하지 않는 것이 최상승이다. 일체지(一切智), 무생인(無生忍), 대반야(大般若)라고도 한다.

최상승은 불법의 근본으로, 즉 진여지(眞如智), 진여삼매(眞如三昧)의 경지에서 조작과 작위성도 없고, 취사선택의 차별과 목적을 지향하는 대상경계를 설정하지도 않고, 진여의 본성이 시절인연에 따라 여여하고 여법하게 지혜작용하는 것이다. 『법성게』에 '진여자성은 자성의 입장을 고수하지 않고 시절인연에 따라 지혜작용으로 이루어지는 것(不守自性隨緣成)이다'와 같은 맥락이다.

**여래(如來)**
**실지시인(悉知是人)**
**실견시인(悉見是人)**

• 6분의 84쪽 참조

현장은 이 일단을 '광위타선설 개시여리작의 즉위여래 이기불지 실지시인, 즉위여래 이기불안 실견시인, 즉위여래 실각시인(廣爲他宣說 開示如理作意 則爲如來 以其佛智 悉知是人, 則爲如來 以其佛眼 悉見是人, 則爲如來 悉覺是人)'이라고 번역한다.•

**하담(荷擔) 여래(如來)**
**아뇩다라삼먁삼보리**
**(阿耨多羅三藐三菩提)**

하담(荷擔)은 무상정등정각의 깨달음을 짊어지다, 즉 진여 본성의 지혜로 여래가 되어 아뇩다라삼먁삼보리를 깨달아 체득한 것이라는 뜻이다. 『법화경』「법사품」에 '약왕보살이여! 『법화경』을 독송하는 사람이 있다면, 이 사람은 부처의 장엄으로 자신을 장엄하여 곧 여래가 되어 어깨에 부처의 지혜와 자비의 장엄을 하담하게 된 사실을 알아야 한다(當知是人 以佛莊嚴 而自莊嚴 則爲如來 肩所荷擔)'라는 일절이 있다. 부처의 장엄이란 불법을 깨달아 체득한 지혜와 자비의 광명으로 장엄한다는 뜻이다.

『대승기신론』에 선근이 성숙한 중생들이 대승의 법(마하연법)을 감임(堪任)하여 불퇴전의 신심을 갖는다(堪任不退信)고 하는 것은 보살도에서 십신(十信)의 지위(地位)를 원만히 이루고, 십주(十住)의 초주(初住)에 들면 신심이 안정되고 퇴보하는 일이 없기에 감임불퇴(堪任不退)라고 한다. 감임(堪任)은 감인(堪忍)과 뜻이 같으며 자신의 능력으로 잘 감당하고 짊어진다는 의미이다. 즉 최상의 깨달음을 체득하여 여래가 되어 부처의 지혜로 보살도를 실행할 수 있는 능력을 구족하여 감당할 수 있게 된 것을 말한다. 『금강경』과 『법화경』에서 설한 '하담'은 감임, 감인과 같은 의미이다.

감인에는 생인(生忍, 衆生忍)과 법인(法忍)이 있는데, 생인은 성냄과 노여움을 참아내는 것이고, 법인은 인가 결정의 의미로 일체개공(一切皆空)을 설하는 불법의 대의를 철저하게 깨닫고 불퇴전의 신심이 확립된 경지를 말한다. 즉 무생법인(無生法忍)을 이룬 것이다.•

• 14분의 179쪽에서 인욕에 대한 내용과 28분의 346쪽에서 법인에 대한 내용 참조

### 낙소법자(樂小法者)

대승과 최상승의 법문을 수용하지 못하고, 원력과 신심이 작은 근기의 수행자들이 신해(信解)하는 법문을 소법(小法)이라고 한다. 『법화경』에서는 소승과 대승의 대립적인 입장에서 설법하고 있기 때문에 소법은 성문·연각 이승(二乘)의 수행자들이 소승법에 탐착하는 것을 비판한 말이지만, 『금강경』에는 소승이라는 말이 없고, 또한 대승과 대립적인 입장을 설한 법문이 없다.

『금강경』은 대승경전 가운데 소승과 대승의 대립적인 개념과 비판정신이 성립되기 이전에 성립된 초기의 반야경전이기 때문에 『금강경』에서 반야의 지혜를 체득하는 공사상으로 설법을 하지만 공(空, sunya)이라는 말이 없다. 그래서 『금강경』의 공은 반야사상의 언어로 정립되기 이전에 설한 법문이 아닐까라고 추측한다.(中村元, 『般若心經·金剛般若經』)•

• 일본, 岩波文庫. 1982년, 197쪽

육조의 『해의(解義)』에 '이승 수행자가 소승의 증과(證果)를 좋아해서 대승의 발심을 하지 못한다. 대승의 발심을 하지 못하기 때문

지경공덕분

에 여래의 깊고 미묘한 법을 수지 독송할 수가 없고, 남에게 해설할 수도 없는 것이다'라고 했다.

『법화경』「방편품」에도 '우둔한 근기들은 소승법에 애착하며, 생사에 탐착하여 한량없는 부처를 만나도 깊고도 미묘한 불도를 실행하지 않는다. 많은 고통에 괴로워하기 때문에 열반을 설한다'라고 읊고 있다. 『법화경』「화성유품」에서도 '이승의 수행자들이 소법에 탐착한다(樂小法)'라고 비판하고 있다.

『유마경』「향적불품」에는 '사바세계에 불법을 보시하는 불사를 만들어 소승법에 탐착하는 사람들이 넓은 대도를 깨달아 체득하도록 한다'라고 설했다.

### 재재처처 약유차경
(在在處處 若有此經)

『금강경』이 설해지는 곳은 어디나 일체 세간·천인·아수라가 공양을 올리며, 또 이곳에는 탑이 건립되어 공양을 올리며, 모두의 공경을 받고, 탑의 주위를 돌면서 예를 올리고 꽃과 향으로 공양을 하게 된다는 경전 찬탄이다.

• 이와 같은 설법은 앞의 8분의 105쪽 수지 항목, 12분의 142쪽 여불탑묘 항목을 참조

『법화경』「화성유품」 등에도 대통지승여래가 대승의 법문을 설할 때 시방의 제천에서 기이한 광명이 비치는 현상을 언급하였고, 부처님이 대승의 법문을 설하는 곳에는 법계의 일체중생이 모두 환희하고 경청하는 인연을 설하고 있다. 대승의 불법을 듣고 신심을 일으키는 중생은 인간계와 천상계이며 아수라는 공양 찬탄하고 있다.

32분에도 사부대중과 일체 세간, 천인, 아수라가 이 법문을 들

고 환희하며 신수 봉행하였다고 설한다.

경전의 법문이 설해지는 곳은 곧 불탑이 건립되는 것이니, 모두가 당연히 공경하고 예배하며, 그 주위를 합장하고 돌면서 공경의 예를 올리고, 그곳에 여러 종류의 꽃과 향을 뿌리고 공양하게 될 것이다. 즉 『금강경』의 법문을 듣고 깨달아 여래가 되어 불법을 설하는 곳에는 향공양, 꽃공양, 오분(五分) 법신향(法身香)의 지혜작용이 법계에 두루 하는 것을 향기로 훈습하는 것에 비유하고 있다.

『법화경』「법사품」에도 다음과 같이 설한다.

약왕보살이여! 언제 어느 곳에서나 이 경전의 법문을 설하거나 독송하고, 사경하고, 이 경전이 있는 곳에는 모두 칠보탑을 세워 지극히 높고 넓게 장엄하여 꾸미고 다시는 사리를 봉안할 필요가 없다. 왜냐하면 이 가운데는 이미 여래의 전신(如來全身)이 있기 때문이다. 그러므로 이 탑에 일체의 꽃, 향, 영락, 일산, 당번, 기악, 찬탄의 노래 등으로 공양하고 공경하며, 존중하고 찬탄할 것이다. 만약 어떤 사람이 이 탑을 친견하고 예배하고 공양하면 이 사람은 이미 아뇩다라삼막삼보리에 가까이 이른 사람인 줄 알아야 한다.

이와 같은 내용이 『법화경』「분별공덕품」에도 나오는데, 여래 전신이 칠보의 보탑이라는 설법이 『금강경』의 법문과 똑같다. 여

즉위시탑(則爲是塔)

지경공덕분

래 전신은 진여 자성의 지혜작용인 법신이며, 진여 법신은 법계와 하나인 법계일상(法界一相)이기 때문에 중생심의 육근으로 인식하는 의식의 대상경계의 칠보탑이 아니다. 그래서 이 칠보탑을 친견할 수 있는 사람은 최상의 깨달음에 가까운 경지를 이룬 사람이라고 한다.

『전등록』 5권 남양 혜충국사와 대종(代宗)황제와의 대화에서, 혜충국사가 황제에게 이음새가 없는 무봉탑(無縫塔) 세울 것을 부탁하는데, 이것은 무형(無形)·무상(無相)인 진여 법신의 경지를 이루도록 한 법문이다. 그래서 선승들의 묘탑을 법계일상인 무봉탑의 형식으로 하나의 돌로서 계란 형식의 난탑(卵塔)으로 조성하게 되었다.

육조의 『해의』에는 이 일단에 대하여 다음과 같이 해설한다.

만약 사람이 입으로 반야를 외우고 마음으로 반야를 실행하면서 무위(無爲), 무상의 수행을 어느 곳에서나 늘 실행하면 이 사람이 있는 곳은 마치 불탑이 있는 것과 같다. 일체 인천(人天)이 각기 공양하고 예배를 올려 공경하기를 부처님과 다름없이 하리라. 능히 경전을 수지하는 자는 이 사람 마음 가운데 스스로 세존이 계시는 것이 되므로 부처의 탑묘와 같다. 잘 알아야 한다. 이 사람이 지은 복덕이 무량무변하리라.

**아수라(阿修羅)**

아수라는 범어로 asura(아쑤라)이다. 비천(非

天)·불단정(不端正)·비선희(非善戱)·비동류(非同類)로 번역하고, 육도윤회하는 중생세계 가운데 하나로, 싸우는 일을 주로 하는 귀신 종류이다.

『증일아함경』 제3권 「아수륜품」 제8에 '아수라의 형체는 광장(廣長) 8,400유순(由旬), 입은 종광(縱廣) 1000유순이다. 아수라의 형체는 매우 두렵게 생겼다'고 한다.●

● 『장아함경』 20권 「아수륜품」 제6, 『세기경(起世經)』 제8, 「투전품(鬪戰品)」 제9, 『대비바사론』 172권 참조

지경공덕분

## 16 능정업장분 (能淨業障分)

復次須菩提. 善男子 善女人 受持讀誦 此經.
부차수보리 선남자 선여인 수지독송 차경

若爲人輕賤. 是人 先世罪業 應墮惡道. 以今世人
약위인경천 시인 선세죄업 응타악도 이금세인

輕賤故. 先世罪業 則爲消滅. 當得阿耨多羅
경천고 선세죄업 즉위소멸 당득아뇩다라

三藐三菩提.
삼먁삼보리

須菩提. 我念 過去 無量阿僧祇劫. 於燃燈佛前.
수보리 아념 과거 무량아승지겁 어연등불전

得値 八百四千萬億 那由他 諸佛. 悉皆供養 承事
득치 팔백사천만억 나유타 제불 실개공양 승사

無空過者.
무공과자

若復有人 於後末世. 能受持讀誦 此經 所得功德.
약부유인 어후말세 능수지독송 차경 소득공덕

於我所供養 諸佛功德. 百分不及一. 千萬億分
어아소공양 제불공덕 백분불급일 천만억분

乃至 算數 譬喩 所不能及.
내지 산수 비유 소불능급

---

輕【경】 가볍다, 가볍게 여기다
賤【천】 천하다, 천시하다, 값이 싸다, 자기를 겸칭하는 접두어
墮【타】 떨어지다
消【소】 녹이다, 소멸시키다

祇【기, 지】 토지의 신, 마침, 다만, 크다, '아승기'로 쓰고 대개 '아승지'로 읽음
値【치】 값, 값하다, 가지다
悉【실】 다, 모두

# 16 업장을 청정하게 하는 공덕

"그런데 또한 수보리여! 이 경전의 법문을 깨달아 체득<sup>(수지)</sup>하고 독송하는 선남자 선여인이 만약에 다른 사람으로부터 천대와 멸시를 당한다면, 이 사람이 지난 과거에 지은 죄업으로는 당연히 지옥, 아귀, 축생의 삼악도에 떨어지는 고통의 과보를 받아야 할 것이다. 그러나 지금 여기서 다른 사람으로부터 천대와 멸시를 받고, 이 경전의 법문에 의거하여 인욕행의 보살도를 실행하였기 때문에 이전에 지은 죄업이 소멸되고 당연히 최상의 불법을 깨달아 체득하게 되었다.

수보리여! 내가 지난 일을 기억해 보면, 나는 연등불을 친견하기 이전 과거 무량한 시간(아승지겁)에 팔백 사천만억(나유타)의 수많은 부처님들을 친견하고, 그 많은 부처님들께 공양하고, 공경하며, 법문을 듣고 보살도를 실행하였으며 잠시라도 세월을 헛되이 보낸 적이 없었다.

만약에 어떤 사람이 후대의 말세에 이 경전의 법문을 깨달아 체득하여 수지하고 독송한다면, 그의 공덕은 내가 과거 전생에 수많은 여러 부처님들께 공양하고 공경한 공덕의 백분의 일, 혹은 천만억분의 일에도 미치지 못할 만큼 수승한 것이며, 어떠한 숫자적인 계산이나 비유로도 그의 수승한 공덕을 설명할 수가 없다.

算 【산】 셈하다, 계산, 수, 바구니
譬 【비】 비유하다, 깨우치다, 알아차리다
喩 【유】 깨우치다, 깨닫다, 고하다, 이르다

능정업장분

須菩提. 若善男子 善女人 於後末世. 有受持讀誦
수보리 약선남자 선여인 어후말세 유수지독송

此經. 所得功德 我若具說者. 或有人聞 心則狂亂
차경 소득공덕 아약구설자 혹유인문 심즉광란

狐疑不信.
호의불신

須菩提. 當知 是經義 不可思議 果報 亦不可思議.
수보리 당지 시경의 불가사의 과보 역불가사의

---

及【급】 미치다, 이르다, 미치게 하다, 및, ~와
狂【광】 미치다, 사리분별을 못하다, 경솔하다, 정상에서 벗어나다
亂【란】 어지럽다, 다스리다, 반역
狐【호】 여우
疑【의】 의심하다, 정해지지 않다, 이상히 여기다, 두려워하다

수보리여! 만약 선남자, 선여인이 후대의 말세에 이 경전의 법문을 깨달아 체득하여 수지하고 독송한 공덕을 내가 자세히 설명한다면, 아마 나의 설명을 자세하게 구체적으로 들은 사람의 마음은 곧 미치광이(狂亂)처럼 혼란스럽고 의심하게 되어 (내가 설명한 말에 대하여) 신심을 갖지 않게 될 것이다.

수보리여! 마땅히 잘 알아야 한다. 이 경전에서 설한 법문의 깊은 뜻(義)은 중생심의 사량 분별로는 이해할 수가 없으며, 경전의 법문에 의거하여 체득한 부처의 지혜작용과 보살도의 실행으로 이룬 선근 공덕의 회향, 또한 중생심의 사량 분별로는 알 수가 없이 무량하다는 사실을 잘 알아야 한다."

### 경천(輕賤)

이 일단은 『벽암록』 97칙, 『종용록』 58칙, 『선문염송』 58칙에 공안으로 제시하고 있으며, 『신회어록』, 『돈오요문』에도 제기하여 독자적인 설법을 하고 있고, 법안 문익(法眼文益) 등 당대 선승들도 주목하고 있다.

『금강경』의 법문을 수지하여 아공(我空)과 법공(法空), 일체개공(一切皆空)을 깨달아 체득한 반야의 지혜는 다른 사람들로부터 멸시와 천대를 받는 일이 있어도 아상·인상·중생상·수자상이 없기 때문에 조금도 의식의 대상경계에 속박되는 일이 없다. 따라서 이러한 천대와 멸시를 통해서 반야의 지혜로 불도를 실행하는 공덕이 이루어지기 때문에 지금 여기서 일체의 업장을 소멸하는 인연이 된다는 법문이다.

부처는 중생의 번뇌 망념을 자각함으로써 이루어지고, 중생의 번뇌 망념을 자각하는 지혜작용으로 부처가 되고, 여래가 되는 공덕이 이루어진다. 중생의 번뇌 망념이 없다면 부처의 자각성지는 이루어지지 않는다.

『법성게』에 '진여 자성은 독자적으로 자성을 고수하는 것이 아니라 시절인연을 통해서 깨달아 부처를 이룬다(不守自性隨緣成)'고 설한다. 진여 자성이 중생의 망념을 계기로 불법의 지혜로 자각하여 여법하게 지혜작용할 때 부처가 되고 성지(聖智)를 이루게 된다. 부처가 되고 성지를 이루는 일이 시방 삼세 법계(法界)의 일체중생을 제도하는 일이며, 일체제불에게 공양하는 일이 되고, 지혜의 공덕이 되고, 삼업이 청정한 일이 되기 때문에 일체중생의 업장을 소멸하게 되는 것이다. 이 모든 일이 부처의 자각성지를 통해 동시에 이루어지므로 진여의 지혜이며, 불이법문(不二法門)이라고 한다.

이 일단에 대하여 『금강경해의』에는 다음과 같이 설한다.

부처님이 말씀하셨다.
"경전을 수지한 사람은 마땅히 일체 인천의 공경과 공양을 받아야 하지만, 다생에 지은 무거운 업장 때문에 금생에 비록 모든 부처님들의 깊고 깊은 경전을 수지하면서도 항상 남에게 업신여김을 당하고 남의 공경과 공양을 받지 못한다. 그러나 스스로 경전을 수지하였기 때문에 아상과 인상 등을 일으키지 않아 원수거나 친한 이에 대한 차별을 하지 않고 항상 공경을 실행하여 마음에 번뇌 망념과 원한이 없고 당연히 사량 분별하는 것이 없어서 순간순간 항상 반야바라밀을 실행하며 물러남이 없다. 능히 이와 같이 수행하면 무량겁으로부터 금생에 이르기까지 지극히 무겁고 나쁜 업장들을 모두 소멸하게 된다.
또한 이치로 설명하면 선세(先世)란 앞에서 일어난 번뇌 망념의 마음이요, 금세(今世)란 번뇌 망념을 자각한 지금의 마음이다. 뒤에 자각하여 깨달은 마음으로 앞에서 일어난 번뇌 망념의 마음을 업신여겨서 망심이 머물지 못하게 하기 때문에 선세의 죄업이 곧 소멸된다고 하는 것이다. 번뇌 망념이 이미 소멸되었으면 죄업이 성립되지 못하므로 곧 깨달음을 체득하게 된다."

이러한 불법의 가르침을 『좌선의』에서는 '망념이 일어난 사실을 자각하라. 망념을 자각하면 망념은 없어진다(念起卽覺 覺之卽失)'라고 선수행의 요체를 제시하고 있다.
『돈오요문』 상권에는 다음과 같이 설법한다.

어떤 사람이 선지식을 만나지 못하여 악업을 짓고 청정한 마음이 삼독의 무명에 뒤덮여서 드러나지 못하기에 사람들에게 경멸과 천대를 받는다. 금세 사람들에게 경멸과 천대를 받는 것은 곧 지금 발심하여 불도를 구함으로 무명이 다 없어지고, 삼독심이 일어나지 않고, 곧 본심이 명랑하여 다시 산란치 않고, 모든 악업이 영원히 없어져 버리므로 금세 사람들의 경멸과 천대를 받는다고 하는 것이다. 무명이 모두 없어져 산란심이 일어나지 않으면 자연히 해탈한 것이므로 마땅히 깨달음을 체득한다고 하는 것이니, 발심한 때를 금세라고 하는 것이지 이 시간과 장소를 떠나서 다른 생명을 받는 격생(隔生)이 아니다(발심한 때가 곧 정각이다).

중생은 일상생활에서 남을 비난하고 시기 질투하며 멸시하고 천대하는 일을 반복하면서 살고 있다. 불법의 가르침인 무아법을 깨달아 자아의식을 텅 비우면, 나와 남이라는 주객의 대립과 천대와 비난이 실체가 없고 공한 것임을 깨달아 의식의 대상경계로 받아들이지 않고 집착하지 않는다. 마치 비가 오고 바람이 불고 눈이 내리는 것처럼, 지극히 자연스럽게 무심의 경지에서 여실하게 시절인연을 수용하게 된다.
선어록에 나오는 일사일지(一事一智)는, 하나의 역경을 만나야 하나의 지혜를 이룬다는 말이다. 마찬가지로 중생의 번뇌 망념 속에서 부처의 깨달음과 지혜는 생긴다. 무심(無心)과 무사(無事)는 일체의 모든 일에 반야의 지혜로 자유롭게 살 수 있는 능력을 구족해야 할 수 있는 말이다.

10분의 126쪽 연등불 항목 참조.

연등불(然燈佛)

나유타는 범어 nayuta(나유따)의 음사(音寫)로 나유다(那由多)라고도 한다. 숫자의 단위이며 1,000억을 말한다.

나유타(那由他)

팔백사천만억 나유타 제불(諸佛)을 모두 공양하였다는 말은 여래가 되어 진여삼매의 경지에서 진여 본성의 지혜작용으로 시방 삼세 일체제불을 공양하였다는 표현이다. 진여(眞如)는 법계와 하나(法界一相)이기 때문에 불법의 자각과 지혜 자비의 실행은 법계에 두루 하는 일체중생을 구제하는 일이며, 일체제불을 공양하는 일이 된다.

6분과 14분에서는 오백세(五百歲), 혹은 당래지세(當來之歲), 21분에는 미래세(未來世)라고 표현하는데, 여기서는 두 번이나 '후말세(後末世)'를 언급한다.『금강경』에서 언급하는 이러한 단어는 아마도 오백세 이후, 즉 정법의 시대가 지난 이후의 시대를 상정하고 있다고 볼 수 있다.•

말세(末世)

• 6분의 72쪽 강설을 참조

후대의 말세에 『금강경』의 법문을 수지 독송할 수 있는 능력을 구족한다면 이 경전의 법문에 의거하여 불법을 깨달아 지혜로운 공덕을 이루는 일이 무량무변하여 말로서는 설명할 수가 없다는 설법이다. 『금강경』에 반야지혜의 공덕이 무량무변하다는 설법은 진여의 지혜작용이 법계일상(法界一相)이기 때문에 법계의 일체중생과 일체제불과 일체의 모든 존재(만물)와 함께 지혜와 자비의 공덕을 나누는 일이기 때문이다.

• 6분의 82쪽 생정신자 항목 참조

14분에 '만약 어떤 사람이 이 경전의 법문을 듣고 신심이 청정하여 진여의 지혜를 이룬다면 이 사람은 제일 희유한 공덕을 성취하게 된다는 사실을 잘 알아야 한다(信心淸淨 能生實相)'고 설한다.

• 14분의 172쪽 참조

### 백분불급일 (百分不及一)

분(分)은 범어로 kala(깔라)이다. 백으로 나눈 가운데 하나로 아주 미세한 한 부분이라는 의미이다.

『법화경』「비유품」에 '오늘에서야 진정 부처의 아들이며, 부처의 법문을 듣고 출생하였으며, 불법으로 화생하였고, 불법을 체득한 약간의 일부분입니다(今日乃知眞是佛子, 從佛口生, 從法化生, 得佛法分)'라고 하였고, 또 '그들 다른 성문들이 부처님의 말씀을 신수(信受)하였기 때문에 이 『법화경』의 법문에 수순한 것이며, 자기의 지혜로 이루게 된 것이 아니다(其餘聲聞, 信佛語故 隨順此經 非己智分)'라고 설했다.

### 수지 독송 (受持 讀誦)

『금강경』을 수지 독송하고 타인에게 설법하는 공덕에 대하여 언급하고 있다. 경전의 법문을 깨달아 체득하여 수지 독송한 공덕에 대하여 구체적으로 설명해 주면 불법에 대한 신심이 없는 어떤 사람은 중생의 망심으로 제멋대로 사량 분별하고 착각하여 미치광이같은 말을 하며, 의심하고 불신하게 될 것을 지적하였다.

『법화경』「오백제자수기품」에 '나의 제자들은 모두 이와 같이 방편으로 중생들을 제도한다. 만약 내가 그들(제자)이 다양한 방편법문으로 중생들을 교화한 일들을 구체적으로 자세히 설명한다면 어떤 중생들은 내가 한 말을 듣고 마음으로 의혹을 품게 될 것이다'라고 설한다.

부처님이 입멸한 이후의 말세나 미래세에 경전의 법문을 수지 독송하는 공덕을 자주 언급하는 것은 미래에 불법이 널리 유통되어 『금강경』의 법문을 깨달아 체득하여 오랫동안 정법이 상승되도록 발원하는 보살의 원력이다. 그래서 『금강경』과 『법화경』을 대승불교의 공덕경이라고 한다.

- 8분의 105쪽, 12분의 140쪽, 14분의 202쪽, 15분의 209쪽, 24분의 309쪽, 32분의 376쪽 참조

『금강경』에서 설한 법문의 뜻을 깨달아 체득하면 중생심으로는 사량 분별할 수가 없는 불가사의한 깨달음의 경지를 체득하며, 여래와 같은 반야의 지혜로 보살도를 실행하는 선근 공덕을 이루게 된다. 또한 진여 본성은 법계와 하나된 지혜작용이기에 부처의 지혜와 자비행은 법계(法界)의 일체제불을 공양하는 일이요, 일체중생을 구제하는 일이며, 일체만법과 하나된 불이의 경지에서 보살도를 이루는 불가사의한 일이 이루어진다.

육조의 『해의』에 '이 경의 뜻이란 곧 무착(無着), 무상(無相)을 실행하는 것이요, 불가사의란 무착, 무상을 실행함으로써 능히 아뇩다라삼먁삼보리를 성취함을 찬탄하는 것이다'라고 해설하고 있다.

**불가사의 과보**
(不可思議 果報)
**역불가사의**
(亦不可思議)

## 17 구경무아분 究竟無我分

爾時 須菩提 白佛言.
이시 수보리 백불언

世尊. 若善男子 善女人. 發阿耨多羅三藐三菩提
세존 약선남자 선여인 발아뇩다라삼먁삼보리

心. 云何應住 云何降伏其心.
심 운하응주 운하항복기심

佛告 須菩提. 若善男子 善女人 發阿耨多羅三藐
불고 수보리 약선남자 선여인 발아뇩다라삼먁

三菩提者. 當生如是心.
삼보리자 당생여시심

我應滅度 一切衆生. 滅度一切衆生已 而無有一
아응멸도 일체중생 멸도일체중생이 이무유일

衆生 實滅度者.
중생 실멸도자

何以故. 須菩提. 若菩薩 有我相 人相 衆生相
하이고 수보리 약보살 유아상 인상 중생상

壽者相 則非菩薩.
수자상 즉비보살

---

伏 【복】 엎드리다, 항복
其 【기】 그, 그것(지시대명사), ~의
   (관형격 조사)

# 17 궁극적으로 자아는 없다

그때에 수보리가 부처님께 여쭈었다.

"세존이시여! 최상의 불법을 깨닫고자 발심한 선남자 선여인은 어떻게 보살도를 실행해야 하며, 어떻게 중생의 번뇌 망심을 항복시켜야 합니까?"

부처님이 수보리에게 말씀하셨다.

"최상의 불법을 깨닫고자 발심한 선남자 선여인은 마땅히 진여 본성의 지혜작용(여래)과 같이 청정한 마음으로 보살도를 실행해야 한다(當生如是心).

예를 들면 '나는 반드시 일체중생을 제도하여 열반의 경지를 체득하게 하겠다는 원력을 세우고 일체중생을 제도하였지만, 실제로 제도한 중생이 한 사람이라도 있다는 생각이 의식에 남아 있지 않았다.' 이와 같이 자아의식과 의식의 대상경계에 자취나 흔적을 남기지 않는 중생 구제의 보살도를 실행해야 한다.

왜냐하면 수보리여! 만약에 불법을 수행하는 보살이 자기 존재에 대한 의식이 있거나, 인간으로서의 자기 존재 의식을 하거나, (五蘊으로 구성된) 중생이라는 자아의식이 있거나, 자신의 생명은 영원하다

所以者何. 須菩提. 實無有法 發阿耨多羅
소 이 자 하　수 보 리　실 무 유 법　발 아 뇩 다 라

三藐三菩提者.
삼 먁 삼 보 리 자

須菩提. 於意云何. 如來 於燃燈佛所 有法得
수 보 리　어 의 운 하　여 래　어 연 등 불 소　유 법 득

阿耨多羅三藐三菩提不.
아 뇩 다 라 삼 먁 삼 보 리 부

不也世尊. 如我解佛所說義. 佛於燃燈佛所 無
불 야 세 존　여 아 해 불 소 설 의　불 어 연 등 불 소　무

有法得 阿耨多羅三藐三菩提.
유 법 득　아 뇩 다 라 삼 먁 삼 보 리

佛言. 如是如是. 須菩提. 實無有法 如來 得
불 언　여 시 여 시　수 보 리　실 무 유 법　여 래　득

阿耨多羅三藐三菩提.
아 뇩 다 라 삼 먁 삼 보 리

는 의식이 있으면 불법을 수행하는 보살이라고 할 수가 없다.
그 까닭은 무엇인가? 수보리여! 진실로 최상의 불법을 깨닫고자 발심한다는 것은 의식의 대상경계에 최상의 발심이 실체로 존재하는 것이 아니라 최상의 발심이 진여 본성의 지혜로 작용하는 것이기 때문이다."

"수보리여! 그대의 생각은 어떠한가? 여래가 연등불의 처소에서 최상의 불법을 깨달아 체득하여 실재하는 어떤 불법을 얻었다고 생각하는가?"
(수보리가 말했다) "그렇지 않습니다. 세존이시여! 제가 지금까지 부처님의 설법을 듣고 이해하기로는 부처님께서 연등불의 처소에서 최상의 불법을 깨달아 체득하였지만, 진실로 최상의 불법을 깨달아 체득하여 (의식의 대상경계로) 얻은 실재하는 불법(法)이라는 것은 없습니다."
부처님께서 말씀하셨다.
"그렇다, 바로 그렇다. 수보리여! 최상의 불법을 깨달아 체득한다는 것은 (의식의 대상경계로) 실재하는 어떤 불법(法)을 얻기 위해서 여래는 최상의 불법을 깨달아 체득한 것이 아니기 때문이다.

須菩提. 若有法 如來 得阿耨多羅三藐三菩提者.
수보리 약유법 여래 득아뇩다라삼먁삼보리자

燃燈佛 則不與我受記. 汝於來世 當得作佛. 號
연등불 즉불여아수기 여어래세 당득작불 호

釋迦牟尼.
석가모니

以實無有法 得阿耨多羅三藐三菩提. 是故
이실무유법 득아뇩다라삼먁삼보리 시고

燃燈佛 與我受記 作是言. 汝於來世 當得作佛 號
연등불 여아수기 작시언 여어래세 당득작불 호

釋迦牟尼. 何以故. 如來者 卽諸法如義.
석가모니 하이고 여래자 즉제법여의

若有人言 如來 得阿耨多羅三藐三菩提. 須菩提.
약유인언 여래 득아뇩다라삼먁삼보리 수보리

實無有法 佛得阿耨多羅三藐三菩提.
실무유법 불득아뇩다라삼먁삼보리

須菩提. 如來 所得 阿耨多羅三藐三菩提. 於是中
수보리 여래 소득 아뇩다라삼먁삼보리 어시중

無實無虛.
무실무허

實【실】열매, 꽉 차다, 익다, 실답다

수보리여! 만약에 (의식의 대상경계로) 실재하는 어떤 불법이 있어서 여래가 최상의 불법을 깨달아 체득하여 얻었다고 한다면 연등불은 나에게 '그대는 미래 세상에 석가모니라는 이름으로 부처가 될 것이다'라고 수기를 내리시지 않았을 것이다.

그러나 불법을 의식의 대상경계(法)로 얻은 것이 아니라, 자아의 고정된 실체가 없는 최상의 불법을 (진여의 지혜로) 깨달아 체득하였기 때문에 연등불은 나에게 수기를 내리시며, '그대는 마땅히 미래 세상에 부처가 되어 석가모니라는 명호로 불리게 될 것이다'라고 말씀하신 것이다. 왜냐하면 여래(如來)란 일체의 모든 존재(諸法)가 각자 진여 자성의 지혜로 여법하고 여실하게 시절인연에 따른 자기 본분의 생명활동을 한다는 뜻(義)이다.

어떤 사람이 여래는 최상의 불법을 깨달아 체득하였다고 말하지만, 수보리여! 진실로 부처님이 의식의 대상경계로 존재하는 고정된 실체로서 최상의 불법을 깨달아 체득하여 얻은 것이란 없다.

수보리여! 여래가 체득한 최상의 올바른 깨달음은 의식의 대상경계에 존재하는 것이란 아무것도 없으며(無實), 또한 그 깨달음의 지혜작용은 진실하여 허망한 것이 아니다(無虛).

是故如來 說一切法 皆是佛法.
시 고 여 래  설 일 체 법  개 시 불 법

須菩提. 所言一切法者. 卽非一切法. 是故名
수 보 리  소 언 일 체 법 자  즉 비 일 체 법  시 고 명

一切法.
일 체 법

須菩提. 譬如人身長大.
수 보 리  비 여 인 신 장 대

須菩提言. 世尊. 如來說 人身長大 則爲非大身.
수 보 리 언  세 존  여 래 설  인 신 장 대  즉 위 비 대 신

是名大身.
시 명 대 신

須菩提. 菩薩亦如是. 若作是言. 我當滅度 無量
수 보 리  보 살 역 여 시  약 작 시 언  아 당 멸 도  무 량

衆生則 不名菩薩.
중 생 즉  불 명 보 살

何以故. 須菩提. 實無有法 名爲菩薩.
하 이 고  수 보 리  실 무 유 법  명 위 보 살

이러한 까닭으로 여래는 일체의 모든 존재(一切法)가 각자 진여 본성의 지혜로 여법하게 생명활동 하는 것을 불법이라고 설한다.
수보리여! <sup>(여래가)</sup> 일체의 모든 존재(一切法)라고 말하는 것은 즉 고정된 실체로서 일체의 모든 존재가 실재하는 것이 아니고, 임시방편의 말로 일체의 모든 존재라고 이름 붙일 뿐이다."
"수보리여! 예를 들면 사람의 몸이 매우 크다고 말한 것과 같다."
수보리가 말했다.
"세존이시여! 여래께서 사람의 몸이 매우 크다고 말씀하신 것은 의식의 대상경계에 실재하는 존재로서 큰 몸이 있는 것이 아니라, 임시방편의 말로서 사람의 몸이 크다고 이름 붙였을 뿐입니다."
"수보리여! 불법을 수행하는 보살도 역시 이와 마찬가지이다. 만일 불법을 수행하는 보살이 스스로 말하기를 나는 한량없는 중생들을 구제하고 제도하였다고 주장한다면 그는 불법을 수행하는 진정한 보살이라고 할 수가 없다.
왜냐하면 수보리여! 자아의식의 대상경계(法)에 고정된 실체로 존재하는 보살이란 있을 수가 없기 때문이다. (임시방편의 말로 보살이라고 이름 붙일 뿐이다)

是故 佛說 一切法 無我 無人 無衆生 無壽者.
시고 불설 일체법 무아 무인 무중생 무수자

須菩提. 若菩薩 作是言. 我當莊嚴佛土. 是不名
수보리 약보살 작시언 아당장엄불토 시불명

菩薩. 何以故. 如來說 莊嚴佛土者. 卽非莊嚴是名
보살 하이고 여래설 장엄불토자 즉비장엄시명

莊嚴.
장 엄

須菩提. 若菩薩 通達 無我法者. 如來說 名眞是
수보리 약보살 통달 무아법자 여래설 명진시

菩薩.
보 살

莊【장】꾸미다
嚴【엄】엄하다, 엄정하다

이러한 까닭으로 부처님은 일체의 모든 의식의 대상경계(法)는 고정된 자아의 존재 의식(我相)도 없고, 인간으로서의 자기 존재에 대한 의식(人相)도 없고, (오온으로 구성된) 중생이라는 자아의식(衆生相)도 없고, 자기는 영원불멸의 존재라는 의식(壽者相)도 없다고 설한다.

수보리여! 만약에 불법을 수행하는 보살이 스스로 내가 불국토를 장엄하였다고 주장한다면 이 사람은 진정한 보살이라고 할 수가 없다. 왜냐하면 여래가 설하는 불국토의 장엄이라는 것은 실재로 불국토가 장엄된 실체가 존재하는 것이 아니라, 임시방편의 말로서 불국토의 장엄이라고 이름 붙일 뿐이기 때문이다.

수보리여! 만약 어떤 보살이 일체의 모든 법은 자아(自我)의 고정된 실체가 없다(無自性)는 진실을 깨달아 통달한다면 여래는 임시방편의 말로서 불법을 수행하는 진정한 보살이라고 할 수 있다."

| | |
|---|---|
| **당생여시심**<br>**(當生如是心)** | 2분의 응여시주(應如是住) 여시항복기심(如是降伏其心)에서, 여시심(如是心)은 자각의 주체인 진여 자성의 청정한 마음(자등명)으로 만법과 하나된 불이의 경지에서 여법하고 여실(법등명)하게 깨달음의 지혜작용을 실행하도록 하는 것이다.<br><br>진여는 이체(理體)이지만, 진여 본성의 자각적인 지혜작용은 청정심으로 이루어지며, 자성청정심은 진여 자성의 지혜 덕상이라고 할 수 있다. 그래서 『금강경』에서 '여래란 일체의 모든 법과 같은 뜻(如來者卽 諸法如義)'이라고 설하며, 『대승기신론』에서는 진여는 법계와 하나(法界一相)라고 설했다. |
| **운하응주(云何應住)**<br>**운하항복기심**<br>**(云何降伏其心)** | 2분의 32쪽과 3분의 42쪽 참조. |
| **멸도(滅度)**<br><br>•3분의 52쪽 멸도 항목 참조 | 멸도•는 범어로는 nirvana(니르와나) 즉 열반(涅槃), 해탈 열반의 경지, 즉 깨달음의 세계를 말한다.<br><br>적멸(寂滅), 입멸(入滅)이라고도 하며, 멸(滅)은 중생의 생사심, 생멸심이 완전히 소멸된 것이고, 도(度)는 피안에 도달하였다는 의미이다. '일체중생을 제도하여 멸도하였다(滅度 一切衆生)'라고 하는 것은 일체중생을 제도, 혹은 구제하여 생사윤회를 해탈하여 열반의 경지를 체득하게 했다는 뜻이다.<br><br>'내가 무량의 중생을 멸도(제도)하였다고 한다면 보살이라고 할 수 없다(我當滅度 無量衆生則 不名菩薩)'라고 한 것처럼, 자아의식을 가 |

지고 중생을 제도(멸도)한다는 대상의 목적이 있으면 진정한 보살이 아니다. 그래서 한 중생도 진실로 멸도(제도)한 자가 없다고 설한다. 보살은 자신이 세운 원력을 자신의 본분사로 실행할 뿐이다.

3분에 '이와 같이 무량(無量), 무수(無數), 무변(無邊)의 중생들을 열반의 경지를 체득하도록 제도하였지만, 실제로 나의 의식 속에 제도한 중생은 한 사람도 없다(如是滅度 無量無數無邊衆生, 實無衆生得滅度者)'라고 설한다.

25분에도 '그대들은 여래가 나는 당연히 중생을 제도하였다는 생각을 한다고 말하지 말라(汝等勿謂 如來作是念. 我當度衆生)'고 설하는데, 여기서 도는 멸도와 같은 의미로 『반니원경(般泥洹經)』 상권,● 『무량수경』 1권, 『법화경』 「수량품」, 『유마경』, 『조론』 등에 언급하고 있다.

● 『대정장』 1권 182쪽 下

『법화경』 「비유품」에 다음과 같은 일단이 있다.

사리불이여! 마치 저 장자가 여러 자식들이 불타는 집에서 무사히 빠져나와 두려움이 없는 곳에 도달함을 보고 스스로 자기 재산이 무량함을 생각하여 모든 자식에게 큰 수레를 준 것과 같다. 여래도 그와 같다. 모든 중생의 아버지로 무량 억천 중생이 부처의 법문을 듣고 깨달아 삼계의 고뇌와 공포와 두려움, 험한 길을 벗어나 열반의 즐거움을 체득한 것을 보고 여래가 생각하기를 '나는 무량무변의 지혜력과 무외(無畏) 등 제불의 법장(法藏)이 있으니 이 모든 중생들은 모두 나의 아들이라. 평등하게 대승을 이루게 될 것이요, 어떤 사람이라도 혼자 멸도(열반)를 체득하지 않고, 여래의 멸도로 그들을 모두 열반케 하리라' 이렇게 생각하고 삼계를 벗어난 중생들에게 부처의 선정과 해탈의 장난감을 주었으니 모두 한 모습(一相)이며, 한 종자(一種)이다. 성인이 칭찬하여 능히 청정 미묘한 제일락(第一樂)을 이룰 수 있게 한 것이다.

여기서 말하는 일상(一相)은 삼승(三乘)의 차별상이 없다는 사실이며, 일종(一種)은 삼승에 본질적으로 차이가 없다는 뜻이다. 진여일심은 성문·연각·보살 삼승이 똑같아 차별이 없고, 일상·일종은 일여(一如), 불이(不二), 여법(如法), 여여(如如)와 같은 표현이다.

**실무유법(實無有法)**
**발아뇩다라삼먁삼보리자**
**(發阿耨多羅三藐三菩提者)**

최상의 불법을 깨달아 체득하고자 발심하는 것은 중생심의 의식으로 실행하는 일이 아니다. 불법을 깨달아 체득하고 부처가 되려는 원력을 세우는 일이 발심이지만, 깨달음을 목적으로 의식의 대상경계로 설정한다면 아상·인상·중생상·수자상이 작용하기 때문에 진정한 불법을 깨닫고자 하는 보살도의 원력은 실행될 수가 없다.

그래서 최상의 불법을 깨닫고자 발심하는 원력은 불법의 지혜와 보살도를 실행하는 지혜로운 삶을 통해서만 이루어진다. 발심은 자각성지를 이루는 출발이며, 보살도의 원력을 진여 본성의 지혜로 실행하게 하는 힘이라고 할 수 있다.

**연등불(燃燈佛)**

10분의 126쪽 연등불 항목 참조.

수기는 범어로 vyakarana(브야까라나)이며, 수기(授記)라고도 한다. 수기는 성불하게 된다는 약속을 부처님으로부터 미리 받는 것, 불법의 수행자가 미래에 성불하게 될 것을 예언하는 것이다. 『법화경』「오백제자수기품」은 성문·연각의 이승(二乘) 수행자가 성불한다는 예언을 하고 있다.

**수기(受記)**

여래(如來)는 범어 tathagata(따타가따)의 번역어이며, 다타아가타(多陀阿伽陀), 혹은 다타아가도(多陀阿伽度)라고 음역한다. tatha(따타)는 진실·여여·여실의 의미이고, gata(가따)는 가다(去), agata(아가따)는 오다(來)의 의미이다. 여래는 불(佛)·세존(世尊)과 같이 여래십호 가운데 하나로 원래 뜻은 본래로부터 여여하게 그대로 오신 분(如來)이며, 여여하게 본래 그대로 간다는(如去) 뜻이다.

『금강경』에서 부처나 여래는 여래십호로서 부처와 여래이다. 7분의 '여래는 설한 법(如來所說法)', 13분에 '여래가 설한 것이란 없다(如來無所說)'라고 한 것처럼, 부처나 여래는 자각한 지혜(聖智)를 시절인연에 따라서 자기 본분사의 일로서 중생들에게 언어문자의 방편으로 법문을 설할 뿐이다. 중생을 위한 일이 아니며, 중생 구제의 목적의식이 있는 것도 아니라는 사실을 잘 알아야 한다.

그리고 14분에 '수보리여! 미래에 만약 어떤 선남자 선여인이 이 경전을 수지 독송하면 곧 여래가 되어 진여 자성의 자각적인 부처 지혜로 이 사람의 번뇌 망심을 모두 다 여법하게 알고, 이 사

**여래자(如來者)**
**즉제법여의(卽諸法如義)**

구경무아분

람의 번뇌 망심을 여실하게 모두 다 보기 때문에 번뇌 망심의 업장에 떨어지지 않도록 할 수가 있어(善護念) 무량 무변의 공덕을 성취하게 된다'고 설한다. 여기서 여래나 부처는 진여 자성의 자각적인 지혜작용이고, 부처의 지혜는 진여 여래가 여법하게 깨달은 부처의 지혜작용이기 때문에 진여삼매(眞如三昧)이며, 진여지(眞如智)인 것이다.

17분에 '여래란 곧 일체의 모든 존재(法)와 같이 시절인연에 따른 생명활동하는 뜻(如來者卽 諸法如義)'이라고 한 말은 여래의 진정한 의미를 설했다. 이러한 입장을 29분에서는 '여래는 어디서 오는 것도 아니며, 어디로 가는 것도 아니기 때문에 여래라고 한다(如來者 無所從來 亦無所去 故名如來)'라고 정의하고 있다. 14분에도 '일체의 제상에 대한 대상경계를 여읜 것이 제불(諸佛)이다'라고 여래 법신을 설했다.

『금강경해의』에는 다음과 같이 해설하고 있다.

제법여의(諸法如義)에서, 제법은 곧 모양(色)·소리(聲)·향기(香)·맛(味)·촉감(觸)·의식의 대상(法)인 육진(六塵) 경계를 능히 잘 분별할 수 있으면서도 진여 본체는 담연하여 중생심의 번뇌 망념에 오염되거나 집착하는 일이 없다. 진여 본체는 일찍이 변하고 바뀌는 일(變異)도 없으며, 마치 허공과 같이 부동(不動)하고, 원만하게 깨달아 통달하였기에 지혜작용이 분명하고도 철저하며, 영원히 상주하기에 이것을 제법여의라고 한다. 『보살영락경』에 '헐뜯고 칭찬함에도 움직이지 않는 이것이 여래행이다'라고 했다.

제법이 여여하다는 뜻은 무엇인가? 여래는 여여, 여법, 여실, 불이(不二), 불이(不異)와 같은 뜻이며, 제법은 일체의 모든 존재가 여여하고 여법하고 여실하게 시절인연에 따라서 자기 본분사의 생명활동을 하고 있는 것이다. 제법여의는 수류화개(水流花開)와 같은 의미이다. 시절인연에 따라 물 흐르고, 꽃 피는 자연법이(自然法爾)의 생명활동이 여법이며 여실이다.

『법성게』에 진여 자성은 자성의 입장을 고수하지 않고, 시절인연에 따라 일체만법과 함께 생명활동 하는 것이 자연법이이며 제법여의라고 설했다.

자연은 외부적인 힘이 전연 가미되지 않고 본래 구족하고 있는 진여 본성의 생명활동이 여법하고 여실하게 불변의 법칙성에 의거하여 작용하고 있을 뿐이다.

여법이란 물이 흘러가는 것(水去)이며 자연의 본질인 도이다.

1. 물은 위에서 아래로 흐르는 불변의 법칙성이 있다.(上-下)
2. 물의 흐름은 단절됨이 없는 연속성이다. 염념상속(念念相續)
3. 시절인연에 따라 자기 본분사의 일로 흐르며, 조작과 작위성, 목적의식 없이 자연의 이치나 환경에 수순한다. 수연성(隨緣性)과 수연행(隨緣行)
4. 수평과 평등성의 작용으로, 고하(高下) 등 일체의 상대적인 차별을

구경무아분

초월한다.

5. 물의 흐름이 정화작용이 되어 자신과 모든 사물을 청정하게 한다(상구보리 하화중생 자각적인 自淨能力. 海水).

6. 무심(無心)의 작용이다. 물은 무심히 흐르고 있을 뿐이다(無心 無事). 자연업(自然業).

7. 자신의 생명활동임과 동시에 일체 만물이 각자 생명활동을 하도록 도와준다(自利利他).

8. 시절인연에 따른 지금 여기 자신의 본분사 일을 무심, 무사하게 할 뿐이다.

9. 무자성(無自性). 무아(無我, 無實體)·무상(無相). 독자적인 자아의 존재의식과, 특성, 고정된 모양을 가지지 않고 있기에 물은 어떤 모양의 그릇에도 담을 수 있다(同事攝. 萬法一如. 和光同塵).

10. 무애자재함. 언제 어디서나 일체의 모든 존재나 사물과 함께 어울리고(同事), 함께하며, 언제 어디에나 스며들어 일체의 모든 곳에 두루 하고 있다(自然法爾).

물이 위에서 아래로 단절됨이 없이 흐르는 것은 자기 본분사이기에 항상 청정한 생명활동이 가능하다. 자신의 생명활동을 함과 동시에 일체제법(만물)을 의식하지 않고 목적의식도 없이 함께 여법하고 여실하게 청정한 생명수를 나누며, 상구보리 하화중생의 보살도가 자연스럽게 진여의 불이법문(不二法門)으로 실행되는 것이다. 자아의식(我相)도 없고, 의식의 대상경계도 없고, 조작, 목적의식, 작위성이 없이 무심하게 자기 본분사인 생명활동(지혜작용)을 하고 있을 뿐이다. 나무나 풀, 꽃이 피고 지는 것도 시절인연에 따른 생명활동으로 자연법이이며 제법여의이다.

『벽암록』 제5칙의 게송에 '봄에 꽃은 누구를 위해서 피는가(百花春至爲誰開)'라고 묻고 있다.

과연 누구에게 자신의 아름다운 모습과 향기를 전하기 위해서 꽃은 피는가? 자신의 존재를 과시하기 위해서 꽃은 피는가?

자신의 존재나 대상경계를 의식하는 것은 중생이다. 자연의 모든 존재는 단지 각자 자신의 시절인연에 따른 자기 본분사의 생명활동을 여법하고 여실하게 할 뿐이다.

봄에 가장 먼저 피는 꽃이 매화인데 화형(花兄)이라고 한다. 매화는 매서운 추위의 아픔을 서로 나눠야 친구가 될 수 있고, 눈 속에서도 일찍 철이 들어야 꽃 중의 형이 된다는 사실을 알려준다. 계절을 철이라고 하는 것은 불교의 시절인연에서 나온 말이다. 철없는 사람을 철부지라 하고, 지금 여기서 자기의 생명활동을 잘하는 사람을 철든 사람이라고 한다. 시절인연에 따른 자기 본분사를 여법하고 여실하게 지혜작용(생명활동)하는 것이 제법여의이며, 진여법신의 여래이다.

『유마경』「제자품」에 아난존자가 몸이 불편한 부처님을 위하여 발우를 들고 바라문의 집 앞에서 우유를 탁발한다는 말을 듣고 유마힐이 다음과 같이 말했다.

그만 하시오, 아난이여! 이런 말씀을 하지 마시오. 여래의 신체(如來身)는 금강의 본체(體)이며, 일체 모든 악행을 차단하고 많은 선행을 두루 모아 구족하거늘 어찌 병들었다고 하고, 어찌 고뇌가 있다고 합니까? 잠자코 가시오, 아난존자여! 여래를 비방하지 마시오. 다른 사람이 듣지 않도록 해 주시오.●

● 『대정장』 14권 542쪽 上

『금강경오가해』에 규봉 종밀은 '무착보살이 말하길, 진여가 청정하기에 여래라고 한다(無着云 眞如淸淨 故名如來, 猶如黃金)'라고 인용했다. 여래 법신은 불생불멸이며, 가고 옴도 없는 여여 부동한 금강불괴신(金剛不壞身)이어서 실체가 있는 존재의 여래가 아니다. 그래서 여래는 진여 자성이며 법성이다. 『중론』의 귀경게에서 팔부중도(八不中道)는 공(空)이며, 일체개공의 입장이면서 일체종지(一切種智)를 여법하고 여실하게 지혜작용 하기 때문에 불법을 불가사의하고 미묘한 법문이라고 한다.

『대승기신론』에는 여래 법신을 다음과 같이 설한다.

진여 자체는 일체의 범부나 성문·연각·보살과 일체제불이 모두 똑같이 늘어남과 줄어드는 일(增減)이 없고, 과거에 생긴 일도 없고, 미래에 소멸하는 일도 없으며, 필경에 항상 여여하여 변화하는 일도 없다(不變). 진여는 비롯함이 없는 처음부터 본성에 일체의 모든 덕상(德相)이 구족되어 있다. 말하자면,

첫째 그 자체에 커다란 지혜의 광명을 갖추고 있다는 것이요, 둘째

그 지혜의 광명이 일체의 모든 법계를 두루 비추는(遍照法界) 것이요, 셋째 그 지혜는 제법의 진실을 분명하게 아는 작용이 있다는 것이요, 넷째 그것은 자성이 청정한 마음(自性淸淨心)이라는 뜻이며, 열반의 덕성(德性)으로 상주·안락·실재·청정, 즉 상(常)·낙(樂)·아(我)·정(淨)을 구족하고 있다는 것이다. 마지막으로 다섯째는 열반의 특성으로서 청량(淸凉), 불변(不變), 자재성(自在性)을 갖추고 있다는 것이다.

부처의 지혜와 덕성(佛法具足)은 갠지스 강의 모래알보다 많으며, 항하사의 지혜와 덕성이 진여 당체(眞體)를 여의지 않고(不離), 비롯함과 단절됨이 없이 상속하고 있으며(不斷), 진여 당체와 똑같이(一味) 다르지 않고(不異), 항하사와 같이 수많은 뜻이 있기에 중생들의 사량 분별로 알 수 없는 불가사의한 불법을 오직 부처만이 여실하게 통달하여 구족하고 있기 때문에 불법이라고 한다. 진여는 이러한 만덕을 원만하게 구족하여 조금도 결여됨이 없다. 진여에서 여래가 출생하기 때문에 여래장(如來藏)이라고 하며, 또 여래의 입장에서 말하면 만덕이 나타날 때 진체(眞體)가 그 의지가 되는 것이기에 여래의 법신이라고 한다.(復次 眞如自體相者. 一切凡夫 聲聞 緣覺 菩薩 諸佛 無有增減. 非前際生 非後際滅. 畢竟常恒. 從本已來 性自滿足 一切功德. 所謂 自體有 大智慧光明義故. 遍照法界義故. 眞實識知義故. 自性淸淨心義故. 常樂我淨義故. 淸凉不變 自在義故. 具足如是 過於恒沙 不離不斷 不異 不思議佛法. 乃至 滿足 無有所少義故. 名爲如來藏. 亦名如來法身)●

● 『대정장』 32권 579쪽 上

『법화경』에서는 주로 부처의 지혜와 자비로 중생을 괴로움의 고통에서 구제하고 해탈하도록 불법을 개시하여 대자비심을 펼치는 관점에서 일체의 모든 중생은 반드시 부처가 될 수 있다는 사실과 생멸을 초월한 부처의 지혜작용을 주장했다.

이러한 『법화경』의 입장을 계승하여 한층 더 체계적으로 논증한 경전이 『열반경』이다. 『열반경』은 부처님의 입열반(入涅槃) 시점을 단서로 하여 열반으로서 번뇌를 완전히 소멸한 성자의 죽음(死)이라는 의미로 해석하는 것은 잘못이며, 진정한 열반은 법신(法身)·반야(般若)·해탈(解脫)의 세 가지 덕(三德)을 구족하는 깨달음이다.

그래서 대승의 열반은 중생처럼 생멸 무상한 것이 아니라 상주하는 것이며, 여래 즉 부처란 이 열반의 삼덕을 구족하는 것을 본성으로 하는 것이다. 그리하여 여래 법신은 상주하며 법계에 두루하는 보편적인 것이라고 주장하게 되었다. 『화엄경』에서는 불신충만어법계(佛身充滿於法界)라고 설했다.

『열반경』은 이렇게 여래성, 혹은 불성, 법성, 진여 자성이라는 보편적인 것과 그 여래성을 본체로 하는 여래는 시간과 공간을 초월한 것이라고 관한다. 그래서 『열반경』 25권 「사자후보살품」에서 '사자후란 결정적인 설법을 하는 것이다. 일체중생은 모두 불성을 구족하고 있으며(一切衆生 悉有佛性), 여래는 여여하게 항상 상주하며 변화와 바뀌는 일이 없다(如來 常住 無有變易)'•라는 주장을 하게 된 것이다.

이러한 『열반경』의 불성사상을 계승한 『대승기신론』은 진여 법신의 수승한 덕을 여섯가지로 정리한다.

• 『대정장』 12권 767쪽 上

14분의 188쪽 무실무허 항목 참조.

무실무허
(無實無虛)

시방 삼세 일체제법으로 세간법, 출세간법, 유위법과 무위법, 일체의 모든 존재, 사물을 통칭한다. 여기서 일체법은 진여법, 제법실상법이며, 여래자즉제법여의(如來者卽諸法如義)이며, 『법화경』에서 설하는 제법실상이다.

'여래가 체득한 최상의 깨달음은 대상경계의 실체가 없고, 진여의 지혜작용이기 때문에 여래는 일체법이 모두 불법이라고 설한다(是故如來 說一切法 皆是佛法)'라고 하고, 또 '부처님은 일체법이 무아(無我)·무인(無人)·무중생(無衆生)·무수자(無壽者)'라고 설한다. 28분에서도 '일체법이 무아임을 깨달아 알면 무생법인(無生法忍)을 깨달아 체득한다(知一切法 無我 得成於忍)'라고 설한다.

23분에 불법의 방편법문으로 일체 선법(一切善法)을 설하며, '이 법(眞如法)은 평등하여 높고 낮음의 차별이 없다(是法平等 無有高下)'라고 설한다. 절대 평등인 일심 진여(一心 眞如)의 지혜작용이 모두 불법이기 때문에 31분에서도 '수보리여! 최상의 깨달음을 발심한 사람은 일체의 모든 법(一切法)에 반드시 진여의 지혜로 여법하게 알고, 진여의 지혜로 여실하게 보며, 진여의 지혜로 깨달아 일체 의식 대상경계에 집착하는 일이 없다'라고 설한다.

32분에 '일체유위법 여몽환포영 여로역여전 응작여시관(一切有爲法 如夢幻泡影, 如露亦如電, 應作如是觀)'이라고 설한 법문도 진여의 지혜로 여법하고 여실하게 관찰하여 일체의 대상경계에 집착하는 일이

일체법(一切法)

구경무아분

없도록 하라는 것이다.

『법화경』「약초비유품」에 '여래는 제법의 실상을 깨달아 체득한 왕이니 여래가 설한 모든 법문은 허망한 것이 없다. 일체법에 대하여 지혜의 방편으로 연설하며, 여래가 설한 법문에 의거하여 모든 중생들이 일체지를 이루는 곳에 도달하게 된다'라고 설한다.

『금강경』에 '응무소주 이생기심(應無所住 而生其心)'이나, '일체 현성이 무위법(無爲法, 진여법)으로 차별한다'는 법문은 진여의 지혜로 일체의 시절인연에 따른 모든 법을 보살도의 실천으로 건립한다는 말이다.

### 대신(大身)

10분의 131쪽 대신 항목 참조.

### 불토장엄(佛土莊嚴)

불토장엄은 불국토를 건립하는 것을 뜻한다. 10분 120쪽의 불토장엄 항목 참조.

### 말세(末世)

6분의 80쪽 후오백세 항목 참조.

### 무아법(無我法)

무아설(無我說)은 소승불교에서도 삼법인(三法印)의 하나로 강조하는 불교의 기본 교설이다. 여기서 말하는 무아법은 대승불교에서 설하는 일체개공, 즉 아공(我空)·법공(法空)의 법문이다. 소승불교에서는 법유(法有)를 설하며 법공을 설하지 않기 때문이다.

『금강경』에서는 일체의 모든 존재는 고정된 자아의 실체가 없다고 아상·인상·중생상·수자상을 텅 비우는 무아설을 강조한다. 17분에 '불설 일체법 무아 무인 무중생 무수자(佛說 一切法 無我 無人 無衆生 無壽者)'라고 설한다.

무아법은 자아의 실체가 존재하지 않는다는 아공과, 의식의 대상경계도 실체로 존재하는 것이 없다는 법공, 즉 일체개공의 법문이다.

우리들이 사물을 인식할 때 의식의 대상경계로 나타나는 사물은 실체가 없고, 무자성, 공이라고 비유한 설법이 『금강경』 32분의 '일체 모든 인연에 따라서 만들어진 법(有爲法)은 꿈과 같고, 환화, 물거품, 그림자와 같고, 이슬과 같고 전기와 같다(如夢幻泡影 如露亦如電)'는 법문이다.

대승경전에서 의식의 대상경계는 마치 경중상(鏡中像, 거울에 비친 영상), 수중월(水中月, 물속에 비친 달)과 같이 실체가 없다는 것은 사물을 인식하는 사람의 의식 속에 나타난 그림자와 같기 때문이다. 이와 같이 일체의 모든 존재나 사물을 인식하는 것은 마음으로 인식하는 유심(唯心)이다. 이것이 『화엄경』의 일체유심조(一切唯心造)나 만법유심(萬法唯心), 만법유식(萬法唯識)의 법문이다.

법공이란 우리 눈앞에 보이는 나무나 바위, 해당 사물 그 자체를 없애고 비우는 것이 아니다. 마치 거울에 비친 형상처럼, 의식의 대상경계로 나타난 인식의 대상경계는 실체가 없고 무자성이며, 공하다는 것이다.

구경무아분

중생은 의식의 대상으로 나타난 영상이 실체가 있는 것으로 착각하고 집착하기 때문에 진실을 알지 못한 무지 무명이며, 전도몽상(顚倒夢想)으로 착각하고 있다.

『금강경』의 설법에서 무아법을 통달했다는 것은 아공, 법공, 일체개공의 진실을 깨달아 체득하여 반야의 지혜를 구족한 것을 말한다. 28분에 '일체법이 무아라는 사실을 깨달아 아는 자는 무생법인을 이룬다(知一切法無我 得成於忍)'라고 설한다.

이 일단의 법문에 대하여 『돈오요문』 44분에는 다음과 같이 언급한다.

『금강경』에 '보살로서 무아법에 통달한 자를 여래는 진정한 보살이라고 설한다(若菩薩 通達 無我法者. 如來說 名眞是菩薩)' 또 취하지도 버리지도 않으며, 영원히 생사윤회를 차단하고, 일체 처에 무심(無心)하면 불자라고 한다. 『열반경』에 '여래가 열반의 경지를 증득하면 영원히 생사윤회를 차단한다'고 설한다.

무아법에 통달한다는 것은 아공, 법공, 일체개공의 대승불법을 깨달아 체득하여 무생법인(無生法忍)을 이루어 진여 본성의 지혜작용으로 무애자재한 경지에서 보살도를 실행할 수 있는 능력을 구족한 것이다. 통달은 자아의식과 의식의 대상경계를 텅 빈 경지이기 때문에 시방 삼세 일체 처에 걸림이 없고, 막힘이 없는 진여 본성의 무애자재한 지혜작용이며, 불경계(佛境界)를 말한다.

『법화경』「신해품」에서 진시성문(眞是聲聞), 진아라한(眞阿羅漢), 보살이라는 고정된 이름도 모습도 한정할 수가 없으며, 임시방편의 언어로 말할 뿐이라고 하는 구절과, 『법성게』에 '이름도 모양도 없고 일체 의식의 대상경계를 초월한 것은 깨달아 증득한 지혜로서 능히 알 수 있는 경계이다(無名無相絶一切, 證智所智非餘境)'라는 게송은 이러한 사실을 전한다.

# 18 일체동관분
一體同觀分

須菩提. 於意云何. 如來 有肉眼不. 如是 世尊.
수보리 어의운하 여래 유육안부 여시 세존

如來 有肉眼.
여래 유육안

須菩提. 於意云何. 如來 有天眼不. 如是 世尊.
수보리 어의운하 여래 유천안부 여시 세존

如來 有天眼.
여래 유천안

須菩提. 於意云何. 如來 有慧眼不. 如是 世尊.
수보리 어의운하 여래 유혜안부 여시 세존

如來 有慧眼.
여래 유혜안

須菩提. 於意云何. 如來 有法眼不. 如是 世尊.
수보리 어의운하 여래 유법안부 여시 세존

如來 有法眼.
여래 유법안

須菩提. 於意云何. 如來 有佛眼不. 如是 世尊.
수보리 어의운하 여래 유불안부 여시 세존

如來 有佛眼.
여래 유불안

須菩提. 於意云何. (如)恒河中 所有沙 佛說是
수보리 어의운하 (여)항하중 소유사 불설시

---

沙【사】 모래, 모래알
慧【혜】 지혜

# 18
## 진여 본체에서 똑같이 관찰함

"수보리여! 그대 생각은 어떠한가? 여래는 육안(肉眼)이 있는가?"
"그렇습니다. 세존이시여! 여래는 육안이 있습니다."

"수보리여! 그대 생각은 어떠한가? 여래는 천안(天眼)이 있는가?"
"그렇습니다. 세존이시여! 여래는 천안이 있습니다."

"수보리여! 그대 생각은 어떠한가? 여래는 혜안(慧眼)이 있는가?"
"그렇습니다. 세존이시여! 여래는 혜안이 있습니다."

"수보리여! 그대 생각은 어떠한가? 여래는 법안(法眼)이 있는가?"
"그렇습니다. 세존이시여! 여래는 법안이 있습니다."

"수보리여! 그대 생각은 어떠한가? 여래에게 불안(佛眼)이 있는가?"
"그렇습니다. 세존이시여! 여래는 불안이 있습니다."

"수보리여! 그대 생각은 어떠한가? 갠지스 강에는 많은 모래가 있는데, 부처는 그 모래에 대하여 설법한 적이 있는가?"

일체동관분

沙不.
사 부

如是世尊. 如來說是沙.
여시세존 여래설시사

須菩提. 於意云何. 如一恒河中 所有沙 有如是等
수보리 어의운하 여일항하중 소유사 유여시등

恒河. 是諸恒河 所有沙數 佛世界. 如是 寧爲多不.
항하 시제항하 소유사수 불세계 여시 영위다부

甚多 世尊. 佛告 須菩提.
심다 세존 불고 수보리

爾所 國土中 所有衆生 若干種心 如來 悉知.
이소 국토중 소유중생 약간종심 여래 실지

何以故. 如來說 諸心 皆爲非心 是名爲心.
하이고 여래설 제심 개위비심 시명위심

所以者何. 須菩提. 過去心 不可得. 現在心
소이자하 수보리 과거심 불가득 현재심

---

寧【영】 차라리, 오히려

"그렇습니다. 세존이시여! 여래께서는 그 갠지스 강의 모래에 대해서 설법한 적이 있습니다."
"수보리여! 그대의 생각은 어떠한가? 하나의 갠지스 강에 있는 모래알의 수만큼 많은 갠지스 강이 있고, 이 모든 갠지스 강에 있는 모래알의 수만큼 많은 부처의 세계가 있다고 한다면 이와 같은 숫자는 진정 많다고 할 수 있지 않겠는가?"
"매우 많습니다. 세존이시여!"
부처님께서 수보리에게 말씀하셨다.
"갠지스 강의 모래알만큼 많은 국토 가운데 살고 있는 수많은 중생들의 다양한 번뇌 망심을 여래는 진여 본성의 지혜작용으로 모두 다 여법하게 잘 안다. 왜냐하면 여래가 설법하는 모든 중생들의 다양한 번뇌 망심이라고 하는 것은 모두 다 고정된 실체로 존재하는 번뇌 망심이 아니라, 임시방편의 말로 번뇌 망심이라고 이름 붙일 뿐이나.
그 까닭은 무엇인가? 수보리여! 과거에 일어난 중생의 번뇌 망심은

不可得. 未來心 不可得.
불 가 득   미 래 심   불 가 득

실체가 없는 것이기 때문에 대상경계로 취할 수가 없고, 현재 일어난 중생의 번뇌 망심도 실체가 없는 것이기 때문에 대상경계로 취할 수가 없으며, 미래에 일어날 중생의 번뇌 망심도 실체가 없는 것이기 때문에 대상경계로 취할 수가 없기 때문이다."

## 부처의 오안(五眼)

### 오안(五眼)

육안(肉眼) 청정하여 분명하게 모든 사물을 여실하게 알아보고 천안(天眼: 시공을 초월하여 시방삼세 일체 만법을 보는 눈)을 통달하여 무량 무한(無量 無限)하며, 법안(法眼)은 관찰하여 구경의 불도(佛道: 一切道)를 통달하며(제법실상(諸法實相)의 안목, 여실지견(如實知見)), 혜안(慧眼)은 진여법신(眞如法身)을 친견하여 능히 피안에 열반의 경지를 이루고, 불안(佛眼)은 지혜, 자비를 구족하여 법성(法性: 眞如)을 깨달아 체득한다.

―『무량수경(無量壽經)』卷 下(T.12-274下)

『대지도론』 33권에 보살이 오안을 얻고자 한다면 반드시 반야바라밀을 실천해야 된다고 다음과 같이 설하고 있다.

오안이 무엇인가 하면, 육안과 천안과 혜안과 법안과 불안이다.

육안(肉眼)은 가까운 곳은 보지만 먼 곳을 보지 못하고, 앞은 보지만 뒤는 보지 못하고, 바깥은 보지만 안은 보지 못하고, 낮에는 보지만 밤에는 보지 못하고, 위는 보지만 아래는 보지 못하니, 이러한 장애 때문에 천안(天眼)을 구하게 된다.

천안을 얻게 되면 멀거나 가까운 데를 모두 보며 앞뒤와 안팎과 밤낮과 위아래를 보는 데 장애가 없다. 이 천안은 인연이 화합하여 임시로 가명으로 사물을 보지만 모든 것은 공하고 모양과 조작이 없고 생멸이 없는 실상은 보지 못하니 앞에서와 같이 중간과 뒤도 역시 그러하다.

제법의 실상을 보기 위해서는 혜안(慧眼)을 구하는 것이니 혜안을 얻으면 중생을 보지 못하고, 동일하여 대상경계가 모두 소멸되고, 모든 집착을 여의고 모든 대상경계를 받아들이지 않으며 지혜 스스로가 작용하여 업장을 소멸하니 이것을 혜안이라고 한다. 혜안은 중생을 제도할 수 있을 뿐이다. 왜냐하면 분별하는 것이 없기 때문이니 이런 까닭으로 법안(法眼)이 생긴다.

법안은 사람으로 하여금 여법하게 행하여 도를 체득하게 하니 온갖 중생들이 행하여야 할 방향의 문을 알아서 불도의 증과(證果)를 깨닫게 한다. 법안은 중생을 제도하는 방편의 도를 두루 알지 못하니 이 때문에 불안(佛眼)을 구하는 것이다.

불안은 모든 일을 알지 못함이 없고 덮이고 가려서 은밀하다 할지라도 보고 알지 못함이 없다. 다른 사람에게는 극히 멀지만 부처에게는 지극히 가깝고, 다른 사람에게는 어둡지만 부처에게는 환히 밝으며, 다른 사람에게는 의심이 되지만 부처에게는 결정적으로 확실하며, 다른 사람에게는 미세하지만 부처에게는 굵고 크며, 다른 사람에게는 심히 깊지만 부처에게는 아주 얕다.

이 불안은 모든 일을 덮지 못함이 없고 보지 못함이 없고 알지 못함이 없고 어렵다고 여김이 없으며 생각할 수도 없고 온갖 제법에서 항상 지혜작용으로 비춘다.

**불안**(佛眼)은 제법의 실상을 여실하게 볼 수 있는 부처(覺者)의 지혜작용이다. 여래의 정법안목으로 중생의

**불안(佛眼)**

심병을 보는 대상경계(色)에 따라서 여법하고 여실하게 작용하는 관점을 설명한 것이다.

육안(肉眼)은 객관의 대상경계(色)를 여실하게 볼 수 있는 눈이고, 천안(天眼)은 중생이 망심과 대상경계에 대한 조잡한 망념이 일어난 모습(物心)과 불법의 대의를 체득하여 여법하게 지혜로 작용할 수 있는 안목이다. 법안(法眼)은 중생이 물심(物心)에 대한 인과관계의 조잡한 망심이 일어나는 모습과 실체가 없는 허상의 제법을 여실하게 볼 수 있는 안목이며, 불안(佛眼)은 진여 불성(空)과 진여 자성의 지혜작용(不空)으로 제법의 실상을 여법하게 알고, 여실하게 볼 수 있는 정법의 안목이다.

여래가 오안(五眼)이 구족되어 있다는 것은 여래가 중생의 다양한 번뇌 망념을 모두 다 여법하게 알고, 여실하게 판단할 수 있다는 사실이다. 『신회어록』 38분에도 부처의 오안을 언급하는데, 불법을 신심일여(身心一如)의 입장에서 법신·보신·화신으로 나누지만, 부처의 삼신(三身)은 일체(一體)다. 여기서 육안은 육체적인 입장으로 화신의 지혜작용을 표현하였고, 천안·불안·혜안·법안은 법신의 지혜작용과 다양한 부처의 능력을 의미한다.

『법화경』「묘장엄왕본사품」과 『유마경』 등에서도 법안의 청정함을 설하는데, 역시 진실을 여법하게 볼 수 있는 정법안목을 말한다. 『조당집』 5권 화정화상전에 '무엇이 법안입니까?'라는 질문에 선사는 '법안은 번뇌 망념의 티끌이 없다(法眼無瑕)'라고 대답한다.

선불교에서는 석가모니불이 가섭에게 정법안장(正法眼藏)을 이심

전심으로 부촉한 사실을 강조하면서 전법의 의미로 선종의 전등 법통설을 주장하고 있다.

11분의 136쪽 항하사 항목 참조.

항하사(恒河沙)

『소품반야경』 5권에 '부처는 무량무변의 중생성(衆生性)을 따르기 때문에 여실하게 중생의 망심(妄心)을 안다. …중략… 또한 수보리여! 중생이 산란심이나 섭심(攝心)을 일으키면 이 산란심과 섭심을 부처는 여실하게 안다'라고 설한다. 『대품반야경』 14권에도 이와 똑같은 설법이 있다. 오직 부처의 지혜로 중생의 다양한 번뇌 망심을 모두 다 여법하고 여실하게 안다(唯佛能知).

여래 실지(如來 悉知)

『법화경』 「오백제자수기품」에는 다음과 같이 설한다.

세존께서는 매우 기특하고, 하시는 일이 세간에 있는 여러 중생(若干種性)들의 성품에 수순하여 방편과 지견(知見)으로 설법하여 중생들이 곳곳에서 탐욕하고 집착하는 곳에서 구제해 주십니다. 우리는 부처님의 공덕을 다 말할 수가 없습니다. 오직 불세존께서는 능히 우리들의 깊은 마음의 본원을 잘 아십니다.

즉 중생심의 다양한 번뇌 망념을 여래(진여 자성)는 모두 다 여법하고 여실하게 안다. 앞에서 여래는 불안(佛眼) 등 오안(五眼)이 있다고 설한 것은 중생의 여러 가지 번뇌 망념을 여실하게 다 보고 알

일체동관분

수 있다는 사실을 강조한 것이다. 여래는 진여 자성의 지혜작용이기에 중생심의 다양한 번뇌 망념을 부처의 지혜로 여법하고 여실하게 판단할 수가 있다는 말이다.

중생은 번뇌 망념 속에 살면서 자신의 마음작용이 번뇌 망념인 줄 자각하지 못하는 무명불각(無明不覺)이라 여법하고 여실하게 판단할 수 있는 지혜가 없어서 생사윤회에서 벗어나지 못한다고 한다.

> • 6분의 84쪽 실지실견 항목 참조

> **제심 개위비심**
> (諸心 皆爲非心)
> **시명위심**(是名爲心)

『소품반야경』 1권에 다음과 같이 설한다.

보살이 반야바라밀을 실행할 때에 진실로 이와 같이 수행해야 한다. 나는 보살이라고 마음으로 생각해서는 안 된다. 왜냐하면 이 마음은 고정된 마음이 아니고(非心), 심상(心相)이 본래 청정하기 때문이다.
그때 사리불이 수보리에게 말했다.
"이 비심(非心)의 마음이 있는가?"
수보리가 사리불에게 말했다.
"비심의 마음을 얻을 수가 있는 것인가? 없는 것인가?"
사리불이 말했다.
"불가능합니다."

마음은 본래 청정하기 때문에 구해 얻을 수 있는 대상경계나 사물이 아니다. 그래서 얻을 수 있는 것도 아니고, 얻을 수 없는 것도 아니며, 유무(有無)를 모두 초월한 경지에서 청정한 마음이 작용하고 있다는 말이다. 『금강경』에서는 반야의 지혜를 작용하는 주체이지만 실체로 존재하는 대상경계의 마음은 없다고 한다. 그래서 부득이 임시방편의 말로 마음이라고 설한다고 했다.

『대품반야경』 6권에 다음과 같이 설한다.

과거심 불가득
(過去心 不可得)
현재심 불가득
(現在心 不可得)
미래심 불가득
(未來心 不可得)

수보리여! 그대가 말한 마하연(大乘)은 과거(前際)에도 얻을 수가 없고, 미래(後際)에도 얻을 수가 없고, 현재(中際)에도 얻을 수가 없기 때문에 이 삼세는 같다고 하는 것이다. … 중략 … 수보리여! 과거세는 과거세로 공한 것이고, 미래세는 미래세로 공한 것이고, 현재세는 현재세로 공하여 삼세가 평등하게 공하며, 마하연은 마하연으로 공하며, 보살은 보살로 공한 것이다. 왜냐하면 수보리여! 이 공은 일(一)도 아니고, 이(二)도 아니며, 삼(三)도 아니고 사(四)도 아니며, 오(五)도 아니고, 다른 것(異)도 아니다. 그래서 삼세는 같다(等)고 하는 것이다. 보살마하살이 마하연(대승) 가운데 같음(等)과 같지 않음(不等)의 모양(相)은 불가득(不可得)이기 때문이다.

『중론』 「관시품」에 다음과 같이 읊고 있다.

시간이 머무르는 것은 인식할 수가 없다. 시간의 흐름도 인식할 수가 없다. 만약 시간을 존재로 인식할 수 없다면 어떻게 시간의 실상을 설할 수가 있을까?(時住不可得 時去亦叵得 時若不可得 云何說時相)
사물로 인하여 시간이 있음을 인식한다. 사물을 떠나서 시간이 있음을 어떻게 알 수가 있으랴! 사물 또한 존재하는 것이 아닌데, 어찌 하물며 시간이 있을 수가 있는가?(因物故有時, 離物何有時, 物尚無所有, 何況當有時)

일체동관분

『대승기신론』에서는 다음과 같이 정리한다.

일체법은 모두 망심으로 일어나고 허망한 망념으로 생긴 것이니, 일체의 분별은 곧 자기 망심을 분별하는 것이다. 중생의 망심으로는 망심을 깨달아 볼 수 없으니 그 망심의 모양을 얻을 수가 없는 것이다(心不見心 無相可得).

『유마경』에 '마음은 내외가 없고, 마음은 주처가 없으며, 마음을 대상으로 얻을 수가 없다(心無內外, 心無住處, 心不可得)'라고 설한 것처럼, 중생은 마음속에 망념이 일어난 사실을 알 수가 없고, 망심은 실체가 없고 주처가 없기 때문에 모양으로 파악할 수가 없다. 그래서 불가득인 것이다.

시간은 존재하는 것인가? 시간을 대상으로 파악할 수가 있는가? 불교의 시간관은 과거·현재·미래의 삼세로 종합하고, 과거·현재·미래의 시간이 따로 존재하는 것이 아니라 마음으로 인식하는 시간개념이다. 정신적인 시간 인식은 자기 존재와 더불어 사건의 기억과 사고의 과정이라는 토대 위에 성립하는 시간개념일 뿐이다. 따라서 불교의 시간론 규정은 시간이라는 독자적인 존재나 실체는 없지만, 시절인연과 함께 깨달음의 묘용으로 작용하는 것이다.

말하자면 지금 여기 자기의 본분사인 생명활동의 일을 통해서 창조적인 시간이 활용되고 진여의 지혜로 보살도를 실행하며, 불국토를 건립하게 된다. 시간과 존재가 불이일체(不二一體)로 작용한다고 할 수 있는데, 『중론』에서 설하는 시간은 존재와 더불어 인식할 뿐이다. 마치 봄(時間)에 꽃이 피듯, 시간과 꽃이라는 존재(法)가 시절인연과 함께 불이(不二) 일체의 작용으로 실행되는 것이다. 따라서 일체의 모든 존재나 사물(諸法)의 생명활동(實相) 그 자체가 시간인 것이며, 시간은 일체 존재나 사물(諸法) 그 자체라고 할 수 있다.

『금강경』의 이 일단에 대하여 육조의 『해의』는 다음과 같이 관심석(觀心釋)으로 해설하고 있다.

과거심 불가득이란 전념(前念)의 망심이 갑자기 일어나 스쳐 지나가지만 그 망심을 찾아봐도 장소(處所)를 알 수가 없다. 현재심 불가득이란 진심은 무상(無相)이니 무엇을 근거로 하여 볼 수가 있겠는가? 미래심 불가득이란 본래 얻을 수가 없는 것이므로 인습으로 익힌 기운이 이미 다하여 또다시 망념이 일어나지 않는 것이다. 이 세 가지 마음이 불가득이라는 사실을 요달하면 부처라고 할 수 있다.

과거·현재·미래라는 시간도 실재하는 것이 아니며, 마음도 실체가 없는 무자성, 무실체인데, 어떻게 취득할 수가 있는가. 아니 취득할 필요조차도 없는 것이다. 과거심·현재심·미래심을 의식의 대상으로 두는 것조차 중생심이 되는 일이기 때문에 불필요한 일이다.

## 19 법계통화분
## 法界通化分

須菩提. 於意云何. 若有人 滿三千大千世界 七寶
수보리 어의운하 약유인 만삼천대천세계 칠보

以用布施. 是人 以是因緣 得福多不.
이용보시 시인 이시인연 득복다부

如是 世尊. 此人 以是因緣 得福甚多.
여시 세존 차인 이시인연 득복심다

須菩提. 若福德 有實. 如來 不說得福德多. 以
수보리 약복덕 유실 여래 불설득복덕다 이

福德無故. 如來 說得福德多.
복덕무고 여래 설득복덕다

## 19 법계를 두루 교화함

"수보리여! 그대 생각은 어떠한가? 만약 어떤 사람이 삼천대천세계를 칠보로 가득 채워서 남에게 베푸는 보시행을 한다면 이 사람은 보시행으로 많은 복덕을 얻을 수가 있지 않겠는가?"

"그렇습니다. 세존이시여! 이 사람은 남에게 베푸는 보시행으로 얻은 복덕이 매우 많겠습니다."

"수보리여! 만약 그 사람이 얻은 복덕이 의식의 대상으로 실재하는 것이라면 아무리 많은 보시행을 한다고 할지라도 한정된 보물을 보시한 것이기 때문에 여래는 그가 많은 복덕을 얻었다고 설하지 않는다. 그 사람이 체득한 복덕은 법계에 두루 하는 무한한 지혜작용이기 때문에 여래는 그 사람이 얻은 복덕이 진실로 많다고 설한다."

법계통화분

**삼천대천세계**
(三千大千世界)

11분의 136쪽 삼천대천세계 항목 참조.

**복덕(福德)**

『금강경』에는 보시행의 실천으로 체득하는 과보를 복덕으로 표현하고, 경전을 수지 독송하고 남에게 설하는 과보를 공덕이라고 표현한다.

복덕과 공덕의 문제는 4분의 54쪽 응무소주 행어보시(應無所住 行於布施)나, 6분의 84쪽 여래실지실견 항목 참조.

**유실(有實)**

삼천대천세계에 가득 채운 많은 칠보나 재물을 남에게 베푸는 보시행을 실행하지만, 남에게 내가 무슨 물건을 베풀었다는 자아의식과 복덕을 얻었다는 의식의 대상경계가 없다는 의미이다.

보시행을 한다는 자아의식과 재물이나 시간, 공간에 대한 의식의 대상경계가 있다면 유한의 보시행이 되기 때문에 실로 많은 복덕이 된다고 할 수가 없다. 진여 본성의 지혜로 보시행을 할 때 법계에 두루 하는 무한한 지혜와 자비의 공덕과 복덕을 이룰 수가 있는 것이다.

자아의식뿐만 아니라 의식의 대상경계에 복덕을 얻었다는 관념이 없기 때문에(無實) 진실로 복덕이 많은 것(無虛)이라는 반야사상의 입장이다. 복덕에 대한 의식의 관념은 독자적인 자성이 없고(無自性), 복덕이라는 실체도 없기 때문에 공하다고 한다.

즉 진여 자성의 지혜작용은 의식의 대상경계를 텅 비운 본래 무일물의 경지이기 때문에 우주 법계와 하나가 되고, 법계에 가득 찬 일체의 모든 복덕을 구하지 않고도 저절로 구족하게 되는 것이다. 그래서 여래는 그 사람이 얻은 복덕이 실로 많다고 설하고 있다.

『법화경』「신해품」에 '부처님은 진실로 대승의 법으로 교화하였습니다. 그러므로 저희들이 본래부터 바라는 마음이 없었는데 이제 법왕의 큰 보배가 자연히 도달하게 되어 불자로서 당연히 얻어야 할 것을 모두 다 얻었다고 말합니다'라고 설한다.

즉, 불법의 수행은 중생심의 망념을 텅 비우고 진여의 근본으로 되돌아가는 자각이다. 중생심으로 자아의식과 의식의 대상경계(法)에 집착되고 사로잡혀서 우주 법계의 실상을 볼 수 있는 안목이 없지만, 대승의 법문을 듣고 중생의 망심을 텅 비우니 우주 법계의 일체제법과 제불의 지혜와 자비의 공덕, 일체 보물을 구하지 않아도 저절로 들어오게 된다는 의미이다.

소동파(蘇東坡)는 시 백지찬(白紙贊)에서 이렇게 읊고 있다.

| | |
|---|---|
| 素紈不畵意高哉 | 흰 비단에 그림 없는 그 숭고함이여 |
| 儻着丹靑墮二來 | 만약 적색이나 청색으로 단청하면 분별의 경계에 떨어진다. |
| 無一物處無盡藏 | 한 물건도 의식하지 않는 곳(진여)에 무진장한 보물이 있으니, |
| 有花有月有樓臺 | 꽃도 있고, 달도 있고, 누각도 있네. |

순백의 종이 위에 무한의 미(法美)와 진실이 갖추어져 있는 것처럼 무진장한 세계가 열린다. 아무것도 없는 공적(空寂)의 세계에 아름다운 꽃과 달, 자연의 제법실상, 본래 모습 그대로를 여실하고 여법하게 볼 수 있는 무한의 진리와 아름다움이 저절로 우리들의 눈앞에 펼쳐지고 있다.

선어록에서 진여의 본심에 번뇌 망념이 없으면 반야의 지혜와 부처의 자비가 무궁무진하게 작용하게 된다고 무일물중무진장(無一物中無盡藏)을 설한다.

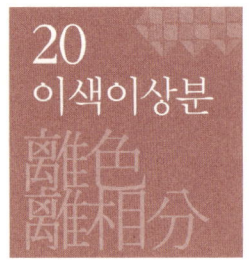

## 20 이색이상분
## 離色離相分

須菩提. 於意云何. 佛可以具足色身 見不.
수보리 어의운하 불가이구족색신견부

不也世尊. 如來 不應以具足色身見. 何以故. 如來
불야세존 여래 불응이구족색신견 하이고 여래

說具足色身. 卽非具足色身. 是名 具足色身.
설구족색신 즉비구족색신 시명 구족색신


須菩提. 於意云何. 如來 可以具足諸相見不.
수보리 어의운하 여래 가이구족제상견부

不也世尊. 如來 不應以具足諸相見. 何以故. 如來
불야세존 여래 불응이구족제상견 하이고 여래

說諸相具足 卽非具足. 是名 諸相具足.
설제상구족 즉비구족 시명 제상구족

## 20
## 형상을 여읜 여래

"수보리여! 그대 생각은 어떠한가? 부처의 32상을 구족한 색신(色身)의 여래를 친견할 수가 있겠는가?"

"그렇게는 할 수가 없습니다. 세존이시여! 부처의 32상을 구족한 색신의 여래를 친견할 수가 없습니다. 왜냐하면 여래가 부처의 32상을 구족한 색신에 대하여 설하는 것은 부처의 32상을 구족한 색신의 여래가 실재하는 것이 아니라, 임시방편의 말로 부처의 32상을 구족한 색신이라고 이름 붙인 것이기 때문입니다."

"수보리여! 그대 생각은 어떠한가? 부처의 32상과 모든 상호를 구족한 모습의 여래를 대상으로 친견할 수가 있겠는가?"

"그러한 여래를 대상으로 친견할 수가 없습니다. 세존이시여! 부처의 32상과 모든 상호를 구족하였다고 해서 여래를 대상으로 친견할 수가 없습니다. 왜냐하면 부처가 모든 상호를 구족하였다고 여래가 설한 것은 곧 상호가 구족한 여래가 실재하는 것이 아니라, 임시방편의 말로 여래는 모든 상호를 구족하였다고 이름 붙인 것이기 때문입니다."

이색이상분

**삼십이상(三十二相)**

5분의 68쪽 신상 항목, 13분의 155쪽 삼십이상 항목 참조.

육조 『해의』는 이 일단에 대하여 다음과 같이 해설하고 있다.

부처님의 뜻은 중생들이 진여 법신의 지혜작용을 깨닫지 못하고 다만 32상 80종호로 장엄된 자마금(紫磨金)의 몸만을 보고 이것이 여래의 진신(眞身)으로 삼을까 염려하여 이러한 미혹을 없애기 위해 수보리에게 '부처를 32상을 구족한 색신(色身)으로 친견할 수가 있는가?'라고 물었다.

32상이 곧 구족한 색신이 아니라 마음으로 32청정행을 갖추어야 구족한 색신이라고 할 수 있다.

청정행이란 곧 육바라밀이다. 오근(五根, 眼耳鼻舌身)으로 육바라밀을 닦고, 의근(意根)으로 정혜(定慧)를 함께 닦아야 구족색신이라 할 수 있다. 단지 여래의 32상만을 좋아하고 마음으로 32청정행을 닦지 않으면 구족색신이 아니며, 여래의 형상을 좋아하지 않고 능히 스스로 청정행을 지니면 이것을 구족색신이라고 할 수 있다.

혜능의 독자적인 관심석(觀心釋)은 언제나 빛을 발휘한다. 『금강경』 26분에서 '약이색견아 이음성구아 시인행사도 불능견여래(若以色見我 以音聲求我 是人行邪道 不能見如來)'라고 읊은 것은, 진여 법신의 지혜작용인 여래는 자아의식과 의식의 대상경계로 볼 수 있는 것이 아니다. 그런데도 32상으로 구족된 여래를 친견하려고 하는가?

여래나 부처에 대한 환상과 허상을 추구하는 어리석은 중생이 될 뿐이다. 그래서 중생은 대상경계를 집착하고 자아의식으로 제멋대로 생각하여 존재하는 부처나 여래를 추구하고 전도몽상으로 착각하여 허상을 구하려고 하는 것이다.

**구족색신(具足色身)** 부처가 되어 열반의 경지를 체득할 때 구족하는 색신으로, 32상 80종호를 말한다. 색신을 부처의 몸으로 오해하면 안 된다. 불법은 몸과 마음이 하나인 신심일여(身心一如)이며, 법신·보신·화신으로 나눈 삼신(三身)도 일체인 것이다. 법신은 형색을 초월한 진여 본성의 지혜작용이며, 법신이라고 임시방편으로 이름 붙일 뿐이다. 구족색신은 부처의 삼신일체(三身一體)를 말한다.

육조의 『해의』에는 다음과 같이 해설하고 있다.

여래는 곧 무상 법신이며, 육안으로는 볼 수가 없다. 혜안으로 능히 친견할 수가 있다. 혜안이 분명하지 못하여 아상·인상의 자아의식을 가지고 32상의 모양으로 보이는 대상경계를 여래로 생각하는 자는 곧 구족이라고 할 수가 없다. 혜안이 투철해야 아상·인상 등의 자아의식으로 대상경계를 취하지 않고 올바른 지혜의 광명이 항상 여여하게 비추면 이것이 모든 상을 구족한다고 할 수 있다.
삼독심이 소멸하지 않고 여래의 진신을 친견한다고 하는 것은 참된 부처이 지혜작용이 없는 것이다. 비록 보는 것이 있다고 할지라도 다

이색이상분

만 이것은 화신으로 대상경계의 모습만 볼 수 있을 뿐이지 진실한 무상 법신의 지혜작용은 아니다.

불법은 진여 본성의 지혜가 여법하고 자연스럽게 생명활동 하는 제법실상이며, 자연법이(自然法爾)인 진여법이라는 사실을 잘 알아야 한다. 그래서 『금강경』에서 '일체법이 불법이다'라고 설한다.

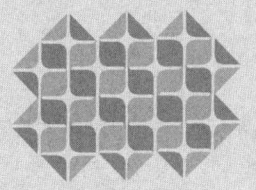

## 21 비설소설분
### 非說所說分

須菩提. 汝勿謂 如來 作是念. 我當有所說法.
수보리 여물위 여래 작시념 아당유소설법

莫作是念. 何以故. 若人言 如來 有所說法
막작시념 하이고 약인언 여래 유소설법

即爲謗佛. 不能解我所說故. 須菩提. 說法者
즉위방불 불능해아소설고 수보리 설법자

無法可說. 是名說法.
무법가설 시명설법


爾時 慧命 須菩提 白佛言. 世尊. 頗有衆生 於
이시 혜명 수보리 백불언 세존 파유중생 어

未來世. 聞說是法 生信心不.
미래세 문설시법 생신심부


佛言. 須菩提. 彼非衆生 非不衆生. 何以故. 須菩
불언 수보리 피비중생 비불중생 하이고 수보

提. 衆生 衆生者. 如來 說非衆生. 是名衆生.
리 중생 중생자 여래 설비중생 시명중생

---

勿【물】 말다, ~하지 못하게 하다, 부정사
謂【위】 이를, 말하다
莫【막】 ~하지 말라, 부정사
謗【방】 비방하다, 비난하다

故【고】 연고, 까닭, 이유
頗【파】 자못, 매우
於【어】 어조사
是【시】 이, 이때, 이것, 지시대명사

## 21 여래가 주장한 법문은 없다

"수보리여! 그대는 여래가 즉 '나는 당연히 자신이 깨달아 체득한 독자적인 법문을 설한 것이 있다'라는 생각을 한다고 말하지 말라. 그대는 이러한 생각을 해서는 안 된다. 왜냐하면, 만약에 어떤 사람이 '여래는 불법을 깨달아 체득하여 주장한 독자적인 법문을 설한 것이 있다'라고 말한다면 그는 곧 부처를 비방하는 것이며, 내가 경전에서 설법한 법문의 의미(뜻)를 올바르게 이해하지 못한 것이기 때문이다.

수보리여! 설법이란 중생심의 망념을 텅 비우고(無法) 진여 본성의 지혜로 여법하고 여실하게 불법의 진실을 설하는 것이다."

그때 지혜 제일인 혜명(慧命) 수보리가 부처님께 말했다.

"세존이시여! 어떤 중생이 미래의 세상에 이러한 진여 본성의 지혜 작용으로 여법하게 설한 법문을 듣고 철저히 깨달아 확신을 갖는 사람이 있겠습니까?"

부처님이 말씀하셨다. "수보리여! 그들이 법문을 듣고 깨달아 체득하면 중생이 아니고, 여법하게 깨달아 체득하지 못하면 중생인 것이다. 수보리여! 사람들이 중생, 중생이라고 말하지만, 여래는 고정된 실체의 중생이 존재하는 것은 아니라고 설한다. 임시방편의 말로 중생이라고 이름 붙인 것이기 때문이다."

비설소설분

**여래 유소설법**
(如來 有所說法)

7분의 94쪽 여래 유소득법, 13분의 152쪽 여래 무소설 항목 참조.

**설법자 무법가설**
(說法者 無法可說)
**시명설법**(是名說法)

여래가 설법한 법문은 불법, 즉 진여법을 설하기 때문에 일체제불이 똑같은 불법을 설하는 것이다. 그래서 여래가 자신만이 체득한 독자적인 불법을 주장하는 것이 아니라고 말한다.

진여 본성의 지혜작용은 침묵과 양구(良久), 좌도량(坐道場)과 같은 자내증(自內證)삼매와 시절인연에 따른 수연행으로 중생들의 근기에 따른 어언(語言)삼매의 설법을 무법의 경지에서 설법하는 것이다. 불법(진여법)은 일체의 모든 존재가 여법하고 여실하게 생명활동하고 있는 제법의 참된 실상을 진여 본성의 지혜작용으로 여법하고 여실하게 생명활동을 하면서 자연법이(自然法爾)로 설하는 것이고, 자아의식과 의식의 대상경계를 텅 비운 무심 무사의 경지에서 자기 본분사의 일을 하는 진공묘유(眞空妙有)의 작용이다. 중생심의 자아의식과 의식의 대상경계로 불법을 설하는 것은 진정한 설법이 아니다.

『무량수경』에도 "걸림없는 진여의 지혜로 사람들에게 설법한다(以無碍智 爲人演說)"고 하는 것처럼, 무법(無法)은 진여 본성에 일체의 번뇌 망념이 텅 빈 공(空)의 경지를 말한다.

『열반경』 26권 '공은 곧 무법이다(空是無法)'라는 법문에서, 무법이란 무생(無生, 無生法忍)과 같은 말로 주객의 대립과 인연법이 성립되지 않은 공의 경지를 말한다.

『대품반야경』 22권에 '부처님이 말씀하였다. 제법은 화합하여 인연으로 생기는 것이지만, 법은 무자성(無自性)이다. 무자성이라면 무법이다'라고 설하며,『소품반야경』 4권에도 '반야는 번뇌 망념에 오염된 것이 없다. 왜냐하면 반야는 무법이기 때문에 번뇌 망념에 오염되는 일이 없다'라고 설한다.

『보림전』에도 석가모니불이 가섭존자에게 전법의 인가증명으로 설한 전법게에 '법은 본래 무법의 법이니, 무법의 법 역시 법이다. 지금 무법의 법을 부촉하노니 법과 법이 어찌 고정된 법이 있으랴(法本法無法, 無法法亦法, 今付無法時 法法何曾法)'라고 읊고 있다. 가섭과 아난의 전법게에도 역시 무법의 법을 전하고 있으며,『전등록』 7권에 반산 보적선사는 '삼계무법 하처구심(三界無法 何處求心)'이라고 설했다. 무법은 일체개공의 경지를 체득한 반야의 지혜를 말한다.

● 정성본『선종의 전등설 연구』(서울 민족사, 2010년, 355쪽 참조)

『금강경』 14분에 '여래는 진실을 설하는 자이며, 여실한 법문을 설하는 자이며, 진여의 지혜로 법문을 설하는 자이며, 거짓을 설하는 자가 아니며, 진여법과 다른 법문을 설하는 자가 아니다'라고 한다.

또 32분에도 '어떻게 사람들에게 경전의 법문을 설해야 하는가?'라고 문제를 제시한 뒤에, 아상·인상·중생상·수자상은 물론, 일체 의식의 대상경계에도 집착하지 말고 여여한 진여 본성의 지혜작용으로 중생심의 번뇌 망념에 동요되는 일이 없이 법문을 해야 한다고 설한다. 왜냐하면, 일체의 모든 인연법(有爲法)은 꿈, 환화, 물거품과 같고, 이슬과 전깃불과 같이 실체가 없는 것이어

비설소설분

서 진여의 지혜로 일체의 유위법을 관찰하여 의식의 대상경계에 집착하는 일이 없도록 해야 하기 때문이다.

『유마경』「제자품」에 유마거사가 가전연에게 '중생의 생멸심(生滅心行)으로 불법의 진실인 실상법(實相法)을 설하지 말라'고 주의주고 있다. 목건련장에도 유마거사가 '목련존자여! 백의거사를 위해 설법할 때는 그대와 같이 설법해서는 안 됩니다. 설법하는 사람은 마땅히 여법하게 설법해야 합니다'라고 주의주면서 법에는 중생도, 자아도, 수명도, 사람도 없으며, 법은 고하(高下)의 차별도 없고, 법은 상주부동(常住不動)한 것임을 강조하고 있다. 경전에서의 법은 불법이며, 진여 본성의 여법한 지혜작용을 말한다.

『법화경』「약초유품」에 여래가 중생들의 근기에 맞게 다양한 설법을 하여 이익이 되었다고 다음과 같이 설한다.

이 중생들이 법문을 듣고 현세에는 편안하고, 내생에는 좋은 곳(善處)에 태어나 도(道)로서 즐거움을 누리고, 또한 법문을 듣고 모든 장애를 여의고, 일체의 모든 법에서 그의 능력에 따라 감당하며 점차로 도를 체득하게 된다. 마치 저 큰 구름이 모든 초목과 숲과 약초에 비를 내리면 그 종류와 특성에 맞게 적셔주고 구족하여 각자 싹이 트고 성장하게 되는 것과 같다.

『법화경』「법사품」에는 다음과 같이 설한다.

만약 선남자 선여인이 여래가 입멸한 이후에 사부대중을 위해서 이 『법화경』을 설하고자 한다면 어떻게 널리 설해야 하는가? 선남자 선여인은 여래의 방(室)에 들어가서 여래의 옷을 입고, 여래의 좌석에 앉아서 사부대중을 위해 널리 이 경을 설해야 한다. 여래의 방이란 일체중생의 대자비심이며, 여래의 옷이란 유화(柔和) 인욕(忍辱)의 마음이며, 여래의 좌석이란 일체법이 공한 경지이다. 이러한 여래의 경지에 안주한 후에 해태심 없이 모든 보살과 사부대중을 위해 널리 『법화경』을 설해야 한다.

대승의 경전과 불법을 설하는 사람은 진여 본성의 여법한 지혜를 작용할 수 있는 여래의 경지에서 부처의 안목으로 설법해야 한다고 강조한다. 유마거사가 중생심으로 대승의 실상법을 설해서는 안 된다고 지적한 내용과 같다.

『법화경』「방편품」에도 '이 법은 대상으로 제시할 수가 없으며, 언어 모양이 적멸한 것이다.' 또 '그대들은 부처의 설법이 허망한 것이 아니라는 사실에 마땅히 확신을 갖도록 하라'고 설한다. 이 일절도 『금강경』에서 설한 무실(無實, 空)과 무허(無虛, 不空)의 논리로 설하고 있다.

『유마경』「제자품」에서 유마거사는 설법에 대하여 다음과 같이 설한다.

설법이란 설하는 내용도 없고(無說), 제시하는 대상경계도 없는 것이며

⁽無示⁾, 또 청법이란 들을 대상도 없고, 얻은 것도 없는 것이다. 비유하면 마치 환사⁽幻士⁾가 환인⁽幻人⁾을 위해 설법하는 것과 같다. 마땅히 이러한 뜻을 가지고 설법하도록 해야 한다.

이 일단의 법문은 『벽암록』 73칙과 육조 혜능의 『해의』에도 다음과 같이 인용하여 해설한다.

범부의 설법은 마음으로 얻은 것⁽의식의 대상경계⁾이 있기 때문에 부처님이 수보리에게 말했다. '여래의 설법은 마음에 얻은 것이 없다. 범부는 스스로 분별 망심으로 이해한 것을 설하지만, 여래는 말할 때나 침묵할 때가 모두 같고, 발언하는 말씀이 메아리가 소리에 순응하는 것과 같아 임운무심⁽任運無心⁾하여 범부의 생멸심으로 설하는 것과 같지 않다. 만약 여래의 설법이 마음에 생멸심이 있다고 한다면 곧 부처님을 비방하는 것이다.' 『유마경』에 '설법이란 설하는 것도 없고, 제시하는 것도 없으며, 청법이란 들을 것도 없고, 얻을 것도 없다'고 하였다. 만법이 공적함을 요달하여 일체의 이름과 언어가 모두 임시방편으로 세운 것이다. 자기 공한 성품 가운데, 부지런히 일체의 언어⁽言辭⁾를 건립하여 제법을 연설하지만 의식의 대상경계의 모습⁽相⁾도 없고, 조작과 작위성도 없이 미혹한 사람을 인도하여 본성을 깨닫도록 하고 무상⁽無上⁾의 깨달음을 수증⁽修證⁾하도록 하는 것을 설법이라고 한다.

시방삼세의 일체제불이 똑같이 진여의 지혜작용(眞如法)으로 설법하고 청법하는 것을 말한다.

그래서 부처님이 자신이 깨달아 체득한 독자적인 법을 설한 것이 없다고 강조한 것이다. 말하자면 진정한 설법은 진여 본성의 여법한 지혜작용(如來)이며, 시절인연에 따른 자기 본분사의 생명활동 그 자체라는 의미이다. 진여 법신의 여법한 지혜작용으로 설법과 청법이 이루어지는 것이 여시아문(如是我聞)이다.

『돈오요문』상권에는『금강경』의 설법에 대하여 다음과 설한다.

문 :『금강경』에 무법가설(無法可說)이 바로 설법이라고 설했는데, 이 법문의 뜻은 무엇입니까?

답 : 반야의 본체(진여 본성)는 필경 청정하여 한 물건(一物)도 의식의 대상으로 얻을 것이 없는 이것이 바로 무법가설(無法可說)이다. 즉 반야의 공적한 본체(진여)에는 항하사의 미묘한 지혜작용이 구족하고 있으나 의식의 대상경계의 일이 없고(無事), 의식의 대상으로 분별하지 않는다(不知). 그래서 무법가설(無法可說)이 바로 설법이라고 한다.

『돈오요문』하권에도 같은 대화가 보이는데, 이와 같은 법문은『신회어록』에서 똑같은 질문에 대답한 내용을 그대로 제시하고 있다. 반야바라밀의 본체는 진여 본성, 일체개공으로 본래무일물이지만 항하사와 같은 미묘한 지혜작용을 구족하고 있다. 그러나 진여 본성은 일체 중생심의 사량 분별과 의식작용을 초월한 무심 무사의 경지에서 시절인연에 따른 자기 본분사의 생명활동으로 작용하고 있다. 진여 본성의 지혜작용(여래)이 불법이며 진여법이다. 진여 본성은 중생심의 번뇌 망념이 텅 빈 일체개공(空)이기에 일체의 모든 부처의 지혜와 덕성을 구족하며, 시절인연에 따라서 자기 본분사의 생명활동으로 미묘한 지혜작용을 실행할 수가 있다(不空).

『금강경』에는 이러한 진공묘유(眞空妙有)의 진여법을 무실(空) 무허(不空)라는 법의 논리로 설한다. 무법가설에서 무법은 공(無實, 眞空)이며 가설은 불공(無虛, 妙有)의 입장이다. 일체 현성은 무위법(空)으로 차별한다(不空)고 하는 것이나, 응무소주(空) 이생기심(不空), 응무소주(空) 행어보시(不空)도 다 똑같이 진여법을 설한 법문이다.

『보등록』 23권 소식(蘇軾)장에 다음과 같은 게송을 전한다.

溪聲便是廣長舌　개울 물 흐르는 소리 부처의 설법하는 소리이고,
山色豈非淸淨身　산의 여실한 모습이 그대로 청정 법신이다
夜來八萬四千偈　밤새 깨달아 체득한 팔만 사천의 방편법문,
他日如何擧似人　이후 사람들에게 이 법문을 어떻게 제시해야 할까?

소동파(蘇東坡, 1036~1101)가 동림 상총(東林常總, 1025~1091)을 참문하였을 때 무정(無情)설법을 듣고 깨달아 지은 게송이다. 『전등록』 15권 동산 양개(洞山良价)전에 '무정설법은 무정이 들을 수가 있다'고

하는 것은 대자연의 설법은 인간의 정식(情識)과 사량 분별로는 들을 수가 없다는 뜻이다. 정식을 텅 비운 무정(진여)의 경지에서 무정 설법을 들을 수가 있다는 법문은 『유마경』에서 설한 무설무문(無說無聞)이다.

이 일단은 현재 유통되는 구마라집 번역의 『금강경』에는 포함되어 있지만, 처음 구마라집이 번역한 『금강경』에는 없었다고 한다. 또한 돈황본『금강경』(구마라집 번역본)의 모든 사본에도 이 일단은 없다고 한다.●

자은(慈恩)의 『금강반야경찬술(金剛般若經贊述)』 하권에 찬술하여 말하기를 '본래 이 문장은 빠져 있었다(述曰 舍衛漏此文)'라고 지적하고 있으며, 자선록(子璿錄) 『금강경찬요간정기(金剛經纂要刊定記)』 제6권에 '지금 구마라집이 번역한『금강경』에는 본래 이 문장이 없다(今秦經旣無其文)'고 하고, 또 '위에서 제시한『금강경』의 문장은 보리류지가 번역한 경전에는 있지만 구마라집이 번역한『금강경』에는 원래 없었다. 후대에 사람이 이 문장을 첨가시킨 것이다(此上經文 魏譯則有, 秦本則無, 旣二論皆釋此文, 後人添入 亦無所失)'●라고 기록하고 있다.

또 명나라 원현(元賢)이 지은 『금강경약소』에는 '이 육십이언(六十二言)은 본래 위본(魏本, 보리류지 번역본)에서 나온 것이며, 진본(秦本, 구마라집 번역본)에는 없는 부분이다. 지금 이론(二論)을 고찰해 볼 때 모두 석문(釋文)이 있고 또한 후대에 사람이 첨가한 것이다'라고 기록한다.

**혜명 수보리 운운**
(慧命 須菩提 云云)

● 나카무라 하지메(中村 元) 『금강경』, 일본, 岩波文庫

● 『대정장』 33권 220쪽 中 下

비설소설분

그리고 『금강경주해』 즉 『금강경오십삼가주』 제4권에 '영유(靈幽) 법사가 여기 혜명 수보리 이하 육십이자(六十二字)는 첨가한 것이다. 이것은 당나라 장경 2년(822년), 지금의 호주(濠洲) 종리사(鍾離寺)의 돌에 새긴 비석(石碑)상에 기록되어 있다'라고 지적한다.

이 일단의 문장은 구마라집이 번역한 『금강경』에는 없고, 보리류지가 번역한 『금강경』의 일단을 당나라 때에 영유법사가 첨가한 것이라고 한다.

산스끄리뜨본 『금강경』에는 그 원문이 있으며, 보리류지, 현장 등이 번역한 모든 『금강경』에는 이 일단이 번역되어 있다.

구마라집은 '장로 수보리'라고 번역하고, 보리류지는 '혜명 수보리'라는 말을 사용하고 있다. 이 말은 보리류지의 번역어이며, 또 이 일단은 보리류지가 번역한 『금강경』과 일치하고 있다.

**혜명(慧命)**

혜명은 범어로는 ayusmat(아유스마뜨). 장수, 건강의 뜻을 가진 형용사이지만, 사람을 부르는 경어로 사용된다. 장로(長老)·대덕(大德)·정명(淨命)·존자(尊者)·구수(具壽) 등으로 번역하며 여기서는 '장로 수보리'를 부르는 경어이고, 『법화경』「신해품」에도 '혜명 수보리'라는 칭호가 보인다.

**미래세 문시설법**
**(未來世 聞是說法)**

6분과 15분에서 언급한 오백세, 16분의 말세(末世)와 같은 입장이다.

**생신심**(生信心)

불법을 깨달아 철저한 확신을 갖는 것을 말한다. 6분에도 수보리가 '어떤 중생이 이와 같은 『금강경』의 법문을 듣고 불법을 깨달아 확신을 갖는 사람이 있겠습니까(得聞如是言說章句 生實信不)'라고 질문하고 있다.

• 6분 78쪽의 득문여시 언설 장구 생실신부 항목 참조

생신심(生信心), 생실신(生實信), 생기심(生其心), 기신(起信), 발심(發心) 등의 표현은 모두 번뇌 망념으로 살고 있는 중생심에서 진여 본성의 생명활동인 지혜작용을 되살리고, 일어나도록 하는 말이다. 확실한 신심으로 깨달음의 지혜작용을 활발하게 작용하도록 하는 방편의 언어이다.

선어록에서는 사구(死句)를 활구(活句)로 사인(死人)을 활인(活人)으로 전환하게 하는 말로 표현한다.

**피비중생 비불중생**
(彼非衆生 非不衆生)

중생이 아닌 것은 불법을 철저히 깨달아 확신을 체득한 자이며, 중생이 아닌 것도 아니라는 말은 중생이라는 말이다. 즉 비중생(非衆生)과 중생(衆生)이라는 의미이고, 불법을 수행하는 보살을 각유정(覺有情)이라고 한다. 불법을 깨달아 여법하고 지혜롭게 보살도를 실행하면 중생이 아니고, 무명 불각으로 불법을 깨닫지 못하면 중생심으로 사량 분별하기 때문에 중생이다.

그래서 불법을 수행하는 보살을 중생이라고 단정해서 말할 수 없고, 또한 중생이 아니라고도 단정해서 말할 수가 없다. 왜냐하면 시절인연에 따라서 어느 때는 깨달음을 이루기도 하지만, 어느 때는 깨달음을 이루지 못할 때가 있기 때문이다.

비설소설분

『대승기신론』에서 설하는 일심법(一心法)의 논리로 설명하면, 중생의 일심이 진여 자성을 깨달아 자각하면 진여문(眞如門)에서 지혜로운 삶을 살 수 있지만, 무명 불각으로 깨닫지 못하면 생멸문(生滅門)에서 중생으로 생사 망념의 업장을 만들고 사는 것이다.

그래서 중생이라고 말하지만, 고정된 실체로서 존재하는 중생이란 있을 수가 없으며, 또한 중생이라는 말도 임시방편의 말로 붙인 이름일 뿐이다.

## 22 무법가득분 無法可得分

須菩提 白佛言.
수보리 백불언

世尊. 佛得阿耨多羅三藐三菩提. 爲無所得耶.
세존 불득아뇩다라삼먁삼보리 위무소득야

(佛言) 如是 如是. 須菩提. 我於阿耨多羅
(불언) 여시 여시 수보리 아어아뇩다라

三藐三菩提. 乃至 無有少法可得 是名阿耨多羅
삼먁삼보리 내지 무유소법가득 시명아뇩다라

三藐三菩提.
삼먁삼보리

---

耶【야】 어조사
乃【내】 이에
至【지】 이르다, 도착하다
乃至【내지】 ~에서, ~까지(두 구절을 잇거나 과정이 생략됨을 이르는 말)

## 22 깨달아 얻은 법은 없다

수보리가 부처님께 말씀드렸다.

"세존이시여! 부처가 최상의 불법을 깨달아 체득하였다는 것은 실체로 존재하는 최상의 깨달음을 체득하여 의식의 대상으로 얻은 것이란 없다는 것입니까?"

부처님이 말씀하셨다.

"그러하고 그러하다. 수보리여! 내가 최상의 불법을 깨달아 체득하였지만, 실체로 존재하는 최상의 깨달음을 체득하여 의식의 대상으로 얻은 것이란 하나도 없다. 진여 본성이 시절인연에 따라 여법하게 지혜작용하는 것이 최상의 불법을 깨달아 체득한 것이다."

무법가득분

**무유소법가득**
(無有少法可得)

자아의식과 의식의 대상경계에 어떤 존재나 사물, 명상(名相)으로 인식하는 대상경계가 있다면 중생심이 된다. 최상의 깨달음(아뇩다라삼먁삼보리)은 자아의식을 텅 비운 아공(我空)과, 의식의 대상경계를 텅 비운 법공(法空)의 경지이기 때문에 깨달아 체득한 그 어떤 무엇이 있다면 올바른 깨달음이 될 수가 없다.

최상의 깨달음을 체득한 진여 법성은 무소득, 무소유, 무소구, 무일물의 경지, 본래 무일물의 경지이다. 무일물의 경지(진여)이기 때문에 무진장의 지혜와 자비가 법계의 일체중생과 함께 두루 작용할 수가 있다. 무일물중 무진장(無一物中 無盡藏)의 세계이다.

『화엄경』에 '만약 부처의 경계를 알고자 한다면, 당연히 자신의 주관적인 의식을 허공과 같이 텅 비워라. 망상도 멀리하고 목적의식까지 여의면, 본심의 지혜작용이 무애 자재하리라(若有欲識佛境界 當淨其意如虛空, 遠離妄想及諸趣 令心所向皆無碍)'고 읊고 있다.

**무소득 무소유 무소구**
(無所得 無所有 無所求)

중생심의 자아의식과 의식의 대상경계인 번뇌 망념이 텅 빈 진여 본성의 경지이다.

법을 깨달아 체득한 득법(得法)과 제자에게 불법을 전했다고 하는 전법(傳法)의 의미도 불법사상에 의거하여 정확하게 이해하고 파악해야 한다. 얻을 법이나 전할 법이 있다면 유상(有相)의 종교가 되며, 결국 집착의 대상경계를 만들기 때문에 외도의 가르침이 된다. 무소득, 무소유, 무소구의 경지에서 진여 본성의 지혜가 여법하게 생명활동하는 진여법을 깨달아 체득한 경지가 득법이며, 그러한 사실을 스승과 제자가 확인하고 확신하게 된 사실이 전법인 것이다.

선에서도 '마음 밖에서 도를 구하는 자를 외도(心外求法者 外道)'라고 하면서 마음 밖에서 도를 구하지 말라고 주의 주고 있다.

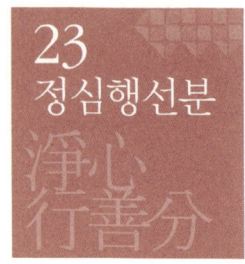

## 23 정심행선분

復次 須菩提. 是法平等 無有高下. 是名阿耨多羅
부차 수보리 시법평등 무유고하 시명아뇩다라

三藐三菩提.
삼막삼보리

以無我 無人 無衆生 無壽者. 修一切善法 (則)得
이무아 무인 무중생 무수자 수일체선법 (즉)득

阿耨多羅三藐三菩提.
아뇩다라삼막삼보리

須菩提. 所言 善法者. 如來說 (卽)非善法 是名
수보리 소언 선법자 여래설 (즉)비선법 시명

善法.
선법

# 23 청정심으로 선행을 실천함

"또한 수보리여! 이 진여 본성의 지혜가 여법하게 작용하는 불법은 절대 평등하여 높고 낮음의 차별이 없다. 이것이 최상의 불법을 깨달아 체득한 아뇩다라삼먁삼보리이다.

즉 진여 본성의 지혜작용은 중생심의 고정된 자아의 존재 의식(我相)도 없고, 인간으로서의 자기 존재에 대한 의식(人相)도 없고, 오온으로 구성된 중생이라는 자아의식(衆生相)도 없고, 자기는 영원불멸의 존재라는 의식(壽者相)도 없이 일체의 다양한 선근 공덕이 되는 진여 본성의 지혜작용인 선법(善法)에 의거하므로 곧 최상의 불법을 깨달아 체득할 수가 있는 것이다.

수보리여! 여기서 말하는 선근 공덕이 되는 선법이라는 것도 여래는 고정된 실체가 있는 선법이란 것은 없다고 설하며, 임시방편의 말로서 선법이라고 이름 붙일 뿐이다."

정심행선분

## 시법평등(是法平等)

『유마경』「제자품」(목건련장)에도 '이 진여법은 높고 낮은 차별심이 없고, 이 진여법은 상주하여 동요됨이 없다(法無高下, 法常住不動)'고 설한다. 평등은 차별에 상대적인 언어로 일심 진여(一心 眞如)의 경지이고, 차별은 중생심의 분별과 차별세계를 말한다. 이 법이 평등하다고 하는 것은 진여 본성의 작용인 진여법을 말한다. 일심 진여는 절대 평등이며, 시방 삼세 일체 법계와 하나(一相)이고 불이(不二)이다.

『유마경』「불국품」에서는 '선과 불선에 평등한 자비심이며, 심행이 평등함이 마치 허공과 같다(於善不善等以慈. 心行平等如虛空)'라고 읊었는데, 평등은 진여 본성의 여법한 지혜작용이며, 『법화경』에서 설하는 제법실상과 같은 뜻이다.

일체 모든 존재(一切法)는 각자의 진여 본성과 특성이 있어 서로 존재하는 모양은 다르지만, 각자 진여 본성의 생명활동은 여법하고 여실하게 시절인연에 따라 자연스럽게 작용(自然法爾)하고 있다. 이러한 일체법을 중생은 자기중심의 입장에서 무명 불각으로 차별, 분별심으로 보고 인식하기 때문에 번뇌 망념이 일어나게 된다.

그래서 『금강경』 32분에서는 '일체의 모든 법(一切有爲法)을 꿈, 환화, 물거품, 그림자, 이슬, 전기와 같이 실체가 없고 자성이 없이 공한 것으로 관찰하여 일체법에 대한 집착을 여의도록 하라'고 설한다. 일체법을 인식하는 것은 일심의 작용(唯心. 一切唯心造)이고, 의식의 대상경계로 인식된 것을 말한다. 의식의 스크린에 나타난 일체법이며, 거울에 비친 영상(鏡中像)과 같은 것이기 때문에 실체가 없고, 환화와 같다고 비유한다.

『대승기신론』 해석분에 '이런 까닭으로 일체법은 본래부터 언어로 설명한 모양(言說相)을 여의고, 이름과 글자로 표현한 모양(名字相)을 여의고, 중생심으로 반연된 모양(心緣相)을 여의고, 필경 평등하며, 변이(變異)가 없고, 파괴될 수가 없으며, 오직 일심이기 때문에 진여라고 한다'고 해설한다.

또 『대승기신론』 본각을 설명한 곳에 '깨달음(覺)의 의미란 심체(心體)에 번뇌 망념을 여읜 것을 말한다. 번뇌 망념을 여읜 모습은 허공계와 같이 일체의 모든 곳에 두루 하지 않는 곳이 없으며, 법계와 하나된 모습(一相)이기에 이것이 곧 여래 평등 법신인 것이다'라고 설한다.

『대법고경』 하권과 『열반경』 28권 「사자후보살품」에 '일체중생이 모두 불성을 구족하고 있다'고 설한 것처럼, 진여 자성(불성)은 일체제불이나 일체중생이 모두 똑같이 구족하고 있는 것이다. 이 진여 자성의 지혜작용인 진여법을 과거·현재·미래의 일체제불이 똑같이 설법했기 때문에 불법은 평등한 법이며, 법의 종교인 것이다.

그래서 『금강경』 14분에서도 '여래가 설한 법이 없다(如來無所說)'고 하며, 21분에서는 '만약 여래가 주장한 설법이 있다고 한다면 곧 부처를 비방하는 것이 된다'고 설했다.

『금강경』 14분에 '여래는 진실을 실이며(眞語者), 여실하게 설하며

• 17분의 253쪽 일체법 항목 참조

정심행선분

(實語者), 여법하게 설하며(如語者), 남을 속이지 않고(不誑語者), 진실과 다르게 말하지 않는 사람(不異語者)이다'라고 설한다. 여래는 진여법을 여법하고 여실하게 방편법문으로 설법하기 때문에 설법은 진여 본심의 지혜로 설법해야 한다(無法可說)고 강조하는 것이다.

또한 진여 법신은 불생불멸이기에 변이(變異)가 없고, 파괴되는 일이 없다. 그래서 여래 법신을 금강불괴신이라고 한다(열반 四德에서 제시한 常(常住)과 같다).

『금강경』 17분에 '일체법 개시불법(一切法 皆是佛法)'과, '여래자즉 제법여의(如來者卽 諸法如義)'는 똑같이 진여법을 말한다.

『법화경』에 '제법종본래 상자적멸상 불자행도이 내세득작불(諸法 從本來 常自寂滅相, 佛子行道已 來世得作佛)'의 법문은 제법실상인 일체법이 평등한 사실을 설한 것이다.

**일체 선법**
**(一切 善法)**
**즉득아뇩다라삼먁삼보리**
**(則得阿耨多羅三藐三菩提)**

일체 선법은 최상의 깨달음을 체득한 경지이기 때문에 불법의 가르침을 설한 방편법문이다. 『금강경』 17분에 '여래가 설하는 일체법은 모두 불법(佛法)이다'라는 설법과 같이 일심 진여의 지혜작용으로 선근 공덕이 되는 선법(善法)의 의미이다. 28분에서 '만약 어떤 사람이 일체법이 무아(無自性)라는 사실을 깨달아 체득한다면 그는 반야의 지혜(無生法忍)를 이루게 된다'와 같은 법문이다.

즉 『대승기신론』에서 일체법은 언설의 모습(言說相), 명자의 모습(名字相), 중생심의 인연(心緣相)을 여읜 경지이기 때문에 필경 평등한 일심인 진여법을 말한다. 불법은 진여법이며, 최상의 깨달음을 체득한 일체 선법은 아공, 법공의 경지인 진여 법신의 지혜와 자비, 상구보리 하화중생의 보살도를 실행하는 것이다. 불교의 실천덕목인 십선법(十善法) 역시 진여 법신의 지혜로 실천하기 때문에 선근 공덕이 되는 선법이다.

그러나 불법의 모든 가르침은 진여 법신의 지혜로 선근 공덕을 이루도록 임시방편으로 제시한 언어일 뿐 실체가 있는 것이 아니다. 일체의 모든 언설은 임시방편의 법문일 뿐 실체가 없고, 독자적인 자성이 없는 것이 거울에 비친 영상(鏡中像)과 같다.

『법화경』「약초비유품」에 '여래는 일체제법을 설하는 사람 가운데 최고의 왕이며, 여래가 설하는 법문은 모두 허망하지 않고 진실하다. 일체법(一切 有爲法)을 지혜의 방편으로 설법하며, 여래의 설법은 모든 중생이 일체지를 깨달아 체득하도록 하는 법문이다'라고 설한 것처럼, 방편법문일 뿐이다.

## 24 복지무비분 (福智無比分)

須菩提. 若三千大千世界中 所有諸須彌山王.
수보리 약삼천대천세계중 소유제수미산왕

如是 等七寶聚 有人 持用布施. 若人以此 般若
여시 등칠보취 유인 지용보시 약인이차 반야

波羅蜜經 乃至 四句偈等. 受持讀誦 爲他人說.
바라밀경 내지 사구게등 수지독송 위타인설

於前福德 百分不及一. 百千萬億分 乃至 算數
어전복덕 백분불급일 백천만억분 내지 산수

譬喩 所不能及.
비유 소불능급

聚 【취】 모이다, 모여들다, 모으다
以 【이】 ~써, ~으로써
偈 【게】 글귀, 시구
誦 【송】 외우다, 독송하다
及 【급】 미치다, 따라가다, 및, ~와

# 24 복과 지혜는 비교할 수 없다

"수보리여! 어떤 사람이 삼천대천세계에서 우주의 산 가운데 중심이 되는 수미산만큼 많은 칠보를 쌓아 놓고 남에게 베푸는 보시행을 하였다. 또 어떤 사람은 이 반야바라밀경이나 이 경전의 법문을 깨달아 체득하여 네 구절의 게송으로 수지(受持)하고 독송하며, 다른 사람에게 경전의 법문을 설하여 불법을 깨닫도록 하였다.

앞에 수미산만큼 칠보를 쌓아 놓고 남에게 보시한 사람의 복덕은 경전의 법문을 설한 사람의 복덕에 백분의 일(一)에도 미치지 못하며, 백천만억분의 일(一)에도 미치지 못하며, 또한 헤아릴 수 없는 숫자로 비유해서 말할지라도 경전의 법문을 설하는 공덕에는 미치지 못한다."

복지무비분

| | |
|---|---|
| 삼천대천세계 | 11분의 136쪽 삼천대천세계 항목 참조. |
| 수미산(須彌山) | 10분의 131쪽 수미산 항목 참조. |
| 사구게(四句偈) | 8분의 107쪽 사구게 항목 참조. 이 일단의 법문도 수미산만큼 많은 보물을 남에게 보시한 복덕과 『금강경』 사구게의 법문을 게송으로 설하여 불법을 깨닫게 한 공덕을 비교하여 설법하고 있다. 즉 유상(有相)의 보물과 물건이 아무리 많다고 할지라도 물건을 보시하는 일은 유한한 것이며 한계가 있고 한정된 일이다. 사바세계의 모든 일은 물질적이거나 공간적이거나, 시간적으로 한계가 있는 것이다. 또한 자신이 가지고 있는 물건이나 재물을 남에게 베푸는 일은 복덕을 나누는 일이다. |

　그러나 『금강경』의 법문을 설하여 불법을 깨닫고, 중생심을 불심으로 전환하여 진여의 지혜와 자비로 법계에 두루하는 시방 삼세 일체의 모든 제불과 모든 중생과 일체 만물과 함께 상구보리 하화중생의 보살도를 실행하는 일은 무한, 무변, 무량, 불가사의의 공덕행이 되는 일이다. 그래서 복덕과 공덕을 구분하여 설법하고 있다.

　『벽암록』 1칙에 양무제와 달마와의 대화에서도 이 문제는 분명히 밝히고 있다. 『육조단경』에 혜능은 양무제가 많은 불사를 한 것은 복을 이룬 일이지 공덕은 아니라고 단언하고 있다.

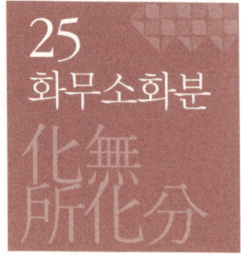

## 25 화무소화분 化無所化分

須菩提. 於意云何. 汝等勿謂 如來作是念. 我當度
수보리 어의운하 여등물위 여래작시념 아당도

衆生.
중생

須菩提. 莫作是念. 何以故. 實無有衆生 如來
수보리 막작시념 하이고 실무유중생 여래

度者. 若有衆生 如來度者. 如來 則有我人衆生
도자 약유중생 여래도자 여래 즉유아인중생

壽者.
수자

須菩提. 如來 說有我者 則非有我. 而凡夫之人
수보리 여래 설유아자 즉비유아 이범부지인

以爲有我. 須菩提. 凡夫者 如來說 則非凡夫. 是
이위유아 수보리 범부자 여래설 즉비범부 시

名凡夫
명범부

---

云【운】 이르다, 말하다
何【하】 어찌, 어떻게, 왜, 무엇 때문에
凡【범】 무릇, 모두, 다
夫【부】 지아비, 장정, 대개(문장의 첫
　　　　머리에서는 이끄는 말)

## 25 교화의 대상도 없다

"수보리여! 그대 생각은 어떠한가? 여래는 스스로 '나는 당연히 중생들을 구제하고 제도하였다'는 생각을 할 것이라고 말해서는 안 된다.

수보리여! 그대는 중생심으로 이러한 망상을 해서는 안 된다. 왜냐하면 진실로 여래가 일체중생을 구제하고 제도하였지만, 내가 중생을 구제했다는 자아의식과 중생을 구제한 자기 본분사의 일에 대하여 의식하지 않기 때문이다.

만약 여래가 어떤 중생을 구제하고 제도했다는 의식을 한다면 여래는 고정된 자아의 존재 의식(我相), 인간으로서의 자기 존재에 대한 의식(人相), 오온으로 구성된 중생이라는 자아의식(衆生相), 자기는 영원불멸의 존재라는 의식(壽者相)이 있는 중생이 되는 것이다.

수보리여! 여래가 자아가 있다고 설하지만, 그것은 즉 고정된 실체의 자아라는 존재가 있는 것이 아니다(임시방편의 말로 자아라고 이름 붙일 뿐이다). 그러나 범부 중생은 자아의 고정된 실체가 존재하는 것으로 생각하고 있다. 수보리여! 사실 범부 중생이라고 말하지만, 여래는 고정된 실체로서 존재하는 범부 중생은 없다고 설한다.(임시방편의 말로 범부 중생이라고 이름 붙일 뿐이다)"

화무소화분

### 여래도자(如來度者)

여래가 중생을 구제하고 제도하였다는 자아의식이 있는가? 이는 진실로 여래가 중생을 구제하고 제도하였지만 구제 받은 중생은 실재하지 않는다(實無有衆生 如來度者)는 의미이다. 즉 중생 구제의 원력으로 보살도를 실행하지만, 중생 구제를 자신의 목적으로 삼지 않기 때문이다. 또한 구제 받은 중생이 실제로 있다고 생각한다면 여래의 중생 구제는 자아의식과 함께 자신이 제도한 중생이라는 대상경계와 목적의식으로 중생이 되는 것이다.

3분에서 '이와 같이 무량, 무수, 무변의 중생을 구제하고 제도하였지만, 실제로 구제하고 제도를 받은 중생은 없다(如是滅度 無量無數無邊衆生. 實無衆生 得滅度者)'고 설한 법문과 같은 내용이다.

- 3분의 53쪽, 17분의 242쪽 멸도 항목 참조

# 26 법신비상분
## 法身非相分

須菩提. 於意云何. 可以三十二相 觀如來不.
수보리 어의운하 가이삼십이상 관여래부

須菩提言. 如是 如是. 以三十二相 觀如來.
수보리언 여시여시 이삼십이상 관여래

佛言. 須菩提. 若以三十二相 觀如來者. 轉輪聖王
불언 수보리 약이삼십이상 관여래자 전륜성왕

則是如來.
즉시여래

須菩提 白佛言. 世尊. 如我解佛所說義. 不應以
수보리백불언 세존 여아해불소설의 불응이

三十二相 觀如來.
삼십이상 관여래

爾時 世尊而說 偈言
이시 세존이설 게언

若以色見我 以音聲求我 是人行邪道 不能見如來
약이색견아 이음성구아 시인행사도 불능견여래

---

轉【전】 구르다, 굴러가다
輪【륜】 바퀴, 수레바퀴
邪【사, 야】 삿될, 삿됨, 바르지 못함,
  경전에서는 음사의 경우에 '야'로
  읽기도 한다

# 26 법신은 모습이 아니다

"수보리여! 그대 생각은 어떠한가? 진실로 32상이 원만히 구족된 모습의 여래를 친견(觀)할 수가 있겠느냐?"

수보리가 대답했다.

"그렇고 그렇습니다. 32상이 원만히 구족된 모습의 여래를 친견할 수가 있습니다."

부처님이 말씀하셨다.

"수보리여! 만약 32상이 원만히 구족된 모습의 여래를 친견할 수가 있다고 한다면 32상을 구족한 전륜성왕도 바로 여래가 된다고 할 수 있겠다."

수보리가 부처님께 말씀드렸다.

"세존이시여! 제가 부처님께서 설한 법문의 의미를 이해하기로는 32상을 원만히 구족된 모습의 여래를 친견할 수가 없습니다."

그때 세존께서 게송으로 설법하셨다.

만약 형색으로 진여의 자아(여래)를 깨달고자 하거나
음성과 소리로서 진여의 자아(여래)를 추구하는 사람.
이러한 사람은 사도(邪道)를 수행하는 사람들이니
진여의 시예자용이 여래를 깨달아 친견할 수가 없다.

법신비상분

**삼십이상(三十二相)**

5분의 68쪽 신상과 13분의 155쪽 삼십이상 항목 참조.

『대비바사론』 177권에 다음과 같은 질문이 있다.

문 : 보살의 32상과 전륜성왕의 32상은 어떤 차이가 있는가?

답 : 보살이 체득한 지혜는 네 가지 수승한 것이 있다.

하나, 치성(熾盛)하게 되는 것 둘, 분명하게 되는 것 셋, 원만하게 되는 것 넷, 장소(處)를 얻는 것

또 다음과 같이 다섯 가지 수승한 것이 있다.

하나, 장소(處)를 얻는 일 둘, 지극히 단정하고 엄숙하며 셋, 문상(文象)이 분명하고 넷, 수승한 지혜에 따르고 다섯, 번뇌 망념을 여읜 경지에 수순한다.◆

◆『대정장』 27권 889쪽 中

『대지도론』 4권에는 전륜성왕의 32상과 보살 32상의 차이점에 대하여 다음과 같이 문제를 제시하고 있다.

문 : 전륜성왕도 32상이 있고, 보살도 32상이 있다. 무슨 차이가 있는가?

답 : 보살의 32상에는 전륜성왕보다 일곱 가지 수승한 것이 있다.

보살의 32상에는 첫째, 청정한 상호(淨好)이고 둘째, 분명하며 셋째, 장소(處)를 상실하지 않고 넷째, 구족(具足) 다섯째, 심입(深入) 여섯째, 지혜에 따라서 실행하고 세간에 따르지 않으며 일곱째, 원

리(遠離)에 따른다. 전륜성왕의 32상에는 이러한 특성이 없다.

『대정장』 25권 91쪽 上

이 일단의 설명처럼, 보살의 32상은 청정한 상호이며 분명하고 단엄(端嚴)하며 미묘하기 때문에 시간과 장소, 즉 시절인연에 따라서 지혜가 작용하는 상호이며 32상이 원만하게 구족되어 있다.

또 『법화경』「비유품」에, 부처가 될 때 구족된 상호(若得作佛時 具三十二相)이기에 깨달음의 경지가 깊고 미묘한 지혜작용이며, 출세간의 지혜로 중생 구제의 원력을 실행할 뿐 세간적인 차별경계에 따르지 않는다. 일체중생의 번뇌 망념을 멀리 초월한 부처의 성스러운 지혜작용이라는 특성이 있다. 그러나 전륜성왕은 출세간적인 지혜를 구족한 것이 아니라는 차이점을 분명히 설명하고 있다.

일본의 명승 일휴(一休)선사는 '한 조각(一寸)의 법신의 향을 피우는 일(線香)은 한 조각의 부처이니, 한 조각, 한 조각의 수행을 쌓으면 장육(丈六)의 불신(佛身)이 되리라. 32상 80종호로 자연스럽게 본래인(本來人)을 장엄하네'라고 읊었다.

전륜성왕(轉輪聖王)

세계를 통치하는 수레의 바퀴를 굴리는 성왕(聖王)이라는 의미이다. 인도 신화에 세계를 통일하고 지배하는 이상적인 제왕으로 주장되었으며, 전륜왕, 혹은 윤왕(輪王)이라고도 하는데, 무력을 사용하지 않고 오직 정의만으로 전 세계를 통치하는 이상적인 제왕이다

『법화경』, 『무량수경』 등 불교의 경전에서 자주 언급되는 전륜성

법신비상분

왕은 32상, 칠보를 구족하고, 무력이나 검도에 의거하지 않고, 정의로서 천하를 통치하고 지배하는 제왕이다.

전륜왕이 소유하는 칠보는, 금륜(金輪 혹은 銀輪, 銅輪, 鐵輪)·상(象, 白象寶)·마(馬, 紺馬寶)·주(珠, 神珠寶)·주장신(主藏臣 혹은 거사, 즉 대신)·옥녀(玉女, 玉女寶)·주병신(主兵臣 뛰어난 장수)이다.

약이색견아 이음성구아
시인행사도 불능견여래
(若以色見我 以音聲求我
是人行邪道 不能見如來)

첫 구절의 견아(見我)는 마지막 구절의 견여래(見如來)와 같은 내용으로 진여 법성인 진아(眞我)를 깨달아 체득하는 것이다. 열반 사덕(四德)의 상·낙·아·정에서 설하는 진아로서 진여 본성의 지혜작용인 여래를 깨달아 친견(見如來)하는 의미이다.

『대승기신론』에서 진여는 법계 일상이고, 진여 자아를 깨달아 체득하는 일이 진아 여래를 친견하는 것이며, 법계와 하나된 불이(不二)법문으로 일체제불, 일체중생, 일체만법과 하나되는 지혜작용이다. 진아나 여래를 친견한다는 것은 마음 밖에서 여래나 부처를 의식의 대상으로 친견하는 것이 아니라, 진여 자체의 지혜를 진여가 여법하고 여실하게 자각하는 진여삼매에서 진여 법신의 지혜작용으로 이루어지는 것이다.

『대승기신론』에서 진여자체상(眞如自體相) 훈습작용으로 진여삼매를 이루는 법을 설명하고 있는데,『수능엄경』의 핵심법문이라고 할 수 있는 이근원통(耳根圓通)과 반문문자성(反聞聞自性)의 실천방법은『대승기신론』에 의거한 것이라고 할 수 있다.

『법화경』「비유품」에 '만약 어떤 사람이 그대가 설한 법문을 신수(信受)한다면 그는 곧 진아를 깨달아 친견하는 것이며, 그대와 비구승들과 더불어 일체의 모든 보살들의 진아도 깨달아 친견하는 것이 된다(若人有能 信汝所說 則爲見我 亦見汝我 及比丘僧 幷諸菩薩)'라고 설한다.

육체적인 형색과 모양, 혹은 음성을 통해서 유물론적으로 진여 본성의 진아인 여래를 친견하려고 하는 것은 사도(邪道)를 행하는 일이다. 불법은 진여 일심의 여법한 지혜작용을 설하는 심법이라는 사실을 분명히 제시하고 있다.

**시인행사도**
(是人行邪道)

80권『화엄경』「십지품」에 '삼계는 오직 일심의 조작이다. 일심 밖에 별다른 법은 없다. 마음과 부처와 중생, 이 셋은 차별이 없다(三界唯一心, 心外無別法, 心佛及衆生 是三無差別)'고 설하는 일체유심조의 유명한 법문이 있다.

『전등록』 28권 마조의 법문에도 '일체의 모든 법은 모두 심법이며, 일체의 모든 이름은 모두 마음으로 만들어 이름 붙인 것(心名)이다'라고 하고,『돈오요문』에도 '마음 밖에서 부처를 구하는 것은 외도이다(心外求佛 名爲外道)'라고 설한다.

『금강경』에서 사도를 행한다는 것은, 진여법이 아닌 모든 사람들의 주장을 외도라고 말한다. 즉 사람이 자기 생각과 사상, 철학, 종교로 주장하는 것은 외도이며 사도이다. 사람이 자아의 식과 의식의 대상을 주장하고 만든 것은 모두 외도이며 사도가 된다.

불법은 부처나 어떤 사람의 주장이 아니기 때문에 삼세제불은 언제 어디서나 똑같은 진여법을 설한다. 진여법은 자연법이(自然法爾)이다. 일체만법은 각자 진여 본성이 여법하고 여실하게 생명활동을 하는 법이며, 자리이타와 상구보리 하화중생의 보살도로 작용한다.

마치 물이 흘러 가면서 자신도 청정하게 하고, 만물에게도 목적의식 없이 시절인연에 따른 자기 본분사의 자연업으로 청정한 생명수를 베푸는 것과 같다.

사도는 사법과 외도법을 말한다. 즉 중생심으로 자아의식과 의식의 대상경계를 자기 사상과 철학, 종교로 주장한 것이므로 주객의 상대적이며 이원적인 차별심에서 벗어날 수가 없으며, 목적 지향의 사고로 이루어져 있다. 노·장자에서 주장하는 무위자연 사상이나 거울과 같이 무심하게 마음 쓰도록 하는 것도 모두 자신이 남으로부터 마음의 상처를 받지 않는 양생(養生)의 처세인 것이다.

『유마경』「제자품」(수보리장)에 부처님 당시 육사외도에 대한 언급이 있다. 뿌라나 까샷빠는 도덕의 가치를 무시하는 외도(斷見)이고, 마깔리 고쌀라는 숙명론적 자연주의자이며, 산자야 벨라띠뿟따는 자연주의 회의론자이며, 아지따 께사깜발리는 유물론적인 쾌락주의며, 빠꾸다 까차야나는 감각론의 외도이다. 니간타 나따뿟따는 자이나 교주로서 영혼을 주장하는 상견(常見) 외도이다.

『유마경』의 육사외도에 대한 법문은 『돈오요문』 하권, 『전등록』

28권, 『조정사원』 2권 등에도 인용하고 있다. 『금강경』 26분에는 불법을 수행하는 보살은 외도들이 주장하는 단멸상(斷滅相)을 설해서는 안 된다고 강조한다.

『벽암록』 13칙에 용수의 제자로 『백론(百論)』을 저술한 제바존자가 당시 96종의 외도들을 논쟁으로 항복시켜 정법을 수행하게 하였으며, 65칙에도 외도가 부처님을 찾아와 '유언 무언(有言 無言)을 떠나 불법을 설해 주십시오'라고 하자 부처님은 침묵(良久)으로 대답했다는 공안을 전한다.

『대승기신론』 수행신심분에도 외도의 견해와 같은 선정 수행을 하지 말 것을 당부하고 있으며, 『돈오요문』에는 '범부 외도의 견해는 부처의 지위에 도달할 수가 없다(凡夫外道 未至佛地也)'고 주장하고 있다.

경전이나 어록에서 인연법을 무시한 자연주의나 영혼을 주장하는 외도의 견해를 사도라 하고, 단멸론의 편견과 상견의 문제를 제시하고 있는 것은 정법의 안목으로 여법하고 여실하게 불법을 수행하도록 하는 노파심이다.

여법한 수행은 경전과 어록의 법문에 의거하여 정법의 안목이 구족되어야 한다. 즉 반야의 지혜를 체득하는 공사상, 유심의 철학과 불성사상 등 불법의 대의를 확실하게 알고 정법의 안목이 있어야 중생의 심병(心病, 煩惱障, 所知障)과 공병(空病), 선병(禪病)의 문제섬을 피악할 수 있으며, 정법과 사법, 불법과 외도의 견해를 진단하여 처방하고 치료할 수 있게 된다.

그리고 구마라집이 번역한 『금강경』에는 게송이 하나뿐인데, 현장이 번역한 『금강경』에는 다음과 같이 두 개의 게송이 있다.

諸以色觀我  모든 형색으로 참된 진아를 관찰하거나,
以音聲尋我  음성으로 진아를 찾는다면,
彼生履邪斷  그는 삿된 단견에 떨어진 것이니,
不能當我見  당연히 참된 진아를 친견할 수가 없다.

應觀佛法性  마땅히 부처의 법성을 관찰한다면,
卽導師法身 (부처의 법성을 관찰하는 그가) 곧 도사의 법신이다.
法性非所識  법성은 중생심으로 인식할 수 있는 대상이 아니다.
故彼不能了  그래서 중생심으로는 그 법성은 깨달을 수 없다.

현장이 저본으로 한 『금강경』(산스끄리뜨본)에 두 개의 게송이 전하는 것은 후대에 하나의 게송을 더 첨가한 것이라고 나까무라 하지메(中村 元)의 『금강경』(일본 岩波文庫, 1982년, 155쪽)에 언급하고 있다. 사실 뒤의 게송은 앞의 게송을 설명한 것이라고 할 수 있다.

그런데 현장은 '불능당아견(不能當我見)'이라고 하고, 구마라집은 '불능견여래(不能見如來)'라고 번역하는데, 여기서 말하는 아(我)는 진여 법성의 진아(眞我)이며, 열반 사덕에서 말하는 상·낙·아·정의 아(我)이다. 중생심의 자아의식이 아니라 진여의 진아는 여래의 법성인 진여이고, 진여의 지혜작용이 여래이며 진아이고, 법성인 것이다.

　진아인 여래의 지혜작용을 형색(色)과 음성으로 관찰하여 의식의 대상으로 보려고 한다면 중생심의 인식으로 보는 것이기 때문에 볼 수가 없다.

　『유마경』「제자품」에 유마거사가 가전연에게 '중생의 생멸심으로 실상법을 설하지 말라'는 법문, 진여의 지혜작용은 중생심으로는 사량 분별할 수가 없기 때문에 대승경전에는 불가사의 해탈경계, 불가사량이라고 표현한다.

　『대승기신론』에서는 언어문자로 설명할 수가 없으므로 언어를 여읜 진여(離言眞如)라 하고, 선에서 자주 사용하는 불립문자(不立文字), 언어도단(言語道斷), 언전불급(言詮不及), 심행처멸(心行處滅)도 모두 중생심의 사량 분별과 언어로는 설명할 수 없는 여래(진여법성)의 지혜작용을 말한다.

견(見)과 관(觀)

　　　　　　견성(見性)을 번역하면 '본성을 보다'이고, 관법(觀法)과 관심(觀心)을 글자대로 번역하면 '법을 관찰하다', '마음을 관찰하다'이다. 이처럼 언어가 제시하는 본래 의미는 당연히 주관적인 자아의식으로 보는 대상경계의 법이나 관찰하는 대상의 마음이 있게 된다.

　그렇다면 중생심의 인식으로 보고 알 수 없는 진여, 법성, 여래를 어떻게 해야 깨달아 체득할 수가 있겠는가?

　견성은 진여 자성의 자각적인 지혜로 여법하게 깨달아 확인하는 것이며, 관법이나 관심도 진여 지혜로 여법하게 관찰하고 확인하여 진여의 지혜작용이 되도록 하는 수행이다.

불법 수행은 언어를 방편으로 수행하는 것이기 때문에 언어방편의 의미를 불법사상으로 정확하게 이해해야 한다. 진여의 지혜로 불법을 체득 할 수 있는 언어방편을 제시하지 못하고, 중생심으로 인식한 번역어를 제시하고 있는 한, 불법의 진실을 깨달아 체득하는 일은 절대 불가능하다.

비슷한 언어로 신(信)을 '믿다'라고 해석하고, 득(得)을 '얻다'라고 해석하고, 전법(傳法)과 득법(得法)을 '믿어야 할 대상인 부처나, 전할 법이나 얻을 법이 있다'고 하면 중생심으로 인식하는 대상경계를 만들기 때문에 자각성지의 종교인 불법의 본질을 상실하게 된다. 즉 여기 게송에서 읊고 있는 사도를 수행하는 일이 되기 때문에 진아인 여래를 깨달아 체득할 수가 없게 된다.

견(見)과 관(觀)은 진여의 지혜로 진아의 지혜작용을 친견하고 관찰하는 진여삼매를 말하는 방편의 언어이다. 즉『대승기신론』에서 정리하는 대승불법의 진여삼매는 진여가 주(主)가 되고 진여가 객(客)이 되는 진여 자체의 지혜작용(훈습작용)이기 때문에 진여의 지혜작용(主客)이 불이법문이 되고, 일여, 여여가 된다.

따라서 견은 중생심으로 보는 대상경계인 여래를 보는 것이 아니라 진여가 진여 자체의 지혜작용을 친견하는 불이법문이며, 진여가 진여를 관찰하는 진여삼매를 의미하는 언어로 번역이 되어야 한다.

친견은 친절(親切), 친(親)은 하나(一如, 一片), 불이(不二)의 입장이다. 선에서는 진여의 지혜작용을 친(親), 혹은 친절이라고 하고, 중생심이 주객, 선악으로 차별하고 분별하는 이원적인 사고를 소(疎)라고 한다.

진여 법신은 진여의 지혜를 관찰하는 진여의 지혜작용이기 때문에 주객의 대립이 없는 진여삼매이며, 진여의 일행삼매(一行三昧)이다.

## 27 무단무멸분
## 無斷無滅分

須菩提. 汝若作是念. 如來 不以具足相故. 得
수보리 여약작시념 여래 불이구족상고 득

阿耨多羅三藐三菩提.
아뇩다라삼먁삼보리

須菩提. 莫作是念. 如來 不以具足相故. 得
수보리 막작시념 여래 불이구족상고 득

阿耨多羅三藐三菩提.
아뇩다라삼먁삼보리

須菩提. (汝)若作是念. 發阿耨多羅三藐三菩提者
수보리 (여)약작시념 발아뇩다라삼먁삼보리자

說諸法斷滅相. 莫作是念.
설제법단멸상 막작시념

何以故. 發阿耨多羅三藐三菩提心者. 於法 不說
하이고 발아뇩다라삼먁삼보리심자 어법 불설

斷滅相.
단멸상

具 【구】 갖추다
若 【약】 같다, 같음, 만약, 만약에,
　　경전에서는 음사의 경우에 '야'로
　　도 읽는다
斷 【단】 끊다, 끊어버림, 단절함

滅 【멸】 멸하다, 사라지다, 없어짐

## 27 편견과 고정관념에 떨어지지 마라

"수보리여! 그대는 '여래가 32상을 원만하게 구족하였기 때문에 최상의 불법을 깨달아 체득한 것이 아닐까?' 이러한 생각을 하고 있는 것이 아닌가?

수보리여! 그대는 '여래가 32상을 원만하게 구족하였기 때문에 최상의 불법을 깨달아 체득하게 된 것이 아닐까?' 이러한 생각을 해서는 안 된다.

수보리여! 그대가 만약에 이러한 생각을 하게 된다면, 최상의 불법을 깨달아 체득하려고 발심한 보살이 일체의 모든 법에 대한 편견을 가지고 법문을 설하는 것이 된다. 그대는 이러한 단멸상(斷滅相)의 편견을 가져서는 안 된다.

왜냐하면 최상의 불법을 깨달아 체득하고자 발심한 사람은 일체의 모든 법에 대한 편견을 가지고(斷滅相) 불법을 설하지 않기 때문이다."

무단무멸분

## 구족상(具足相)

여래가 최상의 불법을 깨달아 체득한 것(아뇩다라삼먁삼보리)은 32상을 구족하였기 때문인가?

어느 한쪽의 상대적인 사고를 갖는 것은 중생심으로 조건적인 인식이며, 불법의 깨달음과 32상을 대상경계로 사량 분별하는 것이다.

일체법은 불법이며, 불법은 진여법으로『금강경』에서는 '진여는 일체의 자아의식과 대상경계를 텅 비운 무실(無實)이기에 반야의 지혜를 작용하는 것(無虛)'이라고 설하는 진공묘유(眞空妙有)의 법을 설한다. 중생의 번뇌 망념이 텅 비워진 경지에서 진여 본성의 자연스러운 생명활동(自然法爾)이다. 중생심으로 지견해회(知見解會)하며 사량 분별로 이해하면 올바른 불법사상을 이해할 수가 없고 보살도의 실천을 할 수가 없다.

부처의 위대한 지혜작용에는 상호가 32상 80종호로 원만하게 구족되어 있다는 것이다(具足色身).『법화경』「비유품」에 '만약 부처가 될 때에 32상이 구족되고 천인과 야차·대중·용신 등이 공경하리니, 이때에 영원히 번뇌 망념이 소멸하여 남음이 없는 무여열반이라고 할 수 있습니다'라고 설한다.

『금강경』5분, 13분, 20분, 26분에도 32상을 구족한 여래를 친견할 수가 있는가? 하는 문제를 제시하고, 26분에서는 형색과 음성으로 여래의 법신인 진아를 추구하는 자는 사도를 행하는 자이며 여래 법신을 친견할 수가 없다고 설한다. 부처나 여래의 육체적인 특성인 32상을 구족한 형색과 모양, 음성, 즉 중생의 육근, 육식,

육경의 인식작용과 의식의 대상경계로는 진여 법신의 지혜작용인 여래를 친견할 수가 없는 것이다.

32상에 대해서는 5분의 68쪽 신상 항목과 13분의 155쪽 32상 항목 참조.


지금까지 『금강경』에서는 여래가 체득한 최상의 불법, 즉 아뇩다라삼먁삼보리와 여래가 구족한 32상에 대하여 많이 언급했는데, 여기서는 여래와 아뇩다라삼먁삼보리, 여래의 32상에 대한 편견과 고정관념을 모두 함께 떨쳐버리도록 설법하고 있다.

여래는 32상을 구족했기 때문에 아뇩다라삼먁삼보리를 이루게 된 것인가?

혹은 아뇩다라삼먁삼보리를 체득했기 때문에 32상이 구족하게 된 것인가?

32상과 아뇩다라삼먁삼보리는 여래가 깨달아 체득한 진여 법신의 지혜작용과 자비의 덕상(德相)이지 어떤 조건이 아니며, 또한 이러한 것은 고정된 실체로 존재하는 것이 아니라 임시방편의 언어로 제시한 것이다. 조건은 이원적인 상대성을 갖는 세속적인 사고이며, 허무와 단멸론에 떨어지게 하는 원인이 된다. 마찬가지로 여래의 32상과 아뇩다라삼먁삼보리를 체득한 고정관념 또한 여래가 되는 조건이며, 실제로 존재하는 32상과 아뇩다라삼먁삼보리로 간주되기 때문에 단멸론의 원인이 된다.

따라서 불법을 수행하는 보살은 여래가 깨달아 체득한 아뇩다라삼먁삼보리(최상의 불법을 깨달음)라는 진여 법신의 지혜작용과 여래가 구족한 32상에 대한 고정관념을 의식의 대상경계에서 텅 비우지 않으면 이 두 차별상과 고정관념에서 벗어날 수가 없다. 결국 이원론적인 상대 조건을 충족시키는 형식상의 존재(모양과 음성의 여래)의 문제와 더불어 반야의 지혜를 구족하도록 제시한 공사상을 잘못 이해하여 단멸론, 허무주의적인 사고를 초래하게 된다.

『금강경』 27분의 법문에서 먼저 여래는 32상이 구족되었다는 고정관념(相)까지 떨쳐버려야 최상의 깨달음을 이룰 수 있다는 생각을 멀리 여의게 하고 있다. 그래서 여래의 32구족상에 대한 생각(망상)을 하지 말라고 설법했다. 앞의 26분에서 32상을 구족한 형상으로서 여래를 친견할 수가 없다, 32상을 구족한 형상(모습)이 여래라고 한다면 전륜성왕도 32상을 구족했기 때문에 여래라고 할 수가 있는가?라고 반문하고 있다. 32상을 구족한 여래의 형상(모양)으로 여래를 친견할 수가 없다고 누누이 강조한다.

이처럼 여래의 32상에 대한 고정관념의 사고의식을 떨쳐버리도록 하였다. 여래가 구족한 32상호에 대한 고정관념을 떨쳐버려야 깨달음(보리)을 이룰 수 있다는 또 다른 단견(斷見)과 고정관념을 가지게 되면 이 역시 진정한 깨달음을 이룰 수가 없게 된다. 여래의 32상호에 대한 고정관념을 떨쳐버리려는 생각이나, 32상호를 구족한 여래의 형상(모습)에 대하여 대상경계로 의식하는 것도 모두 단견과 고정관념에 떨어진 중생이 되기 때문이다.

말하자면 32상을 구족한 여래에 대한 관념이나, 여래가 최상의 깨달음(아뇩다라삼먁삼보리)을 체득하였다는 고정관념의 의식까지 완전히 떨쳐버려야 한다. 왜냐하면 32상을 구족한 여래나 아뇩다라삼먁삼보리를 이룬 실체로 존재하는 여래는 없기 때문이며, 모든 것은 임시방편으로 붙인 언어일 뿐이라는 사실이다.

그렇다고 해서 여래가 구족한 32상이나 아뇩다라삼먁삼보리(최상의 깨달음)는 허무한 것이며, 허망하여 아무것도 없다는 말인가? 이러한 허무론, 즉 단멸론에 떨어지는 중생들을 위해서 또다시 여래의 32상과 불법의 가르침에 의거한 아뇩다라삼먁삼보리를 발심하는 일은 쓸모없이 허망한 것이 아니라는 것을 불법의 입장에서 설하고 있다.

여래가 부처가 될 때 구족하는 32상과 불법의 가르침에 의거한 최상의 깨달음을 이룬다는 것이 허무하고 허망하고 무의미하다면 누가 불법의 가르침을 배우고 깨달음을 이루는 발심을 하겠는가? 불법의 가르침과 진여법이 그렇게 허망하고 쓸모없는 가르침인가?

그래서 불법의 가르침에 의거하여 최상의 깨달음을 이루고자 발심한 보살은 제법실상이 허망하고 허무한 것이라고 설하지 않는다고 한다. 불법은 진여법이며, 여법하고 여실하게 시절인연과 함께 불변의 법칙성에 의한 자연법이로 생명활동 하는 것인데, 이러한 진여의 지혜작용이 어찌 허망한 것이며, 허무한 가르침이라고 할 수가 있겠는가?

무단무멸분

그래서 여기서는 제법이 허무하고 허망하다는 단멸상에 대한 고정관념을 갖지도 말고 그렇게 생각하지도 말라(莫作)고 강조한다. 최상의 깨달음을 이룬 보살은 일체의 모든 법이 고정적으로 존재한다는 생각(常見)에 치우치거나, 아주 단절하여 아무것도 없다고 하는 단견에도 치우지지 않는다. 일체의 모든 법에 대한 고정관념인 상견과 아무것도 없이 허망하다는 허무적인 단멸 단견에 떨어지는 고정관념을 모두 초월해야 한다고 설한다.

이 일단의 법문은 『금강경』 14분과 17분에서 설한 무실무허의 법문과 같다.

즉 여래가 체득한 아뇩다라삼먁삼보리(최상의 깨달음)와 32상은 임시방편의 언어로 제시할 뿐 고정된 실체가 없기 때문에 무실이다. 그러므로 32상이나 아뇩다라삼먁삼보리(최상의 깨달음)에 대한 의식과 고정관념이나 집착을 가져서는 안 된다. 여래가 깨달아 체득하여 구족한 32상과 아뇩다라삼먁삼보리(최상의 깨달음)는 중생의 번뇌 망념의 심병을 여법하고 여실하게 모두 다 알고, 모두 다 볼 수 있는 부처의 지혜가 작용하기 때문에 허망하고 허무하여 쓸모없는 것은 아니다(無虛). 무실무허의 법문을 『대승기신론』에는 공(眞空)과 불공(妙有)의 논리로 설명한다.

즉 진여 본성은 방편으로 사용하는 일체의 언어와 중생심의 사량 분별을 텅 비운 경지(空)이기 때문에 진여는 여법하고 여실하게 부처의 지혜를 작용(不空)할 수가 있는 것이다.

만약에 사람이 여래는 32상을 구족한 형상(모습)이고 아뇩다라삼먁삼보리를 깨달아 체득하였다는 고정관념을 가진다면 중생심으로 의식의 대상경계에 속박되어 진정 자신은 진여의 지혜를 작용할 수 있는 능력을 영원히 발휘할 수가 없게 된다. 이러한 여래에 대한 의식을 모두 텅 비워야지(空) 진여의 지혜가 여법하게 작용할 수 있다는 사실(不空)을 불법사상으로 설하는 것이다.

『반야심경』 색즉시공 공즉시색(色卽是空 空卽是色)의 법문에서 일체의 모든 일에 대하여 단견과 상견의 치우진 견해에 떨어지는 차별심을 갖지 말고, 시절인연의 일을 무심하게 반야의 지혜로 수용할 때 복덕과 공덕을 이루는 깨달음의 삶이 될 수가 있다고 설한다.

법(法)의 단멸상(斷滅相)

단견(斷見), 단멸론(斷滅論)을 주장하는 것이다. 세상의 모든 존재나 사물은 자기 자신의 주관적인 입장에서 단멸, 편견을 주장하며, 선악의 인과와 진여 법성의 이법(理法)을 인정하지 않고, 인과응보의 이론을 무시하는 잘못된 편견이다. 또한 사람도 죽으면 모든 것이 단멸하여 다시는 태어나는 일이 없고, 일생을 지금의 한번으로 단정하며, 사후의 운명이나 선악의 업보를 무시하는 잘못된 사고로서 단무(斷無), 허무에 집착하는 견해를 말한다. 단견의 반대는 상견이고 고정관념에 집착하는 것이다.

• 『잡아함경』 34권 (『대정장』 2권 245쪽 中). 『승만경』 (『대정장』 12권 222쪽 上) 등 참조

단멸상은 공견외도(空見外道)나 단견외도(斷見外道)의 주장인데, 고대 인도의 육사외도 가운데 한 사람인 뿌라나 까샷빠의 주장으로

일체의 모든 법이나, 현상 존재, 선악 인과 등의 존재를 부정하는 일종의 허무사상이다.

* 단견외도에 대해서는 『대비바사론』 49권 (『대정장』 27권 255쪽 下) 참조

불교에서는 단견과 상견에 대한 중생심의 차별과 분별심을 모두 텅 비우고 초월하여, 그 어느 한쪽에도 치우치지 않고 일체의 모두를 취(取)하지도 않고, 또한 버리지(捨)도 않는다. 취사선택은 중생이 자기중심으로 판단한 분별적인 사고이기 때문에 단견과 편견에 떨어지게 된다. 중생심의 이원적 사고인 취사, 선악, 애증의 차별과 분별심을 모두 함께 포용함과 동시에 일체 의식의 대상 경계를 초월할 때, 진여 법신의 지혜가 여법하고 여실하게 작용하게 된다.

『조론(肇論)』종본의(宗本義)에 다음과 같이 설한다.

본무(本無), 실상(實相), 법성(法性), 성공(性空), 연회(緣會)는 모두 똑같은 의미이다. 일체의 제법은 인연이 모여(會) 생기는 것인데 인연이 모여 생기는 것이라고 한다면, 또 생기기 이전에 존재(有)하는 것은 없었고, 인연이 다하면 소멸하는 것이다. 만약 참된 존재(有)라고 한다면 그 존재(有)는 소멸하는 일이 없다. 이런 점을 생각해 볼 때 지금 현재 존재(有)한다고 해도 그것은 존재(有)이면서 성(性)으로서는 항상 그 자체가 공한 것이라는 사실을 알 수 있다. 본성으로서 항상(常) 그 자체공(自體空)이기에 그것은 성공이라고 하며, 본성이 공하기에 법성이라고 한다. 법성이 있는 그대로의 모습이기에 실상이라고 하며, 실상 그 자체가 본래 무(無)이기에 그것을 억지로 무로 만드는 것은 없다. 그래서

본무(本無)라고 한다.

진여 자성은 자체가 허공처럼 텅 비어 공하기 때문에 일체의 제법을 포용함과 동시에 일체의 만법을 생성 양육하는 진여 자성의 공덕인 지혜작용의 묘용이 있는 것이다.
『대승기신론』에 다음과 같이 설한다.

둘째로, 경전 중에서, '세간의 모든 존재는 궁극적으로 고정된 자아의 실체가 없다(體空). 내지는 열반이나 진여라고 하는 것도 궁극적으로 고정된 자아의 실체가 없다. 이것들은 처음부터 그 자체에 자아의 고정된 실체가 없고(自空), 모두 특별히 고정된 모습(相)을 초월한다'라고 설하였다.

지금까지 대승경전에서 열반이나 진여라는 진실한 불법의 가르침을 잘 이해하지 못하고 실재한다고 생각할 우려가 있으므로 그와 같은 사견과 집착을 깨뜨리기 위하여 진여와 열반은 본래 아무것도 없는 것(허무)이라고 한다.

이러한 문제점을 어떻게 대처해야 할 것인가?

진여나 법신이라는 자체의 입장을 밝히면 불심의 지혜작용이 결코 없는 것이 아니다(自體不空). 왜냐하면 그것은 본래 무량한 불성의 지혜작용을 동반하는 덕성을 구족하고 있기 때문이다(具足, 不空) 라고 설명한다(二者, 聞修多羅說 世間諸法 畢竟體空. 乃至 涅槃 眞如之法 亦畢竟空. 從本已來 自空離一切相. 以不知爲破著故. 卽謂 眞如涅槃之性 唯是其空. 云何對治. 明眞如法身 自體不空. 具足

> 無量性功德故).•

『반야경』에서 일체제법이 공하고(一切皆空), 세간법과 출세간법도 모두 공하며, 열반의 경지도 환화와 같고 꿈과 같다고 한 것은 단멸상을 설한 것이 아닌가?

일체제법은 물론, 열반 해탈의 경지까지 공하고 실체가 없다고 주장하는 것은 무기공(無記空)과 단멸상(斷滅相)에 떨어진 것이 아닌가?

일체개공은 중생심으로 인식하는 일체의 의식의 대상경계가 무자성(無自性), 무실체(無實體), 공한 것이라고 설했다. 진여 법신 그 자체의 지혜작용은 공한 것이 아니라 무량한 자성의 공덕을 구족하고 있는 것이다.

이 점은 『금강경』 14분과 17분에서 '여래가 깨달아 체득한 불법은 실체도 없고(無實), 허망한 것도 아니다(無虛)'라고 설하고 있다. 또한 28분에서 '만약 어떤 사람이 일체법이 무아임을 깨달아 안다면 무생법인(無生法忍)을 체득하게 된다'라고 설한다. 무생법인은 반야의 지혜이며, 『금강경』에서 강조하는 아뇩다라삼먁삼보리(최상의 깨달음)이다.

『대승기신론』에서는 진여의 공과 불공의 논리로 진여법을 진공묘유로 체계 있게 설한다.•

『돈오요문』 41분에는 다음과 같은 문답을 전한다.

> • 『대정장』 32권 580쪽 上

> • 14분의 188쪽 무실무허 항목 참조

문 : 진여의 본성은 진실로 공한 것인가? 진실로 불공인 것인가? 만약 불공이라고 한다면 곧 이것은 유상(有相)이며, 만약 공이라고 한다면 곧 이것은 단멸이다. 일체중생이 마땅히 무엇에 의지해서 수행하고, 해탈해야 하는가?

답 : 진여의 본성은 공이기도 하고, 또한 불공이다. 왜냐하면, 진여의 미묘한 본체는 형상이 없기에 대상으로 구해 얻을 수가 없어 공한 것이다. 그러나 공하고 무상한 본체 가운데 항하사의 묘용을 구족하고 있으며, 사물에 응하지 않는 일이 없기에 역시 불공이라 한다.

경전에 '근본 하나를 알면 천 가지가 따르고, 근본 하나에 미혹하면 만 가지가 미혹하다'고 했다. 만약 사람이 근본 하나를 잘 지킨다(守一)면 만사를 깨달아 마칠 것이니, 이것이 불도를 깨닫는 미묘작용인 것이다.

『법구경』에 '삼라만상은 일법(一法)으로 도장을 찍은 것이다(森羅及萬像 一法之所印)'라고 했다. 어떻게 일법 가운데 여러 가지 견해가 일어나는 것인가? 이와 같은 공업(功業)의 행위가 근본이 되는 까닭이다. 번뇌 망심을 텅 비우지 않고 문자에 의거하여 깨달음을 취한다는 것은 있을 수가 없는 일(도리)이다. 이것은 스스로를 속이고 남도 속이는 일이며 서로가 중생의 업장에 떨어지게 된다. 노력하고 노력하라. 자세히 그러한 법문을 잘 살피도록 하라. 어떠한 일(대상경계)이 닥쳐도 받아들이지 말고 일체처, 언제 어디서

무단무멸분

나 무심하라. 이렇게 하면 곧 열반의 경지를 깨닫고, 무생법인을 증득한다. 이것이 불이법문(不二法門)이고 무쟁(無諍)이며, 일행삼매(一行三昧)이다.

선에서는 중생심의 인식작용과 의식이 완전히 없어진 경지가 올바른 깨달음의 경지라고 착각하는 선병(禪病)을 허무주의, 지혜작용이 없는 중생심의 멍청한 무기공(無記空), 완공(頑空), 낙공(落空), 침공(沈空), 공견(空見), 단멸공(斷滅空) 등의 언어로 비판한다.

『선가귀감』에 다음과 같은 일단이 있다.

참선 수행자(禪學者)가 본래 면목의 지혜작용(本地風光)을 깨닫지 못하면 높고 가파른 불법의 현관(玄關)을 어떻게 통과할 것인가? 가끔 단멸공을 선이라 하고, 무기공을 도라고 하며, 일체 아무것도 없는 무의 경지를 고견(高見)으로 삼는다. 이런 것이 깜깜한 무명의 완공이니, 깊은 선병에 빠진 것이다. 지금 천하에 선을 설하는 많은 사람들이 이러한 선병에 떨어져 있다.

또 『오등회원』 6권과 『선문염송』 30권(1463칙)에 전하는 파자소암(婆子燒庵)의 공안에, 노파가 한 소녀를 자신이 평생 모신 선승에게 보내어 스님을 꼭 껴안아보라고 시켰다. 그때 암주(庵主)는 '고목나무는 찬 바위에 기대고 있으니, 삼동설한에 온기가 전혀 없다(枯木倚寒巖, 三冬無暖氣)'라고 자신의 심경을 말했는데, 이 말을 들은 노파는 당장 암자를 태워 버리고 그 선승을 내쫓아버렸다고 한다.

선에서는 '무심의 작용이 도(無心是道)'라고 주장하는데, 이 선승은 무심을 마음작용과 감각의식이 전혀 없는 경지라고 착각하고 참선 수행한 것이다. 이러한 중생심으로 참선 공부하는 것을 고목선(枯木禪)이라고 하는데, 감각의식이 단절된 무의식의 선병이다. 불법에 의거하지 않은 참선 수행은 이렇게 선병의 환자를 만든다.

전기가 흘러나와 방전이 되고, 누전 상태인 중생심의 번뇌 망념을 불법의 지혜로 판단하고 자각하여 성지(聖智)를 이루는 진여 삼매의 참선을 자가 발전에 비유한다. 감각의식이 없다는 고목선은 정전이며, 단전, 절전의 상태가 된 것이다.

그래서 돈황본 『육조단경』에 '모든 사물이나 의식의 대상경계(法)에 생각이나 의식을 하지 않고, 번뇌 망념을 모두 다 완전히 없애려고 하지 말라. 한 생각의 의식이 단절되면 곧 지혜작용이 죽은 중생심이 되며, 또 다른 중생의 세계에서 망념을 일으키게 된다(莫百物不思 念盡除却 一念斷卽死. 別處受生)'라고 설한다.

『선관책진(禪關策進)』에 전하는 대의선사의 법문에도 '헛되이 대상 경계를 없애버리고 번뇌 망심을 없애려고 하지 마라. 이것은 고치기 어려운 선병이며, 깊은 심병이다'라고 주의 주고 있다. 번뇌 망념을 없애려는 생각도 중생의 망념이 되고, 없애려고 하면 더욱 더 많아지며, 취사선택의 분별에 떨어지게 된다.

『전등록』 5권에 와륜(臥輪)화상이 '와륜은 기량이 있어 능히 백천 가지의 망념을 끊고, 대상경계에 집착하지 않으니 깨달음이 나날로 증장한다'고 읊었다. 이 게송을 들은 육조 혜능선사는 '이 게송은 이직 심지(心地)를 밝히지 못한 것이다. 만약 이 게송에 의거하여 수행하면 계박(繫縛)이 더욱 심할 것이다'라고 하면서 다음과 같은 게송을 읊었다. '혜능은 기량이 없어 백천 가지의 망념을 끊지 않고, 대상경계에 망심이 자주 일어나니, 깨달음이 어찌 증장하겠는가?'

중생심의 무명 불각이 일어나지 않도록 할 수가 없고, 번뇌 망념을 없앨 수가 없기 때문에 참선 수행은 번뇌 망념이 일어난 것을 불법의 지혜로 자각하여 실지(悉知) 실견(悉見)하도록 한다. 불지견(佛知見)은 중생의 망심을 자각하게 하는 정법의 안목이다.

즉 소승의 선정은 번뇌 망념을 소멸시킨 적멸의 경지를 깨달음, 열반, 해탈로 간주하고, 대승선에서는 의식의 대상경계를 텅 비우고 집착하지 않기 때문에 대상경계에 대한 취사선택을 초월하고, 일체만법과 하나된 불이의 경지(진여 본성)에서 제법실상의 경지를 진여 법신의 지혜작용으로 실행한다.

『금강경』에서 단멸론을 설하지 않는다는 설법은, 진여 법신의 지혜작용인 해탈 열반의 경지에서 설한 법문이다.

## 28 불수불탐분
## 不受不貪分

須菩提. 若菩薩 以滿恒河沙等 世界 七寶 (持用)
수보리 약보살 이만항하사등 세계 칠보 (지용)

布施. 若復有人 知一切法 無我 得成於忍. 此
보시 약부유인 지일체법 무아 득성어인 차

菩薩 勝前菩薩 所得功德.
보살 승전보살 소득공덕

(何以故) 須菩提. 以諸菩薩 不受福德故.
(하이고) 수보리 이제보살 불수복덕고

須菩提 白佛言. 世尊. 云何 菩薩 不受福德.
수보리 백불언 세존 운하 보살 불수복덕

須菩提. 菩薩 所作福德 不應貪着. 是故 說不受
수보리 보살 소작복덕 불응탐착 시고 설불수

福德.
복덕

滿 【만】 가득하다, 가득 차다
勝 【승】 뛰어나다, 수승하다
受 【수】 받다
貪 【탐】 탐하다, 탐욕

## 28 보시행의 복덕을 수용하지 않는다

"수보리여! 만약 어떤 보살이 갠지스 강의 모래알만큼 많은 세계에 가득 채운 칠보를 가지고 남에게 베푸는 보시행을 하였다고 하자. 또 어떤 사람이 일체의 모든 법은 자아의 고정된 실체가 없다는 사실을 확실하게 깨달아 반야의 지혜인 무생법인(無生法忍)을 이룬다면 이 보살이 이룬 공덕이 칠보를 가지고 남에게 베푸는 보시행을 한 보살의 공덕보다 더 수승한 것이다.

수보리여! 불법을 수행하는 모든 보살들은 자신이 보살도를 실천하며 이룬 그 복덕을 자기 자신을 위해서 수용하지 않기 때문이다."

수보리가 부처님께 말씀드렸다.

"세존이시여! 왜 보살이 자신이 보살도를 실천하며 이룬 복덕을 자신을 위해서 수용하지 않습니까?"

"수보리여! 불법을 수행하는 보살들은 시절인연의 모든 일을 보살도의 실천으로 매사 복덕을 이루는 일을 하지만 자기 자신이 복덕을 이루는 일을 목적으로 하지 않고, 그 일을 의식의 대상으로 생각하거나 탐착하지 않기 때문이다. 그래서 보살들은 자신이 보살도를 실천하면서 이룬 복덕을 자기 자신을 위해서 수용하지 않는다고 하는 것이다."

불수불탐분

**지일체법 무아**
(知一切法 無我)
**득성어인**(得成於忍)

인(忍)의 원어는 ksanti(끄샨띠)이고, 인내, 인욕 이외에 인가결정(忍可決定)의 의미가 있다. 여기서는 중생의 생사심, 생멸심을 초월한 반야의 지혜인 무생법인(無生法忍), 혹은 무생인(無生忍)으로 번역한다.

지금까지 번역한 모든 『금강경』에서는 인을 거의 인욕으로 번역하고 있지만, 경전에서 설한 법문의 내용으로 보면 반야의 지혜를 체득한 무생법인으로 봐야 한다. 인을 무생인, 무생법인이라고 하는 것은 대승불교의 반야사상을 토대로 이루어진 독자적인 개념이다.

무생법인은 범어 anutpattika-dharma-ksanti(아누빠띳까 다르마 끄샨띠)이고, 무생인이라고 한다. 일체법이 공한 것이며 그 자체의 고유한 성질을 지니지 않는다. 따라서 중생심으로 인식하는 생사심과 업장을 만드는 생멸심의 변화를 초월하여 진여의 불생불멸의 진실과 일체개공인 대승 불법의 도리를 깨달아 체득한 반야지혜를 말한다. 진실된 도리를 진여의 지혜로 여법하고 여실하게 깨달아 체득하여 확실한 반야지혜를 구족한 것을 의미한다.

무생법인은 대승불교의 반야사상을 토대로, 인욕바라밀과 같은 의미이지만 중생의 생사심, 생멸심을 초월한 진여 법신의 불생불멸의 경지인 반야의 지혜를 깨달아 체득한 경지를 말한다.

무생은 중생심의 생사, 생멸심을 텅 비운 진여 법신의 반야지혜이며, 인연의 법이 성립하지 않은 본래 공의 세계인 무법(無法)과 같다. 21분에 '설법이란 무법의 경지에서 진여의 지혜작용으로 설법해야 하는 것이다(無法可說)'라고 설한다.

현장은 이 부분을 '만약 보살이 모든 무아법과 무생법에서 감인(堪忍)을 획득한다면(若有菩薩 於諸無我無生法中 獲得堪忍)'이라고 번역하는데, 무아나 무생은 일체개공의 진실을 깨달은 불생불멸의 경지이다. 그러한 반야의 지혜를 깨달아 체득한 것을 감인을 획득한다고 한다.

감인은 감임(堪任), 감수(堪受), 하담(荷擔)과 같은 말로 무생법인, 무생인을 감당하다는 의미인데 무생법인을 체득했다는 말이다.

이 일단은 17분의 '만약에 보살이 무아법을 통달하게 된다면 여래는 이 사람을 진정한 보살이라고 말한다(若菩薩通達無我法者 如來說名眞是菩薩)'라는 구절과 같은 내용이다. 즉 일체법이 고정된 자아의 실체가 없고 무자성이며 공하다는 사실을 불법의 지혜로 깨달아 체득하면 무생법인을 이루게 된다는 뜻이다.

『유마경』「법공양품」에도 '일체의 모든 법을 설법한 그대로 수행하여 12인연에 수순하여 모든 사견을 여의고, 무생인을 체득하여 무아와 무중생의 경지를 결정하며, 인연과 과보에 위배하고 다툼이 없으며 모든 법에 대하여 나와 내 것이라는 소견을 여읜다'라고 설한다.

또 15분의 '만약 어떤 사람이 이 경전의 가르침을 수지하고 독송하며 널리 다른 사람들에게 설법한다면, (진여 법성인) 여래는 이 사람의 마음작용을 여법하게 알고, 이 사람의 마음작용을 여실하게 진여의 지혜로 볼 수가 있으며, (이 사람의 공덕은) 모두 헤아릴 수 없고 칭송할 수도 없으며, 중생심으로 생각할 수도 없는 무한한 공덕을 성취하게 된다. 이와 같이 대승과 최상승을 향해 발심한 사람들은 곧 여래 최상의 깨달음(아뇩다라삼먁삼보리)을 저절로 체득하게 되는 것이다(荷擔 如來 阿耨多羅三藐三菩提)'라는 법문과 같다. 짊어지다는 의미의 하담은 감임, 감인과 같은 뜻이고, 깨달음을 짊어진다고 하는 것은 깨달아 체득한다는 말이다.

- 15분의 216쪽 하담 여래 아뇩다라삼먁삼보리 항목 참조

『대승기신론』에는 '대승의 불법을 깨달아 체득하면 불퇴전의 경지를 감당한다(於摩訶衍法 堪任不退轉故)'라 하고, 『주유마경』 1권에는 '제법이 본래 무생(無生)임을 깨달으면 마음작용이 적멸(寂滅)하여 불퇴전의 경지를 감당하며 무생법인을 이룬다(以見法無生心智寂滅, 堪受不退 故名無生法忍)'라고 한다.

- 『대정장』 32권 575쪽 中

무아법을 깨닫도록 『금강경』은 아상·인상·중생상·수자상을 비우고, 자아의식인 사상(四相)과 의식의 대상경계인 법상을 텅 비우고 아공, 법공을 비우면 최상의 깨달음(아뇩다라삼먁삼보리)을 이룬다고 설법한다.

14분에 '일체 제상(諸相)을 여의면 곧 제불(諸佛)이다(離一切諸法則名諸佛)'라고 설한다. 중생은 자기 주관적인 생각과 자신의 심의식으로 대상경계를 인식하고 의식하고 분별하는데, 주객의 대립과 차별심을 여읠 수가 없지만, 불법의 가르침으로 무아법을 깨닫고 일체개공인 반야지혜를 체득하면 무생법인을 이룬다.

『대지도론』 14권에 찬제(羼提, 인욕)바라밀을 다음과 같이 해설한다.

문 : 무엇을 찬제(羼提, 인욕)바라밀이라고 하는가?

답 : 찬제는 번역하면 인욕이니, 인욕에는 생인(生忍)과 법인(法忍) 두 가지가 있다. 보살이 생인(衆生忍)을 행하면 한량없는 복덕을 얻고, 법인을 행하면 한량없는 지혜를 얻는다. 복덕과 지혜 두 가지를 구족하면 원하는 것을 모두 이룰 수가 있다. 마치 사람이 눈과 발이 있으면 생각하는 대로 갈 수 있는 것과 같다.● 

● 『대정장』 25권 164쪽 中

문 : 무엇을 생인이라고 하는가?

답 : 두 종류의 보살이 보살을 찾아오는데, 첫째는 공경하고 공양하기 위함이요, 둘째는 화를 내어 꾸짖고 때리기 위해서다. 이때 보살은 능히 잘 참아서 그 중생들을 애경(愛敬)으로 대하고 그 중생들에게 화를 내거나 나쁜 말로 대하지 않는다. 이것이 생인이다.●

● 『대정장』 25권 164쪽 中

문 : 무엇을 법인이라고 하는가?

답 : 공경하고 공양하는 모든 중생과 온갖 화를 내고 괴롭히고 음욕스러운 사람에 대하여 잘 참는 것을 생인(衆生忍)이라고 한다. 공경, 공양하는 법과 성내고 괴롭히고 음욕스러운 법을 잘 참는 것을 법인이라고 한다.

또 법인이라고 함은 안으로 여섯 감정(六情)에 집착하지 않고, 밖의 육진(六塵)을 받아들이지 않고, 이 두 가지에 분별심을 일으키지 않는다. 왜냐하면, 내상(內相)은 밖과 같고, 외상(外相)은 안과 같아서 이 두 모양을 모두 얻을 수가 없기 때문이고 일상(一相)이기 때문이며, 인연이 화합한 것이며 그 실체는 공하기 때문이다. 일체의 법상은 항상 청정하며, 진제(眞際, 진여)의 법성과 같은 실상이기 때문이며, 불이(不二)의 경지를 깨달았기 때문이다. 비록 둘도 아니며(無二) 또한 하나도 아니다(不一). 이렇게 모든 법을 관찰하여 진심으로 확신하여 불퇴전을 이루면 이것을 법인이라고 한다.•

•『대정장』 25권 168쪽 中

『대지도론』 30권에도 인욕행을 중생인과 법인으로 나누어서 다음과 같이 해설한다.

인욕을 행하는 사람은 앞에서와 같이 욕설을 퍼붓는 사람을 보면 마치 부모가 젖먹이를 보듯 하면서, 그가 성을 내어 욕하는 것을 보고는 더욱더 사랑하는 마음이 깊어져야 한다. 또다시 생각하기를 '저 사람이 나에게 악을 끼치는 것은 바로 전생업의 인연이어서 전세에 나 자신이 지은 것이니, 이제 당연히 받아야 한다. 만약 성을 내면서 갚으면 다시 뒷날의 고통을 만드는 것이 되는데 언제 풀리게 되겠는가? 만약 지금 참지 않으면 영원히 괴로움을 여의지 못한다' 이렇게 하여 화를 일으키지 말아야 한다.

이와 같이 여러 가지 인연으로 화를 내는 일을 꾸짖고 자비심을 일으켜 중생인을 깨닫는다. 중생인을 깨닫고는 생각하기를 '시방의 모든 부처님께서 설하신 법은 모두 자아가 없고, 내 것도 없다(我所). 다만 모든 법이 화합하여 임시로 중생이라는 이름을 붙였을 뿐이니 마치 기관으로 장치한 나무 인형과 같다. 비록 동작을 한다고 할지라도 그 속에는 주인이 없는 것처럼, 이 몸도 역시 그와 같아서 다만 피부와 뼈가 서로 지탱하면서 마음의 바람을 따라 움직일 뿐이며, 생각 생각마다 생멸하고 무상하고, 공적하여 작자(作者)도 없고 욕하는 사람도 없고 받는 사람도 없다. 처음부터 끝까지 필경 공하기 때문에 단지 생각이 전도되고 거짓일 뿐인데, 범부들이 망심으로 집착하고 있다'라고 생각해야 한다.

이렇게 생각하면 곧 중생도 없고, 법에 속박하는 일도 없고, 다만 인연이 화합했을 뿐이므로 자성도 없다. 마치 중생이 화합한 것을 임시로 이름 붙여 중생이라고 한 것처럼 법도 역시 이와 같아서 곧 법인을 체득하게 된다. 이 중생인과 법인을 체득하기 때문에 아뇩다라삼먁삼보리를 체득하게 된다.●

● 『대정장』 25권 281쪽 上~中

『대지도론』에서 인(忍)은 중생인과 법인의 두 가지로 해설한다. 중생인은 치욕을 참는 것이고, 법인은 상대적인 독설과 폭력을 참는 것이다. 또한 법인은 진여의 법성으로 자신의 마음을 여법하게 관찰하고 일체제법의 실상을 깨달아 반야지혜를 체득하여 심부동(心不動)의 경지에서 인욕바라밀을 실행하는 것이라고 설한다.

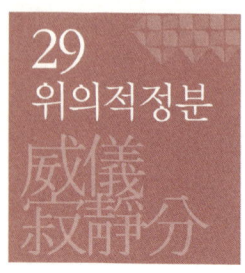

## 29 위의적정분 威儀寂靜分

須菩提. 若有人言 如來 若來 若去 若坐 若臥.
수 보 리  약 유 인 언  여 래  약 래  약 거  약 좌  약 와

是人 不解 我所說義.
시 인  불 해  아 소 설 의

何以故. 如來者 無所從來 亦無所去 故名如來.
하 이 고  여 래 자  무 소 종 래  역 무 소 거  고 명 여 래

---

臥【와】눕다

# 29
## 법신은 오고감이 없다

"수보리여! 만약 어떤 사람이 진여 본성의 지혜작용인 여래는 오기도 하고 가기도 하며, 앉기도 하고 눕기도 한다고 말한다면 그 사람은 내가 설한 진여 본성의 지혜작용인 여래의 참된 뜻을 이해하지 못한 것이다.

왜냐하면 진여 본성의 지혜작용인 여래는 어디서 온 것도 아니며, 또 어디로 가는 것도 아니기 때문이다. 그래서 본래 그대로 여여(如如)하고 동요됨이 없는(不動) 진여 본성의 지혜작용을 여래라고 하는 것이다."

위의적정분

### 여래(如來)

• 17분의 245쪽 여래 내용 참조

『금강경』 17분에 '여래란 일체의 제법과 같이 진여의 지혜가 여법하게 작용한다는 뜻이다(如來者卽 諸法如義)'라고 여래의 진정한 의미를 설하였다. 여기서도 그러한 입장에서 '여래자 무소종래 역무소거 고명여래(如來者 無所從來 亦無所去 故名如來)'라고 정의하고 있다. 여래는 진여법신을 말한다.

『중론』의 귀경게에서 '제법의 본성은 공하여 불생(不生)·불멸(不滅), 불상(不常)·부단(不斷), 불일(不一)·불이(不異), 불래(不來)·불출(不出)'이라고 설하는 팔부중도설(八不中道說)과 같은 입장이다. 중론의 팔부중도설은 일체의 상대적인 차별경계를 초월한 공·중도의 세계를 설한 것이지만, 생멸을 초월하고, 단견과 상견을 초월하고, 근본의 일(一)도 아니고 그렇다고 그것과 다른 것도 아닌 것이며, 또한 오고 가는 존재도 아닌 것이 여래이며 진여 법신인 것이다.

물론 『중론』을 설한 용수의 시대에는 진여나 여래장 사상이 표면으로 강조된 시대가 아니기 때문에 진여 법신이라는 말은 사용하지 않지만 공·중도의 입장에서 반야의 지혜를 작용하는 주체는 무엇인가?

공·무아설은 중생심의 번뇌 망념과 생사심(생멸심)을 텅 비우는 실천으로 중도를 제시하는데, 반야의 지혜를 자각하고 여법하고 여실하게 작용하는 주체는 무엇인가?

이 문제에 주목한 여래장 사상가들은 무엇이라고 이름 붙일 수 없어 진실하고 여여하게 생명활동을 하는 그 본성의 주체를 진여라고 임시방편으로 이름 붙이게 된 것이다.

진여 본성은 여여 부동하며 불변의 본성을 잃어버리지 않기 때문에 『유마경』에서는 제일의부동(第一義不動)이라고 한다. 예를 들면 물(水)의 본성은 항상 여여 부동하며 불변이지만, 시절인연에 따라서 여법하고 여실하게 흐르는 작용(隨緣)을 하기 때문에 일체의 모든 존재와 함께 불이(不二)의 생명활동을 하는 것이다.

진여 본성의 여법한 생명활동이 상구보리이며, 시절인연과 함께 하는 수연행이 자연스럽게 하화중생의 보살도로 실행되는 것이다. 자아의식도 없고, 일체의 모든 대상경계나 사물에 대한 존재의식도 하지 않는 가운데 자연스럽게 이루어지는 행화를 불보살의 자연업(自然業)이라고 한다. 진여 본성의 여여하고 여법한 생명활동을 여래라고 하는 의미도 이와 같다.

## 30 일합이상분 一合理相分

須菩提. 若善男子 善女人. 以三千大千世界 碎爲
수보리 약선남자 선여인 이삼천대천세계 쇄위

微塵. 於意云何. 是微塵衆 寧爲多不.
미진 어의운하 시미진중 영위다부

(須菩提言). 甚多 世尊. 何以故. 若是微塵衆 實有
(수보리언) 심다 세존 하이고 약시미진중 실유

者. 佛則不說 是微塵衆. 所以者何. 佛說微塵衆
자 불즉불설 시미진중 소이자하 불설미진중

則非微塵衆. 是名微塵衆.
즉비미진중 시명미진중

世尊. 如來 所說 三千大千世界 則非世界. 是名
세존 여래 소설 삼천대천세계 즉비세계 시명

世界. 何以故. 若世界 實有者 則是 一合相. 如來
세계 하이고 약세계 실유자 즉시 일합상 여래

說一合相 則非一合相. 是名一合相.
설일합상 즉비일합상 시명일합상

碎【쇄】부수다
微【미】작다, 미세하다
塵【진】티끌, 먼지
甚【심】심하다, 매우

# 30 진실된 실상은 일체이다

"수보리여! 만약 선남자 선여인이 삼천대천세계를 부수어 미세한 티끌로 만든다고 하자. 그대는 어떻게 생각하는가? 그 미세한 티끌은 진실로 많다고 하지 않겠는가?"

수보리가 말했다.

"매우 많겠습니다. 세존이시여! 왜냐하면, 만약 미세한 티끌이 실제로 존재한다고 할지라도 부처님은 미세한 티끌들이 많이 존재한다고는 설하지 않습니다. 그 이유가 무엇인가 하면, 부처님이 설하는 미세한 티끌들이라고 하는 것은 고정된 실체의 미세한 티끌들이 존재하는 것이 아니라, 임시방편의 말로 미세한 티끌들이라고 이름 붙일 뿐이기 때문입니다.

세존이시여! 여래가 설한 삼천대천세계도 역시 고정된 실체로서 삼천대천세계가 존재하는 것이 아니라, 임시방편의 말로 삼천대천세계라고 이름 붙일 뿐이기 때문입니다. 왜냐하면 만약 삼천대천세계가 실체로 존재하는 것이라고 한다면 그것은 바로 삼천대천세계라는 한 덩어리의 모양(一合相)이라는 대상경계에 집착하게 되는 것입니다. 여래가 설한 한 덩어리 모양(一合相)이라는 것은 고정된 실체로서 한 덩어리 모양(一合相)이라는 것이 존재하는 것이 아

일합이상분

須菩提. 一合相者 則是 不可說. 但凡夫之人 貪
수 보 리　일 합 상 자　즉 시　불 가 설　단 범 부 지 인　탐

着其事.
착 기 사

其 【기】 그, 그것, 지시대명사, 때로는
문장 전체를 받거나 그것(그 자체)
본연의 의미를 나타내기도 한다

니고, 임시방편의 말로서 한 덩어리 모양(一合相)이라고 이름 붙일 뿐이기 때문입니다."

"수보리여! 삼천대천세계가 한 덩어리 모양(一合相)이라는 것에 대하여 어떤 언어나 말로서도(객관적으로) 설명할 수가 없는데, 단지 범부들은 그 한 덩어리 모양이라는 말에만 집착하고 있는 것이다."

## 삼천대천세계 (三千大千世界)

11분의 136쪽 삼천대천세계 항목 참조. 삼천대천세계는 11분, 13분, 19분, 24분에서도 설하고 있다.

삼천대천세계가 미진(微塵)의 집합체로 이루어져 실재하는 물질로 간주하여(實有者 則是一合相) 집착의 대상경계를 만드는 것은 『금강경』의 무실체, 무자성, 공사상에 위배된다. 그래서 여래는 일합상(一合相)이라는 고정된 실체가 존재하는 것이 아니라 임시방편의 말로 일합상이라고 이름 붙일 뿐이라고 설한다.

## 일합상(一合相)

일합상은 범어로 pinda-graha(삔다그라하)이다. 한 덩어리로 뭉쳐진 것을 의미한다. 현장은 일합집(一合執)이라고 번역한다. 삼천대천세계 전체가 하나의 덩어리로 이루어진 전일체(全一體)라고 간주하고, 그것이 실체의 존재(實有)로 인정하여 집착하는 것을 말한다. 일합상은 전일체와 같은 의미이다.

징관(澄觀)의 『화엄경대소연의초』 37권에는 다음과 같이 설명한다. '일합상이란 많은 인연이 화합하였기 때문에 많은 미진들을 두루 뭉쳐서 형체를 만든 것이며, 오음 등을 합쳐서 하나로 형성시킨 것이기 때문에 일합상이라고 한다(一合相者 衆緣和合 故攬衆微, 以成於色, 合五陰等 以成於一 名一合相).' 많은 인연이 화합한 하나의 모양과 오음 등이 뭉쳐서 하나의 형체로 이루어진 것으로 보는 것은 인간의 신체로 간주하고 있다.

징관은 또 '일합상이란 곧 설명할 수가 없다(一合相者 則是不可說)'에서 '불가설(不可說)'이란 『금강경』에서 '여래설 일합상 즉비일합상(如

來說 一合相 卽非一合相'이라고 설한 것인데, 인연에 따라서 합쳐진 것은 자성이 없기 때문이다. 무성(無性)의 성(性)이 곧바로 이치를 증득한 것인데, 이러한 사실을 아는 자가 바로 올바른 지혜를 갖춘다고 해석하고 있다.

일합상(一合相: 衆塵을 합쳐서 世界가 이루어진 것)

구마라집 번역의 상(相)은 상(想)과 같은데 집(執)의 의미이다. 보리류지도 일합상으로 번역. 진제(眞諦)는 취일집(聚一執), 직본(直本)은 박취(搏取), 현장은 일합집(一合執), 의정은 취집(聚執)으로 번역.

일성집(一性執, ekatva-grāha)이 하나하나 달리 실유(實有)로서 고집(固執)하는 것에 대하여 일합집(一合執, piṇḍa-grāha)은 모두를 일전체(一全體)로 보고 그것을 실유(實有)로서 고집하는 것을 말한다.

『중론』 권2 「파합품(破合品)」 (「관합품(觀合品)」 제14) (T.30~19. 下)에

"일합상(一合相)이라고 말하지 말라"고 한 것은 "성인(聖人)은 합(合)에 소합(所合)이 없다는 것을 깨달았기" 때문이다. …… 이 법(法) 스스로 합하지 않고, 이법(異法)도 또한 합하지 않고, 합법(合法) 및 합시(合時), 합자(合者)도 또한 모두 무(無)이다. 그래서 합(合)한 사실이 없다. 그러나 범부는 세계가 있다고 보기 때문에 탐착하는 마음을 초월하여 세계가 있다고 말한 것일 뿐이다.

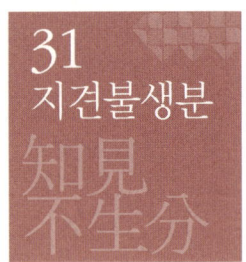

## 31 지견불생분 知見不生分

須菩提. 若人言 佛說 我見 人見 衆生見 壽者見.
수보리 약인언 불설 아견 인견 중생견 수자견

須菩提. 於意云何. 是人 解我所說義 不.
수보리 어의운하 시인 해아소설의 부

(不也). 世尊. 是人 不解 如來所說義. 何以故.
(불야) 세존 시인 불해 여래소설의 하이고

世尊 說我見 人見 衆生見 壽者見 卽非我見 人見
세존 설아견 인견 중생견 수자견 즉비아견 인견

衆生見 壽者見. 是名 我見 人見 衆生見 壽者見.
중생견 수자견 시명 아견 인견 중생견 수자견

# 31 중생심으로 분별심을 일으키지 마라

"수보리여! 만약 어떤 사람이 부처가 자기 존재에 대한 견해와, 인간으로서의 자기 존재의 견해, (오온으로 구성된) 중생이라는 자아의식의 견해, 자신의 생명은 영원하다는 고정된 견해(아견·인견·중생견·수자견)를 가지고 있다는 사실을 설했다고 말한다면 수보리여! 그대의 생각은 어떠한가? 그 사람은 내가 설한 법문의 뜻을 정확하게 이해한 것이라고 할 수 있겠는가?"

"그렇지 않습니다. 세존이시여! 그 사람은 여래께서 설하신 법문의 뜻을 정확하게 이해하지 못한 것입니다. 왜냐하면, 세존께서 자기 존재에 대한 견해, 인간으로서의 자기 존재의 견해, (오온으로 구성된) 중생이라는 자아의식의 견해, 자신의 생명은 영원하다는 고정된 견해(아견·인견·중생견·수자견)에 대하여 설한 법문은 곧 자기 존재에 대한 견해, 인간으로서의 자기 존재의 견해, (오온으로 구성된) 중생이라는 자아의식의 견해, 자신의 생명은 영원하다는 고정된 견해(아견·인견·중생견·수자견)라 할 수 있는 고정된 실체가 있는 것을 설한 것이 아니기 때문입니다. 임시방편의 말로 자기 존재에 대한 견해, 인간으로서의 자기 존재의 견해, (오온으로 구성된) 중생이라는 자아의식의 견해, 자신의 생명은 영원하다는 고정된 견해(아견·인견·중생견·수자견)

지견불생분

須菩提. 發阿耨多羅三藐三菩提心者. 於一切法.
수보리 발아뇩다라삼먁삼보리심자 어일체법

應如是知 如是見 如是信解 不生法相.
응여시지 여시견 여시신해 불생법상

須菩提. 所言法相者. 如來說 即非法相. 是名
수보리 소언법상자 여래설 즉비법상 시명

法相.
법상

라고 이름 붙일 뿐이기 때문입니다."

"수보리여! 최상의 불법을 깨달아 체득하고자 발심한 사람은 일체의 모든 의식의 대상경계(法)에 대하여 진여의 지혜로 여법하게 파악하여 알고, 여실하게 볼 수 있어야 하며, 여법하게 깨달아 진여의 지혜작용을 자유롭게 활용할 수 있는 능력을 구족하며 의식의 대상경계에 집착하는 분별심(法相)을 일으키지 말아야 한다.

수보리여! 여기서 말하는 의식의 대상경계에 집착하는 분별심(법상)이라는 말도 여래는 의식의 대상경계에 집착하는 분별심(법상)이라는 고정된 것이 있는 것이 아니라고 설하며, 임시방편의 말로 의식의 대상경계에 집착하는 분별심(법상)이라고 이름 붙일 뿐이다."

**아견 인견 중생견 수자견**
(我見 人見 衆生見 壽者見)

중생이 주관적인 자아의식으로 아상·인상·중생상·수자상(四相)의 틀에 박힌 고정관념을 지니고 있는 것을 말한다. 부처에 대한 고정관념을 불견(佛見)이라고 하고, 법견(法見), 보살견(菩薩見), 중생견(衆生見)도 마찬가지이다.

**여시지 여시견**
(如是知 如是見)
**여시신해 불생법상**
(如是信解 不生法相)

일체의 모든 법에 대하여 여법하고 여실하게 진여 본성의 지혜작용으로 깨달아 알고 볼 수 있는 능력인 불지견(佛知見)을 설한 것이다. 여시는 여법하고 여실하게 진여 본성의 지혜작용(여래)으로 중생심의 번뇌 망념을 모두 다 알고(悉知) 모두 다 볼 수 있는 능력(悉見)이다.

『대승기신론』에 '오직 부처의 지혜작용이 되어야 능히 중생심의 번뇌 망념을 알 수 있다(唯佛能知)'라고 주장한다. 부처가 되고 여래가 되는 대승불법의 본질을 설한 일단이다.

『법화경』에서 설하는 불지견을 구족하여 제법실상인 열반의 경지에서 지혜로운 불보살의 삶을 무애자재하게 살 수 있는 경지이다.

여시신해(如是信解) 또한 불법을 신심이나 지식으로 이해하는 대상이 아니라 진여 본성의 지혜로 작용하는 확실한 깨달음과 지혜를 자유롭게 작용할 수 있는 능력을 구족하는 것이다.

신해는 진여 본성의 확실한 지혜를 작용할 수 있는 능력을 구족하고 있기 때문에 자아의식의 중생심과 번뇌 망념으로 일으킨 의식의 대상경계인 법상에 집착하는 일이 없다. 그래서 여래는 진여 본성의 지혜로 지금 여기 자기 본분사의 삶을 법계와 하나된 보살도의 실천으로 전개하기 때문에 불가사의한 무량의 공덕과 복덕을 구족하는 것이다.

## 32 응화비진분 應化非眞分

須菩提. 若有人 以滿無量阿僧祇世界 七寶 持用
수보리 약유인 이만무량아승기세계 칠보 지용

布施. 若有 善男子 善女人 發菩薩心者. 持於
보시 약유 선남자 선여인 발보살심자 지어

此經 乃至 四句偈等. 受持讀誦 爲人演說 其福
차경 내지 사구게등 수지독송 위인연설 기복

勝彼.
승피

云何 爲人演說. 不取於相 如如不動.
운하 위인연설 불취어상 여여부동

何以故 一切有爲法 如夢幻泡影 如露亦如電
하이고 일체유위법 여몽환포영 여로역여전

應作如是觀.
응작여시관

佛說 是經已. 長老 須菩提 及諸比丘 比丘尼
불설 시경이 장로 수보리 급제비구 비구니

---

演【연】 펴다  露【로】 이슬
夢【몽】 꿈, 꿈꾸다
幻【환】 허깨비, 꼭두각시, 환영
泡【포】 물거품
影【영】 그림자, 자취

# 32
## 변화하는 것은 법신이 아니다

"수보리여! 만약 어떤 사람이 한량없이 많은 무량(아승기)의 세계에 칠보를 가득 채워놓고 남에게 베푸는 보시행을 한다고 하자. 또 어떤 선남자나 선여인은 불법을 깨달아 보살행의 원력을 발심하고 이 경전의 법문을 체득하여 하나(四句)의 게송으로 요약하고 독송하여 다른 사람에게 설법하여 불법을 깨닫도록 하는 인연을 심어준다면, 이 사람은 칠보를 베풀고 보시한 사람의 복덕보다 더 수승하다고 할 수 있다.

그러면 다른 사람에게 『금강경』의 법문을 어떻게 설법해야 하는가? 중생심으로 어떠한 사물의 모양이나 형상, 의식의 대상경계에 집착하지 말고, 여여 부동한 진여 자성의 여법한 지혜작용으로 법문을 설해야 한다.

중생심으로 인식한 의식의 대상경계(有爲法)는 꿈, 환상, 물거품, 그림자와 같고, 이슬, 번갯불과 같아 실체가 없다. 마땅히 진여 본성의 지혜로 중생의 망념을 이와 같이 여법하고 여실하게 관찰하여 의식의 대상경계에 집착하는 일이 없도록 해야 한다."

부처님께서 이 경전의 설법을 모두 다 끝내자 장로 수보리와 비구, 비구니, 우바새, 우바이와 모든 세간의 중생들이 부처님의 설법을

응화비진분

優婆塞 優婆夷. 一切世間 天人 阿修羅. 聞佛
우바새 우바이   일체세간   천인  아수라   문불

所說 皆大歡喜. 信受奉行.
소설 개대환희   신수봉행

歡【환】기쁘다
喜【희】기쁘다, 좋아하다, 즐기다

듣고 크게 기뻐하였으며, 확신을 가지고 불법의 가르침을 여법하게
받들어 실천 수행하였다.

| | |
|---|---|
| **사구게(四句偈)** | 수지독송과 설법의 공덕은 8분의 107쪽 사구게 항목 참조. |
| **여여부동(如如不動)** | 이 말은 자아의식과 의식의 대상경계를 모두 여의고 진여 본성의 지혜가 여여(여래)하게 동요됨이 없이 작용하는 것을 말한다. 29분에서 '여래는 어디에서 온 것도 아니고, 또한 어디로 가는 것도 아니기 때문에 여래라고 한다'는 설법과, 14분의 '일체의 모든 의식의 대상경계(離一切諸相)를 여의면 곧 제불이라고 한다'는 법문은 같다 |

7분에 '여래가 설법하는 것은 모두 대상경계로 취할 수가 없고 설명할 수도 없다(如來所說法 皆不可取 不可說)'는 설법과, 21분의 '설법은 진여본심(無法)에서 진여의 지혜로 설하는 것'이라고 한 것은 진여 본성의 지혜로 의식의 대상경계에 집착하지 않고 본분사의 생명활동으로 설법하도록 하는 말이다.

부동(不動)은 『법화경』 「안락행품」에 다음과 같이 설한다.

한가한 장소에서 망심을 수습하여 부동에 안주함이 마치 수미산과 같고, 일체법을 모두 무소유로 관찰함이 마치 허공과 같다. 신심이 견고하며 망념이 일어남도 없고 출입이 없으며 부동, 불퇴(不退)하여 항상 (진여의 법계) 일상(一相)에 주(住)해야 친근처(親近處)라고 할 수 있다.

또 '여래지(如來地)에서 신심이 견고하여 부동하다' 혹은 '신심적

부동(身心寂不動)'이라고 설하는데, 여여 부동은 진여 본성의 지혜작용을 말한다.

『유마경』「불국품」에 '밖으로 능히 일체법을 잘 분별하면서도 안으로 진여의 근본(第一義)은 부동이다' 혹은 「입불이법문품」에 '부동은 곧 무념(진여)이며 무념은 무분별이다'라고 설한다. 이 일절은 돈황본 『육조단경』에도 인용하는데, 일체의 대상경계에 차별심, 분별심과 집착하는 망심이 일어나지 않고 진여 본성의 근본에서 지혜작용 하는 것을 말한다. 『법성게』에 '일체의 모든 대상경계에 동요하지 않고 본래 적정의 경지이니 예부터 여여부동한 경지를 부처라고 한다(諸法不動本來寂 舊來不動名爲佛)'라고 읊고 있다.

여여는 불생불멸인 법신의 지혜가 여여하고 여실하게 작용하는 것을 말한다.

『대반야바라밀다경』 576권에도 이 게송과 같은 법문이 보인다.●

『대품반야경』「서품」에도 '제법을 깨달아 이해하기를 환상(幻)과 같고, 불꽃과 같고, 수중월(水中月)과 같고, 허공과 같고, 메아리와 같고, 건달바성(신기루)과 같고, 꿈과 같고, 그림자와 같고, 거울에 나타난 영상과 같고, 환화와 같이 하라'고 설한다.

『유마경』「제자품」(우바리)에 '일체의 모든 법(의식의 대상경계)은 생멸하여 머무름 없음이 마치 환화와 같고, 전기와 같이 제법이 서로 상대(相待)하지 않는 것처럼, 한 생각(一念)에도 머무름이 없다. 의식

**일체유위법(一切有爲法)**
● 『대정장』 7권 979쪽 中

응화비진분

의 대상경계로 나타난 제법은 모두 망상의 견해(妄見)이니, 꿈과 같고 아지랑이와 같고, 물속에 비친 달과 같고, 거울에 비친 영상과 같이 모두 중생의 망상으로 나타난 것이다'라고 설한다.

일체 유위법이 독자적인 존재로서 작용하는 실체도 아니고, 무자성이며, 공한 사실을 환화, 꿈, 물거품, 그림자, 이슬, 전기 등으로 비유하고 있다. 그 밖에도 경중상(鏡中像), 수중월(水中月), 아지랑이(陽炎), 토끼의 뿔, 거북의 털, 공화(空華), 구름 등의 비유로 설하기도 한다.

유위법은 주객의 인연이 결합된 중생심의 자아의식으로 조작하여 만들어진 의식의 대상경계(法)이다. 『화엄경』에서 '일체의 모든 법은 마음의 조작으로 만든 것(一切唯心造)이다'라고 설한다. 객관적인 존재나 사물을 인식할 때 자신이 주인이 되어 어떤 대상경계를 인식하고 판단하는 것은 중생심이다. 자신의 마음과 인식하는 것이 유위법인데, 의식의 대상경계로 인식하는 것은 마치 거울에 비친 물체와 같이 의식의 스크린에 나타난 영상과 같은 것이기 때문에 꿈, 환화, 물거품, 이슬, 전깃불과 같다고 하는 것이다.

중생심으로 조작하여 인식한 것은 거울에 나타난 모양과 같기 때문에 『반야경』에서는 실체로 존재하는 것이 아니라 공한 것이며 무자성이라고 설한다. 그런데 중생들은 의식의 대상경계로 나타난 사물이나 생각들이 실재하는 것으로 착각하고 있으며, 그러한 생각과 물질을 추구하고, 소유하려고 하며, 애착하기 때문에 전도된 착각과 환상 속에서 업장을 짓고 산다.

이러한 사실을, 불법의 법문을 배우고 수행하여 진실을 여법하게 깨달아 체득하도록 설한 법문이 이 게송이다. 중생심으로 인식하는 모든 것은 유위법임을 분명히 깨달아 알고, 진여 본성의 지혜로 여법하게 무위법으로 보살도의 삶을 살아야 한다. 일체 현성은 무위법으로 차별한다는 말이며, 반드시 의식의 대상경계에 집착하지 말고 무소주의 경지에서 보시행을 하라고 설한다.

『반야경』 8권 「환청품」에 '만약 어떠한 법문이 있어 열반의 경지보다도 더 수승하다고 할지라도 나는 역시 환화와 같고, 꿈과 같다고 설하리라(若當有法 勝於涅槃者, 我說亦復如幻如夢)'는 구절이 있다. 불교에서 제시한 깨달음의 경지인 열반이나 부처, 불법 등 어떠한 것이라도 모두 언어문자로 표현하거나 설하는 것은 유위법이 된다.

사실 열반이나 부처, 깨달음은 지금 여기서 진여 본성이 여법하고 여실하게 지혜작용하는 것을 언어문자로 표현한 것이지 결코 열반이나 부처, 불법이 실체의 존재가 아니라는 사실을 알아야 한다.

『유마경』 「아촉불품」에 '여래는 일체의 상대적인 차별심을 초월하였기 때문에 일체 언설로서 분별하여 현시(顯示)할 수가 없다'고 하며, '세존이이여! 진여 본성의 지혜작용인 여래의 법신은 이와 같습니다. 진여 법신의 지혜작용과 같이 일체법을 관찰하는 것(如是觀)을 정관(正觀)이라고 하며, 이와 같이 진여 본성의 지혜작용으로 관찰하지 못하고 중생심으로 관찰하면 사관(邪觀)이 됩니다'라고 설한다.

『금강경』은 중생심의 자아의식(我空)과 의식의 대상경계도 공(法空)한 사실을 깨달아 체득하도록 강조한다. 물론 언어문자의 방편 법문도 공한 사실을 즉비(卽非)의 논리로 설하고 있음을 잘 알아야 한다.

**신수봉행(信受奉行)** 13분에서 수보리가 세존께 이 경전을 어떻게 봉지(奉持)해야 할 것인가를 질문하는데, 세존은 '이 경의 명칭은 금강반야바라밀경(金剛般若波羅蜜經)이다. 이 경전의 명칭과 같이 그대는 봉지(以是名字 汝當奉持)하라'고 설한다. 이 경전의 명칭은 금강과 같이 견고한 반야의 지혜를 체득하여 일체의 번뇌 망념을 끊고 완전한 반야의 지혜 바라밀행을 실행하도록 하라는 의미이다. 경전의 명칭에도 속박되지 말라는 의미로 반야바라밀이라는 고정된 실체가 있는 것이 아니라는 사실을 명심해야 한다.

신수봉행은 모든 경전의 마지막에 나오는 말로서, 경전에서 설한 법문을 여법하고 여실하게 깨달아 체득하여 일체의 의심 없이 철저한 확신을 가지고 진여 본성의 지혜로 보살도의 삶을 여법하게 실천 수행한다는 의미이다. 경전에서 설한 법문은 평생 언제 어디서나 일상생활에서 불법의 지혜로 여법하게 보살도를 실행하는 지침이 되고 있다. 즉 경전의 법문은 이정표이며, 확실한 보살도의 실천 수행을 하도록 하는 가이드북이다.

12분에 이 경전의 법문을 설하고, 경전의 사구게를 수지 독송하는 곳에는 일체의 천상계와 인간계, 아수라 등이 부처님과 불탑에 공양하고 있다는 사실을 대승불교의 모든 경전에서 한결같이 언급하고 있다. 즉 부처의 설법을 듣고 수지 독송할 수 있는 중생은 인간계와 천상계이며, 아수라는 불법을 받들고 공경 공양하며 외호할 수 있기 때문이다. 삼악도의 중생, 즉 지옥·아귀·축생의 세계는 불법 지혜의 광명이 없어 불법을 수용할 수가 없는 곳이다.

金剛般若波羅蜜經 眞言
금 강 반 야 바 라 밀 경 진 언

那謨 婆伽跋帝 鉢喇壤 波羅弭多曳 唵 伊利底
나 모　바 가 바 데　바 리 야　바 라 이 다 예　옴　이 리 니

伊室利 輸盧馱 毘舍耶毘舍耶 莎婆訶
이 실 리　시 로 다　비 사 야 비 사 야　사 바 하

能斷 金剛般若波羅蜜經
능 단　금 강 반 야 바 라 밀 경

能【능】능하다, 능히, ~할 수 있다
斷【단】끊다

能斷 金剛般若波羅蜜經

능히 일체의 번뇌 망념을 끊어버릴 수 있는 금강과 같은 반야지혜
의 완성을 설한 경전의 법문은 끝났다.

# 금강경과 참선수행

## 『금강경』에 대하여

### 1. 『금강경』의 제목

『금강반야바라밀경』은 『금강경』 혹은 『금강반야경』이라고 하는데, 『능단금강반야바라밀경(能斷金剛般若波羅蜜經)』 혹은 『금강능단반야바라밀경(金剛能斷般若波羅蜜經)』이라고도 한다. 중국불교에서는 많은 반야 경전 가운데 『반야심경』과 더불어 가장 많이 독송하는 경전이며, 특히 선종의 수행자들이 소의경전으로 수지 독송하고 있다.

금강경은 범어로는 Vajracchedika-prajna palamita(바즈라체디까 쁘라즈냐 빠라미따)이다. 능단(能斷)은 chedika(체디까)의 번역이다. 금강, 즉 다이아몬드 보석과 같이 파괴되지 않는 견고한 반야의 지혜로 일체의 중생심의 번뇌 망념과 전도 몽상의 착각을 능히 끊어버리고 타파한다는 의미이다. 『금강경』 13분에 이 경전의 이름을 『금강반야바라밀경』으로 지정하는 법문을 설하고 있다.

『금강경』은 인도에서도 중요시된 경전이며, 중국에서는 구마라집이 번역한 이후로 많은 사람들이 독송하는 경전이다. 중국 육조시대에는 산동성 태산(泰山)의 마애(摩崖)에 『금강경』의 전문이 조각되어 있다고 하며, 특히 중국 선종에서 중요시하고 있는 경전이다. 육조 혜능(六祖慧能)이 시중에 땔나무를 팔러 갔다가 지나가는 스님이 독송하는 『금강경』을 들었다. "반드시 의식의 대상경계에 집착하지 말고 진여 본심의 지혜로 보살도를 실행해야 한다(應無所住 而生其心)"라는 한 구절을 듣고 발심하여 황매산의 오조 홍인(五祖弘忍)선사를 찾아가 출가하여 불법을 계승한 육조 혜능의 구법이야기는 『육조단경』과 『전등록』 등에 전하고 있다.

## 2. 『금강경』의 한역본

① 구마라집 번역 『금강반야바라밀경』 1권. 후진(後秦) 홍시(弘始) 4년(401년)

② 보리류지(菩提流支) 번역 『금강반야바라밀경』 1권. 북위(北魏) 영평(永平) 2년(509년)

보리류지의 『금강경』은 『대정신수대장경』에 이본(二本)을 수록하고 있다. 일본(一本)은 고려대장경본, 원본(元本), 명본(明本)에 있는 것과 송본(宋本) 대장경에 전하는 일본(一本)이다.

③ 진제(眞諦) 번역 『금강반야바라밀경』 1권. 진(陳) 천가(天嘉) 3년(562년)

④ 달마급다(達摩笈多) 번역 『금강반야바라밀경』 1권. 수(隋) 개황(開皇) 10년(590년경)

⑤ 현장(玄奘) 번역 『능단금강반야바라밀경』 1권. 당(唐) 정관(貞觀) 22년(648년)

『대반야바라밀경』 제9회 능단금강분(能斷金剛分)(제577권) 1권. 현경(顯慶) 5년(660년)~용삭(龍朔) 3년(663년)

⑥ 의정(義淨) 번역 『능단금강반야바라밀경』 1권. 당(唐) 장안(長安) 3년(703년)

『금강경』은 중국에서 여러 차례 번역되었다. 그중에서도 구마라집의 번역본이 가장 많이 유포되었고, 또한 최고(最古)의 형태를 띠고 있다. 중국과 한국, 일본에서 『금강경』은 구마라집의 번역본이 중심이 되어 중국불교의 각 종파나 교학, 불법사상에 지대한 영향을 주었으며, 특히 선불교의 수행자들에게는 수행의 기본 경전이 되었다.

보리류지의 『금강경』 번역본은 대개 구마라집 번역본을 따르고 있다. 달마급다(達磨笈多)의 번역본은 직역(直譯. 逐字譯)으로 직본(直本)이라고도 한다. 즉 범어본 문자의 순서 그대로 한 자 한자씩 그 말에 맞는 한자를 맞추어 번역한 것이다. 그래서 한문으로 기록된 경전만으로는 읽고 이해하기가 무척 어렵다. 그런데 달마급다는 후에 무착의 『금강반야바라밀경론』을 번역할 때에 이 『금강경』의 번역을 읽기 쉽게 한문으로 옮겼다.

현장은 『금강경』을 두 번 번역하였다. 처음 번역한 『능단금강반야바라밀경』 1권은 일본에서 편집한 『대정신수대장경』에 수록되지 않지만, 『축책대장경(縮冊大藏經)』에는 수록되어 있다. 현장은 첫 번역본에 자신이 없었기 때문에 두 번 번역하였다고 전한다. 현장의 번역본은 중복된 부분이 많고 범어 원전에 충실한 번역이라고 할 수 있다.

### 현장의 구마라집 번역 비판

『자은전(慈恩傳)』에 의하면 정관 22년 9월에 당 태종이 현장법사에게 『금강경』의 뜻(文義)이 잘 정돈되어 있습니까?'라고 질문하자 현장은 다음과 같이 구마라집이 번역한 『금강경』의 문제점을 지적했다.

구마라집이 번역한 『금강경』의 제목에는 '능단금강(能斷金剛)'의 '능단'이란 말이 결여되어 있고, 또한 『금강경』 내용에도 세 가지 문제 제기(三問)로 번역해야 하는데 일문(一問)이 결여되어 있으며, 두 개의 게송(二頌)으로 번역해야 하는데 일송(一頌)이 결여되었고, 아홉 가지 비유(九喩)로 제시해야 하는데 삼유(三喩)가 결여된 결점이 있다고 비판하고 있다. 그러나 보리류지의 번역본은 조금 괜찮은 편이라고 대답하고 있다.

당 태종이 현장에게 범본에 의거하여 번역할 것을 요청하였기 때문에, 여기에 새롭게

『능단금강반야바라밀경』을 번역하게 되었다고 전한다. 현장의 제자인 규기(窺基)는 당 태종에게 현장의 번역본 유포를 진언하였고, 태종은 현장이 번역한『금강경』을 세상에 널리 유포하게 하였다고 전한다.

『자은전』에서 구마라집이 번역한『금강경』의 세 가지 문제 제기 가운데 일문이 결여되었다고 지적한 것은,『금강경』제2분에 현장은 '응운하주 운하수행 운하섭복기심(應云何住 云何修行 云何攝伏其心)'이라고 삼문으로 번역하고 있는데, 구마라집은 '응운하주 운하항복기심(應云何住 云何降伏其心)'이라는 이문으로 번역하여 '운하수행(云何修行)'이라는 일문이 결여된 점을 지적하고 있다.

또『금강경』에 게송으로 읊고 있는 세 개의 게송(三頌) 가운데 하나의 게송이 결여된 점을 지적하고 있는데,『금강경』제26분 현장의 번역에는 다음과 같이 이송(二頌)을 전한다.

>  諸以色觀我  모든 형색으로 참된 진아를 관찰하거나
>  以音聲尋我  음성으로 진아를 찾는다면,
>  彼生履邪斷  그는 삿된 단견에 떨어진 것이니
>  不能當我見  당연히 참된 진아를 친견할 수가 없다.
>
>  應觀佛法性  마땅히 부처의 법성을 관찰한다면
>  即導師法身  법성을 관찰하는 지혜가 곧 도사의 법신이다.
>  法性非所識  법성은 중생심으로 인식할 수 있는 대상이 아니다.
>  故彼不能了  그래서 중생심으로는 그 법성은 깨달을 수 없다.

즉 구마라집이 '약이색견아 이음성구아 시인행사도 불능견여래(若以色見我 以音聲求我 是人

行邪道 不能見如來)'라는 일송만 번역하고 있는 점을 지적한 것이다. 참고로 또 하나의 게송은 5분에 읊고 있는 '범소유상 개시허망 약견제상비상 즉견여래(凡所有相 皆是虛妄 若見諸相非相 卽見如來)'이다.

그리고 아홉 가지 비유(九喩) 가운데 세 가지가 결여된 점을 지적한 것은 『금강경』 32분에 구마라집은 '일체의 유위법은 몽(夢), 환(幻), 포(泡), 영(影), 노(露), 전(電)과 같다'는 일절에 여섯 가지 비유를 제시한 것이다. 현장의 번역본은 성(星), 예(瞖), 환(幻), 로(露), 포(泡), 몽(夢), 전(電), 운(雲) 등 여덟 가지 비유로 제시하고 있다.

현장이 일찍부터 구마라집의 번역을 구역이라고 비난하고 비판한 사실은 『속고승전』 25권 법충(法沖)전에 다음과 같이 전하고 있다.

> 삼장법사 현장은 구마라집이 번역한 구역 경전에 의거한 강설을 허용하지 않았다.
> 법충선사는 말했다.
> "그대가 구역 번역의 경전에 의거하여 출가한 사람인데, 만약 구역 경전의 홍포를 허용하지 않는다면 그대가 환속하여 다시 신역 경전에 의거하여 출가한다면 그대가 주장하는 뜻을 이해하겠다."
> 현장은 이 말을 듣고 구역 번역을 비난하지 않았다.(『대정장』 50권 666쪽 下)

현장의 경전 번역은 산스끄리뜨 원본에 의거하여 충실하게 번역했다고 할 수 있다. 그러나 중국불교는 현장의 번역본보다 구마라집 번역본이 더 많이 유통되었고, 중국불교 사상을 형성한 토대가 되고 있다. 중국에서 주석한 『금강경』이나 돈황에서 발견된 『금강경』의 사본 거의가 구마라집 번역본에 의거하고 있다는 사실이다.

양(梁)나라 소명태자(昭明太子)가 『금강경』을 32분절로 나눈 것도 구마라집의 번역본에 의거한 것인데, 『금강경』의 내용을 일목 요연하게 제시했다.

## 3. 『금강경』은 대승, 최상승의 발심자에게 설한 법문

대승불교의 모든 경전은 대승의 보살들에게 설한 법문이다. 『금강경』 2분에 장로 수보리가 다음과 같이 부처님께 질문하고 있다.

"정말 처음 들어보는 희유한 법문입니다. 세존이시여! 진여 본성의 지혜(여래)는 불법을 수행하는 보살들이 중생의 번뇌 망념으로 업장에 떨어지지 않도록 자각적인 지혜로 잘 보호하고, 불법을 수행하는 보살들이 불법의 지혜로 깨달아 한 생각 한 생각, 중생심의 번뇌 망념에 떨어지지 않도록 잘 자각하고 자각하도록 합니다.
세존이시여! 선남자나 선여인이 최상의 불법을 깨닫고자 발심(아뇩다라삼먁삼보리)한 보살은 어떠한 마음가짐으로 보살도를 실행해야 하며, 어떻게 번뇌 망념의 중생심을 불법의 지혜로 잘 항복(조복)시켜야 합니까?"

최상의 불법을 깨닫고자 발심(아뇩다라삼먁삼보리)한 보살에게 중생심의 번뇌 망념을 항복하고 불·보살의 지혜로 보살도를 실행하는 대승불법을 설법해 주시기를 간청하고 있다. 여기서 수보리가 희유하다고 하는 말은, 세존이 설법한 대승의 법문이 성문·연각 등 소승 수행자들이 그동안 들어볼 수 없었던 새로운 법문을 처음 듣게 된 사실을 말한다.
여기서 수보리가 말하는 '여래'는 대승의 불법을 깨달아 중생의 망념을 항복하고, 보살도를 실행하는 진여 본성의 지혜작용인 여래 법신이다. 소승불교에서는 진여 본성의 지혜작용인 여래 법신에 대한 법문이 없었다. 대승의 법문을 설하는 『금강경』에서 처음 설법하는 일이기 때문에 희유한 법문이라고 하면서 대승의 법문을 구체적으로 설법해 주실 것을 간청하고 있다.

『금강경』 15분에는 이 법문이 대승과 최상승의 법문을 깨달아 보살도를 실행하고자 원력을 세우고 발심한 사람들에게 설한 것이라고 다음과 같이 설한다.

"수보리여! 이 경전에서 설하는 법문의 의미를 요약해 말하자면, 중생심으로 사량 분별해서는 알 수가 없는 불가사의한 법문이며, 중생의 분별심으로는 짐작할 수도 없고, 어떤 그 무엇과도 비교할 수 없는 무량한 공덕이 있다.

여래는 대승 불법을 깨달아 체득하려고 발심한 사람에게 설법하며, 최상승의 불법을 깨달아 체득하려고 발심한 사람에게 이 경전의 법문을 설하는 것이다. 만약 어떤 사람이 이 경전의 법문을 깨달아 체득(受持)하고 독송하며, 널리 다른 사람들에게 설법한다면, 여래는 진여 본성의 지혜작용으로 이 사람의 번뇌 망념을 여법하게 모두 알고, 이 사람의 번뇌 망념을 여실하게 진여의 지혜로 볼 수가 있기 때문에 중생심의 번뇌 망념으로 업장을 짓지 않게 된다. 그래서 이 사람이 진여 본성의 지혜로 보살도를 실행한 그 공덕은 중생의 사량 분별로는 헤아릴 수 없고, 말로써 표현할 수가 없으며, 한량없고 끝이 없는 불가사의한 공덕을 성취하게 되는 것이다.

이와 같이 대승과 최상승의 불법을 깨닫고자 발심한 사람들은 곧 여래가 되고, 최상의 불법을 깨달아 체득하여 보살도를 실행할 수 있는 능력을 저절로 감당(荷擔)할 수가 있는 것이다.

왜냐하면 수보리여! 만약에 차원이 낮은 소승의 법문(小法)에 탐착하는 사람은 자기 존재에 대한 의식의 견해, 인간으로서의 자기에 대한 의식의 견해, (五蘊으로 구성된) 중생이라는 자아 존재에 대한 견해, 자신의 생명은 영원하다는 견해(我見·人見·衆生見·壽者見)에 집착하고 있기 때문에 이 경전의 법문을 들으려고도 하지 않고, 독송하려고도 하지 않고, 다른 사람에게 경전의 법문을 해설하여 설법해 줄 수도 없다."

『법화경』「서품」에 '부처님이 모든 보살들을 위해서 대승경전을 설하니 무량의 뜻(無量義)이라고 하고, 보살들에게 교시하는 법문이며, 부처의 지혜로 호념하는 것이다'라고 설하고 있는 것처럼, 대승경전은 모두 최상의 불법을 깨닫고자 발심한 보살들에게 설한 법문이다. 대승, 최상승, 혹은 일승이라고 표현하는 최상의 깨달음을 발심한 불법은 진여본성의 지혜작용으로 보살도를 실행하는 법문이기 때문이다.

『법화경』「방편품」에 대승의 법문을 설하는 그 법회에 오천 명의 비구·비구니·우바새·우바이의 사부대중이 자리에서 일어나 부처님께 예배하고 법석에서 퇴장한 사건을 전하고 있다. 즉 소승법에 탐착하는 그들이 깨달아 얻었다고 하는 것은 열반의 경지에 안주하여 교만심을 가지고 깨닫지도 못한 사람들이 깨달았다고 착각하기 때문이다. 대승법을 받아들이는 신심과 발심을 하지 않았기 때문이다.

『금강경』 15분에도 '소승법에 탐착(樂小法)하는 사람은 아견·인견·중생견·수자견에 집착하여 이 경전의 법문을 청법하고 수지 독송하여 남에게 설법할 수가 없다'고 설한다.

그래서 소승법에 탐착하는 사람(樂小法者)은 『금강경』에서 설한 대승, 최상승의 법문을 수용하지 못하고, 원력과 신심이 작은 근기의 수행자들이 신해하는 차원이 낮은 법문(小法)에 탐착하고 있는 사람들이라는 의미이다.

『법화경』「방편품」에 '우둔한 사람들은 소승법에 탐닉하여 생사 망념에 집착하고, 한량없는 부처님을 만나도 미묘한 불도를 실행하지 않고, 많은 고통에 시달리기 때문에 열반의 법을 설한다'고 하고 있다.

『유마경』「불도품」에도 다음과 같이 설한다.

범부는 불법으로 다시 되돌아오는 일이 있지만 성문은 그렇지 않습니다. 그 까닭은 범부는 불법의 법문을 듣고 곧바로 무상의 도심을 일으켜 삼보를 여의지 않기 때문입니다. 그러나 성문은 설사 그에게 부처의 열 가지 지혜 능력과 네 가지 거리낌없는 지혜에 대하여 평생동안 말해도 도를 구하는 발심을 일으키지 않기 때문입니다.

대승경전에 '요소법자(樂小法者)'는 소승법문에 탐착하고 집착하는 성문·연각 등 이승 수행자를 말한다. 소승법에 탐착하는 이승 수행자들은 자기들이 배우고 익힌 소승법에 대한 집착을 떨쳐버리지 못하기 때문에 부처님이 대승의 법문을 설하는 법회에서 5천 명의 사부대중이 자리를 박차고 떠나가며, 대승불법에 대한 신심과 발심을 하지 않기 때문에 대승보살도의 법문을 실천하지 않는 것이다.

그래서 대승경전은 지금까지 소승법문에 탐착하는 이승 수행자들이 대승법문에 발심한 보살이 되어 일승(一乘), 일불승(一佛乘)이 되는 최상의 법문을 깨달아 체득하도록 설법하고 있다. 『법화경』의 설법도 이승 수행자들이 구경에는 발심하여 보살이 되어 대승의 법문을 수용하고 깨달아 부처가 되고, 부처의 수기를 받는 인연을 설하고 있다. 뿐만 아니라 8세 용녀(龍女)가 남자의 몸으로 바꾸어 단번에 성불하는 여인성불(女人成佛)을 설하는 것처럼, 일체중생이 모두 발심수행으로 성불하는 대승의 묘법을 설하고 있다.

요소법자라는 말은 어리석은 이승의 수행자들이 소승법에 탐착하여 부처님의 대승법을 수용하지 못하고 있는 것을 비판한 것이다. 즉 이것은 소승불교의 수행과 열반, 대승불교의 공사상과 유심(唯心) 철학, 열반의 경지에 대한 차이점을 최상, 제일, 희유라고 설하고 있는 것임을 알 수가 있다.

『유마경』과 『법화경』에서는 소승과 대승의 대립적인 입장이 보인다. 즉 비진(非眞)과 진(眞)으로 소승의 열반과 대승의 열반을 구분하여 설법하는 소법(小法)은 성문·연각 이승(二乘)의 수행자들이 소승법에 탐착하는 것이라 비판한다. 그러나 『금강경』에서는 소승이라는 말이 없고, 또한 대승과 대립적인 입장을 설한 법문도 없다.

순수하게 선남자 선여인이 대승의 법문을 듣고 최상승의 발심을 하도록 권유하고 있다. 말하자면 『반야경』, 『법화경』, 『유마경』 등에서 설한 대승과 소승의 비교 차별은 소승은 성불할 수가 없다, 여자는 남자의 몸으로 바꾸어 성불한다고 주장하는 등 소승불교의 비난과 폄하에 따른 대승 우월적인 사고, 일체개공(一切皆空)의 법문을 설하면서 대승이 대승답지 못한 문제점이 『금강경』에는 보이지 않는다는 점이다.

말하자면 『금강경』은 대승경전 가운데 소승과 대승의 대립적인 개념과 비판정신이 성립되기 이전에 성립된 초기의 반야경전이라고 할 수 있다. 왜냐하면 『금강경』에는 반야의 지혜를 체득하는 공사상을 설법하지만 공(空, sunya)이라는 말이 없기 때문이다. 그래서 『금강경』은 공이라는 말이 반야사상의 언어로 정립되기 이전에 설한 법문이라고 학자들은 추측하고 있다. (中村 元, 『般若心經·金剛般若經』, 日本, 岩波文庫. 1982년, 197쪽 참조)

『금강경』은 최상의 깨달음(아뇩다라삼먁삼보리)을 발심한 보살이 아상·인상·중생상·수자상 등 중생심의 사상(四相)을 항복(조복)하는 수행과, 일체 의식의 대상경계에 집착하지 않고 보살도를 실행하는 무주(無住)·무상(無相)의 실천이 모두 진여 본성의 지혜인 여래 법신으로 실행하도록 하는 법문이다.

『금강경』 12분에 이 법문을 깨달아 체득한 '이 사람은 최상, 제일, 희유한 법을 성취한 것임을 알아야 한다(當知 是人 成就 最上 第一 希有之法)'라고 설하는 것은 대승·최상승의 불법을 깨닫고자 발심한 사람들이 이 법문을 깨달아 부처가 되고 여래가 되는 법문을 설한 것이다.

『금강경』의 법문을 최상, 제일 희유한 법이라고 주장한 것은 소승불교의 법문이 많이 유행되고 있는 시대에 공(sunya)이라는 말을 사용하지 않고, 무법(無法)의 법을 설하여 아공·법공·일체개공의 경지를 깨달아 대승 열반의 경지를 이루도록 설법하기 때문이다.

무법과 무생(無生)은 공과 같은 의미로 반야경전에 자주 언급하고 있는데, 인과 연의 결합으로 인연이 만들어진 유위법이 만들어지지 않은 진여 본성의 무위법(無爲法)을 말한다. 따라서 무법과 무생은 인연법과 생사를 초월한 진여 본성의 지혜작용을 말한다.

즉 『금강경』은 무법의 경지인 진여 본성의 지혜인 대승의 불법을 깨달아 법계의 일체중생과 일체제불과 일체만법과 함께 지혜와 자비로 회향하여 무량 무변의 공덕과 복덕을 이루도록 설한 초기의 반야경전이다.

## 4. 『금강경』의 설법은 여래가 되고 부처가 되는 법문이다

대승경전에서 한결같이 강조하는 말은 일승, 대승, 최상승, 삼승의 방편과 일승의 진실, 일불승, 묘법, 불가사의해탈법문 등이다. 즉 성문·연각·보살의 경지에서 보살도를 실행하는 법문이 아니라 최상의 불법을 깨달아 체득한 경지인 아뇩다라삼먁삼보리(無上正等正覺)를 이룬 부처나 여래의 경지에서 보살행을 실행하는 법문을 설하고 있다.

발심, 초발심, 발보리심이라는 말도 대승의 법문을 듣고, 최상의 불법을 깨달아 체득하도록 한 말이다. 즉 최상의 불법을 깨달아 체득(아뇩다라삼먁삼보리, 無上正等正覺)하도록 설한 법문은 반야의 지혜를 구족한 대승불교의 독자적인 보살도의 실천사상이다.

즉 불법에 의거하여 마음 속의 번뇌망념을 자각하는 것이 발심수행이며 초발심이다. 발심수행이 최상의 깨달음(正覺)을 이루며, 중생심의 번뇌망념을 항복시키고 불퇴전의 경지를 성취하는 것이다.

보리심이란 말도 대승불교의 독자적인 언어로서 반야의 지혜를 체득하도록 설한 법문을 여법하게 발심 자각하여 부처의 지혜로 깨달음을 이루도록 하는 것이다. 원시불교의 해탈사상에서 보리심으로 발전한 것이라고 할 수 있다.

대승불교의 실천 수행자인 보살은 보리심을 일으켜 깨달음을 이룬 중생(覺有情)이라는 의미이다. 불법에 의거하여 여법하게 보리심(발심)으로 자각할 때는 진여 본성의 지혜작용을 이룬 부처(佛)이지만, 보리심(발심)을 일으키지 못하고 불법을 여법하게 자각하지 못한 무명 불각의 상태에서는 중생인 것이다.

이 보살에 대해서 『금강경』 21분에서는 '중생이 아니기도 하고 중생이기도 하다(彼非衆生 非不衆生)'고 했으며, 『대승기신론』에서는 깨달음의 지혜로 작용할 때는 부처요, 무명 불각으로 작용하면 중생이 되는 일심법(一心法)을 작용하는 구성 체계로 나누어 설명하고 있다.

보살은 부처를 대신(化身)하여 불법을 설하는 설법자이다. 부처는 생사를 해탈하여 중생의 사바세계에 타락하지 않은 불퇴전 경지를 이루어 중생세계에 되돌아오지 않기 때문에 대승불법의 이상적인 인격으로 보살이라는 수행자를 등장시킨 것이다.

대승불교는 원력과 서원으로 자기 본분사의 일을 자각적인 지혜로 실행하는 종교이다. 진여 본성의 자각적인 발심 수행으로 중생심의 번뇌 망념을 항복(如是降伏其心)하고 최상의 깨달음을 이루며, 동시에 부처가 되고 여래가 되며, 부처의 지혜로 무량한 지혜와 자비로 보살도를 실행하는 공덕을 이룬다. 선에서는 분발심(憤發心)이라고 한다.

『금강경』 14분에 수보리가 다음과 같이 말한다.

부처님은 진여삼매의 경지에서 진여의 지혜로 여법(如是)하고, 깊고 깊은 『금강경』의 법문을 설하였다(佛說如是甚深經典).

"내가 옛날부터 부처님을 따라 많은 설법을 듣고 깨달아 체득한 지혜의 눈(慧眼)으로는 이와 같은 『금강경』의 법문을 일찍이 들어본 적이 없었습니다. 세존이시여! 만약 어떤 사람이 이 『금강경』의 법문을 듣고 신심이 청정하면 곧 불법의 진실(實相)을 깨달아 지혜를 일으키게 되리니 이 사람은 제일 희유한 공덕을 성취하게 된 것임을 잘 알 수가 있습니다."

여기서 부처님이 '여시심심경전(如是甚深經典)'을 설했다고 하고, '여시지경(如是之經)'이라는 표현은 진여 자성의 지혜작용으로 설한 『금강경』의 법문(如是法)이다. 경(經)은 여시나 여법과 같은 의미이다. 『금강경』 8분에서 일체제불이 체득한 최상의 깨달음(아뇩다라삼먁삼보리)을 이룬 법은 모두 이 경에 의거한 것(皆從此經出)이라고 설한다.

『금강경』과 대승경전에서 수보리가 부처님의 설법을 듣고 희유하다, 혹은 미증유이다, 불가사의라고 말하는 것은 성문·연각·아라한의 경지에서는 들어보지 못한 처음 듣는 법문이기 때문이다.

『금강경』에서 대승자, 최상승자들에게 설한 법문의 핵심을 정리해 보면 다음과 같다.

(6분) 그는 불법의 가르침을 설한 법문을 듣고 일념으로 불법의 진실을 깨달음(淨信)의 체험으로 확신한 사람임을 알아야 한다.

수보리여! (불법의 가르침을 설한 법문을 듣고 깨달은) 진여 본성의 지혜작용(여래)은 중생심의 번뇌 망념을 여법하게 모두 알고, 여실하게 모두 볼 수 있기 때문에 (중생심의 생사 망념에 떨어지지 않게 되며) 많은 중생들이 진여 본성의 자각적인 지혜작용(여래)으로 무량한 복덕을 체득하게 되는 것이다(聞是章句 乃至 一念生淨信者. 須菩提, 如來 悉知悉見 是諸衆生, 得如是無量福德).

(12분) 어떤 사람이 이 경전의 법문을 깨달아 체득(受持)하고 독송하며 다른 사람에게 설법하여 불법을 깨닫도록 한다면 그 수승한 공덕은 더 말할 필요도 없지 않겠는가!
수보리여! 이 사람은 최상의 불법과 제일 희유한 경전의 법문을 깨달아 성취하게 된 사실을 잘 알아야 한다(隨說是經乃至 四句偈等 … 當知是人 成就最上第一希有之法).

(14분) 만일 어떤 사람이 이 경전의 법문을 듣고 불법을 깨달아 신심이 청정하게 확립되고, 곧 진여 본성의 여법한 지혜작용(實相)을 실행하면, 이 사람은 가장 수승하고 희유한 공덕을 성취하게 된 사실을 알아야 할 것입니다(得聞是經 信心淸淨, 則生實相, 當知是人 成就第一希有功德).

(14분) 미래의 세상에 만약 어떤 선남자나 선여인이 이 경전(금강경)의 법문을 깨달아 체득(受持)하고 독송하면 이 사람은 곧 여래가 되어, 부처의 지혜로 이 사람의 마음작용을 여법하게 다 알고, 여실하게 다 볼 수가 있기 때문에 (중생의 망념에 떨어지지 않고 깨달음의 지혜로운 삶을 살 수가 있다) 그들은 모두 헤아릴 수 없고, 측량할 수도 없는 무한한 공덕을 이루게 된다(能於此經 受持讀誦, 則爲如來, 以佛智慧 悉知是人, 悉見是人 皆得成就 無量無邊 功德).

(14분) 여래가 깨달아 체득한 불법은 진여 본성이 지혜로 작용하는 법인데, 의식의 대상경계에 고정된 실체로 존재하는 것이 없고(無實), 진여 본성의 지혜작용이 실행하기 때문에 허망한 것(無虛)이 아니다(如來所得法 此法 無實 無虛).

(15분) 이 사람이 진여 본성의 지혜로 보살도를 실행한 그 공덕은 중생의 사량 분별로는 헤아릴 수 없고, 말로써 표현할 수가 없으며, 한량없고 끝이 없는 불가사의한 공덕을 성취하게 되는 것이다. 이와 같이 대승과 최상승의 불법을 깨닫고자 발심한 사람들은 곧 여래가 되고, 최상의 불

법을 깨달아 체득하여 보살도를 실행할 수 있는 능력을 저절로 감당(荷擔)할 수가 있는 것이다.

(16분) 이 경전의 법문을 깨달아 체득(수지)하고 독송하는 선남자 선여인이 만약에 다른 사람으로부터 천대와 멸시를 당한다면, 이 사람이 지난 과거에 지은 죄업으로는 당연히 지옥·아귀·축생의 삼악도에 떨어지는 고통의 과보를 받아야 할 것이다. 그러나 지금 여기서 다른 사람으로부터 천대와 멸시를 받고, 이 경전의 법문에 의거하여 인욕행의 보살도를 실행하였기 때문에 이전에 지은 죄업이 소멸되고 당연히 최상의 불법을 깨달아 체득하게 된 것이다.

(17분) 만약 어떤 보살이 일체의 모든 법은 자아의 고정된 실체가 없다(無自性, 一切皆空)는 진실을 깨달아 통달한다면 여래는 임시방편의 말로써 불법을 수행하는 진정한 보살이라고 말할 수 있다(若菩薩 通達無我法者 如來說 名眞是菩薩).

이 외에도 23분에 '일체 선법을 수행하면 곧 최상의 깨달음을 이룬다(修一切善法 則得阿耨多羅三藐三菩提)'고 하며, 또 28분에도 '만약 어떤 사람이 일체의 모든 의식의 대상(法)이 자아의 실체가 없다는 사실을 깨달아 안다면 그는 무생법인(無生法忍)을 체득한다(若復有人 知一切法無我 得成於忍)'라고 설한다.

『금강경』에서 강조하는 최상의 불법을 깨달은 경지가 아상과 인상 등을 텅 비우는 무상(無相)의 법문과 무주(無住)의 보시행과 대승보살의 실천행이라고 설한다. 그리고 이 경전의 법문을 수지 독송하여 남에게 네 구절의 게송(四句偈)으로 설법하는 것은 칠보를 보시한 복덕보다도 더 수승하다고 누누이 강조하며, 곧 여래가 되고 부처가 되어 설법한 진여 법신의 불가사의한 지혜로 법계에 두루하는 일체중생과 일체제불과 함께 회향하는 무량무변의 공덕을 성취한 것이라고 강조하고 있다.

『금강경』에, 여래란 일체의 모든 법(존재)과 같이 진여의 지혜작용을 하는 것(如來者則諸法如義), 17분에 '일체의 모든 법은 모두 불법(一切法 皆是佛法)'이라고 하고, 23분에 '이 진여법은 평등하다(是法平等)'고 하며, 혹은 선법(善法)이라고도 설한다.

진여법은 일체중생이나 일체 성인이 모두 동일한 진여 자성을 구족하고 있으며, 진여 일심의 생명활동이 모두 똑같이 여법하게 작용하는 법이기 때문이다. 이러한 진여법을 깨달아 진여 본성의 지혜작용으로 중생심을 항복하고 여래가 되어 보시행 등의 보살도를 실행하도록 제시한 법문이『금강경』에서 설한 최상승의 법문이며,『법화경』에서 설하는 일승 묘법이다.

여래가 되고 부처가 된다는 것은, 자아의식의 중생심을 텅 비우고 진여의 본심으로 되돌아가 일체만법과 하나(不二, 一如)가 된 경지에서 진여 본성(一心)의 지혜작용(妙用)이 되도록 하는 것이다.

## 5.『금강경』법문의 특성

**즉비(卽非)의 논리로 설하는 방편법문**

불법의 진실을 여법하게 이해하지 못한 사람은 방편법문으로 설하는 부처의 설법이나 경전의 법문을 듣고 불국토, 정토, 반야바라밀, 부처, 중생, 보살, 열반, 깨달음 등이 실재하는 존재나 사물, 인물로 착각할 수가 있다. 이는 불법의 진실을 체득하게 하는 방편의 언어라는 사실을 분명히 제시하기 위한 표현 방법이다.

방편법문(俗諦)의 언어가 없으면 불법의 진실(眞諦)을 깨달아 체득할 수가 없기 때문에 부득이 언어문자라는 임시방편의 도구로 사용하는 것이다. 언어는 독자적인 자성이 없으며, 또한 실체로서 존재하는 것이 아니다. 인간의 생각이나 의식의 내용 또한 언어문자이다. 방편의 언어를 실체가 있다고 생각하는 것은 불법의 진실을 알지 못하는 중생의 어리석음이기 때문에 즉비(卽非)의 논리로서 실체하지 않는다는 의미로 언어의 실체를 부정하고 의식의 대상경계에서 텅 비우도록 설하는 것이다.

　『금강경』 10분에 '불토를 장엄한다고 설하고 있지만, 고정된 실체의 불토를 장엄한다는 것이 아니라, 임시방편의 말로 불토를 장엄한다고 이름 붙일 뿐이다(莊嚴佛土者 卽非莊嚴 是名莊嚴)'라고 설하고 있다. 곧 '아니다(卽非)'라는 부정의 논리로 설법하여 일체의 모든 법은 임시방편의 언어나 말을 빌려 설하는 것일 뿐, 불토나 부처, 열반 등이 고정된 자아의 실체가 있는 것이 아니라고 뗏목에 비유하고 있다.

　『금강경』 13분에도 '수보리여! 부처님이 설하는 반야바라밀이란 법문은 고정된 실체의 반야바라밀이 있는 것이 아니라, 임시방편의 말로서 반야바라밀이라고 이름 붙인 것일 뿐이다(須菩提. 佛說般若波羅蜜. 則非般若波羅蜜. 是名般若波羅蜜)'라고 설한다.

　또 『금강경』에는 방편의 언어로 불법의 진실을 다양하게 설법하였지만 고정된 실체의 법이란 없다고 한다. '고정된 법이란 없다(無有定法)' 혹은 '실체 있는 법이란 없다(實無有法)' 혹은 '무실(無實)'이란 말을 제시하여 언어로 표시한 일체의 모든 유위법은 '자성이 없다(無自性)'고 하며 일체가 공한 사실을 강조하고 있다.

　즉 일체의 유위법은 의식의 대상경계로 나타난 것이며, 고정된 자아의 실체가 없다는 '무유정법 운운(無有定法 云云)' 혹은 '실무유법 운운(實無有法 云云)'이라는 부정적인 언어를 자주 제시하여 여래나 부처, 열반과 아뇩다라삼먁삼보리의 깨달음 등 방편의 언어로 나타낸 일체의 모든 것은 무자성, 무실체라는 사실을 공사상으로 깨닫도록 했다.

그리고 결론적으로 32분에는 '일체의 모든 의식의 대상경계(法)는 꿈, 환화, 물거품, 그림자, 이슬, 전기와 같이 실체가 없다는 사실을 잘 알아야 하며, 일체의 모든 법을 반드시 이와 같이 관찰하여 의식의 대상경계에 집착하는 일이 없도록 해야 한다(一切有爲法 如夢幻泡影, 如露亦如電, 應作如是觀)'라는 법문으로 요약하여 강조하고 있다. 중생심의 인식으로 나타난 일체의 모든 의식의 대상경계(法)는 거울에 나타난 영상과 같고 물속에 비친 그림자와 같이 실체가 있는 것이 아니기 때문이다.

특히 『금강경』 14분의 '수보리여! 여래가 깨달아 체득한 불법, 이 불법은 의식의 대상경계는 실체가 없고(無實), 진여의 지혜작용은 허망하지 않는(無虛) 것이다'고 하는 법문은 공이라는 언어가 성립하기 이전에 공사상을 제시하여 공(空, 眞空)과 불공(不空, 妙有)의 진여법을 설하고 있다.

『금강경』에는 무실(無實), 무허(無虛)라는 말이 14분과 17분에 두 번 나오는데, 이 말은 반야의 지혜인 진공묘유(眞空妙有)의 의미이다. 이 번역어에 대한 의미와 문제점은 14분의 주기에 자세히 언급하였기 때문에 여기서는 생략한다.

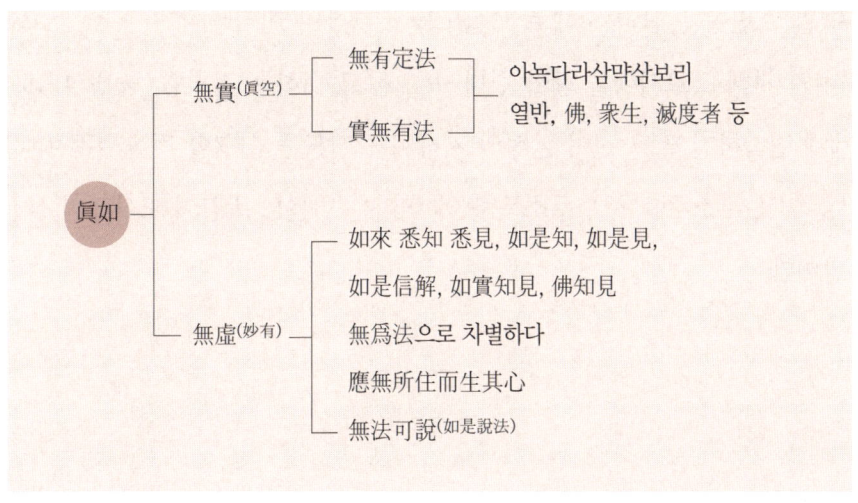

그리고 여시(如是)라는 말로, 진여의 지혜작용이 되는 여법하고 여실한 여래의 경지를 깨닫도록 여시항복기심의 수행과 무아법을 설하여 자아의식과 의식의 대상경계인 사상(四相, 我相·人相·衆生相·壽者相)과 일체의 법상(法相)을 초월하도록 설법하고 있다.

## 진여의 지혜로 보살행을 실천하라

『금강경』에서는 '어떻게 보살도를 실천해야 할 것인가(云何應住)'라고 문제를 제시하고 있다. 대승의 법문을 깨달아 여래가 되고 부처가 되어, 진여의 지혜로 보시행과 인욕행을 실행하며, 상구보리 하화중생의 보살도 실천을 강조하고 있다.

또 보살은 경전에서 설한 법문과 일체의 선법을 여법하게 실천해야 한다. 즉『금강경』4분에서 '반드시 경전의 가르침과 같이 여법하게 진여의 지혜로 실천해야 한다(應如所教住)'라고 강조하고 있다.

『금강경』4분에는 '수보리여! 보살은 사물이나 의식의 대상경계에 집착하지 말고 보시행을 실천해야 한다(應無所住 行於布施)'고 설하며, 또 10분에는 '반드시 의식의 대상경계에 집착하지 말고 진여 본심의 지혜로 보살도를 실행해야 한다(應無所住 而生其心)'고 설한다. 혹은 '진여의 지혜로 보시행을 해야 한다(如是布施)'고 설하는 것처럼, 중생심으로 의식의 대상경계에 집착하지 말고 진여 본성의 지혜로 보살도를 실행할 것을 누누이 강조하고 있다. 무주(無住), 무소주(無所住), 무소득(無所得)이라는 법문도 똑같이 보살도의 실천사상을 설하는 말이다.

## 진여의 지혜로 설법하라

『금강경』7분에서는 '여래가 자신의 사상을 주장하며 설한 고정된 법문은 없다(無有定法如來可說)'고 하고, 또 13분에 '여래가 자신의 사상을 주장하며 설한 법문은 없다(如來無所說)'라고 강조한다. 즉 이 말은 부처나 여래는 자신이 주장한 사상이나 철학을 설한 법문이 있을 수 없다는 말이다. 부처나 여래는 진여 본성의 지혜작용이며 자아의식이나 의식의 대상경계를 초월한 경지이기 때문이다. 오직 시절인연에 따라서 진여 본성의 지혜작용을 여법하고 여실하게 자기 본분사의 일로 실행할 뿐이다.

『법화경』에서는 제법의 진실된 모습(諸法實相)을 십여시(十如是)로 설하고 있다. 선에서는 물이 흐르고 꽃이 피는 것(水流花開)과 같이 시절인연에 따라서 여법하게 지혜작용하는 것을 자연법이(自然法爾)라고 한다.『금강경』에도 '여래란 일체의 모든 제법과 여여하게 생명활동 하는 것(諸法如義)'이라고 설한다.

『금강경』에는 경전의 법문을 사구게(四句偈)로 요약하여 남에게 설법하면 그 공덕이 무량하다고 설법의 공덕을 강조하고,『금강경』21분에는 '설법이란 무법의 경지에서 진여의 지혜로 설하는 것(無法可說)'이라고 최상 제일 희유한 대승법문의 설법을 정의하고 있다. 17분에 '여래가 설하는 일체법은 모두 불법이다'와 14분에서 '여래는 진어자(眞語者), 실어자(實語者), 여어자(如語者)'라고 설한 것처럼, 진여의 지혜작용으로 여시설법(如是說法)하는 것이다. 17분에 '일체법이 모두 불법(佛法)'이라는 말은 '이 법은 평등하여 높고 낮음이 없는 진여법'(23분)이기 때문이다.

여래는 진여의 지혜작용이며, 시절인연에 따른 자기 본분사의 생명활동으로 여법하고 여실하게 설하는 법문(無法可說)이다.

32분에 마지막으로 어떻게 설법(演說)해야 하는가? 라는 질문을 제시하고 일체의 모든 대상경계에 집착하지 말고 진여 본성이 여여부동한 지혜작용으로 설법하고, 일체의 유위법은 환화와 같이 실체가 없다는 사실을 진여의 지혜로 여법하고 여실하게 관찰(應作如是觀)하도록 설한다.

7분에서 '일체의 현성(賢聖)은 무위법으로 차별한다'는 법문이나 여래는 실지실견(悉知悉見)할 수 있다는 말은 『법화경』에서 설하는 불지견(佛知見)이며, 『대승기신론』에서 '오직 부처의 지혜로 중생의 번뇌 망념을 여실하게 알 수 있다(唯佛能知)'라고 하는 말과 같다.

부처나 여래가 되어 중생심의 번뇌 망념을 여법하게 판단하여 알고, 여실하게 전체를 볼 수 있는 안목이 있기 때문에 중생들의 다양한 심병과 선병, 공병을 정확하게 진단하고 처방하고 치료할 수가 있는 것이다. 무위법이나 무법은 똑같이 진여의 지혜를 말하며, 부처나 여래가 된 경지이다.

『유마경』「관중생품」에 '무주의 근본에서 일체의 모든 일(法)을 건립한다(從無住本 立一切法)'는 말과 같이 중생심의 분별의식을 초월하고, 최상, 제일, 희유한 불법의 지혜로 일상생활에서 무애자재하게 보살도의 삶으로 무량한 공덕과 복덕을 이루는 것이다.

즉 대승의 법문은 부처나 여래가 되어 시절인연에 따라 일상생활에서 반야지혜와 자비로운 삶을 법계의 일체중생들과 함께 회향하는 것이다.

## 경전의 수지 독송과 공덕의 문제

『금강경』을 비롯하여 대승불교 경전에서는 여래나 부처, 보살의 지혜는 셀 수 없이 많은 공덕과 복덕이 이루어진다는 사실을 강조하고 있다. 『금강경』에서는 경전의 사구게를 수지 독송하여 남에게 설법하면 그 공덕과 복덕이 무량하다.

14분에 '만약 선남자 선여인이 이 경전을 수지 독송하면 곧 여래가 되어 부처의 지혜로 이 사람의 마음작용을 여법하게 다 알고, 이 사람의 마음작용을 여실하게 다 보아 모두 무량 무변의 공덕을 성취하게 된다'라고 설한다.

또 15분에 '이 경전의 법문은 중생심으로 사의할 수도 없고(不可思議), 숫자로 셀 수도 없으며(不可稱量), 한계가 없는 무변(無邊)의 공덕이 있다. 여래는 대승을 발심한 사람을 위해 설하고, 최상승을 발심한 사람을 위해 설한다. 만약 어떤 사람이 이 경전의 법문을 수지하고 독송하며, 널리 다른 사람을 위해 설법한다면 여래는 이 사람의 마음작용을 여법하게 모두 알고, 여실하게 모두 보아서 헤아릴 수도 없고(不可量), 말할 수도 없고(不可稱), 끝이 없는 불가사의한 공덕을 모두 성취하게 된다'라고 설한다.

즉 경전을 수지 독송하는 일이 진여의 지혜작용으로 곧 여래가 되는 일이며, 여래가 여법하게 진여의 지혜로 자각한 부처가 되어 부처의 여실한 지혜로 일체의 중생심을 초월하여 법계와 하나가 된 무량무변의 공덕을 성취한다는 말이다.

말하자면 부처의 지혜작용을 불가사의, 불가사량, 불가칭량, 무량무변, 불가산수(不可算數), 무량공덕과 과보, 무량수(無量壽), 무량광(無量光) 등으로 표현한다. 많은 숫자의 비유로는 항하사수, 도마죽위(稻麻竹葦)와 같은 말도 자주 사용하고 있는데, 이러한 표현은 시방 삼세의 법계와 하나된 진여 본성이 지혜작용하는 깨달음의 경지이다.

특히 불가사의와 같은 말은 중생심의 사량 분별로서는 전혀 이해할 수도 없고, 알 수도 없다는 표현인데, 대승불교 경전에서는 왜 이러한 말을 사용하고 있을까?

여래가 부처의 지혜를 작용한다는 것은 진여의 지혜(진여삼매)를 말하며, 진여의 지혜는 시방 삼세의 법계와 하나된 경지(一相)이기 때문에 시방 삼세의 일체중생과 일체 보살, 일체제불과 일체 만물, 일체만법과 함께 불이(不二)의 묘용으로 작용하는 것이다.

즉 진여삼매는 불이, 일여, 여여, 여법, 여실하게 작용하는 지혜이다. 『화엄경』에 '부처의 법신은 법계에 충만되어 있다(佛身充滿於法界)'라는 게송이 있는데,『법화경』등 대승경전에서 일체제불을 친견하고, 일체제불을 공양한다고 하는 것은 불가사의한 묘용인 진여의 지혜(眞如智)로 실행되는 것이다.

진여삼매의 모든 지혜작용이 제불을 친견하는 일이요, 제불을 공양하는 일이다.『법화경』「약왕보살본사품」에서 설하고 있는 소신공양도 육체의 몸을 불태우는 유상의 종교가 아니라, 불법의 지혜로 아상·인상 등 중생심을 모두 불태워 죽이면(殺人刀) 진여의 지혜작용(活人劍)이 되기 때문에 법계에 두루한 일체제불을 친견하고 공양하게 되는 것이다.

진여의 지혜작용(여래)으로 일체제불을 공양하고, 일체중생을 구제하는 일이 동시에 불이의 묘용으로 이루어지는 것이기 때문에 숫자의 계산으로는 셀 수 없이 무량한 공덕과 복덕이 이루어진다고 말하는 것이다.

상구보리 하화중생의 보살도나, 계율의 실천으로 설하는 지악문(止惡門)과 작선문(作善門)도 진여의 지혜작용인 불이법문으로 실행된다. 선에서는 중생의 번뇌 망념을 죽이는 살인도와, 진여의 지혜를 되살리는 활인검을 문수의 지혜인 칼로 표현하고 있다. 살인도와 활인검 역시 진여지의 묘용이 불이법문으로 실행되는 것이다.

### 공덕과 복덕의 문제

중국의 양무제(梁武帝)는 많은 사찰을 건립하고 불탑을 조성하였으며, 경전을 사경하고 승려들을 출가하도록 하는 등 불사를 많이 한 불법천자(佛法天子)이다. 이러한 양무제의 불사를 달마대사는 한마디로 '무공덕(無功德)'이라고 했다. 약간의 복덕은 될 수가 있어도 공덕은 될 수 없다는 말이다.

『위산경책』에는 '마음으로 부지런히 망념을 극복한 지혜작용을 공(功)이라고 하고, 밖으로 대상경계에 대하여 다툼이 없는 것을 덕(德)이라고 한다(內勤剋念之功, 外弘不諍之德)'고 설명하고 있다. 즉 불법에 의거하여 마음속에 중생심의 번뇌 망념이 일어나면 부처의 지혜로 깨달아 번뇌 망념에 떨어지지 않도록 부지런히 자각하는 진여의 지혜작용을 공(功)이라고 해석하고 있다.

또한 밖으로는 선과 악, 범부와 성인, 좋고 나쁜 생각 등 의식의 대상경계에 집착하지 않고 여법하게 부처의 자비행을 실행하는 것을 덕이라고 독자적인 해석(觀心釋)을 하고 있다. 즉 상구보리 하화중생의 보살도를 실행하는 것이다.

경전의 가르침에 의거하여 여법한 진여의 지혜작용을 공덕이라고 하고, 물건이나 재물을 베풀고 남에게 나누어주는 일을 보시라고 한다. 14분에서 '이 경전의 법문을 듣고 놀라지 않고 거리낌이 없는 이 사람은 희유한 깨달음을 이룬다'라는 말은 두려움과 근심 걱정을 없애주는 무외시(無畏施)이며, 경전을 수지 독송하고 사구게의 법문을 남에게 가르쳐 주어 불법을 깨닫게 하는 것은 법보시(法布施)이다.

『금강경』에서 항하사의 모래알처럼 많은 칠보의 재물을 쌓아서 남에게 보시하는 일은 『금강경』을 수지 독송하고, 사구게로서 남에게 설법하는 공덕에 백분의 일에도 미치지 않는다고 설하고 있다. 갠지스 강의 모래알과 같이 수많은 칠보를 보시한다고 할지라도 재물을 보시하는 일은, 주는 사람, 받는 사람이라는 주객이 나누어지고, 주는 물건과 받는 물건이라는 대상이 한정된다. 말하자면 한정된 시간과 한정된 장소라는 공간에서 주객의 사이에 물건을 주고받는 복덕행위로 이루어지는 일이다. 불법의 가르침으로 실행하는 보시행이라고 할지라도 재물을 베푸는 복덕이란 한정된 시간과 장소에서 사람과 사람과의 관계로 물건과 사물을 주고 받는 모든 일은 일회성과 유한성이라는 사실이다.

또한 세간의 유위법으로 이루어지는 일이다.

 그러나 법보시는 불법의 진실을 깨달은 진여의 지혜작용이기 때문에 부처가 되고 여래가 되어 시방 삼세의 법계와 함께 불이의 법문으로 이루어지는 공덕행이다. 즉 법계에 두루 하는 일체중생을 구제하는 일이며, 일체제불을 친견하고 공양하는 일이기 때문에 시간과 공간을 초월하여 무한하고 무량한 불보살의 지혜와 자비행이 된다. 이것은 진여의 지혜인 무위법으로 이루어지는 일이다.

 80권『화엄경』「입법계품」에 부처의 공덕을 다음과 같이 게송으로 읊고 있다.

  刹塵心念可數知   이 세상의 모든 티끌을 모두 다 헤아려서 알 수 있고
  大海中水可飮盡   대해의 물을 다 마셔 버릴 수 있고
  虛空可量風可繫   허공을 다 헤아리고 바람을 묶을 수가 있다 해도
  無能盡說佛功德   부처의 공덕은 모두 다 말할 수가 없으리.

『송고승전』20권에 문수보살의 화신이 무착 문희(無着文喜)에게 설한 게송을 다음과 같이 전한다.

  一念淨心是菩提   일념의 청정한 마음은 깨달음이니
  勝造恒沙七寶塔   항하사와 같이 많은 칠보탑을 조성하는 것보다 수승하리라.
  寶塔畢竟碎微塵   칠보탑은 필경 부서져 먼지가 되어 없어지지만
  一念淨心成正覺   일념의 청정한 마음은 정각을 이루는 것이다.

 일념의 청정한 깨달음은 부처의 경계(佛境界)로서 진여 본성의 지혜작용이다. 추사 김

정희의 게송(禪茶詩)으로 유명한 '진여 본성의 다도삼매에 법신의 향은 법계에 두루 하고, 진여 본성의 지혜작용은 물이 흐르고 꽃이 핀다(靜坐處茶半香初, 妙用時水流花開)'는 말도 똑같이 진여의 지혜가 불가사의한 묘용으로 작용하는 깨달음의 세계를 읊고 있다.

항하사와 같이 무수한 칠보탑을 조성하는 일은 복덕이 되는 일이지만, 일념의 청정한 진여의 지혜는 부처의 정각을 이루는 공덕이 되기 때문에 칠보탑을 조성하는 일보다 더 수승한 일이라고 한다.

『조당집』 18권 앙산장에 '진여 본성을 깨닫는 것을 공(功)이라 하고, 미묘한 지혜작용을 덕(德)이라 하니, 공이 이루어지고 덕을 실행하는 것은 일념에 있다. 이러한 공덕과 깨끗한 지혜의 미묘한 작용은 세상에서 구할 수 있는 것이 아니다'라고 한다.

중생의 세계에서 유위법으로 유한의 물질로 보시하는 일은, 진여 법계에서 일념의 부처가 되어 무한, 무량의 공덕을 이루는 지혜작용에 비교할 수가 없다.

『금강경』 사구게를 수지 독송하고 타인에게 설법하는 공덕은 부처의 지혜로 시방 삼세의 법계에 두루 하는 일체중생과 깨달음의 인연을 나누는 선근 공덕의 회향이 되는 일이기 때문이다.

## 중생의 세계와 진여 법계

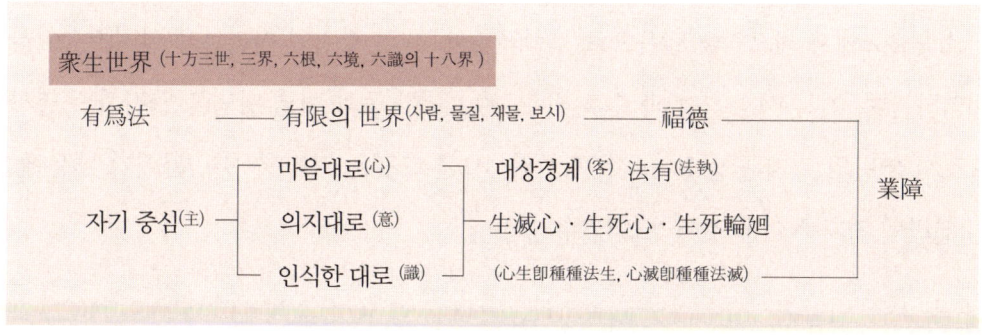

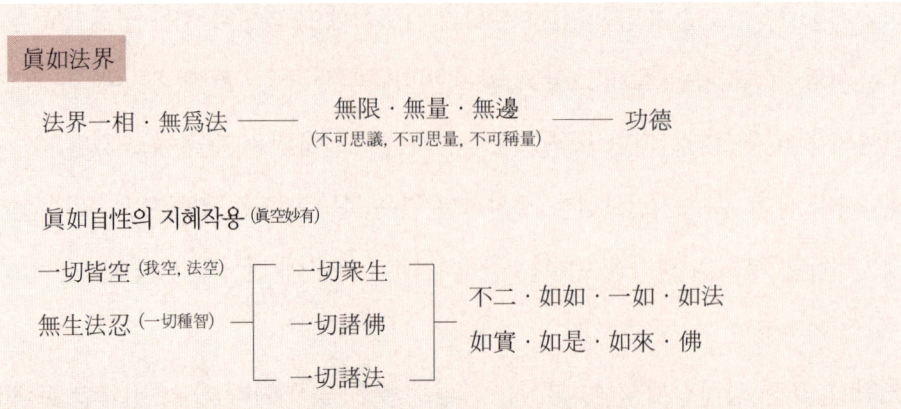

## 소승의 열반과 대승의 열반 – 비진멸(非眞滅)과 진멸(眞滅)

무여열반(無餘涅槃)은 범어 anupadhisesa-nirvana(아누빠디세싸 니르와나)로 일체의 번뇌가 없는 영원한 평안이라는 의미이다. 열반(nirvana)이란 중생의 번뇌 망념의 속박에서 해탈하여 다시는 미혹의 생사 윤회에 떨어지는 업장을 만들지 않는 완전한 깨달음의 경지를 이루는 것이다.

『숫따니빠따』(1086)에 '이 세상에서 보고 듣고, 생각하고 식별하며 쾌미(快美)한 사물에 대한 욕망을 제거하는 것이 불멸의 니르바나(열반) 경지이다'라고 읊고 있다.

소승불교에서 최고의 깨달음으로 무학(無學, asaiksa)의 경지인 아라한을 살적(殺賊)이라고 번역하는데, 견혹(見惑, 所知障)과 수혹(修惑, 思惑, 煩惱障) 등의 번뇌 망념을 완전히 소멸시킴으로서 열반의 경지를 얻었다고 주장한다. 사실 그것은 자리행(自利行)뿐이기 때문에 참된 열반의 경지를 이룬 것이라고 할 수가 없다.

소승불교에서 주장하는 열반은 수행의 목표가 되는 대상경계가 되고 있으며, 사실 그러한 열반의 경지를 이룬다고 하는 것은 불가능한 일이다. 수행의 목표로서 대상경계를 설정하는 것은 법집(法執)이며, 법유(法有)가 될 뿐이다.

『능엄경』1권에 부처님이 아난에게 다음과 같이 말한다. '지금 그대가 나의 설법을 듣는 것은 곧 음성에 의거하여 법문의 의미를 분별하는 것이다(色, 香, 味, 觸도 마찬가지이다). 설사 마음으로 일체의 견문각지(見聞覺知)를 인식하는 망심을 소멸시키고, 마음 안으로 내부에 깊이 유한(幽閑, 閑寂한 열반)의 경지를 지키며 보존한다고 할지라도 (그것은 완전한 진여 본성의 지혜작용이 아니라) 여전히 의식의 대상경계(法塵)인 영상의 분별적인 망념의 일이다(縱滅一切見聞覺知 內守幽閑 猶爲法塵分別影事).'

『능엄경』의 이 일절은 참선공부의 경책을 제시한 중요한 일침이라고 할 수 있다.

인간의 분별심은 안이비설신의 오근(五根)을 매개로 하여 색성향미촉의 오경(五境)을 접할 때에 일어나기 쉽다. 심의식의 대상경계에 대한 견문각지의 인식을 차단하고 내면으로 유현(幽玄)하고 한적한 경지에 안주하여, 이것이 번뇌 망념을 소멸시킨 열반의 경지이며, 무사한 경지라고 착각하고 있다. 그 내면의 마음속에는 아직 분별심의 망념이 남아 있는 것이다. 마음속에서 작용하는 분별심을 본성의 작용이다, 열반이다라고 생각하는 것은 대승의 불법을 모르는 오해이며 착각이다.

법진(法塵)은 의식의 대상경계이다. 마음은 거울과 같고, 의식의 대상경계인 법진은 거울에 비친 영상과 같으며, 마음 안에서 유한(幽閑)을 지킨다는 것은 아직 거울에 나타난 영상(法塵)을 간직하고 있다는 의미이다.

의식의 대상경계를 마음 깊이(幽閑) 수습하였다고 자부할지라도 심(心)·의(意)·식(識)의 작용에는 아직 내외나 동정(動靜) 등의 분별심의 그림자(影事)가 남아 있다. 그 분별심의 그림자가 언제라도 육식이나 혹은 8식(아뢰야식)을 혼란시키는 잠재 세력을 쌓고 있다는 것이다. 이러한 숙습(宿習)의 뿌리, 즉 근본 무명을 끊는 일은 쉬운 일이 아니기 때문에『능엄경』에서는 분별영사(分別影事) 혹은 법진영사(法塵影事)라는 말을 가끔 사용하고 있다.

 불법수행은 심의식의 인식과 대상경계를 판단할 수 있는 능력을 갖추어야 한다. 불법공부는 마음공부라고 하는 말은 이러한 입장에서 한 말인데, 얼마나 깊은 마음작용을 깊은 성찰을 통해서 제시한 법문인가?
 소승불교에서 아라한은 일체 번뇌를 모두 끊은 열반의 경지에 이른 상태라고 하지만,『법화경』등 대승경전에서 소승의 열반은 참된 열반(眞滅)이 아니라고 주장한다. 유식의 철학에서도 8식(아뢰야식)은 모든 의식을 저장한다는 의미로 장식(藏識)이라고 하고,『대승기신론』에서 삼세(三細)의 미세한 번뇌 망심으로 분류하고 있는 것은 진여 본성의 작용이 아니라는 사실이다.
 중생의 심·의·식의 작용과 의식의 대상경계를 초월할 수 있는 경지는 진여 본성뿐이다. 소승불교는 유심과 유식의 철학이나 공사상, 진여 본성의 불성사상이 없기 때문에 대승의 열반의 경지를 모르는 주장이라고 비판하는 것이다.
 『전등록』10권에 장사선사는 '불도를 수행하는 사람이 불법의 진실을 알지 못하고 있다. 단지 종전에 분별 인식하는 마음은 비롯함이 없는 생사 망념의 근본인데, 어리석은 사람은 본래의 진여법신이라고 착각하고 있다(學道之人不識眞, 只爲從來認識神, 無始劫來生死本, 癡人喚作本來身)'고 읊고 있다.
 이 게송은『무문관』12칙에도 인용하고 있는데, 참선 수행자에게 주는 진정한 교훈이다. 또한 대승불법의 근본 대의를 모르고 자기 생각대로 번뇌 망념을 없앤 경지가 깨달음이니, 해탈 열반의 경지라고 주장하는 안목 없는 사람들에게 던지는 일침이다.
 대승불교에서 일체개공을 강조하는 공사상은『화엄경』에서 '일체유심조' 혹은 '만법유심(萬法唯心)'이라고 설하는 유심의 실천사상으로 확실하게 정립되었다. 또한 공의 실천으로 반야의 지혜를 전개하는 대승불교는 지혜작용의 주체로서 진여, 불성사상을 새롭게 주장하고 있다.

소승불교는 유심과 불성사상이 없기 때문에 무아설의 입장에서 아공(我空)의 경지는 이룰 수가 있지만, 법공(法空)을 체득할 수 있는 실천사상이 없어 소승불교에서 아라한은 번뇌를 소멸시키고 증득한 열반의 경지는 법진(法塵)의 그림자가 남아 있는 법유(法有)의 열반인 것이다.

그래서 『법화경』에서 '소승의 열반은 참된 열반(眞滅)이 아니다'고 비판한 것이다. 심의식과 의식의 대상경계를 초월한 진여 본성의 지혜작용이 참된 대승의 열반이다. 즉 진여자성, 불성을 깨닫고 반야지혜의 작용으로 구족된 열반의 사덕인 상(常)·낙(樂)·아(我)·정(淨)의 묘용이 소승불교의 열반에는 없기 때문이다. 대승불교의 열반(깨달음)은 최상의 깨달음을 이루는 발심(보리심)을 일으켜, 상구보리 하화중생의 자리행과 이타행을 실천하는 보살도이며, 제법실상의 지혜를 구족하는 것이다.

『대반열반경』25권에 '선남자여! 번뇌를 끊는다는 것을 열반이라고 할 수가 없다. 번뇌를 일으키지 않는 것을 곧 열반이라고 한다. 선남자여! 제불 여래는 번뇌를 일으키지 않는 것을 열반이라고 한다'고 설한다.

번뇌를 일으키고, 또 일으킨 번뇌를 끊으려고 하기보다는 번뇌를 일으키지 않는 것이 근본 선결(先決)이며, 또다시 열반의 경지를 추구하는 목적 의식도 없고, 열반에 들어가야 할 필요조차 없는 것이다. 번뇌를 끊고 열반에 든다고 말하지만, 끊어야 할 번뇌도 없고, 들어가야 할 열반도 없는 곳, 즉 번뇌도 열반도 없는 것이 본래의 대열반이다.

번뇌를 끊고 열반에 든다고 하는 것은 소승의 열반이다. 대승의 열반이란 이미 열반을 열반으로 설정할 것이 없고, 번뇌라고 할 것도 없는 본래 진여의 입장이다.

『유마경』에서도 '번뇌를 끊지 않고 열반에 든다'고 설하며, 번뇌를 끊는 것을 열반에 드는 조건으로 하지 않는다. 번뇌가 곧 깨달음(煩惱卽菩提)이며, 생사의 망념이 곧 열반의 경지(生死卽涅槃)라는 법문처럼, 번뇌와 열반의 구분과 분별, 집착을 떨쳐버린 말이다.

　『원각경』에 '중생이 본래 성불하여 생사와 열반은 마치 어젯밤의 꿈과 같은 줄 비로소 알았다'고 설한다. 번뇌라고 말하지만 고정된 번뇌도 없고, 열반도 없는 것이 진여의 근본(第一義)이다. 진여 근본을 움직이지 않고 모든 법상을 분별하는 것이 대승불교이다. 즉 『금강경』에 '일체 현성은 무위법(진여의 지혜)으로 차별한다'는 법문이다. 생사의 번뇌 망념에도 집착하지 않고 열반의 경지에도 집착하지 않는 것이 진정한 대승의 열반이다.

　『법화경』「방편품」에 다음과 같이 설한다.

　그러므로 사리불이여! 내가 방편을 시설하여 모든 고통을 다 없애는 불도를 설하여 열반의 법문을 개시하였다. 내가 비록 열반의 법문을 설했지만, 이것은 역시 진정한 열반(眞滅)이 아니다. 일체의 모든 법은 본래부터 항상 적멸상(寂滅相)이니, 불자가 이 불도를 실행하면 미래에 반드시 부처가 되리라.

　부처님이 소승 불교인들을 위해 번뇌를 소멸시키는 멸(滅)로 열반의 경지를 이루는 방편법문을 설했지만 그것은 진정한 열반의 경지를 이루는 법문이 아니라고 하면서, 대승의 열반을 체득하는 법문으로 '제법종본래 상자적멸상, 불자행도이 내세득작불(諸法從本來 常自寂滅相, 佛子行道已 來世得作佛)'이라고 게송을 읊었다.

　대승불교의 열반은 중생의 번뇌 망념을 소멸시키고 열반의 경지에 도달하거나 체득하도록 하는 것이 아니다. 번뇌를 없애고 열반을 구하는 것은 악을 멀리하고 선을 추구하는 취사의 문제가 남는다. 한국불교에서 자주 주장하는 사교입선(捨敎入禪)이라는 말은 중생심의 번뇌 망념의 속박에서 영원히 벗어날 수 없는 어리석은 말이다.

그래서 소승선을 누에가 자신의 입에서 내뱉는 실로 자신을 속박하는 어리석음에 비유하고 있다. 사실 중생의 번뇌란 여러 가지 인연관계로 성립한다. 인간의 삶은 일체의 모든 존재와 만물, 즉 일체만법과 함께하는 것이다. 그래서 불교에서는 제법이라고 하는데, 일체제법과 함께하면서도 일체제법의 진실된 생명활동(實相)을 깨닫고, 일체제법에 대한 의식의 대상경계를 텅 비운 적멸의 경지에서 부처의 지혜로 보살도의 삶을 사는 것이다.

진정한 열반(眞滅)은 의식의 대상경계인 일체의 제법이 본래 공(一切皆空)한 것임을 깨달아 체득(寂滅相)하고 진여 자성의 지혜로 일체제법과 함께 시절인연에 따라서 여법하게 지혜로운 삶을 실행하는 것이다.

『법화경』「비유품」에서도 사리불이 자신이 체득한 열반의 경지가 진정한 열반이 아니라는 사실을 자각하여 알고서 '이것은 진실로 열반의 경지가 아닙니다(非是實滅度)'라고 하면서 대승의 열반이 무여열반이라고 말하고 있다.

『원각경』에 '중생이 본래 성불하여 생사와 열반은 마치 어젯밤의 꿈과 같은 줄 비로소 알았다'라고 설한다.

『법성게』에서 자성이 자신의 입장을 고수하지 않고 시절인연에 따라서 지혜작용을 하기에 부처를 이룬다고 하는 것처럼, 대승의 열반은 일체의 만법과 중생의 번뇌 망념과 함께 하면서 만법과 번뇌 망념을 자각하는 진여의 지혜작용이다.

일체만법과 함께 시절인연의 생명활동을 나누(隨緣)는 상의상관(相依相關) 관계 속에서 진여의 자각적인 지혜작용이 열반이며 해탈이다. 그래서 제법실상(諸法實相)의 열반이라고 한다.

## 금강경과 참선수행 – 간경 간화의 여법수행(如法修行)

### 1) 간경 간화수행의 기본 요체 – 언어의 방편과 진실

불교는 법(法)의 종교이다. 인간이 사막이라는 환경과 기대 심리의 요청으로 만든 신 중심의 종교가 아니라, 일체의 모든 만법과 함께 생명활동을 나누면서 일체의 만법에 집착하거나 속박하지 않고 부처의 지혜로 보살도를 실행하는 종교이다.

따라서 불교는 부처가 되는 법과 부처로서 여법하게 진여의 지혜로 보살도를 행하는 법을 설하고, 경전에서는 부처가 중생들에게 그러한 진여법을 깨달아 부처가 되도록 법문을 설한다.

『유마경』「법공양품」에 법공양에 대한 약왕보살의 설법에, 일체의 제법에 여법하게 설한 그대로 수행할 것을 설하고 있다. '불법의 뜻(義)에 의거하고 말(語)에 의거하지 말며, 진여의 지혜(智)에 의거하고 중생의 인식(識)에 의거하지 말며, 요의경(了義經)에 의거하고 불요의경(不了義經)에 의거하지 말며, 법에 의거하고 사람(人)에 의거하지 말라'고 강조하고 있다.

『열반경』 6권 「여래성품」과 『대지도론』 9권에는 이와 똑같은 법문이 부처님이 열반에 들려고 할 때 여러 비구들에게 설한 법문이라고 전한다. 이러한 법문은 『아함경』에서 주장한 '자신을 등불로 삼고(自燈明) 불법을 등불로 삼아라(法燈明)', 혹은 '자신을 의지처로 삼고(自洲) 법을 의지처로 삼아라(法洲)'는 설법을 계승한 말이다.

대승불교는 진여 본성이 여법하게 지혜작용하는 불법을 설한 종교이다. 불법은 진여법이며, 진여법을 깨달아 여래가 되고 부처의 지혜를 구족하며, 또한 진여법을 설법하여 일체중생을 구제하는 원력으로 상구보리 하화중생, 자리이타의 보살도를 실천하는 종교이다.

대승경전의 설법은 중생들이 부처가 되도록 설한 법문이기에 불법(佛法)이라고 하며, 중생이 부처가 되는 방향과 방법을 방편법문으로 설한 것이 경전이며 어록이다. 따라서 경전과 어록에서 설하는 방편법문을 진여의 지혜로 여법하게 이해하고, 여실하게 수행하지 않으면 불법공부는 불가능하다.

법이란 불변의 법칙을 논리적으로 설한 것이다. 논리적인 법칙은 마치 수학 공식과 같으며 불법을 법수(法數)라고 말하는 것도 이러한 의미이다. 불법의 진실, 진여 본성의 지혜작용이라는 정법의 지혜는 똑같고 다름이 없다. 즉 일체의 모든 부처가 진여의 지혜로 불법을 깨닫고, 진여의 지혜로 불법을 설하는 것이다. 그래서 『금강경』에도 여래가 자신이 깨달아 체득하여 주장하는 법문은 없다고 강조하고 있다.

불법의 진실은 일체 만물이 각자 자연의 본성(진여) 그대로 생명활동을 진행하고 있는 것이기 때문에 진여법이라고 하며, 이러한 진실된 생명활동을 객관적으로 파악하고 언어문자로 설명할 수 없다. 그래서 진여 본성의 지혜는 불립문자(不立文字), 언전불급(言詮不及), 언어도단(言語道斷)이라고 하며, 또 중생심으로 사량 분별하여 알 수가 없기 때문에 심행처멸(心行處滅), 불가사의 해탈경계라고 한다.

진여 본성의 생명활동이 여법하게 작용하기 때문에 진여법이라고 하고, 진여의 지혜작용(眞如智)이라고 한다. 진여법은 일체의 모든 존재가 불성(진여 본성)을 구족하고 있고, 진여 본성은 각기 시절인연에 따라 여법하게 지혜작용(생명활동)을 하고 있다. 이것을 진여의 본체(體)와 작용(用)이라고 하고 법성(法性)과 법상(法相), 이사(理事) 등의 언어로 설법한다.

중국불교에서는 불법을 불도(佛道)라고 한다. 인도에서 전래된 법의 종교를 중국인들이 자주 사용하는 노장사상의 언어인 무위, 자연, 유현(幽玄), 미묘(微妙), 무심(無心), 도(道) 등의 언어로 불법사상을 표현하고 있다. 특히 『임제록』에는 불법의 대의를 유현(幽玄)이나, 현지(玄旨)라고 표현하고 있다.

경전과 어록은 부처나 보살, 조사들이 불법의 진실, 즉 진여법을 깨달아 체득하도록 설한 방편법문을 언어문자로 기록한 것이다. 불법을 공부하고 수행하는 길은 경전과 어록에서 설한 방편법문에 의거하지 않고서는 여법수행, 방편수행을 할 수가 없다. 경전과 어록은 참선공부, 즉 불법을 깨달아 체득할 수 있는 사유의 도구이다. 여법한 참선수행을 위한 기본 방편의 도구이기 때문에 언어문자의 의미를 분명하게 알아야 참선수행이 가능하다.

『법화경』에서 부처님이 출현한 일대사인연을 밝히고 있는 것처럼, 언어문자의 방편법문으로 불법을 설하여 중생들이 불법의 진실을 깨달아 체득하도록 하는 시절인연에 따른 자기(진여) 본분사의 원력행을 개시오입(開示悟入)으로 요약하고 있다.

『대승기신론』에서 진여는 언어문자로 설명할 수가 없는 경지이기 때문에 이언진여(離言眞如)라고 한다. 불립문자, 언어도단, 심행처멸 등으로 표현하는 진여의 세계는 언어문자로서는 설명할 수가 없으므로, 선에서는 물을 마시고 물의 찬 기운과 더운 기운을 스스로 자각해야 한다는 의미로 냉난자지(冷暖自知)라고 한다. 그러나 부처나 보살의 설법은 언어문자의 방편법문에 의거하지 않고서는 불법의 진실을 깨달아 체득할 수가 없기 때문에 의언진여(依言眞如)라고 설명한다.

그래서 부처나 보살, 선승들이 불법의 진실을 제시하는 설법으로 언어문자를 활용하여 방편법문으로 수많은 설법을 하고 있다. 반면 언어문자는 실체가 없고(無自性), 임시방편으로 설명한 도구이기 때문에 이 언어문자에 집착하지 말고, 언어문자의 자취와 흔적을 떨쳐버리고(空), 불법의 진실을 깨닫도록 하는 것(因言遣言)이라고 설명하고 있다. 방편법문을 불법의 진실로, 지식을 지혜로 전환하는 사유의 도구인 언어문자를 사용하지 않고서는 불가능한 일이기 때문이다.

참선수행은 경전과 어록에서 설한 방편법문의 언어문자를 사용하여 불법(眞如法)의 진실된 의미와 사상을 깊이 사유하는 관법(觀法) 수행이다. 불법의 가르침을 여법하고 여실하게 참선수행 할 수 있는 사유의 도구인 방편법문으로 설한 언어문자의 이해는 필수적이다. 즉 방편법문의 언어는 불법의 진실된 뜻을 내포하고 있는 말이다. 이 언어를 통해서 불법의 진실된 의미, 사상, 지혜작용의 묘용 등을 정확하게 알아야 한다.

필자는 여법하고 여실한 참선수행의 기본 요체를 다음과 같이 제시한다.

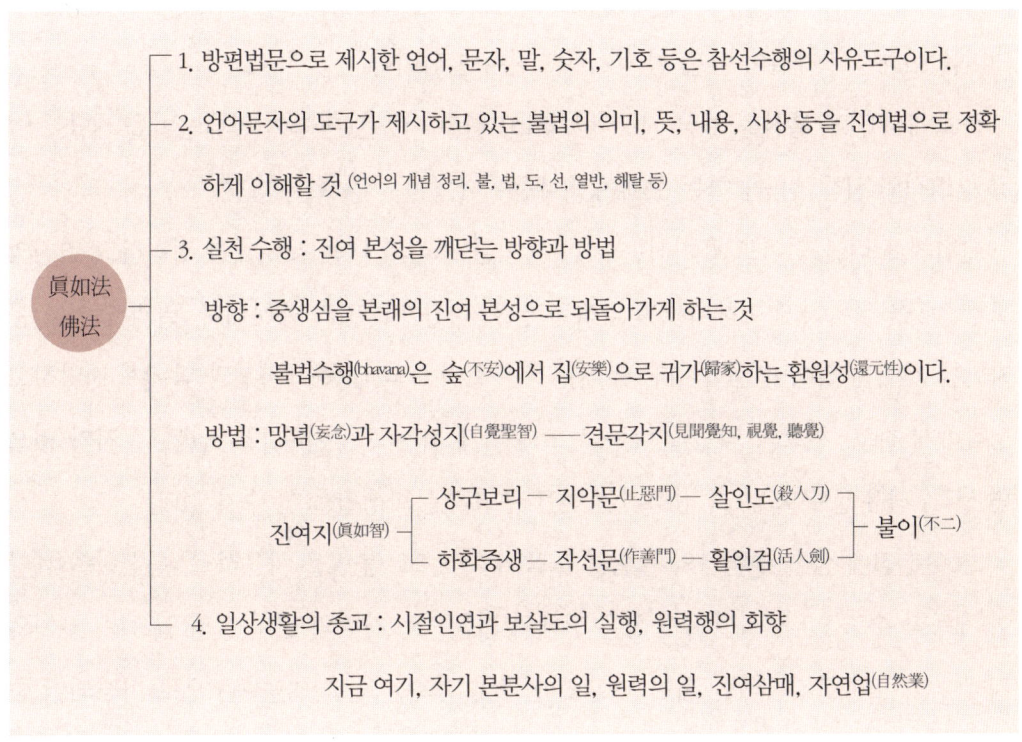

## 참선수행의 기본 요체(要諦)

### 1) 언어, 문자, 기호, 숫자, 원상 등 – 경전과 어록의 설법과 방편법문의 언어(依言眞如)

부처님과 선승들의 설법과 대화(선문답)는 입을 통한 말씀의 소리(音聲)이다. 이 말씀의 소리를 언어문자로 표기한 기록이 경전이며 어록이다. 부처님의 설법을 법음(法音), 원음(圓音), 묘음(妙音), 범음(梵音)이라고 한다. 소리를 듣는 것은 귀(耳根)이지만, 소리의 내용과 의미를 이해하고 깨달아 아는 청각(聽覺)은 진여 본심이다.

불교에서 진여 본심을 일심(一心, 마음)이라고 하는 이유는 마음이 일체만법을 깨달아 알고 창조적인 지혜작용을 하는 주체이기 때문이다.

설법의 소리를 언어로 표기하는 것은 언어를 소리의 내용으로 개념 정리하고 명칭과 모양(名相)을 정확하게 이해하도록 약속된 말로 표시하고 있기 때문이다. 말과 언어를 문자화한 것이 문명이며 문화이다. 언어문자는 소리(音)의 내용을 자신과 남에게 전달하고 생각하게 하고, 서로의 의견을 나누고, 소통하게 하는 도구이다. 말, 언어, 문자가 없으면 생각, 사유할 수도 없고, 창조적인 인간 문명과 문화생활을 할 수가 없다.

2500년 전에 설한 부처님의 설법을 들을 수가 없고, 불법을 사유하고, 참선하여 깨달아 체득할 수도 없다. 설법의 음성은 지혜의 법문으로 자비의 힘이 실려 있으며, 부처의 지혜와 자비의 불가사의한 힘이 보살도 원력의 기운을 싣고 법음(法音)으로 파장되어 중생들의 심장에 직접 전달되고 있다.

경전의 방편법문은 중생들이 불법의 진실을 지식으로 이해하고 사유하여 불법의 진실을 깨달아 체득하도록 제시한 언어문자이다. 불법의 진실을 깨달아 체득할 수 있는 유일한 방편법문인 언어문자를 사유의 도구로 활용하지 않고서는 참선수행을 할 수가 없다. 따라서 참선 수행자는 수많은 대소승 경전과, 삼장의 논서, 선승들의 다양한 어록에서 설한 법문을 언어문자를 통하여 불법의 진실을 깨달아 체득할 수 있다.

　참선공부에서 활용하는 사유의 도구인 언어는 불법의 진실을 설한 경전과 어록에서 방편법문으로 제시한 언어문자이다. 필자는 참선공부 방법으로 T자형(넓고 깊게)의 사유 방법을 권한다.

　넓게는 대소승 경전과 삼장의 가르침을 설한 법문, 선승들의 어록 등 불법의 진실을 설한 일체의 모든 법문에서 설법한 언어이다. 불법의 가르침은 진실로 다양하다. 소승경전과 아비달마 논서, 대승경전(반야, 화엄, 법화, 정토, 유식, 여래장, 열반, 밀교 등)과 수많은 불법사상을 설한 철학 논서, 선어록 등 실로 다양하다.

　깊게는 이 모든 경전과 어록은 불법의 진실(眞諦)을 설한 방편법문(俗諦)이기 때문에 불법의 대의(大意, 玄旨)를 진여삼매(眞如智)로 사유해야 여법수행, 여실수행이 된다는 사실이다.

　『유마경』「제자품」에 유마거사가 가전연에게 '가전연이여! (중생심의) 생멸심의 작용으로 실상법을 설하지 말라(無以生滅心行 說實相法)'고 한 것처럼, 불법의 진실을 중생심으로 사유한다는 것은 불법의 가르침인 언어문자를 의식의 대상경계인 지식으로, 지해(知見解會)로 이해하는 것이지 진여의 지혜로 참선하는 여법수행, 여실수행이 아니다. 선에서 주장하는 실참 실수(實參實修)는 앉아서 좌선 수행하는 것이 아니라 진여삼매의 지혜로 불법을 사유하는 참선수행이다.

　대승불교의 가르침에는 실로 다양한 수행의 방편법문이 있다. 『대승기신론』에서 제시하고 있는 것처럼, 불법의 지혜를 체득할 수 있는 정법의 참선수행은 진여삼매를 통한 진여 본성의 지혜작용(여래)이 되도록 해야 한다. 여래가 되고, 부처가 되는 진공묘유(眞空妙有)의 지혜를 구족하게 하는 불보살의 행화는 진여삼매를 통한 진여지(眞如智, 如來)이다.

　경전과 선시에서 사용하는 방편의 언어를 불법사상으로 표현된 분명한 언어의 개념과 언어가 제시한 내용, 의미 등을 이해하고 파악해야 한다. 방편의 언어를 통해서 정법의 안목으로 설한 경전의 설법과 선승의 불법사상을 올바르게 이해할 수가 있으며, 또한 경전과 선시를 읽는 그 순간 불법사상을 체득하여 여래가 되고 부처가 되는 깨달음의 인연이 될 수가 있다. 간경(看經) 간화(看話)의 공부는 경전과 어록을 여법하게 읽고 깨달음을 체득하며, 정법의 안목을 구족하는 공부이다. 경전과 어록에서 제시한 방편법문의 언어를 불법의 대의로 정확하게 이해하여 진여삼매로 여법하게 사유할 수 있는 도구로 확립해야 한다. 방편의 언어를 사유 지혜의 도구로 활용할 수 있는 방법과 능력이 없으면 불법사상을 자신의 지혜로 사용할 수가 없다. 마치 컴퓨터의 자판기에 있는 글자나 기호, 숫자들을 잘 활용해서 정보를 수집하고 문서를 작성하는 것과 같다. 자판기의 문자나 언어를 정확하게 사용하지 못한다면 올바른 정보나 자신의 일은 할 수 없다.

여기에 열거한 말은 경전과 어록에서 많이 제시하고 있는 방편법문의 언어인데, 불법의 대의(진여법)로 여법하고 여실하게 참구(사유)하는 참선수행의 화두로 삼아야 한다. 불법으로 사유하는 참선수행이 되어야 하며, 그것은 자신에게 질문하는 자문(自問)과 자신에게 불법의 지혜로 대답하는 자답(自答)으로 반복하여 되씹고 반추(反芻)하며 참구해야 한다.

佛이란?(心佛衆生 是三無差別, 卽心是佛)

如來란?(진여본성의 지혜작용, 眞如法身, 如是)

法身 報身 化身(三身一體)

佛法은 眞如法이다.

佛道, 道(道由心悟)

古佛, 古路, 古鏡, 古心

入不二法門, 入法界, 入定, 入門, 得入(入이란 글자의 의미)

歸依, 歸命, 歸家, 見性, 往生, 來生, 回心, 還元, 還歸本處, 眞如

法界一相(眞如), 諸法實相, 實際, 眞諦, 眞實, 實信, 自然法爾

生死輪廻, 生死心, 生滅心(心生卽種種法生, 心滅卽種種法滅)

無相, 無住, 無所求, 無所得

彼, 渠, 他, 箇 等 지시어는 본래인(진여법신)

爲, 信, 見, 入, 卽(不二), 得法, 傳法, 求法, 取得, 趣向

親(親切), 疎, 疑心卽差, 動念卽乖

護持, 護念, 住持, 受持, 法持, 總持

坐道場, 安置, 安坐, 靜坐, 安禪, 靜慮(진여 본성의 지혜작용)

法界(莊嚴)와 중생 世界(三界)

時間(劫, 刹那, 인식의 시간)

空間(場所, 道場, 극락 淨土, 唯心 淨土)

## 正法과 邪法, 正道와 邪道의 구별은 어떻게 해야 하나?

正念 思惟와 妄念의 문제

淨信, 實信, 信心의 信(『화엄경』의 信爲道元 功德母)

信心(확신; 의심 소멸한 불심)

疑心(자신에게 질문하는 불법의 과제)

憤心(분발심, 불퇴전의 발보리심)

念佛 修行, 耳根圓通, 反聞聞自性(念佛三昧)

自力과 他力(아미타불에 의거한 구제, 自覺聖智, 眞如三昧)

## 淨土와 卽得往生의 문제

(『화엄경』의 願我臨欲命終時 盡除一切諸障碍 面見彼佛阿彌陀 卽得往生安樂刹)

## 2) 불법수행은 방편을 수행하는 것이다

경전과 어록에서 설한 방편법문의 언어가 제시하는 불법의 진실된 뜻(義), 의미, 불법대의(佛法大意), 현지(玄旨), 사상(思想), 지혜(智慧)의 내용을 정확하게 이해해야 정법사상, 여법수행, 여실수행이 가능하다. 즉 진여삼매가 되는 참선수행으로 부처나 여래가 될 수 있다. 한마디의 방편법문의 언어를 진여의 지혜로 여법하고 여실하게 참구하지 못하면 중생심의 번뇌 망념에 떨어진다.

『금강경』에서 '설법도 진여의 지혜로 여법하게 설법해야 한다(無法可說)'고 설한 것처럼, 진여의 지혜로 설법하고, 진여의 지혜로 설법을 듣는 청법(聽法)이 여시아문(如是我聞)이다. 선문답 역시 마찬가지이다. 그래서 진여의 지혜로 설한 설법과 청법으로 언하(言下)에 대오(大悟)를 이루도록 하는 것이다.

불법의 수행체계를 문혜(聞慧)·사혜(思慧)·수혜(修慧)나 방편반야(方便般若)·관조반야(觀照般若)·실상반야(實相般若)의 삼종반야(三種般若), 혹은 신(信)·해(解)·행(行)·증(證) 등으로 설명하고 있다.

### (1) 문혜(聞慧)·사혜(思慧)·수혜(修慧)

『구사론』 22권과 『성실론』 20권 등에는 문혜·사혜·수혜의 삼혜(三慧)를 설한다.

문혜는 경전의 법문과 스승의 설법을 듣고 불법을 체득하는 지혜이다.

사혜는 불법의 교설과 이법(理法)을 깊이 여법하게 사유하고 불법의 지혜를 체득하는 것이다.

수혜는 불법의 교설을 선정의 실천 수행으로 관찰하고 확인하여 확신을 갖도록 하는 것이다.

　불법을 깨달아 체득하는 방법은 경전의 법문을 듣고 배우며 학습하는 문혜와 법문의 사상과 정신을 깊이 숙고하고 사유하는 사혜, 선정의 수행인 정관(靜觀)인 수혜를 통해서 이루어진다.

　경전에서 설하는 법문을 듣는 일은 문법(聞法), 청법(聽法)이다. 다문(多聞)은 많은 법문을 듣고 배우며 불법의 지혜를 체득하는 일이다.

　숲의 종교는 독자적인 능력을 구족하는 일이며, 팔만사천 법문을 배우고 익혀야 팔만사천 중생의 번뇌 망념을 치료할 수 있는 능력을 갖출 수가 있다.

　불법의 지혜를 넓고 깊게, 여법하고 분명하게 하는 참선공부는 팔만사천 지혜를 체득하는 일이다. 『벽암록』에 '물의 근원이 얕으면 물이 멀리 흘러갈 수가 없고, 지혜가 크지 못하면 견해의 안목이 좁아서 멀리 볼 수가 없다(源不深者流不長 智不大者見不遠)'고 하였다. 지혜를 넓히면 사물의 도리를 넓고 깊게 파악할 수가 있고, 불법의 진실을 넓고 깊게 깨달으면 불도를 여법하게 실행할 수 있으며, 중생의 다양한 심병을 올바르게 진단하고 치료, 처방, 재발하지 않도록 할 수가 있다.

　다문의 청법은 불도의 대의를 깨달아 알게 하는 인연이 되며, 불법의 대의로 문제 제기하고(의심) 여법하게 이해하고 사유하여 그 문제를 해결(信心)하며, 올바른 진여의 지혜를 깨달아 체득하는 것이다.

　청법과 배움은 자아의식을 텅 비운 구법행이며, 법문을 듣지 않는 것은 무지 무명의 범부 중생이 되는 평생의 수치가 된다. 선지식의 법문을 듣는 것은 중생심을 청정하게 정화하는 일이며, 중생심을 불심으로 전환하게 하는 인연을 성취하고 불도를 이루는 일이다.

　『예기(禮記)』에도 '옥을 쪼개고 갈지 않으면 그릇이 될 수가 없고, 사람이 배우지 않으면

도를 알지 못한다'고 했다.

### (2) 삼종반야(三種般若) – 방편반야 · 관조반야 · 실상반야

『대승의장(大乘義章)』 제10권, 길장의 『삼론현의(三論玄義)』 등에는 방편반야, 관조반야, 실상반야의 삼종반야를 언급하고 있다.

방편반야는 문자반야라고도 하는데, 진여법의 본체를 언어문자의 방편법문으로 제시한 대승경전과 반야경전 등을 말한다. 경전의 법문을 듣는 일과 경전을 읽는 간경(看經)이 방편반야의 지혜를 실행하는 일이다.

관조반야는 경전에서 설한 법문의 내용을 언어문자의 방편을 통해서 불법의 대의로 관찰하는 참선공부이며, 제법의 실상을 불법의 지혜로 관찰하는 관법수행이다.

실상반야는 제법실상의 진실을 깨달아 체득하여 진여의 지혜작용을 실행하여 정법의 안목이 구족되도록 하는 것이다.

『금강경』 14분에 '만약 어떤 사람이 이 경전의 법문을 듣고, 신심(信心)이 청정하고, 곧 진여 본성(實相)의 지혜를 이루게 되면, 이 사람은 제일 희유한 공덕을 성취하게 된 사실을 알아야 한다(若復有人, 得聞是經, 信心淸淨, 則生實相, 當知是人 成就第一希有功德)'는 법문이 있다.

여기서 말하는 득문시경(得聞是經)은 문자반야이고, 신심청정(信心淸淨)은 관조반야이며, 즉생실상(則生實相)은 실상반야로 배대할 수 있다.

천태 지의의 『금강반야경소』와 하택 신회의 어록과 『역대법보기』, 『벽암록』 90칙 등에도 삼종반야를 제시하여 참선수행에 참고가 되고 있다.

### (3) 불법 수행체계는 신해행증(信解行證)으로 종합된다

『대승기신론』 분별발취도상에 '일체제불이 깨달아 증득한 불도는 일체 보살이 발심 수행하여 불법의 대의를 깨달아 체득하도록 하는 것이다. 발심을 간략하게 세 가지로 정리하면, 첫째는 신성취발심(信成就發心)이고, 둘째는 해행발심(解行發心)이며, 셋째는 증발심(證發心)이다'라고 설한다.

신성취발심은 십신(十信)·십주(十住)의 보살, 해행발심은 십행(十行)·십회향(十回向) 보살의 발심(發心), 증발심은 십지(十地)보살과 등각(等覺), 묘각(妙覺)의 성불을 이루는 불보살의 발심이다. 즉 신성취는 불·법·승 삼보와 진여 본성을 구족한 사실을 확신하여 보살도의 원력을 세우는 것이며, 해행발심은 경전에서 설한 법문을 여법하게 이해하고 여실하게 실천 수행하는 것이며, 증발심은 불법의 진실을 깨달아 증득하여 여래가 되고 부처의 지혜를 구족하는 것이다.

특히 일체중생이 불성을 구족하고 있다는 신심은 각자가 부처가 될 수 있는 가능성을 제시한 법문인데, 그러한 사실을 경전의 법문을 통해서 이해하고 실천 수행하며, 각자 그러한 진실을 깨달아 증득하여 부처로서의 능력을 구족하도록 하는 수행체계이다.

이 신·해·행·증은 불법수행의 단계를 제시한 것이기 보다는 수행체계의 구조적인 입장을 제시한 것이라고 하겠다.

『금강경』 31분에 '반드시 진여의 지혜작용과 같이 일체법을 여법하게 알고, 일체법을 여실하게 보며, 확신하여 깨달아(信解) 증득해서 의식의 대상경계에 집착하는 망심이 일어나지 않도록 해야 한다(應如是知, 如是見, 如是信解 不生法相)'고 설하는 일단도 같은 입장이다.

여시는 진여 본성의 지혜작용으로 금강과 같이 파괴되지 않는 부처의 반야지혜이다. 참고로 『유마경』「입불이법문품」에 '금강의 지혜로서 의식의 대상경계인 분별상을 완전히 깨달아 요달히어 속박과 해방을 초월하면 불이법문의 경지를 깨달아 체득하는 것(以金剛

慧 決了此相)'이라고 설한다.

### (4) 대승불법의 근본 대의(大意, 효旨)

불법은 진여 본성이 여법하게 지혜작용(생명활동)하는 진여법이다. 진여 본심이 시절인연에 따라서 여법하고 여실하게 지혜작용을 전개하는 제법실상의 진실을 방편법문으로 설한 것이 대승경전이다.

진여란 일체의 모든 존재(萬法)가 각자 본래의 생명활동을 하는 근본 자성을 임시방편으로 이름 붙인 말이다. 즉 인간을 비롯하여 일체의 모든 존재가 외부의 존재나 어떠한 힘에 의존하지 않고, 자연 그 자체로서 존재하여 여법하게 생명활동하는 것이다. 불교에서는 여여, 여래, 진여, 혹은 불성, 여래장, 자성, 일심, 본성, 법성, 진제(眞諦), 본제(本際), 실제(實際), 실상(實相) 등으로 다양하게 표현하고 있다.

진여법이란 진여 본성의 여실하고 여법한 생명활동(지혜작용)을 말한다. 불교에서는 진여의 여법하고 여실한 지혜작용을 자연법이(自然法爾), 혹은 물이 흐르고 꽃이 피는 수류화개라는 말로 표현하고 있다. 진여는 독자적인 자성을 고수하는 존재가 아니라 시절인연에 따라서 불이의 묘용으로 작용하는 주체이기 때문에 『법성게』에서 '불수자성수연성(不守自性隨緣成)'이라고 읊고 있다.

마치 물의 본성은 독자적인 실체가 없지만(無自性) 환경에 따르는 시절인연과 함께 흘러가는 작용으로 청정함을 이루는 생명활동의 묘용(妙用)과 같다. 자신도 청정하게 하며, 주위의 만물에게도 청정한 생명수를 제공하는 것처럼, 자리이타의 묘용이 자연스럽게 작용하는 것이다.

대승의 불법도 진여 자성의 지혜작용을 여법하고 여실하게 시절인연의 생명활동으로 작용하여 상구보리 하화중생의 보살도를 물이 흐르는 것처럼, 진여의 지혜작용으로 이루어지도록 진여법을 설한다.

진여 자성의 생명활동인 지혜작용을 여래·부처의 지혜라고 하며, 자연 그대로 무애 자재하게 작용하기 때문에 자연업(自然業)이라고 하며, 중생심으로는 사량 분별할 수가 없는 지혜작용이라는 의미로 불가사의라고도 한다.

『법화경』에서는 일체만법과 함께하는 진여의 생명활동(부처의 지혜작용)인 제법실상의 열반을 연꽃에 비유하여 묘법(妙法)이라고 하고, 『유마경』에서는 연꽃이 진흙 속에 생명활동을 하지만 흙탕물에 물들지 않는 불가사의한 지혜작용(妙用)을 처염상정(處染常淨)이라고 표현한다. 『열반경』에서는 대승 열반의 특성을 상·낙·아·정의 4덕으로 진여 본성의 지혜작용의 내용을 설명하고 있다.

불교에서는 중생심과 불심을 구분하여 불법사상을 제시하고 있다. 일심(一心)의 근본은 동일한 진성(眞性)이지만, 중생은 자아의식의 망념으로 주객을 나누고, 의식의 대상경계에 집착하기 때문에 진여 본심의 지혜로운 삶을 살 수가 없다.

그래서 『화엄경』에서 '마음과 부처와 중생, 이 셋은 차별이 없다(心佛衆生是三無差別)'고 하며, '일체의 모든 의식의 대상경계(法)는 자신의 주관적인 마음으로 인식하여 만든 유심의 조작이다(一切唯心造)' 혹은 '일체의 모든 의식의 대상경계는 마음작용뿐(萬法唯心)이다', 유식철학에서도 '만법은 오직 마음으로 인식하는 것일 뿐(萬法唯識)'이라는 법문을 제시하고 있다. 여기서 유심의 철학은 불법공부의 기본 요체이다.

의식의 대상경계를 만드는 것은 중생심으로 작용하는 자아의식의 주체인 마음(心), 의지(意), 인식(識)이다. 이것이 『화엄경』에서 설한 일체유심조(一切唯心造)이다. 인연법과 연기법으로 관찰하여 분명하게 제시한 불교의 근본사상이 제행무상, 제법무아이다. 자아의식의 실체라고 할 수 있는 마음이나 영혼이 없다고 주장하는 불교의 기본사상이 무아이다.

대승불교에서는 자아의 실체도 없고 의식의 대상경계(法)도 실체가 없다는 아공(我空)과 법공(法空), 즉 일체개공(一切皆空)의 불법사상을 제시하고 있다. 초기 소승불교에서는 아공, 법유(法有)를 주장하였지만, 아공, 법공, 일체개공을 제시한 대승불교는 진여법에 의거하여 독자적인 유심사상에서 제시하였다.

『금강경』32분에서 '의식의 대상경계인 일체의 유위법은 꿈과 같고 환화와 같고, 물거품, 그림자, 이슬, 전기와 같이 실체가 없다. 이와 같이 진여의 지혜(여래)로 일체법을 관찰해야 한다(一切有爲法 如夢幻泡影, 如露亦如電, 應作如是觀)'고 설한 법문은 아공, 법공, 일체개공의 반야지혜를 깨달아 무생법인(無生法忍)을 체득하도록 설한 것이다.

말하자면 중생심의 의식으로 인식하는 대상경계(法)는 거울에 비추어서 나타난 영상과 같고(鏡中像) 물속에 비친 달의 그림자와 같다. 그래서 독자적인 자성이 없고(無自性), 공하여 독자적인 실체가 없다는 사실을 꿈, 그림자, 물거품 등으로 비유하여 설한다. 자아의식 중심의 마음으로 인식하고 생각하여 스스로 선과 악, 범부와 성인, 좋고 나쁨 등을 결정하고 스스로 그렇게 결정한 의식의 대상경계에 집착하고, 착각하고 전도몽상하며 애착하고 고뇌하며 업장을 짓고 있다. 그래서 일체유심조, 혹은 만법유심이라고 설한다.

중생의 번뇌 망념과 고뇌의 근본문제를 불법의 가르침으로 올바르게 판단하고 실체가 없다는 사실을 깨달아 체득하여 중생의 마음작용과 의식(心意識)의 대상경계(法)를 텅 비우라고 하고 있다. 『금강경』에서는 '진여의 지혜로 중생심의 망심을 항복시켜라(如是降伏其心), 진여의 지혜로 여법하게 보살도를 행하라(如是住), 경전의 법문과 같이 진여의 지혜로 보살도를 행하라(如所敎住)'고 설하고 있다.

여시나 여법은 아공·법공인 진여 본심의 지혜(如來)로 일체의 경계에 걸림없이 무애자재한 진공묘유(眞空妙有)의 경지에서 부처의 지혜로 보살도를 실행하도록 설한다.

즉 대승불법의 법문에 의거하여 진여의 지혜로 아공, 법공, 유심사상을 근본으로 하여 여시, 여법, 여실하게 방편법문을 사유하는 참선수행을 해야 불법을 깨달아 체득할 수 있다. 불법의 대의인 기본사상을 무시하고 자기가 알고 있는 언어문자의 지식과 글자 그대로 이해하고, 사유한다면 정법수행이 불가능하다.

예를 들면, 정토경전에서 설하는 불국정토나 목숨이 끝날 임종시(臨命終時)에 곧바로 왕생(卽得往生)한다는 법문을 실재하는 정토로 이해하거나, 글자대로 육체적인 죽음에 임해서 곧바로 왕생한다고 주장하면 불법의 진실과 사상을 토대로 구족하는 여법한 지혜를 체득할 수가 있을까?

『유마경』「불국품」의 '직심(直心)이 곧 정토'라는 법문과 『육조단경』의 '유심정토(唯心淨土)'는 대승불법의 유심사상으로 아공, 법공, 일체개공의 경지인 일심진여(一心眞如)의 지혜작용(반야지혜)으로 제법실상의 열반의 경지를 이루는 법문을 제시한 것이다. 유심철학의 사상과 제법실상의 열반은 소승불교, 부파불교에는 없다.

경전에서 설한 삼계나 시방 삼세, 극락정토, 열반의 경지, 부처의 경계(佛境界)를 실재하는 공간세계나 대상경계로 간주한다면 불법의 가르침을 유물론으로 이해하고 접근하는 것이기 때문에 불법의 대의를 모르는 외도의 법문이 된다.

또 생사를 육체적인 생사로 이해하거나, 살인도(殺人刀) · 활인검(活人劍)을 사람을 죽이고 살리는 칼로 이해하고, 소신공양을 육체적인 몸을 불태워 공양하는 것이라고 글자 그대로 이해한다면 불법의 대의와 방편법문의 의미를 모르는 무지한 사람이다.

그리고 경전과 어록에서 설한 방편법문의 언어도 임시방편으로 제시한 말이기 때문에 독자적인 실체가 없는 무자성(無自性)이며, 공한 것이다. 『금강경』 10분에서도 '불토를 장엄한다는 것은 실재하는 불토를 장엄하는 것이 아니라, 임시방편의 말로 장엄이라고 말할 뿐이다(莊嚴佛土者 卽非莊嚴, 是名莊嚴)'라고 설하여, 이 문제를 '곧 그렇지 않다'는 즉비(卽非)의 논리로 실빕한다.

생사를 육체적인 생사로, 정토를 실재하는 정토라고 이해하고, 불교의 시간과 공간을 제시한 시방 삼세를 실재하는 대상경계나 시간으로 인식한다면 일체개공의 경지에서 반야지혜를 구족한 완전한 해탈인 제법실상의 열반을 체득할 수가 있을까?

참선공부에 앞서 필수적으로 경전과 어록에서 제시한 방편법문의 언어를 불법사상으로 정확하게 이해해야 한다.

예를 들면 불, 여래, 법, 신, 도, 불경계, 불성, 진여, 여래장, 원력, 발심(발보리심), 신심, 좌선, 참선, 좌도량, 돈오, 점수 등 경전과 어록에서 제시한 불법의 모든 방편법문의 언어를 불법사상으로 정확하게 이해해야 한다. 경전과 어록에서 설한 방편법문의 언어는 여법하게 참선수행을 하도록 하는 사유의 도구이다.

대승불법의 대의(大旨)에 의거하여 진여삼매로 방편법문의 언어를 사유하지 않으면 정법을 여법하고 여실하게, 실참 실수하는 참선수행은 불가능하며, 불가사의한 여래의 지혜도 체득할 수 없고, 상구보리 하화중생의 보살도나 살인도·활인검을 자유자재로 활용할 수 있는 불가사의한 지혜작용도, 지악문과 작선문, 계정혜의 삼학 일체를 불이법문으로 실천하는 불법수행은 불가능하다.

그리하여 평생 중생심으로 생사 윤회의 업장을 짓고, 진여 일심의 지혜작용을 죽이는 살인 마구니가 되고, 귀중한 인생을 헛되이 낭비하는 무명 불각의 중생이 될 뿐이다. 자기 자신도 불안하고 불행한 삶이 되고, 남에게도 불안과 불편을 제공하는 무지인이 되며, 보살도의 실천으로 일체의 중생들과 함께 상의상관 관계의 지혜와 자비의 덕을 나누지 못하는 죄인이 된다.

### 3) 참선수행의 방법 – 신심수행(信心修行)과 방편수행(方便修行)

참선수행은 불법을 깨달아 체득하는 수행이다. 불법은 진여법이기 때문에 진여의 본성을 깨닫는 신심수행과 진여의 지혜가 다양한 방편의 지혜로 활용할 수 있는 방편수행으로 나누어서 설명한다.

『대승기신론』에는 공(空)과 불공(不空)으로 종합하여 설명하고 있고, 『금강경』에서는 무실(無實), 무허(無虛)라고 설한다. 즉 진여삼매의 진공묘유(眞空妙有)의 경지를 논리적으로 설명하고 있는데, 공은 중생심의 번뇌 망념을 비우는 일이기 때문에 지(止, 사마타) — 선정을 말하며, 불공은 진여의 지혜작용이기 때문에 관(觀, 위빠사나) — 지혜를 말한다. 말하자면 진여삼매로서 지관쌍수(止觀雙修), 정혜일체(定慧一體)를 이루는 수행이다.

『대승기신론』에 신심을 수행하는 것은 불·법·승 삼보와 진여본성의 사신(四信)을 철저히 깨달아 확신하는 수행이며, 방편수행이란 경전과 어록에서 설한 방편법문을 불법의 사상으로 참구하여 수많은 방편의 지혜를 체득하는 것이다.

신심을 수행하는 구체적인 방법은 중생심을 진여 본성으로 되돌아가는 것, 즉 진여 본성을 깨닫는 견성성불로 중생의 차별심을 초월하여 철저한 확신을 체득하여 불퇴전의 신심을 확립하는 것이다.

방편을 수행하는 것은 경전의 법문을 듣거나 읽고, 법문의 언어문자를 진여의 지혜로서 이해하는 문자반야(방편반야), 언어문자의 방편법문을 불법사상으로 여법하게 관찰하여 반야의 지혜를 체득하는 관조반야, 반야의 지혜로 일체제법의 실상을 여법하고 여실하게 깨달아 체득하는 실상반야로 설명한다.

자각의 종교인 불법수행을 법문을 듣고(聞慧), 깊이 불법의 대의로 사유하고(思慧), 보살도의 정신으로 실천 수행(修慧)하는 세 가지로 설명하기도 하고, 불법승 삼보와 진여 본성의 확신(信)과, 법문의 이해(解), 실천 수행(行), 자각으로 깨달아 증득(證)하는 네 단계로 체계 있게 설명하고 있다.

참선수행의 방법은 경전과 어록에서 제시한 방편법문의 언어를 사유하는 것이다. 즉 방편법문으로 제시한 언어문자를 통해서 사유하는 수행이다. 수행은 범어로는 bhavana(바와나)인데, 의미는 '본래로 되돌아가는 것' 혹은 '본래의 상태가 되도록 하는 것'이다.

불법수행의 특성은 번뇌 망념의 중생심을 본래의 진여 본성으로 되돌리는 전환적인 구조로 환원성의 종교라고 할 수 있다. 선어록에서는 환귀본처(還歸本處), 귀가온좌(歸家穩坐), 견성성불(見性成佛), 회심작불(回心作佛), 혹은 안신입명(安身立命)이라고 표현한다. 십우도(심우도)에서 본래 집에서 기른 소를 찾아 숲으로 나갔다가 소를 찾아 다시 본래의 집으로 되돌아가는 것(歸家)은 환원성의 종교를 그림으로 표현한 것이다.

불법승 삼귀의로 표현하는 귀의나 귀명(歸命)도 귀가(歸家)와 같은 의미로 진여 본성의 지혜작용이 되어, 자성의 여래가 되고 부처가 되도록 하는 말이다.

지금 여기서 불법의 진실을 자각하지 못한 무명 불각의 번뇌 망념이 일어나면 중생심이 된다. 불법의 진실을 설한 방편법문(언어)을 통해서 참선수행하여 사유(자각)하면 진여 본성의 자각적인 지혜작용(自覺聖智)이 이루어지기 때문에 진여 본성인 본래의 집(자성)으로 되돌아가도록 하는 수행구조이며, 본래의 진여 본성(如來)의 자각(佛)적인 지혜가 작용하도록 하는 것이다.

불법의 진실을 깨달아 체득하지 못하여 진여 본성의 집으로 되돌아가지 못하면 중생의 생사심, 즉 번뇌 망념의 숲에서 자기 생각대로 대상경계를 설정하여 인식하고 판단하며, 전도몽상과 착각의 미혹과, 생사의 고해에서 윤회한다.

불법을 지식으로 잘 아는 수행자(內凡; 二乘, 三賢)도 진여 본성의 지혜로 불법을 자각하지 못하면 무명 불각(無明不覺)의 중생이기 때문에 불교의 지식을 알고 모르는 일과는 전혀 관계 없다. 지금 여기, 자신의 본분사의 일에서 불법을 자각하지 못하면 중생이고, 진여 본성의 지혜로 여법하게 자각하면 지혜로운 삶을 이루는 참선수행이 된다.

불법의 여법한 참선수행의 기본구조를 제시하면 다음과 같다.

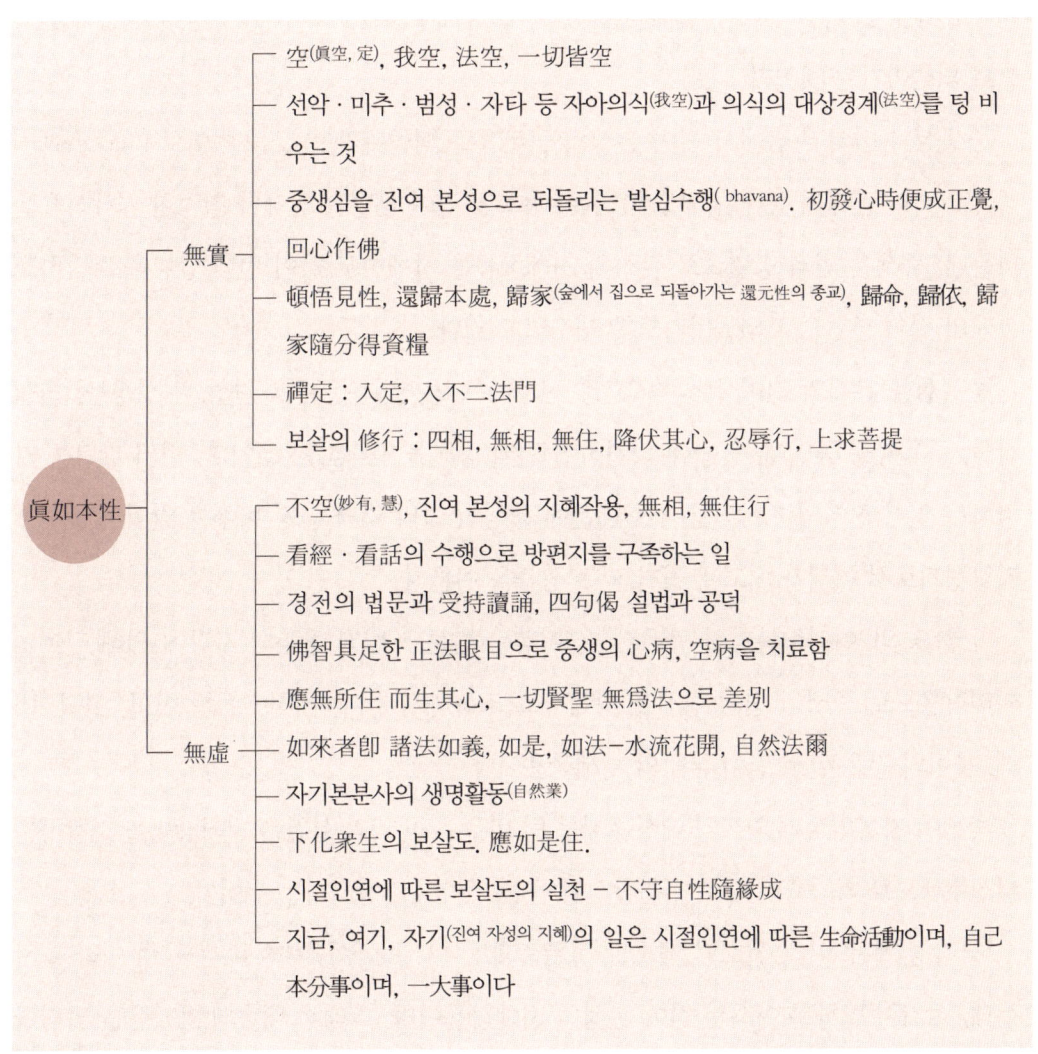

眞如本性
- 無實
  - 空(眞空, 定), 我空, 法空, 一切皆空
  - 선악·미추·범성·자타 등 자아의식(我空)과 의식의 대상경계(法空)를 텅 비우는 것
  - 중생심을 진여 본성으로 되돌리는 발심수행(bhavana). 初發心時便成正覺, 回心作佛
  - 頓悟見性, 還歸本處, 歸家(숲에서 집으로 되돌아가는 還元性의 종교), 歸命, 歸依, 歸家隨分得資糧
  - 禪定: 入定, 入不二法門
  - 보살의 修行: 四相, 無相, 無住, 降伏其心, 忍辱行, 上求菩提
- 無虛
  - 不空(妙有, 慧), 진여 본성의 지혜작용, 無相, 無住行
  - 看經·看話의 수행으로 방편지를 구족하는 일
  - 경전의 법문과 受持讀誦, 四句偈 설법과 공덕
  - 佛智具足한 正法眼目으로 중생의 心病, 空病을 치료함
  - 應無所住 而生其心, 一切賢聖 無爲法으로 差別
  - 如來者卽 諸法如義, 如是, 如法 – 水流花開, 自然法爾
  - 자기본분사의 생명활동(自然業)
  - 下化衆生의 보살도. 應如是住.
  - 시절인연에 따른 보살도의 실천 – 不守自性隨緣成
  - 지금, 여기, 자기(진여 자성의 지혜)의 일은 시절인연에 따른 生命活動이며, 自己本分事이며, 一大事이다

## 불법수행의 방향과 방법

### 1) 공(空, 眞空)

공이란 중생심의 자아의식(我空)과 의식의 대상경계(法)를 비우는 것(法空)이며, 의식의 대상경계를 텅 비우는 것은 일체개공(一切皆空), 본래무일물(本來無一物)의 경지인 진여 본성으로 되돌아가는 것이다.

중생심의 번뇌 망념에서 진여 본성의 근본으로 되돌아가는 것을 범어로 bhavana(바와나)라고 하며 본래의 상태가 되도록 하는 것이다. 진여 본성은 언제나 청정한 지혜작용을 하는데, 중생은 번뇌 망념으로 본성의 지혜작용을 장애하고 있어 번뇌 망념을 자각하고 본래의 진여 본성으로 되돌아가도록 제시하고 있다.

중생심을 본래의 진여 본성(불심)으로 전환하는 방편법문은 돈오견성, 견성성불, 회심작불, 즉득왕생 등인데, 불법에 의거하여 번뇌 망념을 자각하는 일이다. 번뇌 망념을 자각하는 일이 진여의 지혜작용이기 때문에 중생의 번뇌 망념을 텅 비우는 일임과 동시에 자각성지로서 여래가 되고 부처가 되는 성불을 이룬다.

『금강경』의 '여시항복기심(如是降伏其心)'이라는 법문도 번뇌 망념의 자각에 의해 진여의 지혜작용으로 중생의 번뇌 망심을 항복하고 조복하게 한다. 여시(如是)는 여법, 여여, 여래, 불이와 같은 말로 진여 본성의 지혜작용이다.

중생이 자아의식과 의식의 대상경계를 텅 비우는 공(空)의 실천은 번뇌망념을 자각하는 발심수행으로 가능하기 때문에 초발심이 곧 정각이라고 강조하는 것이다.

『금강경』에서 '여래 선호념 제보살 선부촉제보살(如來 善護念 諸菩薩, 善咐囑諸菩薩)'이라고 하는데, 여기서 말하는 여래는 진여 본성의 지혜작용이다. 그래서 대승의 깨달음을 발심한 보살이 불법에 의거하여 번뇌 망념을 자각하고, 다시는 번뇌 망념에 떨어지지 않도록 진여의 지혜작용을 잘 보호할 수 있는 능력을 구족하고 있다는 말이다.

또한 번뇌 망념이 일어나지 않고 진여의 지혜로 염념자각(念念自覺)이 염념상속(念念相續)하여 자기 본분사의 지혜로운 일을 잘 실행하여 보살도를 실천할 수 있는 능력을 구족하고 있다.

보살을 '각유정(覺有情)'이라고 번역하는 것처럼, 불법에 의거하여 여법수행으로 자각할 때는 깨달음을 이루지만, 자각하지 못할 때는 중생으로 살고 있는 구법자라는 의미이다. 그래서 최상의 깨달음을 체득하려고 발심하는 구법자를 보살이라고 한다.

진여본성이 지혜(如來)로 망념을 자각하는 발심수행이 곧 정각을 이루는 것이며, 일체의 번뇌망념을 항복하며 공의 경지를 체득하는 것이다.

『좌선의』에서는 좌선수행의 요체로 '번뇌 망념이 일어나면 번뇌 망념을 자각하라. 번뇌 망념을 자각하면 번뇌 망념은 없어진다(念起卽覺 覺之卽失)'라고 제시하고 있다. 간화선에서는 조주의 무자(無字) 화두를 수시로 자각할 수 있도록 하고, 정토교에서는 '나무아미타불' 육자염불과 '관세음보살'을 칭명하는 염불수행으로 진여 본성의 부처를 깨달아 체득하는 염불삼매를 제시하고 있다.

참고로 선불교의 '부모미생이전 본래면목(父母未生以前 本來面目)'이나, '일체선악 도막사량(一切善惡 都莫思量)'이라는 공안을 제시한 것도 진여 본성을 깨달아 견성성불을 이루도록 한 방편법문이다.

### 2) 불공(不空, 妙有) : 진여 본성의 지혜작용(眞如智, 如來) (無虛)

참선공부는 방편법문의 언어문자를 불법사상으로 참구하고 사유하며, 자문자답으로 반추(反芻)하면서 불법의 지혜를 깨달아 체득하는 공부이다. 그래서 방편을 수행하는 것이며, 방편을 수행하는 일은 경전과 어록을 읽고 사유하는 참선공부이다. 사실 참선수행은 팔만사천 방편법문을 경전과 어록을 통해서 배우고 익혀서 자기 본분사의 지혜로 언제 어디서나 활용할 수 있는 능력을 구족하는 공부이다.

중생 구제의 힘은 진여의 지혜작용이다. 다양한 중생의 심병과 공병과 선병을 여법하고 여실하게 판단할 수 있는 지혜는 불지견(佛知見)이며 오직 부처의 지혜만이 중생의 다양한 병을 진단, 처방, 치료, 재발방지 할 수 있기 때문이다.

방편을 수행하는 방법은 경전과 어록에서 설한 법문의 언어를 불법의 대의(空과 不空)로 참구하며 사유하는 것이다. 불법수행이란 경전과 어록에서 제시한 방편법문(언어문자)에 의거하여 여법하고 여실하게 진여 본성의 지혜로 참구하여 불법의 진실을 깨달아 자각하는 수행이다.

『금강경』의 '여시아문, 여시항복기심, 응여시주, 응무소주, 행어보시, 여래(如是我聞, 如是降伏其心, 應如是住, 應無所住, 行於布施, 如來)' 등과 같은 법문의 언어를 불법의 지혜로 여법하고 여실하게 진여의 지혜로 사유하고, 자신에게 불법의 지혜로 작용할 수 있는 문제점(疑心)을 제시하고, 자신이 직접 진여 본성의 지혜로 여법하게 사유하여 의문점을 해결하도록(信心) 참구하는 공부이다.

참선공부는 불법의 대의에 의거하여 방편의 언어를 활용하여 자문자답으로 사유하며 참구하는 수행이다. 하나의 문제를 중심으로 하나의 지혜가 체득되는 것(一事一智)이다. 그래서 간경과 간화는 하나의 방편법문을 불법사상으로 여법하게 참구해야 그 법문을 자신의 지혜로 활용할 수 있다. 선승들의 법문을 법률용어로 공안(公案)이라고 하는 것도 중생심의 심병(心病)과 번뇌 망념의 문제를 부처의 지혜로 여법하게 판단하여 해결한 판례에 비유한 말이다.

여법(如法)이란 무질서한 중생의 사량 분별의 의식을 본래 하나(不二)인 진여의 지혜작용이 되도록 하는 것이며, 비본래인 중생심을 본래의 진여 본성으로 되돌아가도록 하는 진여의 지혜이다.

수학 문제를 공식으로 푸는 것처럼 정답은 하나이며, 문제가 발생하기 이전의 본래 그것이다. 조각그림 맞추기와 같은 구조라고 할 수 있다. 방법은 다양하지만 본래의 상태가 되도록 하는 것이다. 본래의 진여 본성의 지혜작용이 되도록 하는 공부는 불법의 방편법문을 활용하여 중생심의 미로인 숲길을 헤쳐 나갈 수 있도록 하는 이정표이다.

경전의 모든 방편법문으로 제시한 언어를 불법의 대의(空과 不空)로 참구하고 사유하여, 진공묘유의 진여 본성의 지혜작용이 되도록 확신(깨달음)을 체득해야 한다. 이렇게 경전의 법문을 불법의 지혜로 참구해야 수많은 중생의 심병, 전도몽상, 착각으로 생사의 고해에서 허덕이는 중생들을 불법의 지혜로 진단하고 처방하고 치료할 수 있는 정법의 안목을 구족할 수가 있다.

정법의 안목이 있는 선지식은 정법과 사법을 판단할 수 있는 지혜의 능력을 구족하여 중생심의 망념과 보살도의 정념을 판단할 수 있다.『금강경』에서는 실지 실견(悉知 悉見)이라고 하며,『법화경』에서는 불지견(佛知見),『대승기신론』에서는 '오직 부처만이 중생의 망념을 알 수가 있다(唯佛能知)'고 한다.

다음에 제시하고 있는 불교의 언어를 불법사상(眞如法)에 의거하여 사유하고 불법의 진실을 참구하여 확실한 깨달음을 체득해 보자.〔진여법은 空(眞空)과 不空(妙有)이다〕

佛과 如來란 누구인가?

보살이란? 眞如, 佛性이란? 解脫, 涅槃이란?

衆生이란? 중생은 어디에 있는가? 중생을 어떻게 구제해야 하는가?

佛法 大意란 무엇인가?

佛法이란?

一切有爲法이란? 無爲法이란?

諸法實相의 涅槃이란? (소승 열반과의 차이점은 무엇인가?)

如是降伏其心

菩薩 但應如所敎住

應如是住(無住, 無相, 無所住, 無所得, 無所有)

應無所住 而生其心. 應無所住 行於布施

一切 賢聖은 無爲法으로 差別한다. 無住의 根本에서 一切法을 建立한다(處染常淨)

說法者 無法可說

如來 悉知悉見(佛知見, 唯佛能知)


방편법문으로 제시한 언어문자를 사유의 도구로 활용하고 불법에 의거하여 여법, 여실하게 사유하며 참구하는 참선수행이 되어야 한다. 언어는 사유의 도구이기 때문에 불법사상으로 제시한 방편의 언어문자를 정확하게 이해해야 여법하게 사유하고 참구할 수가 있다. 사유의 도구인 언어와 불법사상을 잘못 이해하면 여법한 참선수행이 불가능하며 중생이 되고 만다.

『화엄경』에 '신위도원 공덕모(信爲道元 功德母)'라는 말이 있다. '믿음은 도를 이루는 근원이요 공덕의 어머니'라고 번역한다. 신(信)이라는 글자를 '믿음'이라는 말로 번역하면 믿는 사람과 믿는 대상이 있게 된다. 여기서 누가 누구를, 무엇을 믿어야 하는가? 도란 무엇인가? 믿음이 어떻게 도의 근원이 되고, 공덕의 어머니가 되는가? 애매하기 짝이 없는 번역인데, 이런 번역으로 어떻게 사유하고, 도의 근원이 되고 공덕의 어머니가 될 수가 있는가?

필자는 '진여 본성의 지혜인 불법승 삼보에 대한 신심(확신)은 진여 본성의 지혜작용인 불도를 이루는 근원이 되고, 선근 공덕을 이루는 모체가 된다'고 번역한다.

진여 본성의 지혜작용인 신심으로 불도(佛道)를 이루고, 진여 본성의 지혜가 선근공덕을 생산하는 모체라는 의미이다. 진여 본성의 지혜작용이 여래이며 부처인 것이다.

신(信)이라는 방편어를 불법사상으로 여법하게 이해해야 사유의 도구로 활용하여 부처의 지혜를 체득할 수가 있다. 이 말을 잘못 이해하고 중생심으로 사유하면 영원히 중생의 번뇌 망념의 업장을 짓는 일에서 벗어날 수가 없다.

또, 선어록에서 자주 언급하는 '부모미생전 본래면목(父母未生前 本來面目)'이라는 말을 글자 그대로 이해하여, 부모로부터 육체적인 몸을 받아 태어나기 이전의 본래면목으로 이해하고 참선수행 한다면, 불법 대의와 사상에 전혀 관계없는 외도수행이 된다.

중국의 선승들은 불법사상에 의거하여 새로운 참선수행의 방편언어를 제시하였다. 화두, 공안이라는 방편법문의 말을 여법하게 참구하여 정법의 안목을 구족하라는 것인데, 화두나 공안을 잘못 이해하여 엉뚱하게 참구하고 의심한다면 불법수행, 정법수행이라고 할 수가 있을까?

부와 모를 상대적인 분별로 의식하는 자는 누구인가? 자기라는 자아의식이며, 자기중심의 대상경계를 인식하고 있는 중생심이다. 그래서 자아의식과 부모라는 상대적인 의식의 대상경계를 비우고 진여 본성을 깨닫도록 제시한 공안이다. 선악의 상대적인 차별심을 모두 함께 사량하지 말라(都莫思量)는 공안과 같이 중생심의 생사대사를 해결하게 한 방편법문이다.

불법의 대의는 진여법이며, 유심의 실천사상으로 사유해야 아공·법공의 경지를 깨달아 체득하여 무생법인을 이루고 무애자재한 불법의 지혜를 활용할 수가 있다. 부모라는 상대적인 존재나 영혼 등으로 이해하면 본래면목은 영원히 집착의 대상경계를 만들고 만다. 이것은 불법을 참구하는 참선수행이 아니라 중생심으로 생사 망념의 업장을 만드는 중생으로 영원히 생사윤회를 벗어나지 못한다.

간화선에서 조주선사가 제시한 무자(無字) 화두를 참구하는 것도, 유무의 상대적인 차별심으로 무(無)자 공안을 참구하지 마라, 의식의 대상으로 무자 공안을 참구하지 말라고 주의하지만, 많은 사람들이 조주는 '왜 무라고 했는고?' '무라고 한 조주의 의지를 참구하라'고 주장하고 있다.

이것은 자기 생각이나 의지대로 무자 공안을 참구하는 것은 중생이 되도록 하는 사법(邪法)이며, 외도인 것이지 여법한 불법수행은 아니다.

정법과 사법, 외도의 차이가 무엇인가를 정확하게 잘 알아야 한다. 『금강경』에서 '여래를 형상과 음성으로 보는 자는 사도(邪道)를 행하는 사람이다'고 한다. 주관적인 육근의 작용으로 대상경계의 여래나 부처를 보려고 하는 것은 사도를 행하는 중생이며, 마음 밖에서 불도를 구하는 자는 외도이다.

정법은 진여법이며, 진여 본성의 지혜로 지금 여기, 자기 본분사의 생명활동을 하는 일이기 때문에 자연법이(自然法爾)이다. 불법은 부처나 여래가 주장하여 만든 법도 아니다. 일체제불이 똑같이 진여법을 깨달아 체득하여 중생들에게 진여법을 깨달아 체득하도록 개시(開示)하는 것이다.

일체의 모든 사법이나 외도법도 이 진여법에 포함되지 않는 것은 없다. 사법이나 외도법은 자기가 생각한 것을 주장하여 만든 법이다. 불교를 제외한 세계의 모든 종교나 철학사상, 유교나 노장자의 고전 등은 모두 인간이 만들어 주장한 것이다. 자기 생각대로 주장한 것은 주객, 자타의 대립과 대상이 있고, 주장하는 사람의 의지나 목적의식이 있기 때문에 진여법이라고 할 수가 없다.

간화선에서 무자 공안을 사구(死句)로 참구하지 말고, 활구(活句)로 참구하라고 주의하고 있는데, 사구로 참구하는 것은 중생심으로 참구하는 방법이기에 진여의 지혜가 죽은 참선이고, 활구로 참구하는 것은 진여의 지혜가 여법하게 생명활동을 하도록 참구하는 수행을 말한다. 간화선에서 무자 화두를 참구하는 참선수행도 방편법문의 언어와 불법사상을 여법하게 이해해야 정법수행이 된다.

『전등록』14권 선자덕성(船子德誠)이 '일구는 불법을 깨닫도록 한 말이지만, 만겁의 나귀를 묶어두는 쇠말뚝이다(一句合頭語 萬劫繫驢橛)'라고 한다. 한마디의 방편법문을 통해서 진실을 깨달아 체득하면 그것으로 옳은 수행이 되지만, 만약 그 한마디에 집착하면 만겁의 긴 세월 그 언어에 속박되어 자유를 잃어버리는 중생이 된다는 의미이다. 방편법문의 언어까지 초월하지 않으면 안 된다는 말이다.

### (1) 자문자답(自問自答)의 참선수행

참선수행은 대승불교 경전과 어록에서 설한 많은 법문들을 언어문자로 제시하여 스스로 자신(진여)에게 구도적인 문제를 제기하여 불법사상으로 참구하는 것이다. 즉 자기 자신에게 문제를 제시하고(疑心, 疑問) 그 방편법문의 언어를 불법사상으로 여법하고 여실하게 진여의 지혜작용으로 실행할 수 있는 능력을 확인하고 확신하도록 하는 사유이다.

대승불교의 경전과 논서, 어록 등에서 설한 방편법문을 진여법으로 여법하게 논리적으로 사유하고 참구하여 스스로 확인하는 수행으로 일체의 중생심과 의심을 소멸하고 진여 본성의 지혜로 신심(信心), 정신(淨信), 실신(實信), 확신(確信)을 체득하는 수행이다.

여법(如法)과 여실(如實)이란 진여의 지혜작용(생명활동)으로 중생심인 일체의 불안, 근심, 걱정, 초조, 두려움, 공포를 소멸시킨 평안한 진여 본성의 마음이다. 중생심의 의심이 소멸한 진여 본성의 무애 자재하고 걸림없는 지혜작용이 자연스럽게 전개되는 것을 말한다. 선에서 번뇌 망념과 의심과 불안이 없는 상태를 무심(無心)의 경지라고 한다.

불법의 참선수행은 진여법에 의거하여 경전의 법문을 자문자답으로 참구한다. 진여 본성의 지혜로 자문하고 진여 본성의 지혜작용으로 자답하는 진여삼매로 자각성지를 이루는 수행이다.

발심 수행과 상구보리 하화중생의 보살도는 진여삼매의 참선수행을 통해서 자연스럽게 이루어진다.

불법사상을 참선수행으로 문제 제기하여 여법하게 참구하는 것은, 중생심의 번뇌 망념을 진여의 지혜로 전향하게 하는 중생 구제의 힘(殺人刀, 破病)이며, 진여의 지혜로 불법사상을 여실하게 참구하는 지혜작용은 상구보리의 향상일로(向上一路)로 창조적인 불법건립(活人劍, 全提)의 독창적인 삶을 이루게 된다. 진여지혜를 자유자재로 활용할 수 있는 능력을 만든다(入力). 일승의 수레를 시절인연에 따라서 자유자재로 여법하게 활용할 수 있는 능력을 구족하는 참선수행이 되어야 한다.

선에서는 선승들의 선문답(화두)을 참구하는 간화선의 참선수행을 과거시험의 문제를 참구하는 대책(對策)이라는 말에 비유하고 있다. 대책을 강구한다는 이 말은 한나라 시대의 과거시험에 대나무를 쪼개어 기록한 문제를 마주하여 현실의 생활에서 정책으로 활용할 수 있는 최선(최상)의 지혜를 제시하는 것이다. 지식으로 대답을 제시하는 여가 선용이나 지적 유희가 아니라 자기 본분사의 지혜로운 삶을 창조하게 하는 구법의 문제를 참구하는 수행이다.

즉 참선수행은 불법사상에 의거하여 진여 본성이 진공묘유의 지혜로 자각하는 지혜를 이루며, 깨달음의 삶을 건립(창조)하고, 불도의 능력을 체득하는 일이다.

경율론 삼장과 팔만사천 방편법문을 불법사상(현지)에 의거하여 진여 본성의 지혜로 참선하는 일이다. 불법의 지혜를 체득하는 수행이며, 자기 본분사의 일이다. 불법수행은 방편언어를 참구하는 수행이기 때문에 방편을 수행한다고 한다. 방편언어를 불법의 대의로 참구하는 일이 곧 불법의 진실을 깨닫는 일이기 때문에 방편(언어문자)과 진실(불법의 깨달음; 佛, 여래)은 진여삼매를 통하여 불이법문으로 이루어진다. 수행과 깨달음(修證)이 함께 일여(一如)의 불가사의한 묘용으로 실행된다.

이러한 수행구조는 마치 자동차를 작동시키는 것과 같다.

자동차의 연료 탱크에 기름을 가득 채우고, 엔진에 연료를 공급하면서 엔진을 가동시켜 연료를 연소 폭발시키고, 회전의 마찰력으로 화력을 만들어 엔진에서 만든 힘으로 작동하여 자동차가 운행할 수 있게 된다. 연료는 경전의 방편법문이고 엔진은 진여 본성, 불법의 대의는 엔진에 연료를 공급하는 일이고, 언어문자를 불법의 대의로 사유하는 참선수행은 엔진에서 연료를 마찰시켜 연소시키는 일로 볼 수가 있다. 아무리 좋은 자동차와 연료 엔진이라도 연료를 완전히 연소시키는 엔진의 작동이 잘못되면 자동차는 운행할 수가 없다.

참선수행도 방편법문의 언어문자를 불법의 대의와 진여삼매의 지혜로 참구하여 반야의 지혜를 이루어 언어와 문자는 물론, 의식과 의식의 대상까지도 완전히 소멸하여 자취와 흔적이 없어야 한다. 진여삼매는 일체개공의 경지에서 무애자재한 반야지혜를 실행할 수 있는 참선수행이다.


### (2) 불교의 다양한 선정설(禪定說)과 진여삼매의 참선수행

인도의 고대 문명은 세계의 어느 문명에서도 볼 수 없는 명상의 문화를 인류에 제공하고 있다. 요가(yoga), 선나(禪那, dhyana), 선정(sammadhi)은 명상하고 사유하는 문화의 대표적인 언어이다.

불교 역시 이러한 고대 인도의 명상의 문화를 토대로 하여 발전된 사유 문화임과 동시에 불법의 지혜를 깨달아 대승보살도의 실천으로 전개한 종교이다.

불교의 선정(禪定)은 불법사상의 발전과 시대에 따라 다양한 방편으로 제시되었다. 원시불교, 소승불교에서 실천하는 선정은 중생의 마음을 치료하는 차원에서 실천한 오정심관(五停心觀), 십부정관(十不淨觀)●, 십수념(十隨念)●, 사념처법(四念處法) 등이 있다.

소승선의 일곱 가지 방편으로 설하는 오정심관은 다섯 가지의 관법을 수행하여 다섯 가지 중생심의 과오와 과실을 정지하도록 하는 선정의 방법이다.

① 부정관(不淨觀, 十不淨觀) : 대상경계의 육신을 부정한 것으로 관하여 육신에 대한 탐욕심을 정지시키는 수행으로 탐욕심이 많은 사람이 수행한다.

② 자비관(慈悲觀, 慈悲喜捨) : 일체의 생명 존재에 대하여 연민, 자비심으로 관하여 진에(瞋恚), 진심(瞋心)을 정지시키도록 하는 수행으로 진에·진심이 많은 사람이 수행한다.

③ 인연관(因緣觀, 十二因緣法觀) : 십이인연의 이치를 관찰하여 우치(愚癡)를 정지시키는 수행으로 어리석은 중생이 수행한다.

④ 계차별관(界差別觀, 四大觀)● : 십팔계(十八界)를 분별하여 아견(我見)을 정지시키는 수행으로 자아의식과 아견이 많은 사람이 수행한다.

⑤ 수식관(數息觀, 出入息觀) : 호흡을 숫자로 세면서 관찰하여 산란심(散亂心)을 정지시키는 수행으로 산란심이 많은 사람이 수행한다.

소승의 수행자가 오정심관 다음에 닦는 수행으로 사념처법(四念處法)이 있다.

사념처는 사념주(四念住), 사의지(四意止)라고도 하는데, 소승불교에서 열반의 경지에 도달하는 37가지 수행법(三十七菩提分法)의 처음에 설하는 네 가지 관법이다. 마음을 하나의

---

● 십부정관(十不淨觀)은 사람이 죽고 육체가 부패하고 썩어 팽창, 고름이 나고, 파괴되고, 짐승들이 먹고, 뼈가 흩어지고, 벌레가 생기고, 잔해가 흩어지는 과정을 열 단계로 관찰하여 육체에 대한 집착을 여의도록 하는 관법이다.
● 십수념(十隨念)은 불(佛), 법(法), 승(僧), 계(戒), 사(捨), 시(施), 천(天), 사(死), 신(身), 안반(安般, 出入息), 적지(寂止)이다.
● 오문선(五門禪)에서는 계차별관(界差別觀) 대신 염불관(念佛觀, 마음을 청정하게 하는 수행)을 제시한다.

대상 초점에 집중하여 잡념과 망상을 방지하고 진실을 깨닫는 네 가지 수행방법이다.

① 신념처(身念處) : 신체는 부정한 것으로 관찰하는 것이다. 부정관(不淨觀), 백골관(白骨觀)으로 육체적인 애착을 떨쳐버리는 수행이다.
② 수념처(受念處) : 의식의 대상경계를 받아들이는 오온의 감수작용과, 감수작용의 좋고 나쁨의 차별심으로 모두 고통(苦)을 초래하는 것이라고 관찰하는 것이다. 세속의 오욕, 재물, 쾌락 등은 참된 열반의 낙이 아닌 고통의 원인이 된다는 사실을 관찰하여 깨닫도록 하는 것이다.
③ 심념처(心念處) : 마음작용은 생멸 무상한 것으로 관찰하는 것이다. 인간의 마음은 본래 그대로 여여하게 있는 것이 아니라 항상 생멸 변화와 무상한 것이라고 관찰하는 것이다.
④ 법념처(法念處) : 일체의 모든 존재(諸法)는 인연법으로 이루어진 것이기 때문에 모두 자아의 실체가 없는 무아법을 깨닫도록 관찰하는 것이다. 또한 나에게 소속된 일체의 모든 것도 소유자가 없다고 인연법으로 관하는 것이다.

이 사념처관은 신수심법의 순서대로 따로따로 관찰하는 수행을 별상념처관(別相念處觀)이라고 하고, 종합하여 관하는 것을 총상념처관(總相念處觀)이라 한다.

사념처에서 염(念)은 sati(싸띠)로서 의식을 한곳에 집중하는 자각적인 선정이다. 한국에서는 마음 챙김이라고 번역하는데, 지혜를 닦는 공동 기반이 되는 선정수행이다. 호흡을 챙기며 숫자를 세는 수식관(數息觀)의 수행으로 호흡을 세는 관법수행을 입출식념(入出息念)이라고 하며, 불법의 지혜를 실천 수행하는 관법은 사념처법이라고 할 수 있다.
기존의 선정수행을 『능가경』에는 네 가지 선(四種禪)으로 정리하고 있다.

① 우부소행선(愚夫所行禪) : 이승의 수행자와 외도나 범부가 인무아(人無我)를 알고 고, 무상, 부정상(不淨相)을 관찰하여 무상멸정(無想滅定)을 이루도록 하는 선정의 수행이다.

② 관찰의선(觀察義禪) : 인무아(我空), 법무아(法空), 일체제법이 무자성이라는 사실을 관찰하고 진여 법성을 통찰하는 지혜를 깊게 하는 선정수행이다.

③ 반연진여선(攀緣眞如禪) : 인무아, 법무아란 단공(但空)에 떨어진 것임을 알고 여실한 진여 중도의 경지에서 허무한 경지(空無)의 허망한 망념이 일어나지 않도록 하는 것이다.

④ 여래선(如來禪) : 부처, 여래의 경지에서 중생을 자비로 구제하고, 자각성지(自覺聖智)와 불가사의 지혜를 작용하는 선이다.

규봉 종밀은 『능가경』의 주장과 남종의 하택 신회가 주장한 여래선과 대승선, 최상승선 등을 종합하여 『도서(都序)』에 외도선, 범부선, 소승선, 대승선, 최상승선의 오종선으로 정리하고 있다.

『대승기신론』 수행신심분에서는 수식관과 십변처(十遍處), 신부정관, 사념처 등의 모든 소승선의 수행을 배척하고, 『능가경』 등 대승경전의 법문에 의거하여 진여삼매(眞如三昧)가 되지 않으면 여법한 불법수행이 될 수가 없다고 다음과 같이 주장한다.

호흡을 관하는 수식관(氣息)에도 의거하지 말고, 부정관·백골관에도 의거하지 말며, 청색·황색·적색·백색 등의 색깔을 관하는 관법에도 의거하지 말아야 한다. 또는 일체의 모든 법은 공이라고 관하는 공의 관법에도 의거하지 말고, 지·수·화·풍을 관하는 관법에도 의거하지 말고, 보고(見)·듣고(聞)·자각(覺)하고·인지(知)하는 일체의 모든 것은 의식이라고 관하는 의식의 관법에도 의거하지 말아야 한다(이상이 靑, 黃, 赤, 白, 空, 地, 水, 火, 風, 識으로 十遍處가 된다).
일체의 모든 번뇌 망념(想)이 찰나찰나에 일어날 때마다(隨念), 찰나찰나에 (망념을) 제거하며, 또한 망념을 제거한다는 생각(除想)까지도 하지 않는 것이다(一切諸想 隨念皆除, 亦遣除想). (止의 수행으로 진여의 적정한 法界一相이 현성되기 때문이다).

일체 모든 법은 인연의 가합(假合)으로 이루어진 것이기 때문에 본래 고정된 모양이 없고(無相), 찰나찰나(念念)에 망념이 생기는 것도 아니고, 찰나찰나에 망념이 없어지는 것도 아니기 때문이다(不生不滅의 경지).

마음이 외부에 보이는 경계에 따라서(隨心外), 그것을 의식의 대상경계로 하여 번뇌 망념의 마음이 움직인다(念境界). 그 의식의 대상경계를 잘못 인식한 번뇌 망념의 마음을 안정(止)시키기 위해, 마음으로 번뇌 망념을 없애려고 하면, 번뇌 망념의 마음은 더욱더 많아지고 산란스럽게 된다.

만일 번뇌 망념으로 마음이 산란스럽고 흩어질 때는 곧바로 산란된 마음을 수습하여(攝), 정념에 주(住)하도록 해야 한다. 여기 정념이란 일체의 모든 의식의 대상경계(法)는 마음속에서 인식하는 것일 뿐이며, 마음 밖 외부의 고정된 대상경계는 존재하지 않는다는 사실을 자각하는 것이다.

그리고 이와 같이 사유하는 자신의 마음 또한 고정된 어떤 모양(相)도 없고, 찰나마다 생멸하는 한 생각 한 생각으로 시절인연의 사물을 인식(知覺)하는 마음작용도 얻을 수 있는 대상경계가 아니라는 사실을 알아야 한다.

만약 좌선수행 외에 잠시 일어나 가고 오고, 걷거나 멈추는 등, 여러 가지 동작(行住坐臥)을 할 때에도 항상 언제 어디서나 불법의 가르침으로 수행하여 사마타(止, 선정)와 위빠사나(觀, 지혜)가 상응(隨順)하여 일체가 되도록 해야 한다.

이와 같이 사마타(止)의 수행을 오랫동안 익히면(久習) 수행의 힘이 저절로 익어져 언제나 진여삼매의 경지에서 살게(住) 된다. 마음이 진여삼매의 경지에서 살게(住) 되면 정법안목의 지혜가 점차로 맹렬히 뛰어나게 되어, 지관(止觀)이 상응(수순)하여 진여삼매(眞如三昧)를 체득하게 된다.

금강경과 참선수행

진여삼매를 이루면 번뇌 망념을 완전히 항복받고 불법의 신심과 지혜는 점점 증가해서 신속하게 불퇴전의 경지를 성취하게 된다.

또 『대승기신론』에는 외도의 선정수행과 불법의 진여삼매에 대하여 다음과 같이 설한다.

마땅히 잘 알아야 한다. 외도의 온갖 삼매는 모두 견혹(見惑)과 애혹(愛惑), 아만(我慢)의 망심에서 벗어나지 못한다. 세간의 명예와 이익, 공경에 탐착하고 있다. 진여삼매는 견혹의 대상경계(佛見, 法見, 名相, 得相)에 집착하지 않고 선정에서 벗어나도 역시 태만해지지 않고, 온갖 번뇌 망념은 점차로 없어지게 된다. 만약 범부들이 이 진여삼매를 닦지 않는다면 여래의 종성(種性)은 체득할 수가 없다. 세간의 온갖 선정삼매를 닦으면 미착을 많이 일으키고 아견에 의하여 삼계에 윤회하게 되니 외도와 더불어 함께하는 것이 된다. 만약 선지식의 보호에서 떠나면 바로 외도의 견해를 일으키기 때문이다.

대승의 불법은 진여법이며, 선정은 진여삼매가 되는 정념의 참선수행이 되어야 진여법에 의거한 진여지로서 여래가 되고 부처가 될 수가 있다. 진여삼매의 참선은 제법실상의 열반을 이루기 때문이다. 소승선의 열반과 대승선의 열반에 대한 차이점을 알지 못하면 참선수행은 의미 없는 일이다.

말하자면 소승선은 의식을 수반하고 있는 선정이다. 사념처법이나 오정심관의 수식관 등 모든 선정은 모두 의식의 대상경계를 두고 관찰하고 있기 때문에 자아의식은 텅 비운 아공(我空)의 경지라고 할 수 있어도 의식의 대상경계(法有)를 텅 비우는 법공(法空)의 경지를 체득하는 수행은 불가능한 선정이다.

대승불교의 선사상은 반야의 지혜를 체득하는 유심(唯心)의 실천사상이 있기 때문에 진여삼매를 이룰 수가 있다. 아공, 법공, 일체개공의 경지에서 체득하는 무생법인은 유심의 사상으로 진여삼매를 이룰 수 있는 선정인 것이다.

진여삼매는 불법의 사상을 지관(止觀, 定慧)의 참선수행으로 실천하기 때문에 아공, 법공의 경지에서 삼업이 청정한 진여지를 이루는 참선수행이 된다. 지(止)는 진여의 공(眞空)이고, 관(觀)은 진여의 불공(妙有)이다. 중생심의 번뇌 망념을 소멸할 뿐만 아니라 업장을 소멸함과 동시에 삼업이 청정한 지혜작용으로 의식의 대상경계와 수증(修證)의 자취나 흔적까지 초월하게 하여 열반 해탈의 경지를 이룬다.

반야의 지혜를 체득하는 진여삼매는 정법의 안목을 구족하게 한다. 방편을 수행하는 참선공부는 지혜를 증장하는 힘으로 여법하고 여실하게 정법의 안목을 구족하여 중생들의 심병과 선병을 진단, 처방, 치료하고 재발하지 않도록 한다.

『금강경』에서 '여래는 실지 실견(悉知 悉見)한다'고 설하는 것처럼, 불지견(佛知見)은 중생들의 번뇌 망념의 심병을 여법하게 모두 알고(悉知), 여실하게 보고(悉見) 판단할 수 있는 능력이다. 오분법신향(五分法身香)을 이루고 팔만사천 선교방편의 지혜를 중생들의 근기와 병에 맞추어 처방할 수가 있다.

또한 진여삼매로 진여지를 구족하여 시절인연에 따른 자기 본분사의 보살도를 자아의식과 의식의 대상경계나 목적의식도 없이, 자연업으로 무애자재하게 작용하는 것이다. 시절인연에 따라서 물이 흐르고 꽃이 피는 수류화개처럼, 자연법이로 실행하는 자기 본분사의 일이다.

이러한 진여의 지혜작용을 여래라고 하며, 『금강경』에서는 '응무소주 이생기심(應無所住而生其心)', '일체현성(一切賢聖)은 무위법(無爲法)으로 차별한다'고 한다. 또 '무법가설(無法可說)'

의 능력을 구족한 삶을 일상생활의 시절인연을 통해서 보살도의 원력을 회향할 수 있는 것이다. 『임제록』에는 '곳에 따라 주인이 되어 지혜로 산다면 자기가 있는 그곳이 모두 깨달음의 진실이 되리라(隨處作主 立處皆眞)'고 설한다.

말하자면 진여삼매의 참선은 종래의 다양한 선정법과 관법 등을 진여의 바다(眞如海, 불법의 大海)에 귀결하도록 하여 일시적, 부분적인 중생들의 심병, 공병, 선병의 치료를 진여의 지혜로 일시에 치료하는 근원적인 치료법이라고 하겠다. 마치 백천의 강물이 각기 다른 방향과 장소에서 색깔과 모습과 형체를 달리하며, 다양한 이름으로 흐르고 있지만, 궁극적으로 바다에 흘러 들어가면 해수일미(海水一味)가 되는 것과 같다.

『대승기신론』에서는 시각(始覺)의 네 단계로 불각(不覺), 상사각(相似覺), 수분각(隨分覺), 구경각(究竟覺)으로 나누고 있으며, 기존의 선정수행의 단계로 설명하고 있다.

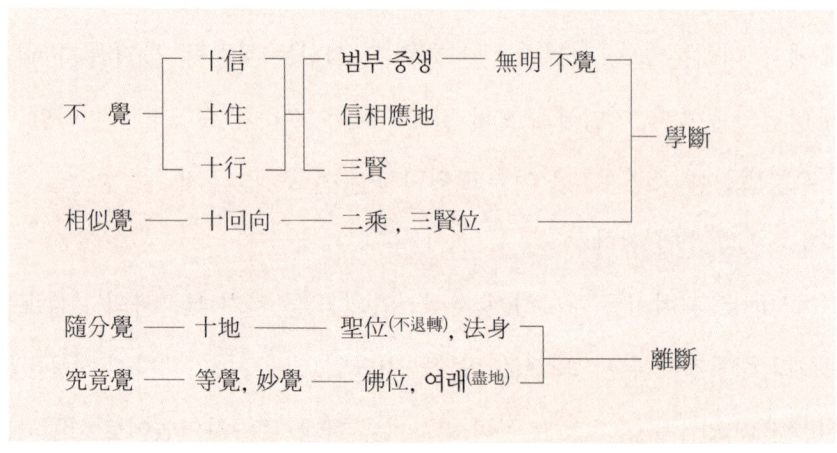

중생은 자기중심으로 생각하고 판단하기 때문에 여법하고 여실하게 지혜작용으로 사유하고 판단하게 하는 기준과 힘이 없다. 자기중심과 자아의식으로 인식하고 생각하고

의지작용하기 때문에 의식의 대상경계를 설정하여 애착하고 집착하며, 착각하고 있다.

말하자면 인식의 대상경계에 대한 판단 기준이 자기이기 때문에 여법하고 여실한 진여의 지혜작용이 없고, 기준이 없기 때문에 고무줄 척도이며, 마치 럭비공이 튀는 것과 같다. 자기 향상을 이루는 일정한 방향성도 없고, 일시적인 생각으로 단편적이며, 창조적인 지혜작용의 힘도 없고, 쓸데없는 생각과 생사의 번뇌 망념으로 업장을 만드는 일만 반복하고 있다.

무질서와 의식의 혼란을 초래하여 불안과 근심 걱정, 초조와 두려움, 공포심으로 살고 있는 것이다. 죽음의 공포를 경험한 사람은 없다. 죽음의 공포는 망상으로 생각하고 만들어낸 것(一切唯心造)이며, 지금 죽음을 해결할 수 있는 방법도 없다.

그래서 번뇌 망념은 실체가 없고(無實), 무자성(無自性), 거울에 나타난 영상과 같이 실체가 없고, 공한 것이라고 하며, 망상을 일으키지 말라(莫妄想)고 강조하는 것이다

『유마경』「관중생품」에 문수사리와 유마거사의 대화가 다음과 같이 전한다.

문 : 번뇌를 제거하고자 하면 어떠한 수행을 해야 합니까?
답 : 반드시 정념(正念)으로 수행해야 한다.
문 : 어떻게 하는 것이 정념으로 수행하는 것입니까?
답 : 반드시 불생불멸(不生不滅)의 경지에서 수행하는 것이다.

정념이란 진여 법신의 지혜작용(여래)인 불생불멸의 경지에서 참선수행하는 것이다. 정념의 사유란 여법하고 여실한 진여삼매의 경지에서 상구보리의 향상일로를 이루는 창조적인 삶을 건립하는 지혜작용이다.

자타, 선악 등 세간법과 출세간법, 유위법과 무위법까지 초월하여 법계에 두루 하고

금강경과 참선수행
• 449

일체처에 걸림없이 무애자재한 반야지혜가 작용하는 진공묘유(眞空妙有)인 것이다.

『대승기신론』지관문에 '망심이 일어나면 곧바로 수습하여 정념에 주(住)하도록 하라. 정념이란 일체의 만법은 오직 마음으로 만든 것(唯心)이며, 의식의 대상경계는 실재하지 않는다. 이렇게 생각하는 마음 또한 자체의 모습은 없으며, 한생각 한생각의 망념도 대상으로 얻을 수가 없다는 사실을 알아야 한다'고 설한다. 즉 중생의 번뇌 망심이 일어난 것을 자각하는 것이 진여의 지혜작용인 정념이다.(念起卽覺)


### 진여삼매의 정념사유(正念思惟)와 중생심의 망념(妄念)

**정념(正念)** : 불법중심 – 진여법(空. 不空)에 의거한 진여삼매. 유심의 실천사상과 아공, 법공, 일체개공

『대승기신론』진여자체상훈습(眞如自體相薰習), 경계지성(境界之性) (삼매는 心一境性)

진여지는 여래, 자각성지(自覺聖智)

『수능엄경』이근원통(耳根圓通), 반문문자성(反聞聞自性)

진여 법신의 묘용 : 전신(全身), 혼신(渾身), 통신(通身), 대신(大身)

경전과 어록의 방편법문을 불법사상으로 여법하고 여실하게 사유하고 참구하는 수행.

**망념(妄念)** : 자기중심 – 중생의 심·의·식·지(知)·정(情)·의(意)의 망심과 의식의 대상경계(法)를 만들어 사량 분별하고 집착하는 것.

아상, 인상, 중생상, 수자상. 자아의식의 조작, 작위성, 목적지향.

환화(幻化), 경중상(鏡中像)과 같이 실재하지 않는 의식의 대상경계가 실재하는 것으

로 착각하여 집착하고 있다. 명상(名相), 법상(法相), 열반, 깨달음, 부처, 정토 등이 실재하는 것으로 착각하고 추구한다.

『무문관』 15칙에 동산 수초(洞山守初)가 처음 운문 문언(雲門文偃)선사를 참문한 인연을 다음과 같이 전한다.

운문화상은 동산 수초(910~990)가 처음 참문하러 왔을 때, 곧장 "지금 어디서 왔는가?"라고 질문했다. 동산은 "사도(査渡)에서 왔습니다"라고 대답했다. 운문화상은 "이번 하안거는 어디에서 지냈는가?"라고 질문하니, 동산은 "호남의 보자사(報慈寺)에서 지냈습니다"라고 대답했다. 운문화상은 "언제 그곳에서 출발했는가?"라고 질문하자, 동산은 "8월 25일 출발했습니다"라고 대답했다.
그러자 운문화상은 "그대에게 60방망이(三頓棒)를 때리는 벌을 내린다"라고 말했다.
동산은 날이 새자 그 이튿날 곧장 운문화상에게 나아가 인사를 올리고 질문했다.
"어제 화상께서는 나에게 60방망이를 때리는 벌을 내린다고 하셨는데 도대체 저의 허물이 어디에 있었습니까?"
그러자 운문화상은 "이 밥통 같은 녀석아! 너는 멀리 강서(江西)나 호남(湖南)을 왔다 갔다 하면서 세월이나 보내고 말 것이냐?"라고 꾸짖었다.
동산은 이 말을 듣고 깨닫게 되었다.
무문화상이 말했다. 운문화상은 그때 동산에게 본분을 깨닫도록 좋은 법문(草料)을 설(說)하여 특별히 활기 있는 한 사람의 선승의 길을 가도록 하여 운문종의 한 가풍(禪門)이 실추되지 않도록 하였다.
동산은 그날 밤중에 '이것도 아니고 저것도 아니고' 허물이 어디에 있었는지 사유의 바다에 깊이 빠져서 궁리하였다(一夜 在是非海裏 著倒). 그리고 날이 밝기를 기다렸다가 다시 운문화상을 찾아갔을 때, 운문화상은 동산에게 주의(注意) 주면서 문제점을 간파(勘破)하도록 하였다. 그렇게 해서 동산이 곧바로 깨달음을 얻었다고 할지라도, 이것은 아직 완전히 경지에 이르지 못한 것이다.

잠시 여러분들에게 질문해 보자. 도대체 동산이 60방망이(三頓棒)를 얻어맞아야 할 것인가? 아니면 얻어맞지 말아야 할 것인가? 만약 얻어맞아야 한다면 산천초목(山川草木)과 세상의 모든 수행자가 모두 얻어맞아야 할 것이다. 만약 얻어맞지 않아야 한다면, 운문화상은 사람을 기만하는 거짓말을 한 것이 되고 만다. 이 문제를 분명히 밝힌다면 진실로 동산과 함께 호흡을 같이 할 수 있을 것이다(동산과 같은 깨달음의 경지를 체득할 수 있다).

게송으로 읊었다.

사자가 새끼를 교육시키기 위해 천 길의 벼랑에 떨어뜨린다고 한다(운문이 동산을 궁지에 떨어뜨린 것. 철저한 자각의 기회를 제공한 것).

사자의 육아법(育兒法)이야말로 어리석은 자식을 바르게 인도하기 위한 비결인 것이다. 그 사자 새끼는 계곡에 떨어지는 그 순간 재빨리 몸을 뒤집어 도약한다(문제의식. 向上). 뜻밖에도 운문이 던진 두 번째의 설법은 동산의 마음을 정통으로 명중시켰네. 첫 번째 화살(三頓棒)은 얕게 박혔으나, 두 번째 화살(이 밥통아! 云云)은 아주 깊이 박혔네.

### (1) 참구해 볼 문제

운문선사가 지적한 동산 수초의 선병(禪病)은 무엇인가? (불법사상에 의거한 선병의 진단)

어디서 왔는가? 장소의 문제. 대상경계와 본분. 여래(如來). 어디는 어떠한 의미이며, 왔다는 것은 무엇이 어떻게 오고 가는 일이 있는 것인가? 사도와 호남 보자사라는 수행 장소와 하안거를 보낸 시간, 날짜에 대한 인식의 문제. 출가 수행자의 삶이 중생심으로 유람 여행하며 살고 있는 문제. 의식의 대상경계로 대답한 문제. 자기 본분사를 상실한 수행자에게 내린 벌칙은 어떠한 의미인가? 불법의 대의로 문제점을 파악할 수가 있어야 진찰, 처방이 가능한 것이다.

선문답은 진여 본성의 지혜작용(자기 본분사의 생명활동)으로 나눈 선기(禪機)의 대화이다.

주객, 자타와 자아의 존재 의식, 승부심, 과시적인 욕망으로 나눈 세속적인 기지(機智)의 대화가 아니다.

무문은 동산 수초가 운문선사의 60방망이를 맞아야 한다는 벌칙에 대하여 밤이 새도록 시비의 사유 바다에 빠져서 참선수행한 사실(一夜在是非海裏)을 언급하고 있다. 수행자는 선지식이 진단하고 처방한 선병의 벌칙을 불법의 대의로 깊이 사유한 것을 말한다.

중생심의 번뇌 망념으로 시비 분별하는 것이 아니다(유마경에도 '중생심행으로 實相法을 설하지 말라고 경고한다).

동산 수초가 밤새 시비의 사유 바다에 빠진 것은 운문선사의 처방에 대하여 불법의 대의로 여법한가, 여법하지 못한 것이란 무엇인가?를 깊이 사유하고 참구하는 참선수행의 본질을 전하고 있다.

### (2) 참선은 불법의 지혜와 정법의 안목을 구족하는 수행

중생심의 번뇌 망념과 수행자의 선병을 진여 본성의 지혜로 실지 실견(悉知 悉見)할 수 있는 능력(佛知見)을 어떻게 체득해야 할 것인가?

첫째는 불법의 대의를 철저히 깨달아 진여의 지혜 정법과 사법을 정념과 망념으로 진단하고 판단할 수 있는 능력이 있어야 된다.

사홍서원에서 중생무변서원도(衆生無邊誓願度)라고 원력을 세우지만, 중생이 무엇인지? 어디에 있는지? 어떻게 구제해야 되는지? 알지 못하면 중생을 구제하는 원력은 세우지만, 실제로 보살도의 실행은 전혀 할 수가 없다.

중생이란 무엇인가? 자신의 마음속에서 일어난 번뇌 망념이 중생이다. 중생은 불법의 진실을 깨닫지 못한 무명 불각의 범부이다. 불교에서 불법을 전혀 모르는 것을 외범(外凡)이라 하고 불법을 잘 아는 이승(二乘)과 삼현(三賢)을 내범(內凡)이라고 분류한다. 불법을 잘 아는 것과 불법의 진실을 깨달아 부처가 되고 여래가 되는 것은 다르다. 중생심으로 자아의 심의식(心意識)과 의식의 대상경계를 두고 있는 사람은 모두 범부 중생이다. 참선수행도 마찬가지이다. 심의식의 망념은 기준과 질서가 없기에 혼란, 무질서로 향상일로의 방향과 방법을 실행할 수 있는 방편법문이 없다.

방편법문을 배우고 익히며 수행하는 의미는 중생심의 무질서와 혼란을 벗어나 여법하고 분명한 지혜로 상구보리 하화중생의 선근 공덕을 회향하며, 향상일로의 창조적인 보살도를 실행하는 일이 되도록 하는 것이다.

마음속에서 중생의 심병과 수행자의 선병을 부처의 지혜로 판단하고, 여실하고 여법하게 자각하는 것이 중생 구제이다. 마음 밖에서 중생을 찾거나 불도를 구하는 자는 외도이다.

중생 구제의 참된 의미는 불법의 대의를 알아야 실천수행이 가능하다.

불법의 대의로 자각하면 부처를 이루지만, 그냥 앉아 있으면 자동적으로 중생이 된다. 억지로라도 불법의 법문을 통해서 진여 자성을 일깨워 진여지가 작용하도록 하는 것이 참선공부이다.

경전과 어록에서 설하는 방편법문을 활용하면 쉽게 불법의 지혜를 체득할 수가 있기 때문에 참선공부는 간경, 간화의 공부를 기본으로 한다. 경전과 어록을 불법의 대의에 의거하여 진여의 지혜로 읽고 사유하고 자문자답하며 참구하고 확인하고, 철저한 확신을 깨닫도록 하는 것이다. 일체의 의문점과 의심이 없어져야 한다.

좌선수행 한다고 그냥 앉아만 있으면 망상과 혼침으로 시간을 낭비하고, 경제력을 낭비하고, 결국 삶을 헛되이 보내게 되어 진여 본성의 지혜를 죽인 살인자가 되고, 업장을 만들어 생사윤회하는 인연만 만든다.

불법의 대의로 참선수행하면 진여의 지혜로 부처가 되고 여래가 되며, 불도를 이루어 지혜와 자비심으로 법계의 일체중생을 구제하고, 일체제불을 공경 공양하며, 일체만법과 불이의 세계에서 지혜와 자비를 함께하는 감응과 제불보살의 명훈 가피를 받게 된다. 또한 지금 여기, 자신의 본분사 일을 통해서 보살도의 원력을 실행(회향)하고 진여의 지혜로 창조적인 불법을 건립하며, 진여의 생명을 살리는 삶을 이룬다.

지금 잠을 자면 꿈을 꾸지만, 참선수행을 하면 원력의 꿈을 이룬다.

### (3) 중생심의 망념을 자각하는 일은 생사대사(生死大事)를 해결하는 일

『좌선의』에 '마음에 번뇌 망념이 일어나면 번뇌 망념이 일어난 것을 자각하라. 번뇌 망념이 일어난 것을 자각하면 번뇌 망념은 없어진다(念起卽覺 覺之卽失)'라는 법문이 있다. 『육조단경』에는 '식심견성(識心見性)'과 신회의 법문 등을 참조하여 참선수행의 요체로 제시하고 있다.

불교사상은 중생을 무명으로, 부처를 진여 본성, 불성, 법성 등으로 출발점을 제시한다. 무명 불각은 중생이 되는 것인데, 무명이란 불법의 진실을 자각하지 못한 것이다. 번뇌 망념이 언제 일어난 것인지 알 수가 없고, 시작이 없기에 무명 불각이다. 무명 불각이 일어나지 않도록 할 수 없기 때문에 일어난 번뇌 망념을 빨리 자각하여 번뇌 망념의 심병에서 벗어나고 치료하는 방법을 법문으로 설하는 것이다.

부처님을 중생의 심병을 치료하는 훌륭한 의사에 비유하고 있다. 중생의 심병을 치료하는 방편법문이 불법이기 때문에 불법공부를 방편을 수행하는 참선공부로 배우고 익히는 것이다.

중생의 심병, 선병을 진단, 치료하기 위해서는 병이 있는지, 어떤 병인지 알아야 한다. 중생은 병이 있는지, 어떤 병인지 무명 불각이기에 전혀 모른다.

『금강경』에서 '여래는 실지 실견(悉知 悉見)한다'고 하고, 『법화경』의 '불지견(佛知見)', 『대승기신론』의 '오직 부처의 지혜로 알 수 있다(唯佛能知)'는 말은 중생의 심병을 여법하고 여실하게 모두 다 잘 알고 있기 때문에 진단, 치료, 처방할 수 있다는 것이다.

망념이 일어난 것을 자각하는 것은 불법의 지혜로 중생의 마음에 번뇌 망념의 심병이 일어난 것을 깨달아 여법하고 여실하게 아는 것이다. 번뇌 망념은 중생이지만, 자각하는 마음은 부처의 지혜이다. 자각이란 진여 본성의 집으로 되돌아가는 수행임과 동시에 진여의 지혜작용이기 때문에 수행과 깨달음이 하나(修證一如)인 불이법문이 된다.

진여지의 자각적인 지혜작용은 중생을 부처로 전환하고, 망념을 정념으로, 중생심을 죽이는 살인도와 지혜를 살리는 활인검을 동시에 작용하고, 상구보리 하화중생의 보살도를 진여의 지혜로 함께 실행하는 것이다.

그런데 좌선수행을 한다고 앉아서 망념을 자각하는 일(念起卽覺)만을 참구하거나, 무자화두 하나만을 참구하는 것은 영혼을 가지고 장난치는 놈이라고 『무문관』에서 비판하고 있다. 망념을 자각해서 진여 본성의 지혜로 지금 여기, 자기 본분사의 원력행을 보살도로 실행하는 지혜로운 삶이 되도록 해야 한다. 참선수행이라고 해서 평생 수행에만 얽매인 생활이 된다면 보살의 원력과 회향을 보살도로 실행하는 본분사, 일대사의 일은 언제 어디서 실행하는가?

망념의 자각은 지금까지의 중생심으로 살아온 과오를 반성하는 일이며, 자성의 기회이다. 즉 참회와 후회를 상기하여 잘못된 중생의 업장을 짓는 일에서 벗어나도록 하는 것이다. 중생의 망념이 없다면 부처의 깨달음도 없다. 지난 중생심의 과오를 자각하고 참회하는 일은 진여의 지혜 광명이기에 새로운 출발을 밝히는 광명의 힘이다. 지난 과거도 이렇게 자각적인 지혜로 밝혀 왔고, 미래도 망념의 자각으로 지혜의 광명을 비추는 힘을 갖게 된다.

자각의 지혜 광명은 자기 본분사의 일로 밝음이 실행되어야 한다. 남을 위하고, 의식하고, 자신의 존재를 과시하는 마음은 자각의 광명을 상실하게 한다. 좌선수행은 조용히 앉아서 자각의 광명과 그 힘을 불법사상에 의거한 보살도의 삶으로 회향할 수 있는 능력으로 만드는 내심의 광명이 되도록 사유하는 것이다.

중생심의 망념을 자각하는 좌선수행은 진여의 근본으로 되돌아가서 진여의 지혜로 삶을 창조하는 일이며 쓸데없는 망념을 비우고 진여의 지혜로 지금 여기 자신과 일체중생을 구제하는 위대한 일을 하는 것이다.

망념의 자각은 불법의 지혜로 판단할 수 있는 일이기에 진여법의 근본 정신을 분명히 확립하지 못하면 정념과 망념의 판단은 불가능하다. 그래서 불법의 대의를 참구하는 참선공부가 우선이 되어야 한다.

중생심의 망념이 일어난 것도 모르고 참선수행한다면 시간과 함께 업장은 증장한다. 업장을 업장인 줄 모르고 거듭거듭 쌓는 일만 계속하는 것이 무명 불각의 중생이다. 영원히 자기 자신도 구제하지 못하는 자구불료(自救不了)이다.

인간의 눈은 밖을 향하고 있기에 남의 잘못은 보기 쉽지만 자신의 잘못과 허물은 보기가 어렵다. 중생은 항상 밖으로 대상경계와 사물을 보고, 남의 모습과 행동을 보고 탐착한다. 자각적인 지혜 광명의 빛이 없어 자기 내부의 마음에 빛을 비추지 못하기 때문에 번뇌 망념의 심병이 있는지도 몰라서 심병을 치료할 수가 없다.

눈을 감고 잠시 자신의 마음속에 일어난 생각들을 관찰하자. 밖으로 향하는 마음을 안으로 되돌려 자신의 마음작용을 읽어 보라. 무슨 생각들을 그렇게 많이 쓸데없이 하고 있는지, 중생의 번뇌 망념은 남이 볼 수가 없기 때문에 부처나 남이 구제해 줄 수 없고, 오직 자기 자신만이 진단하고 구제할 수가 있다.

『열반경』에 '어두운 구름이 없어지면 달이 곧 밝게 비추는 것처럼, 악행을 능히 참회하면 또한 이와 같다'라고 설한다. 참회는 진여 본성의 자각으로 죄의식까지 텅 비워야 하는 것이다.

### 3) 진여 본성의 지혜와 보살도의 생활(應如是住) — 자기본분사(自己本分事)

대승의 불법은 보살도의 원력행을 시절인연에 따라서 지금 여기, 자기 본분사의 생명 활동으로 실행(회향)하는 것이다. 『법화경』에 부처가 이 세상에 출현하는 의미를 일대사(一大事) 인연으로 설하고 있으며, 일체중생들에게 불법을 개시하여 깨달아 체득하게 하는 일(開示悟入)이라고 설한다. 즉 진여 본성의 지혜작용인 진여삼매의 경지에서 보살도를 원력행으로 실천하는 것은 상구보리(自利)와 하화중생(利他), 지악문과 작선문, 살인도와 활인검, 선정(止)과 지혜(觀)가 불이법문으로 동시에 함께 실행되는 것이다.

『금강경』에서 설한 무주, 무상의 법문은 진여 본성(空, 無實)의 여법한 지혜작용(不空, 無虛)으로 지금 여기, 자신의 시절인연에 따른 보살도의 삶을 살도록 제시하고 있는 법문이다. 즉 진여법에 의거하여 진여의 지혜(眞空妙有)로 보살도를 실행하도록 다음과 같이 설법한다.

2) 반드시 진여의 지혜로 보살행을 해야 한다(應如是住).

반드시 진여의 지혜로 중생심을 항복하도록 해야 한다(應如是降伏其心).

10) 반드시 진여의 지혜로 청정심이 되도록 해야 한다(應如是生淸淨心).

4) 반드시 의식의 대상경계에 집착하지 말고, 보시행을 해야 한다(應無所住 行於布施).

반드시 경전의 법문처럼 여법하게 진여의 지혜로 보살행을 해야 한다(但應如所敎住).

14) 반드시 진여의 지혜로 보시를 해야 한다(應如是布施).

반드시 의식의 대상경계에 집착하지 말고 진여 본심으로 지혜로운 삶이 되도록 해야 한다(應無所住 而生其心).

7) 일체의 현성들은 진여 본성의 지혜로 중생의 망심을 잘 판단한다(一切賢聖 無爲法 而有差別).

21) 진여의 지혜로 여법하게 설법하는 것을 설법이라고 한다(無法可說. 是名說法).

31) 진여의 지혜로 여법하게 알고, 여실하게 보고, 여법하게 신해하며, 여법하게 관찰한다(如是知. 如是見. 如是信解. 如是觀).

『유마경』 집착 없는 진여의 근본에서 일체법을 건립한다(從無住本 立一切法).

진흙탕물에 오염되지 않는 연꽃처럼, 항상 청정한 진여의 지혜(處染常淨).


『대승기신론』 방편 수행에 보살도의 무주행(無住行)을 다음과 같이 설한다.


간략히 방편 수행을 네 가지로 설한다.

첫째, 실천 수행의 근본 방편이다.

말하자면 일체의 모든 법은 자성에 번뇌 망념이 일어남이 없고, 중생심의 망견(妄見)을 여의고, 생사의 번뇌 망념에 집착(住)하지 않는다는 사실을 관찰하며, 일체의 모든 법은 인연의 화합으로 이루어지고 그 업장의 과보는 없어지지 않는다는 사실을 관찰하며, 대비심을 일으켜 모든 복덕을 닦고, 중생들을 구제하며, 열반의 경지에도 마음을 주하게 하거나 집착하지 말고, 진여 법성에 수순하여 무주행(無住行)을 실행하도록 하라.

진여 본성은 일체의 번뇌 망념을 텅 비운 공(眞空)의 경지이기에 불변이며, 여여부동이지만, 중생 구제의 원력과 대비심을 일으켜 시절인연에 따라 진여 본성의 지혜작용(不空)을 여법하게 일체의 대상경계, 깨달음의 경지인 열반의 세계에도 머무름이 없고, 의식의 대상경계에도 걸림도 없이 무애자재하게 무주행으로 실행해야 한다. 뱃사공이 차안(此岸)이나 피안(彼岸), 중류(中流)에도 머무름이 없는 것처럼, 강물의 흐름에 따라서 갈 길을 가는 것이다.

『법성게』에 '진여 본성은 자성의 입장을 고수하지 않고 시절인연에 따라서 부처의 지혜를 이룬다(不守自性隨緣成)'고 읊고 있다. 진여, 법성, 자성, 열반, 깨달음, 부처나 여래라는 명상(名相)에도 의식의 대상경계를 두지 않고, 머무름도 없고, 집착하지 않는 것이다. 방편법문으로 설한 언어문자는 독자적인 자아의 실체가 없고 환화와 같은 것이며, 거울에 비친 영상과 같은 것임을 유심(唯心)의 불법사상과 반야의 지혜로 여실하게 깨달아 체득했기 때문이다.

『금강경』 32분에서 설한 '일체유위법 여몽환포영 여로역여전 응작여시관(一切有爲法 如夢幻泡影, 如露亦如電, 應作如是觀)'이라는 일절은 일체의 모든 유위법의 중생심의 망념으로 만들어낸 것이며, 실체가 없다는 사실을 깨닫도록 설한 법문이다. 유심의 사상으로 아공(我空)·법공(法空)의 경지를 이루며, 제법의 진실을 깨달아 진여 본성으로 여법하고 여실하게 반야의 지혜로 보살도를 실행하도록 하는 법문이다.

진여 본성의 지혜로 여법하게 무주, 무상, 무소구(無所求), 무소득, 무소유의 수연행(隨緣行)은 지금 여기, 자기의 시절인연에 따른 자기(진여) 본분사의 일이며 일대사이다. 자기(진여) 본분사의 일은 진여의 생명활동을 이루는 원력행임과 동시에 자연법이(自然法爾)로 작용하는 자연업인 것이다.

참선수행이란 시절인연에 따라서 지금 여기, 자신의 본분사를 진여 본성의 지혜작용으로 만드는 자기 창조생활이다.『유마경』에서 '무주의 근본에서 불법을 건립한다',『금강경』에서 '일체 현성은 무위법으로 차별한다'는 법문은 지금 여기 자신의 삶을 항상 진여 본성의 지혜로 청정하게 사는 처렴상정(處染常淨)이 되도록 하는 일이다.

## 시절인연의 자기 본분사

자신의 인간적인 존재 인식과 삶의 가치관을 어떻게 정립해야 할 것인가?.

인간은 누구나 이러한 문제를 가지고 있지만, 확실한 신념으로 자신의 삶을 불법의 지혜로 보살도의 삶을 사는 사람은 드물다.

불교에서 설하는 시절인연의 자기 본분사는 인간 각자가 구족하고 있는 진여 본성의 생명활동이며, 일체의 모든 존재는 불성을 구족하고 있다. 그러나 그 불성은 부처의 지혜로 살 수 있는 가능성을 말한 것이지 부처의 지혜로 살 수 있는 능력을 말한 것이 아니다. 대승불교의 모든 경전은 일체중생이 모두 각자 불성을 개발하여 부처의 지혜로 살 수 있도록 설법한 방편법문이다.

불성의 깨달음은 지금까지 자아의식과 의식의 대상경계에 집착된 중생심으로 살고 있는 자기 자신을 불법의 지혜로 되돌아보고 자각해 보라는 말이다. 즉 진정한 자아의 본래면목을 발견하여 진여 본성의 지혜로운 삶을 실행해 보라는 법문이며 자기 내면으로의 구법여행이다.

자신의 존재에 대한 성찰이다. 자신은 시간적 공간적인 한계를 벗어날 수 없다는 사실과 무상한 존재로서 유한의 생명이라는 사실이다. 자기 존재의 의미와 삶의 가치관을 가지지 못한 사람은 자기 향상의 원력과 보살도를 실행할 수가 없다.

절대 유일하며 귀중한 자기 존재의 의미 있는 생명활동은 어떻게 해야 할까?
대승불교에서 한결같이 강조하는 원력과 발심은 번뇌 망념으로 무질서하게 살고 있는 중생들에게 진여 본성의 생명활동인 반야의 지혜로 보살도의 삶을 살도록 제시하고 있다.
보살도의 원력은 중생의 목적 지향이 아니라 시절인연에 따른 자기 본분사의 생명활동이며, 자신이 체험하고 익힌 불법의 지혜와 능력을 보살도의 삶으로 회향(자비행)하는 자리이타의 실천이다.

지금 여기, 자신의 원력행을 보살도의 지혜로 실천하는 참선생활은 지금(시간) 여기(공간)에서 진여 본성의 지혜작용으로 실행되는 것이다.
따라서 지금 여기, 자신이 해야 할 본분사의 일을 잘 판단해야 하는데, 그 기본은 가장 중요한 일, 가장 긴급하게 해야 할 일이며, 무의미한 일이 아니라 자기 향상을 이루는 상구보리 하화중생의 보살행이 되는 일이다.
그리고 중생심의 자아의식과 의식의 대상경계를 초월하는 향상일로의 창조적인 일이 되어야 한다. 선에서는 창공에 독자적인 삶을 실행하라는 의미로 단소독보(丹霄獨步)라고 하는데, 남의 흉내나 모방으로 사는 삶이 아니라 무소의 뿔처럼, 홀로 가는 독보행(獨步行)을 말한다.
『전등록』 29권에도 '장부는 하늘을 향해 오르는 뜻이 있으니, 여래가 실행한 것을 따르지 않는다(丈夫皆有衝天志 不向如來行處行)'라고 읊고 있다.

이러한 보살도의 삶을 정리하면 다음과 같다.

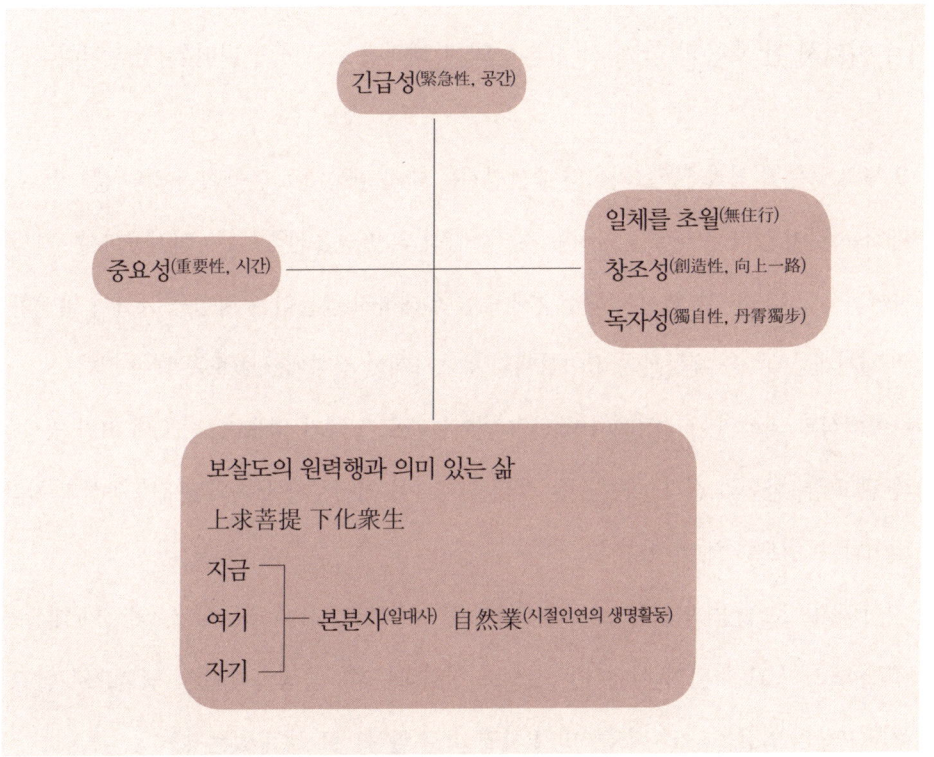

　진여 본성의 생명활동은 지금 여기, 자신의 한 호흡에서 시작된다. 숨을 들이키면서 자신의 존재(마음, 행동, 말, 사고 등)를 살펴보고 불법의 사상(대의)으로 판단한다. 참선수행은 마음(心)과 호흡(丹田)의 조화로서 시작한다.
　인간은 불가사의한 육체적인 존재의 생명활동으로 삶을 영위하고 있다. 특히 의식의 주체인 마음(心)과 생명의 힘(에너지)을 만드는 단전호흡을 통해서 신심일여(身心一如)의 육체적인 생명활동이 이루어지고 있다.
　마음(心)과 단전은 신체의 부위로서 정확하게 점유하는 것이 없다. 그런데도 인간의 모

금강경과 참선수행
• 463

든 심의식의 불가사의한 인식작용과 지혜로운 삶을 창조하고 있으며, 또한 신체적인 기력(氣力)으로 인간의 무한한 가능성의 일을 창조적으로 실현하고 있다. 이러한 인간의 삶이 지금 여기서 한 호흡과 함께 진여 본성의 지혜작용으로 창조된다는 사실이다.

1. 일체의 모든 의식과 인식, 의식의 대상경계는 내가 마음대로 만들어낸 것일 뿐(一切唯心造) 실재하는 것이 없다는 사실을 확신할 것. 『화엄경』의 만법유심(萬法唯心) 심여공화사(心如工畵師). 자아의식도 없고(我空) 의식의 대상경계 또한 실재하지 않는다는 사실을 깨달아 확신할 때(法空) 일체개공(皆空)을 체득하여 진여삼매의 무애자재한 경지에서 살도록 해야 한다.

   자아의식과 의식의 대상경계나 방편의 언어문자도 실체가 없으며, 거울에 비친 영상(鏡中像)과 같고 꿈, 환화와 같다(一切皆空)는 사실을 깨달아 언어문자에 속박된 전도몽상과 착각에서 벗어날 수 있도록 해야 한다.

2. 자아의식으로 남을 의식하고, 주객, 선악을 구별하고, 시기 질투하고, 의식의 대상경계를 분별하고 이 모든 것이 실재하는 것으로 착각하는지? 중생심의 번뇌 망념으로 살고 있는지? 자신의 입장을 남과 비교하면서 차별심, 분별심으로 살고 있는지?

   지금 여기서 중생심으로 살고 있는 자신의 존재를 불법(진여법)으로 판단하고, 망념인 줄 자각하면 곧바로 진여 본성의 지혜로운 삶이 될 수가 있다(念起卽覺, 覺之卽失).

3. 지금 여기서 시절인연에 따라 자기 본분사의 일을 원력의 보살도로 실행해야 한다.

   보살도의 원력행을 실천하는 일은 지금 여기, 자신의 시절인연에 따른 본분사의 일을 진여 본성의 지혜로 무심(眞如三昧)의 경지에서 여법(眞空妙有)한 삶을 사는 것이다.

참선수행이란 무명 불각의 중생심을 불법의 자각으로 진여 본성의 지혜작용이 되도록 하는 일이다. 진여 본성의 본래로 되돌아가 진여삼매가 되고 여래가 되는 수행이다.

『법화경』에서 설하는 제법실상의 열반이나, 『반야심경』에서 설하는 색즉시공 공즉시색의 경지는 진여 본성의 지혜작용으로 일체만법과 함께 불이, 일여가 되어 생명활동을 나누는 보살도의 삶이다.

제법실상의 열반이란 마치 태양이 광명의 햇살을 만물에게 비추어 일체의 존재가 생명활동을 할 수 있는 것과 같다. 또한 물이 흐르고(水流) 꽃이 피는(花開) 자연법이의 묘용처럼 자아의식 또한 의식의 대상경계도 없이 무심하게 시절인연에 따른 자기 본분사의 일을 자연업으로 실행하고 있을 뿐이다.

물이 흐르는 것은 위에서 아래로 단절됨이 없이 흐르는 자기 본분사이기에 항상 청정한 생명활동이 가능하다. 자신의 생명활동을 함과 동시에 일체제법(만물)을 의식하지 않고 목적의식도 없이 함께 여법하고 여실하게 청정한 생명수를 나누고 있다. 이것이 바로 상구보리 하화중생의 보살도가 자연스럽게 진여의 불이법문으로 실행되는 것이다. 자아의식도 없고, 의식의 대상경계도 없고, 조작, 목적의식, 작위성이 없이 무심하게 자기 본분사인 생명활동(지혜작용)을 하고 있을 뿐이다.

일체의 모든 식물이나 나무, 꽃들이 시절인연에 따른 생명활동으로 봄에 새잎이 돋아나고 꽃이 피고 열매를 맺는 것도 자연법이(自然法爾)이며, 제법여의(諸法如義)와 같은 진여 본성의 생명활동인 여래이다.

『벽암록』 제5칙의 송(頌)에 '봄에 꽃은 누구를 위해서 피는가?(百花春至爲誰開)'라고 묻고 있다. 누구에게 자신의 아름다운 모습과 향기를 전하기 위해서 꽃은 피는가? 자신의 존재를 과시하기 위해서 꽃은 피는가?

자신이 존재나 대상경계를 의식하는 것은 중생이다. 자연의 모든 존재는 단지 각자 자신의 시절인연에 따른 자기 본분사의 생명활동을 여법하고 여실하게 할 뿐이다.

봄꽃 중에 가장 먼저 피는 꽃을 매화라고 하여 화형(花兄)이라고 한다. 매화는 추위의 아픔을 서로 나눠야 친구가 될 수 있고, 눈 속에서도 일찍 철이 들어야 꽃 중의 형이 된다는 사실을 알려준다. 계절을 철이라고 하는 것은 불교의 시절인연에서 나온 말이다. 철없는 사람을 철부지라고 하고, 지금 여기서 자기의 생명활동을 잘 아는 사람을 철든 사람이라고 하는 것처럼, 시절인연에 따른 자기 본분사를 여법하고 여실하게 지혜작용⁽생명활동⁾하는 것이 제법여의이며, 진여 법신의 여래이다.

### 진여의 지혜작용

불법의 대의로 지금 여기, 자신의 일을 지혜롭게 산다는 것은 현실의 매사를 세간과 출세간의 가치관을 초월한 반야의 지혜로 살 수 있는 능력이다.

육바라밀에서 인욕행의 실천은 일상생활의 매사에서 불법의 지혜로 활용해야 하며, 치욕과 감정을 억지로 참는 인욕은 세간의 가르침에도 있다. 인욕바라밀은 세간과 출세간을 초월한 진여지혜의 보살행이 되는 법문이다.

보살도의 원력을 회향하는 일은 불법의 지혜를 구족해야 일상생활에서 지금 여기, 자기 본분사의 일로 실행할 수가 있다. 사바세계의 일상생활은 매사가 시절인연의 일로 이루어지는데, 매사의 일을 중생심으로 접근하지 말고 불법에 의한 진여의 지혜로서 문제 해결을 사유하고 대책을 강구하도록 한다.

## 긍정적인 사고로 사유할 것

이 세상 모든 것은 영원히 존재할 수 있는 것은 없다는 진실이 제행무상(諸行無常)이다. 무상하기 때문에 슬프고, 괴롭고, 허무하고, 무의미하고, 불행하게 살아야 할 것인가?

아니다. 무상한 존재이기 때문에 항상 언제 어디서나 매사의 모든 일이 새롭고 신선하고 진실된 생명활동이 이루어진다는 사실이다. '옛 인연을 잊고서 새 인연을 맺도록' 하는 힘이 약동한다. 무상하기 때문에 일체의 모든 존재와 생명이 변화하고 창조하는 힘이 생기는 것이다.

자아의식과 남과의 비교의식, 시간과 공간에 대한 생각, 선과 악 등 사량 분별은 자신의 사고와 행동을 망념의 끈으로 속박하기 때문에 지금 여기, 자신의 일을 할 수 없게 한다. 쓸데없는 망상의 일을 비워야 지금 여기, 자신이 진여의 지혜로 보살도의 본분사를 실행할 수가 있다.

긍정적인 사고는 진여 본성의 지혜로 자신의 삶을 창조하는 힘이다. 본래무일물(本來無一物)의 경지에서는 매사가 새롭게 출발하고 새로운 지혜로 창조하는 일이다. 중생심의 사량 분별은 불안을 만들고 부정적인 사고로 유인하며 출발하지 않고 앉아서 걱정만 하는 삶이다. 불치병으로 알려진 암보다도 더 깊은 병이 중생의 심병(心病)이며, 선병(禪病)이며 편견(斷見)병, 고정관념(常見)의 병이다. 그리고 부정적인 사고와 불신으로 진여 본성의 생명활동인 자기 자신의 지혜로운 삶을 포기하는 병이다.

사람이 살면서 어려운 일이 닥쳐 해결책이 보이지 않을 때, 사람들은 자신이 해야 할 일을 쉽게 포기하는 경우가 많다. 해결책이 보이지 않는다는 것은 여법하게 진실을 알지 못하고 보지 못하기 때문이다. 자신의 문제점과 사유가 부족한 사람은 부정적인 사고로 판단하여 포기하는 경우가 많다.

부정적인 사고를 가진 사람은 지금 좋은 해결 방안이 없다, 돌파구가 보이지 않는다, 불가능한 일이라고 생각한다. 이런 경우 영어로는 no where(no way)라고 한다.

그러나 긍정적인 사고를 가진 사람은 이렇게 어려운 일은 나 자신의 일이다, 이 일을 지금 여기서 내가 해결하지 않으면 누가 언제 해결하겠는가? 영어로 now here (now a day)라는 말은 곧바로 지금 여기서 자신의 일을 통해서 새로운 지혜를 만든다는 것이다.

부처의 지혜는 중생의 번뇌 망념의 일을 통해서 이루어진다. 하나의 일(一事)을 통해서 하나의 지혜(一智)는 『법성게』에서 설하는 '진여 자성은 시절인연에 따라서 부처의 지혜로 이루어지는 것이다(不守自性隨緣成)'. 불성을 지니고만 있으면 중생이지만, 시절인연에 따라서 여법하게 지혜로 사유하고 문제점을 해결하려고 노력하면 부처가 되는 것이다. 수많은 중생심의 어려운 역경과 고난을 극복한 경험과 체험은 자신에게 부처의 지혜를 구족하게 하는 능력이 된다.

부처의 지혜는 불가능이란 없다. 원력으로 이루는 긍정의 지혜는 중생을 부처로, 불가능을 가능으로, 절망과 무기력의 포기에서 희망과 지혜로운 생명활동을 되살리는 힘이 된다. 선근 공덕을 이루는 원력의 힘은 중생심의 의심을 불심의 신심으로 전환하게 하며, 불가사의한 지혜인 부처를 이루고 일체의 중생을 구제하는 보살도의 회향이 된다.

진여의 근본 당체는 텅 비어 아무것도 없다. 그래서 무엇이나 어떤 것이나, 모두 다 함께 받아들이고 주워 담아서 쓸모 있는 지혜로 만들고 창조할 수가 있다. 중생심의 불안과 근심 걱정의 부정적인 사고를 텅 비우는 일이 중생심을 불심으로 전환하는 것이며, 부정을 긍정으로, 불가능을 가능으로 전환하는 힘이 된다.

푸른 하늘에 홀로 자유자재하게 독자적인 보살도를 실행하는 것을 『벽암록』에서는 단소독보(丹霄獨步)라고 한다. 무소의 뿔처럼 홀로 자신의 길을 갈 수 있는 사람이 되라는 말이다.

　중생심의 근심 걱정의 예기 불안은 부정적인 사고를 만들어 지금 여기, 자기 본분사의 일을 할 수 없게 한다. 모든 일을 망치고, 되는 일이 없게 해서 자신의 할 일을 상실하게 하고, 무능력한 사람으로 만든다. 즉 할 일이 없기 때문에 쓸모없는 인간이 된다.

　이러한 중생심의 번뇌 망념을 불법의 지혜로 자각하고 관찰하여 일체의 망념을 텅 비우도록 하라. 그리고 진여의 지혜와 독자적인 보살도의 원력으로 지금 여기, 자신의 본분사의 일을 창조적인 지혜로 실행하면, 법계에 두루하는 일체제불과 보살의 가피력과 감응으로 원력은 반드시 성취되는 것이다.

　중생심으로 목적을 이루는 삶이 아니라 불보살로서, 보살도의 원력을 회향하는 시절인연의 자기 본분사의 일이 된다면 불가능이란 없다. 시방 삼세 일체제불의 지혜와 자비로 함께 하는 원력행이기 때문이다.

깨지지 않는 법
# 금강경

| | |
|---|---|
| 초판 1쇄 발행 | 2012년 10월 4일 |
| 초판 2쇄 발행 | 2014년 12월 10일 |

| | |
|---|---|
| 저자 | 성본 스님 |
| 펴낸이 | 윤재승 |

| | |
|---|---|
| 책임편집 | 정영옥 |
| 디자인 | 나라연 |
| 영업관리 | 이승순, 공진희 |

| | |
|---|---|
| 펴낸곳 | 민족사 |
| 출판등록 | 1980년 5월 9일 제1-149호 |
| 주소 | 서울 종로구 수송동 58번지 두산위브파빌리온 1131호 |
| 전화 | 02-732-2403, 2404 |
| 팩스 | 02-739-7565 |
| 홈페이지 | www.minjoksa.org |
| 페이스북 | www.facebook.com/minjoksa |
| 이메일 | minjoksa@chol.com |

ⓒ 성본 스님, 2012. Printed in Seoul, Korea

| | |
|---|---|
| ISBN | 978-89-7009-220-1 (세트) |
| | 978-89-7009-221-8 04220 |

★ 이 책 내용의 전부 또는 일부를 재사용하려면 반드시 저자와 출판사의 서면 동의를 받아야 합니다.
★ 책값은 뒤표지에 있습니다. 잘못된 책은 바꿔 드립니다.